硬币上的动物世界

Animal World on Coins

张景烘 涂小榕 编著

廣東省出版集團
广东科技出版社（全国优秀出版社）

图书在版编目（CIP）数据

硬币上的动物世界/张景烘，涂小榕编著. —广州：广东科技出版社，2011.3
ISBN 978-7-5359-5362-9

Ⅰ. ①硬… Ⅱ. ①张…②涂… Ⅲ. ①金属货币—世界—普及读物②动物—普及读物 Ⅳ. ①F820.2-49②Q95-49

中国版本图书馆CIP数据核字（2010）第159943号

责任编辑：李 青
装帧设计：陈维德
责任校对：陈杰锋 陈 静
责任印制：罗华之
出版发行：广东科技出版社
（广州市环市东路水荫路11号 邮码：510075）
E-mail：gdkjzbb@21cn.com
http：//www.gdstp.com.cn
经 销：广东省出版集团图书发行有限公司
印 刷：广州市岭美彩印有限公司
（地址：广州市荔湾区花地大道南海南工商贸易区A栋 邮编：510385）
规 格：889mm×1 194mm 1/16 印张21 字数420千
版 次：2011年3月第1版
2011年3月第1次印刷
定 价：138.00元

作者简介

张景烘，男，1939年生于福建省宁化县。1959年考入北京石油学院，1964年毕业分配到黑龙江省大庆油田工作。1969年调入湖北省江汉油田工作，至1982年调入广州南海东部石油公司，从事海上石油开采工作，1999年退休。高级工程师，高级职称评委。

早期爱好并收集一些中国的古代钱币。1985年主集世界硬币，尤其喜欢收集动物硬币，其中不同品种的动物硬币约有900余枚。20多年来，先后收藏有300多个国家或地区的4 000余枚硬币， 1997年1月20日被吸收为广东省收藏家协会会员。

涂小榕，男，1945年生于福建省福州市。1962年考入杭州大学，1966年毕业分配到浙江大学工作。40多年来一直从事外语教学和外国文学翻译及研究工作，副教授。主要译作：《未婚少女与吉卜赛》（D·H·劳伦斯著）、《巴斯克维尔魔犬》（柯南·道尔著）等。

从1992年初开始收集世界硬币，半年后，因痴迷于硬币上千姿百态的动物形象，即专题收藏动物硬币。至今，其“硬币上的动物王国”已初具规模，现有680多个物种，上千枚金、银、铜、镍、水晶、木头等不同材质的动物硬币。

内容提要

本书介绍了作者藏品中的200余个国家和地区发行的1 100枚广博多彩的世界动物硬币，并尽量介绍了每一枚硬币的发行国家或地区、发行年份、面值、材质、贵重金属的重量、币种、发行量和大小等硬币要素。介绍了这些硬币上多达700多个物种的动物。这些动物的生活空间，真可谓上极九天、下界深洋，从冰川、高山、平地、森林、草原、热带到沙漠、洞穴、海洋、湖泊和江河，应有尽有。从中让读者看到了动物无以伦比的求生之道、不可思议的防身本领、匪夷所思的高超技艺和难以置信的各种亲情等。此外，书中还分别介绍了十二生肖币及其文化和动物硬币收藏的基本知识。本书图文并茂，融科学性、知识性、资料性和趣味性为一体，可使读者享受世界硬币和动物世界带来的乐趣和遐想。

前言

世界硬币，源远流长、璀璨夺目，它们不仅是人类社会发展的见证，而且也是人类文明在不同国度、地区和领域里所沉淀的历史尘封。20世纪80年代中期，我们先后开始收集世界硬币，至今已送走了20多个春播夏耘的岁月，迎来了秋收冬藏的喜庆季节。在这过程中，我们对动物和环境保护的硬币更是情有独钟，乃至各自在家里建起了一个“硬币上的动物园”。

万千年来，人类和动物们生活在同一个蓝天下，和谐相处、生机盎然。它们还为人类提供了衣、食、住、行、役、药、娱、军等多方面的供给与帮助，历来为人类所重视。因此，在世界硬币上反映动物外貌绚丽奇特、生活丰富多彩、形神千姿百态的各种图案，比比皆是，让人目不暇接、美不胜收。与此同时，我们也看到，由于人类的各种活动（包括狩猎与环境污染等），许多动物已经从地球上消失了！许多动物则面临灭绝！虽然人类在某些方面已成为主宰者，但是人类也只是这个星球上的一个成员，我们应该了解动物、认识动物、关爱动物，保护动物赖以生存的各种环境。因为，毕竟只有一个地球！也许，没有动物，人类恐怕就举步维艰，甚至活不下去。因此，保护濒危动物，维护食物链的平衡，关系人类的未来，我们任重而道远。

有鉴于此，我们开始编写这本将世界硬币与动物世界相结合的书，并从我们俩收藏的220多个国家和地区发行的1 300多枚的动物硬币藏品中，遴选出大约200个国家和地区的1 100枚、700多个动物物种的动物硬币向大家展示，与读者共赏，希望能娱己乐人，为社会做点有益的事情。

考虑到本书的科学性、知识性和趣味性，我们从动物分类学的基点来编排内容，以充分反映动物进化的完善程度、形态结构、生活习性和亲缘关系等等。除介绍动物所属的门、纲、目、科、属和物种（包括亚种）外，还以文述、旁白或物语等形式，来描述或探讨各种（或一类群）动物的特点。本书主要介绍硬币上究竟有怎样的一个动物世界，故更多着墨于这1 100枚硬币上林林总总的动物；同时也尽量介绍了每一枚硬币的发行国家或地区、发行年份、面值、材质、重量、币种、发行量和大小等多项硬币要素。

作为一种尝试，我们旨在为这个领域的钱币收藏朋友们搭起一个动物硬币的构架，为动物爱好者们打开一扇硬币动物园的窗户，从而让广大读者了解并认识在七彩缤纷的世界硬币上竟有一个如此引人入胜的动物世界。如能给读者带来点滴乐趣、一段遐想或些许裨益的话，我们自当以此为慰，是为喜。

中国钱币学会学术委员会委员、中国钱币学会外币委员会委员和美国世界硬币大奖赛（COTY）评委李铁生先生；中国野生动物保护协会常务理事、中央电视台“动物世界”制片人王采芹女士和中国钱币学会学术委员会委员、中国作家协会会员、外国文学资深翻译家傅惟慈先生欣然为本书作序，是为谢。

由于我们的学识、时间及精力所限，书中难免有许多不足甚至错误，诚望广大读者谅解并教正，是为盼。

张景烘　涂小榕

2010年6月

序言1

张景烘、涂小榕两位先生的巨著《硬币上的动物世界》，在广东科技出版社的大力支持下，终于顺利出版了。

作为一名世界钱币文化译著者和宣传员，谨致以最热烈的祝贺！并向全国世界钱币爱好者和动物保护工作者郑重推荐这本好书。

我的理由是：

1. 全书命题切中保护环境要害，意义重大

人口、资源、环境是当前全人类共同关心的话题。保护生物多样性是其中重要一环。而保护动物又是保护生物多样性中最为脆弱和迫切的部分。本书从钱币收藏入手，紧紧抓住保护动物这一要素，展示动物的多样性，保护的必要性和它们与人类息息相关的依存关系。

本书既是一本钱币收藏的专辑，又是一本宣传爱护动物，保护动物的科普读物，也是配合全人类共同关心的话题教育的多彩华章。

2. 全书编排合理，内容丰富多彩

本书按照动物分类学的纲—目—科—属—种来编排，未按发行国家或发行地区、或面值、材质顺序编排。这种编排科学合理，不但使读者循序渐进，一目了然，而且为新增币品插入留有余地。

本书包括200个国家及地区发行，并超过700个物种的1 100枚动物币。据我所知，堪称“世界第一”。美国《世界硬币新闻》（WORLD COIN NEWS）曾数年连载“生物圈币”（CRITTER）短文，据我估计也不超过200种。

本书每枚动物币均有彩色币图。不但有钱币学要素资料：如面值、材质、重量（直径）、发行量、发行年代、发行国家及地区，而且有动物学要素资料：如中文名、纲目属种、拉丁学名、英文名、动物形态习性及地区分布、濒危等级。

可谓图文并茂，十全十美。

3. 本书显示了中国钱币收藏家已从“硬件”（钱币实物）收藏迈向“软件”（文化背景）研究。这是一个可喜的进步和飞跃，也是改革开放30年来，中国收藏界飞速发展和不断深入的写照。

当然，瑕不掩瑜。个人感到本书文字尚有简练余地。如能附有中文名、英文名、拉丁学名索引（INDEX），更便于读者查阅和扩大国外销售渠道。

总之，本人虽对动物币知之甚少，知之甚浅，也满怀深情，乐之为序。

中国钱币学会学术委员会委员
中国钱币学会外币委员会委员
美国世界硬币大奖赛（COTY）评委
李铁生
2010年6月于呼和浩特

Preface1

Animal World on Coins, by Zhang Jinghong and Tu Xiaorong, was finally published with the great help of Guangdong Science and Technology Publishing House.

I, as a translator and writer as well as a propagator of coin cultures, extend my warmest congratulations! And on this special occasion I sincerely recommend this good book to all the world coin collectors and animal conserving workers because—

1. The book's essence lies in its significance to protect our environment.

Population, resources and environment are much talked all over the world Life diversity is a key ring, but, unfortunately, the weakest and most pressing one in our environmental protection. The book, beginning with coin collection, centers round animal conservation, which shows the importance of life diversity, the necessity of protection and the inter-dependence between animals and man. The book is both a special monograph on coin collection and a popular science book to propagate animal conservation.

2. The book is reasonably organized and abundantly informed.

The book, unlike an ordinary coin book, is not arranged in the order of "country, face value, material" but according to the animal classification, i.e. class, order, family, genus and species. Such scientific and reasonable arrangement makes it possible for the readers to enjoy this special animal world step by step and also convenient to add a new species (coin) later.

The book presents readers with 200 countries and regions 1 100 animal coins of over 700 species, which, as far as I know, includes the largest number of animal coins in one book in the world. The U.S. WORLD COIN NEWS once carried a special column of CRITTER, which, by my estimate, introduced no more than 200 species.

The book offers one or more color photos for each coin, under which is not only provided with coin elements: face value, material, weight, number, date and country or region, but also with animal information: Chinese, Scientific and English names, class, order, family and genus, animal characteristics, habits and habitations, even with its threatened status.

3. The book also manifests that coin collectors in China has made a big stride in their collection. Apart from just collecting coins, they began doing a lot of researches on cultural backgrounds. This is a great progress and a big leap, which, too, shows how rapidly various collections are developing in China 30 years after our reforms.

The book, however, still needs to be improved. The descriptions can be simpler and clearer. Were there an index of Chinese, scientific and English names, it would be even more convenient for the readers to use it. All in all, I feel very happy to write this preface for the book in spite of my limited knowledge about animal coins.

Member of Technical Committee of CNS
Member of Foreign Coin Committee of CNS
Appraiser of U.S. COTY
Li Tiesheng
June, 2010
Huhehot

序言2

请静下心来，打开这本书，我们看到了什么?

我们能看到700多种动物从海洋、陆地、空中向我们涌来，而一枚枚硬币摄像机捕捉到了它们最令人惊叹的瞬间，使一个生机盎然的动物世界如此之近地环绕我们，把我们置身于惊异之中，而这种感觉是电视节目也无法做到的。真诚地感谢本书的作者张景烘、涂小榕两位先生，你们为我们制造了一个视觉与心灵的惊奇震撼。

张景烘先生是我未见如故的老朋友，2001年“动物世界”栏目20周年，我们举办了“我与动物世界”征文活动，张先生寄来了“硬币上的动物世界”一文，使我这个北京大学生命科学学院的研究生，从事“动物世界”节目制作、主持的“老动物世界”颇为震惊。1 100枚硬币来自世界各地，作者自查资料找出动物名称、分布、生活习性等，这里包含着多少的爱与执著啊！每一枚硬币的背后一定有着我们不知的付出的故事，也许是张、涂两位先生在国外用自己的伙食费换来的，也许是日夜奔波偶得的，也许是千百度的追寻才获取的，也许是屈尊自己求来的，这些付出只为我们能看到这样一个精彩的动物世界。

人的伟大还是渺小，完全取决于爱心的多寡，作为智慧的人类就意味向爱心靠近，两位年过花甲的老人的这种大爱让我仰视。

这是一种独辟蹊径的宣传动物保护的形式，动物和硬币能如此完美地结合，是因为动物赋予了硬币深厚的文化内涵，而硬币又使动物插上了翅膀可以飞越万水千山，来到你我面前。

每一枚硬币都使我遐思万千，我仿佛看到了每一种动物无可替代的生命故事，正因为有它们，地球才能如此和谐、丰富、精妙；我仿佛看到了在灭绝边缘挣扎的动物，它们渴望求生，默默注视我们人类的眼神；我仿佛看到了富有智慧的人类为动物所做的一切：中国人在修建铁路时为藏羚羊留下了迁徙的专用通道，美国人把虎鲸从动物园中放归大海，英国人为后腿残疾的家鸭制作了专用滑板；我也仿佛看到了未来的地球每一种动物都在自己的轨道上快乐地运行，互相之间宁静、祥和、有序，每一种动物都用爱的心灵去拥抱这个值得爱的世界。

亲爱的朋友，当您凝视这些硬币时，又会有怎样的思绪?

我渴望两位先生有机会把收藏背后的故事写出来，通过《硬币上的动物世界》，把爱传递出去。

中国野生动物保护协会常务理事
中央电视台“动物世界”制片人
王采芹

2010年6月

Preface2

Sit in tranquility, slowly open the book, and what can we see?

We can see, out of coins, over 700 animals pouring in from sea, land and air. The breathtaking moment each coin camera catches leaves us in a wonderful and exuberant world of animals. Such feeling is not to be acquired even from TV programs. Sincerely thank Zhang Jinghong and Tu Xiaorong, the coauthors of the book, for bringing us into such great shock both of sight and thought.

Zhang Jinghong, though not seen, is my old friend, as he sent his article Animal World on Coins on the occasion of the 20th anniversary of CCTV《ANIMAL WORLD》in 2001, which surprised me, a then postgraduate of Life Science School, Beijing University and an experienced program maker and presenter of《ANIMAL WORLD》. How much love and persistence they needed to collect all the necessary information about the animals on those 1100 coins! There must be an unknown story behind each coin: perhaps they got it with their board expenses abroad; perhaps quite by chance; perhaps after years' searching in the world market; and perhaps at the expense of their dignity. What they did is just meant to offer us so splendid a world of animals.

Whether a man is great or paltry depends on how much love he shows for life. A man, and a wise man at that, ought to have such love. Our coauthors are both in their late 60s and such great love of theirs has moved me a great deal.

The book blazed a new trail to propagate animal conservation. The perfect combination between animals and coins makes it possible for animals to give coins deep cultural connotation and for coins to wing the animals so that they appear in front of us after flying over thousands of mountains and rivers.

Each coin arouses my imagination, as if I saw that irreplaceable life story of the animal, for which our planet has become so harmonious, so abundant and so exquisite; as if I saw animals on the verge of extinction longing for living on with their eyes staring at us; as if I saw what a wise man is doing to save animals: the Chinese made special way for Tibetan antelopes to migrate freely when building the Qinghai–Tibetan Railway; Americans sent the killer whales back to the sea from the zoo; British made artificial web feet for a disabled duck; and as if I saw in the future that all animals on Earth will be doing whatever they like and will be living in peace, harmony and order, and embracing the world with their heartfelt love.

Dear friends: what will come up in your mind when gazing at those coins?

I hope the coauthors will have chances to expose every story behind their each coin and pass their love onto the readers through Animal World on Coins.

Permanent member of China Wildlife Protection Society
Producer of CCTV《ANIMAL WORLD》
Wang Caiqin
June,2010

序言3

不久前，我翻阅了张景烘和涂小榕合作编著的《硬币上的动物世界》校样，颇为这部图文并茂的巨著所震动。书中不只载录了上千幅精美币图，而且大约40万的文字，极富知识性和趣味性。我既佩服他俩20多年来为收集数量如此众多的藏品所付出的辛苦与心血，也惊异他们编写该书的精神、毅力和渊博知识。他们邀我为该书作序，自度对动物界知识贫乏，对动物币见识不广，写评论实无资格。但目睹他俩的丰硕成果，激越之情，必须一吐为快。

张工海内、海外跑过不少地方，可谓见多识广。对许多物品都饶有兴趣，潜心集藏。小涂一直在高校教授外语，不仅翻译了不少外国文学著作，而且擅长吟诗填词。既是一位学者，又是一位雅士。自对世界硬币产生兴趣后，就痴迷此道，为搜集珍品所费不赀。

我个人一向认为，凡热衷收藏的人必须结识几个志同道合的朋友，才能相互激励，使个人的进步速度加快。小涂曾说："收藏者或痴或迷，却不会是单干户。"张工也说："收藏必须以币会友，切磋币识，使个人的收藏日趋完善。"另外，个人的知识有限，即使专家、学者也有不足之处，所谓"尺有所短，寸有所长"就是这个道理。钱币收藏虽是一种业余癖好，主要是增加生活情趣，但也需要广泛的知识，牵涉到历史、地理、语言、文字，甚至金属冶炼种种学科。

几年前，我在写《收藏随想》时曾把收藏活动约略分为三个阶段。一是简单收集，二是整理分类，三是考证研究。张、涂两位朋友收藏世界动物硬币，无疑早已进入最高层次，成为动物硬币的专家了。但是层次提高，也有其不利的一面。藏品越精深、稀缺，藏品数量就很难像以前那样快速递增了。专题越狭窄、单一，朋友之间交流也很难再像初识阶段那样密切，有时甚至令人有"高处不胜寒"之感。新品难再增添，遇到问题无人磋商，有时会限于"孤军作战"的境地。这恐怕是任何专题硬币收藏者都能感受到的现状吧！在这方面，我要为张、涂二位庆幸。他俩不仅都对动物币情有独钟，而且动物学知识与动物硬币知识同样精深。更难得的是，两人同样精通外语，更便于他俩联袂著书，实乃"天作之合"也。

我自1992年开始积藏世界硬币，时间较早，目睹国内兴起的外币收藏热潮，从无到有，从简单到复杂，从初级到较深层次，日益发展壮大。不仅潜心积藏的爱好者人数众多，而且近几年迭有研究，更有几本专著问世。现在我们又添了一本介绍动物币的专题书，不仅品种齐全，分类严谨，而且文字隽永，插图绚丽，真可以说是硬币收藏书籍中的又一朵奇葩。我相信，凡是有幸读了这本书的人，一定会从中获取动物界的丰富知识，理解并爱护与我们共同生活在一个星球上的大大小小动物。这对促进人类珍惜生态环境是极其有利的。我也希望，有些读者看过这本书以后，会喜爱上这些千姿百态、栩栩如生的各种动物硬币，从此成为一名硬币收藏者。

中国钱币学会学术委员会委员
中国作家协会会员
外国文学资深翻译家
傅惟慈
2010年6月 于北京

Preface3

Not long ago, I had the honor to read in advance Animal World on Coins by Zhang Jinghong and Tu Xiaorong, and was very excited at this picturesque book with over a thousand beautiful coin photos and intellectual and interesting descriptions in about 400 000 characters. I not only admire their nearly 20 years' hard work in pursuit of such a large collection but is also surprised at their vitality, perseverance and rich knowledge. They invited me to preface the book but I think I am not qualified for it as I do not have much knowledge about animals as well as animal coins. Nevertheless, at the sight of their rich fruits, I was filled with such a passion that I had to tell all I felt about them and their great works,

Mr. Zhang has traveled everywhere both at home and abroad and is interested in various collections. Mr. Tu, has been teaching English in universities. He has translated and published several foreign novels and written many poems of ancient styles. Ever since his collection, he has become crazy about his favorite coins and never grudged possessing them.

I always think those who are infatuated with any collection must have some friends of the same interest so that they can help and encourage each other so as to improve and quicken their collection. Tu once told me : "A collector, crazy or fascinated, can never succeed all by himself." Zhang also said: "In the process of one's collection, he must make friends and exchanges with those of the same interest in order to better his collection with each passing day." In addition, a man, even an expert, is limited in his knowledge. Coin collection, a hobby though, can add beauty to life but demands extensive knowledge involving history, geography, languages, writing, even metallurgy and so on.

Several years ago, I divided, in My Capriccio about Collections, all collections into three stages, i.e. collecting, sorting and researching. The coauthors have, beyond doubt, stepped up to the top stage and become experts in animal coin collection. However, every coin has two sides. The rarer the coins, the slower one's collecting speed. The higher the stage, the less one's exchanges with friends as if in an isolated palace in air, Thus, a collector may feel it hard to add something new to his collection and find it difficult to talk over some troubles he is in. Such might be the dilemma any topic collector is faced with. In this regard, I feel rejoiced for the two friends, who are fans of animal coins and rich in knowledge both about animals and about animal coins. Still fortunately, they both have a good command of English, which greatly promotes their co-operation in writing this book.

I began collecting world coins in 1992 when only a few did in China. I have been witnessing more and more people join in collecting world coins and its rapid development from what could be collected to what should be, from just collecting to sorting and even to researching. In recent years, more hobbyists have worked hard at and published several books on their topic collecting. And we now have another one on animal coins, which offers not only complete species, rigorous classification, thought-provoking descriptions and colorful illustrations. I believe those who have a chance to read this book will surely enrich their knowledge about animals and will understand more why we should love and protect animals, large or small, living on the same planet with us, which is sure to promote our environmental protection. I do hope some readers will like those coins with vivid animals of various postures and become a coin collector ever since.

Member of Technical Committee of CNS
Member of China Writers' Society
Famous translator of foreign literature
Fu Weici
June, 2010
Beijing

阅读说明

1. 收藏世界硬币有按照时间、发行目的、硬币材料等多种分类方法，而对广大的集币者来说，硬币的发行时间、面值、币种、材料，必然是比较关注的问题。因此，本书对每枚硬币列出发行的国家或地区、时间、面值、材质、贵重金属的重量及发行数量，方便读者了解钱币文化和硬币的基本知识。

2. 本书根据硬币发行的目的来标注每一枚硬币的种类，如流通币（普通流通币、流通纪念币和特种流通币）、收藏币（纪念币、特种币、特殊币、十二生肖币、主题或专题币、旅游币等）和投资币等。对于硬币种类中的“世界野生动物基金会25周年纪念币系列”、“世界野生动物基金会——保护自然纪念币系列”、“保护自然特种币系列”、“保护行星地球特种币系列”、“联合国环境保护纪念币”和“世界粮食日纪念币”等，均采用大写英文字母的缩写：WWF纪念币、WWFCN纪念币、CS特种币、PPE特种币、UNEP纪念币、FAO或WFD纪念币等予以代替。

3. 本书硬币的直径差别很大，小的仅10 mm，大的达100 mm。为了便于读者欣赏硬币上的动物图案，我们将大部分硬币照片适当放大。而为了方便读者了解硬币的真实尺寸，我们对这1 100枚硬币，都标出了它们的实际尺寸，读者如需要，可查阅相关的硬币要素。但是，必须说明的是，书中所标注的硬币实际尺寸，除了一些是来自硬币的确切资料外，大部分的硬币都是我们通过测量自己的藏品的大小所得到的，这就难免会因器械、视读或测量对象而引起1~2 mm的误差。此外，我们用符号Φ表示硬币的直径，对某些多边形的硬币，Φ表示的则是该多边形的外接圆。

4. 本书按动物分类学，从低等到高等动物来编排，尽可能介绍每一种动物所属的门、纲、目、科、属和物种（包括亚种）。

5. 每种动物都有固定的拉丁文学名，由一个属名和一个种名构成，即林奈先生所说的“双名法”学名。我们在甄别硬币上的物种时，就采用这种“双名法”。

6. 本书对每种动物，首先标注的是中文学名，其次是英文学名和拉丁文学名，对别名、俗名或地方名等均置于括号内，以利读者广角度认识动物。

7. 在动物界中不仅有“同物异名”的现象，同时也存在“同名异物”的现象，常常导致人们进入认识动物的误区。本书尽可能使用准确的名称。

8. 书中的许多物种都面临不同程度的存亡状况，本书尽可能予以列出，以供广大读者清楚地了解这些动物的现状。依据有三：一是“国际自然和自然资源保护联盟”（IUCN）发布的受胁物种“红皮书”中的“IUCN分类标准”，亦即为衡量野生动物受到灭绝的危险程度而制定的等级标准，包括灭绝、野外灭绝、极危、濒危、易危、低危等；二是《濒危野生动植物物种国际贸易公约》（CITES）发布的附录；三是《中国国家重点保护野生动物名录》。我们分别简称为：IUCN濒危（或极危、易危等）；CITES 附录I（或 II 等）；中国I级（或II级等）。

9. 为了让读者更多地了解低等动物的属性，在本书的第一章中，对每一种动物的属性都从动物门（或亚门）开始标注。第二章至第六章，因为均属高等动物脊索动物门脊椎动物亚门，只是所属的纲不同，所以，每种动物的属性都从该纲下的目（或亚目）开始标注，使之既简化，又不至于引起费解。 第七章至第十章另成体系标注。

Instructions

1. In collecting world coins, various classifications are used in terms of time, issue purposes, coin materials and so on while many collectors are more interested in such elements as issue time, face value, category and material of the coin. Thus, our book gives each coin its issue country or region, time, face value, material, precious metal weight and mintage so that our readers can get some idea of the coin culture as well as its basic knowledge in a more leisurely way.

2. Each coin in this book is marked with its special category according to its issue purpose, such as circulative coin (ordinary circulative coin, commemorative circulative coin and special circulative coin), collector's coin (commenorative coin, special coin, characteritic coin, Chinese zodiac coin, subject or theme coin, and tourist coin) and investment coin. In regard to the coin category, the coin series like "The 25th Anniversary of WWF Commemortive Coin Series", "WWF–Conserving Nature Commemortive Coin Series", "Conservation Special Coin Series", "Protect Planet Earth Special Coin Series", "UN Envionmental Protection Commemortive Coin Series" and "UN Food and Agriculture Organization or World Food Day commemorative coins" are respecitively shown in their abbreviations by WWF, WWFCN, CS, PPE, UNEP,FAO or WFD.

3. The coins shown in this book range from 10 to 100mm in diameter. Most of them are enlarged in a way to present more enjoyable animal images. Each of the 1100 coins is provided with its actual size so that readers can easily get to know how big it is. However, it must be pointed out that for various reasons there still exists a minor difference of about 1–2mm due to the fact that most of the data are obtained by measuring our own coins.

4. The coins in this book are arranged from lower to higher animals in the light of animal taxonomy, and each animal is provided with information of its family, genus and species (including subspecies).

5. Each animal has a fixed Latin scientific name made up of a genus name and a species one, i.e. *Linnaean* binomial method.

6. Each animal is marked with its Chinese name followed by an English name and a Latin name, with its alias, common or local name in a bracket.

7. In the animal kingdom, one animal often has different names while one name can refer to different animals, and this book tries hard to name each animal with as much accuracy as possible.

8. Quite a few animals in this book are faced with survival problems to some degree and listed out to arouse more awareness of animal conservation. Three basic systems are employed to grade the animal survival conditions: 1) the *Red Book* issued by International Union for Conservation of Nature and Natural Resources (IUCN) , in which the threatened animals are classified as follows: extinct, extinct in the wild, critically endangered, endangered, vulnerable and low–risk; 2) the *Appendixes* issued by Convention on International Trade in Endangered Species of Wild Fauna and Flora(CITES); and 3) *List of Protected Wildlife of National Importance in China*. Their abbreviations ——IUCN濒危（极危、易危等）;CITES 附录I(或II等);中国I级（或II级）—— are used.

9. The classification of the animals in Chapter 1 begins with phylum (and/or subphylum) to help know more about lower animals while that of the animals from Chapter 2 to Chapter 6 starts with order (and/or suborder), as they all belong to different classes of vertebrata under phylum chordata. The animals in Chapters 7 to 10 are so classified to meet their special demands in the book.

目录
Contents

第一章　无脊椎动物

无脊椎动物又称低等动物。在我们这个世界上大约有140多万种动物，其中90%以上都属于无脊椎动物。所谓“无脊椎动物”，说白了，就是那些“没有脊梁骨的动物”。但是许多无脊椎动物都有坚硬的外壳，形成了盔甲或外骨骼。它们广布世界各地和各种环境。无脊椎动物包括了人们较熟悉的腔肠动物门、软体动物门、棘皮动物门和节肢动物门，以及人们不太熟悉和陌生的其他十几个动物门。在动物的进化过程中，它们的身体构造发生了极大的变化，有的甚至演变成了高等动物。

1. 水母　Jelly Fish　*Aurelia aurita*

水母是腔肠动物门中水螅纲水母、立方水母纲水母和钵水母纲水母的统称。全世界共有200多种水母，广布世界各海洋。水母的身体主要是以圆形为基本结构，由一个像瓜皮帽子一样的伞状体（中央有口器）和许多细长的触手组成无头无尾、无眼无鼻无耳，也没有手和脚的动物。水母的大小，因品种而异，其伞状体长为：小品种水母的直径2~4 cm，大品种水母直径达200 cm。其触手长：从几米到30来米。水母的栖息形态，是在海中飘浮。水母以小鱼、虾和其他海洋生物为食。水母的触手有许多刺细胞，其中含有毒素，对海洋小动物和人类的杀伤力都很强。比如最危险的水母就是澳大利亚的立方水母，其毒素能在30 s内让人的心脏停止跳动。我们平常见到或吃的“海蜇皮”，就是钵水母纲根口水母目中的一种水母。

图1–1　水母
帕劳（Palau）
2001年　1元
铜镍　特种币
Φ37 mm

图1–2　水母
帕劳（Palau）
2002年　1元
铜镍　特种币
Φ37 mm

2. 珊瑚（海石花、海花）　Coral　*Corallium rubrum*

珊瑚是腔肠动物门珊瑚虫纲中的各种珊瑚虫动物的总称。目前已知大约有6 100种珊瑚。人们通称的珊瑚，实际上指的是珊瑚礁。珊瑚虫是群体生活的动物，每一个个体之间以一种叫做“共肉”的结构彼此相连，共肉部分能分泌角质或石灰质的外骨骼。珊瑚虫的触手很小，都长在嘴边。珊瑚虫以漂浮在水中的其他动物的幼虫或小动物为食。海水经过消化腔时，其中的食物和钙质都被它吸收。当珊瑚虫死后便留下了外骨骼。在热带地区，珊瑚虫繁殖迅速、生长极快，老的不断死去，新的不断生长和发育。日复一日，年复一年，珊瑚虫的骨骼不断扩大，年深月久，就成为硕大的珊瑚礁和珊瑚岛了。中国南海的东沙群岛和西沙群岛、马尔代夫（岛）、斐济（岛）和成为世界上第5个“十大自然景观”的澳大利亚大堡礁等等，都是由珊瑚虫构成的。

由于珊瑚虫的群体骨骼式样繁多、颜色各异，因而就形成了千姿百态、五彩缤纷的珊瑚（礁），正是它们构成了巧夺天工的水下花园。多数珊瑚的珊瑚虫颜色鲜艳，生长在灰白色的骨骼中；而属于八放珊瑚亚纲柳珊瑚目中的红珊瑚却不同，它们的珊瑚虫呈白色，多生长在黑色、粉红色或红色的骨骼上。红珊瑚虫一般生活在200 m深处光线较暗的海底。

许多珊瑚礁是不同级别的保护对象。比如中国广东省的“徐闻珊瑚保护区”，区内主要有3目18科65种珊瑚，其中的石珊瑚目10科37种的石珊瑚（虫）全部为国家二级保护动物。

图1–3 珊瑚（红珊瑚）
帕劳（Palau）
1994年 1元
铜镍 特种币
Φ37 mm

图1–4 珊瑚
纽埃岛（Niue）
1999年 5元
银贴金 31克
特种币
Φ36 mm

软体动物的肌肉发达、外皮黏滑、大部分都有外壳。此门共有11万余种动物，仅次于节肢动物门，是动物界中的第二大门类。头足纲大多数没有外壳，仅少数有，但是它们都有大脑袋和复眼。

3. 章鱼（八脚鱼、八爪鱼）
Octopus *Octopus vulgaris*

软体动物门、头足纲、八腕目。章鱼全长可达75 cm。章鱼是软体动物门中进化程度最高的一类群。它们广布各大洋。所有的章鱼都是食肉者。章鱼有8条腿或触须，灵敏的触须能将蜗牛、小鱼、虾和螃蟹等食物送到嘴里。相对说来，章鱼比较温和，很少主动攻击别人。但是，它却经常被一些海兽当作美味。除了勇敢抵抗（还常取胜）外，它还有一件护身法宝：释放“烟幕弹”。当它与十分凶猛的大海兽狭路相逢时，自知难敌对手，走为上策。如敌害穷追不舍，它便用腕肢紧抱一块石头，将身体的漏斗口对准敌害猛地收缩身体，喷出一团浓黑的墨汁，犹如发射一颗炮弹，击中敌人后，炮弹便立即化成一片黑水，搞得敌害摸不着北，章鱼便逃之夭夭。等到敌害能看清楚时，章鱼早已不知去向了。章鱼有一个至今令人费解的喜好：喜欢钻陶瓷罐子。渔民正是利用章鱼的这个特性，在海里放入一串串的陶瓷罐子，章鱼不管三七二十一，见罐就钻，可怜的章鱼就这样轻易就擒！

令人叹服的是，雌性章鱼具有废寝忘食育儿、护儿的精神。雌章鱼产卵后，便将1 000余个卵连成一条“绳子”挂在洞里，不吃不喝地守在未出世的孩子们身旁，而且经常划动其腕肢或触须，使卵获得充足的氧气。一旦有敌害入侵，便奋力将敌害驱逐出境。当孩子们陆续出生后，章鱼妈妈往往因忍饥挨渴和劳累过度而告别了尘世。

图1–5 章鱼
图瓦卢（Tuvalu）
1976年 50分
铜镍 流通币
Φ32 mm

图1–6 章鱼
刚果（金）（D.R.Congo）
2005年 10法郎
银 25克
特种币 5 000枚
Φ39 mm

4. 瓜鱿（枪乌贼、乌贼、墨鱼）
Squid，Cuttlefish *Onychoteuthis banki*

图1-7 瓜鱿
冰岛（Iceland）
1981年 10奥拉
青铜 流通币
Φ16 mm

软体动物门、头足纲、八腕目。全世界大约有350种瓜鱿，它们广布各大洋。瓜鱿的大小差别很大，小的才2.5 cm，大的却达2 000 cm，而巨枪瓜鱿可能长达3 000 cm。瓜鱿生活在浅海到深洋，以螃蟹、鱼和贝类为食。瓜鱿是一种奇妙的动物。首先，它是眼睛最发达的无脊椎动物，无论其大小、构造、眼球活动和视野功能等等，足以让它夺得动物奥运会无脊椎动物组的冠军。其次，瓜鱿在捕食和遇到敌害追击时，都能快速行动，常常以每秒15 m的速度把敌害抛到身后，有些瓜鱿的运行速度竟达150 km的时速（41 m／s）。再次，瓜鱿和章鱼一样，体内有一个“墨囊”，里面储有浓黑的墨汁，当它遇到敌害却又不易逃跑时，瓜鱿便迅速喷出墨汁，把周围的海水搅黑而使自己逃之夭夭，这种护身法宝，妙不可言。最有趣的是，瓜鱿体内有数百万个红、蓝、黄和黑等色素细胞，可以在一两秒内作出反应，因此，瓜鱿还是水中的变色能手呢。

5. 鹦鹉螺 Nautilus *Nautilus pompilius*

软体动物门、头足纲、鹦鹉螺目。鹦鹉螺壳很大，直径可达20 cm，壳口长8 cm。左右对称平旋，没有螺顶。鹦鹉螺仅分布于西太平洋的深海里，在中国仅仅产于台湾省、海南省和西沙群岛海域。鹦鹉螺数量极少，是中国的一级保护动物。根据鹦鹉螺的化石研究，证明在几亿年前地球上就已经出现了鹦鹉螺。古老的头足纲动物到现在几乎全都灭绝了，惟独留下了深海里生活的鹦鹉螺。因此，鹦鹉螺被动物学家看做是“活化石”，它对研究动物的进化很有科学价值。**中国Ⅰ级**。

图1-8 鹦鹉螺
帕劳（Palau）
1994年 1元
铜镍 特种币
Φ37 mm

图1-9 鹦鹉螺
瓦努阿图（Vanuatu）
2000年 50瓦图
银贴金 28克
纪念币
Φ38 mm

腹足纲动物，包括许多螺类、贝类和蜗牛等，它们的头上有触手和眼睛。用肌肉构成的“足”来行进。此纲动物，会从外套膜分泌出含有大量钙质的液体，以形成一个能保护身体的外壳。这些外壳千奇百怪，但是，大体可分为三大类：螺、贝和螺贝类。螺类动物的壳体通常为圆锥体，壳口则是椭圆形的。螺口处生有一扇门，此门平时紧闭，以保护螺壳内的身体不受侵犯。只有在行走和觅食时才打开此扇房门。对贝类来说，凡贝壳卷起的，称为卷贝类；以二枚贝覆盖身体的称为二枚贝类；等等；而有些品种的外形既像螺又像贝，就称它们为螺贝类。腹足纲动物栖息的地方，包括海洋、淡水、陆地甚至沙漠。食物包含许多植物、小动物和微生物。腹足纲动物的壳长（或壳高）大小因不同品种而异，可从几厘米到几十厘米。

6. 骨螺　Rock Shell　*Muricidae*

软体动物门、腹足纲、前鳃亚纲、新腹足目、骨螺科。

7. 皇后凤螺(女王凤凰螺)　Pink Conch, Conch Shell　*Stroombus giga*

软体动物门、腹足纲、前鳃亚纲、新腹足目、凤凰螺科。

图1-10　骨螺
图瓦卢(Tuvalu)
1976年　1分
青铜　流通币
Φ18 mm

图1-11　皇后凤螺
图瓦卢(Tuvalu)
2000年　5元
银　31克
纪念币
32 mm×32 mm

8. 金黄宝螺(金凤贝)　Golden Cowrie　*Cypraea aurantium*

软体动物门、腹足纲、前鳃亚纲、新腹足目、宝贝科。

9. 宝螺(二枚贝)　Cowrie Shell　*Cymatiidae*

软体动物门、腹足纲、前鳃亚纲、新腹足目、宝贝科。

图1-12　金黄宝螺
斐济(Fiji Is.)
1978年　20元
银　35克
CS特种币　7 473枚
Φ42 mm

图1-13　宝螺
加纳(Ghana)
1996年　200塞地
镍覆钢　流通币
Φ28 mm

10. 太平洋法螺(角螺)　Triton Shell　*Cymatiidae*

软体动物门、腹足纲、前鳃亚纲、新腹足目、嵌线螺科。

图1-14　太平洋法螺
库克群岛(Cook Is.)
1976年　20分
铜镍　收藏/流通币
Φ28 mm

图1-15　太平洋法螺
马绍尔群岛(Marshall Is.)
1986年　1元
银　1盎司
纪念币　10 000枚
Φ38 mm

双壳纲动物大约有10 000来种，它们都有一个两瓣的合页壳。所有的双壳纲动物都生活在水中，它们把水吸进壳内，用鳃吸取氧气和食物碎屑。平时用肌肉构成的“足”来行进，不少种类用此足来挖洞。

11. 太平洋珍珠（贝） Pearl Oyster *Pinctada*

软体动物门、双壳纲、瓣鳃亚纲、珍珠蛤科。人们熟悉的珍珠，是由一类能够生成珍珠的珍珠蛤科的贝类动物形成的。这种贝壳的外套膜内的部分细胞，能够分泌壳角蛋白和碳酸钙，这两种物质的交互重叠，形成“珍珠质层”。当这种贝类动物的外套膜里寄生了某种小虫子，或者是窜入了一颗小沙子，使外套膜内的表皮细胞受到刺激，从而大量分泌珍珠质，把小虫或沙子一层又一层地包了起来，时间长了，就形成了五光十色、多彩夺目的珍珠了，这样形成的珍珠，人们称之为“有核珍珠”。还有一种珍珠，则叫“无核珍珠”，它的形成原因和过程是：如果外套膜内的表皮细胞得病或受了伤残，也会使其大量地分泌珍珠质，而且也是会进行层层包裹起来的。

图1-16 太平洋珍珠（贝）
北马里亚纳群岛
（N. Mariana Is.）
2005年 5元 银 25克
特殊币（镶嵌太平洋珍珠）
2 500枚
Φ38 mm

珍珠深得人们的喜爱，因为它既可用作装饰物品，又可用作药材。中国在900多年前就开始了人工养殖珍珠。中国现有20来种可生产珍珠的珍珠贝。其中最有名的是“大珠母贝”，是珍珠贝中个体最大的一种，壳长32 cm，体重大约4.5 kg。它产的珍珠品质最好。大珠母贝主要分布在海南省、西沙群岛和雷州半岛沿岸海域，水深一般20~30 m，它们喜欢栖息在珊瑚礁、贝壳、岩礁沙砾底质海区。由于大珠母贝数量稀少，已被列为国家二级保护动物。

12. 太平洋黑珍珠（贝） Black Pearl *Pinctada margaritifera*

软体动物门、双壳纲、瓣鳃亚纲、珍珠蛤科。

13. 太平洋黄珍珠（贝） Yellow Pearl *Pinctada maxima*

软体动物门、双壳纲、瓣鳃亚纲、珍珠蛤科。

图1-17 太平洋黑珍珠（贝）
帕劳（Palau）
2006年 5元
银 25克
特殊币
（镶嵌太平洋黑珍珠）
2 500枚
Φ38 mm

图1-18 太平洋黄珍珠（贝）
帕劳（Palau）
2007年 5元
银 25克
特殊币
（镶嵌太平洋黄珍珠）
2 500枚
Φ38 mm

棘皮动物门动物就是人们常见的海参，还有海星和海胆等，这类动物的表面结构粗硬、或长有许多疙疙瘩瘩和长短不一的棘状突起。全世界共有6 500种棘皮动物，分布在所有海域，它们以植物或双壳类动物为食。海星亚门动物是唯一由“五个部位”构成的动物。许多品种都有五条腕、五套管足和五套口器。

14. 海星　Starfish，Seastar　*Asteroidea*

棘皮动物门、海星亚门、星形纲。全世界大约有1 500种海星。它们的触腕有长有短，一些海星的触手非常短，看起来就好像是一个五角星或五边形的坐垫。普通海星生活在浅海中，主要以贝类和其他的软体动物为食。它们的进食很有意思：海星先爬到猎物上面，用管足将猎物的壳撬开，哪怕只撬开很小的一个裂缝，海星就能将胃滑进对方的体内，“吃掉”（消化和和吸收）猎物身体的柔软部分。对于较小的贝类，海星也可用腕足把对方紧紧吸住，然后从嘴巴里翻出胃来把这个贝包住（海星的胃很大，几乎与身体相当），直到把贝闷死，贝壳自然张开，海星再来品尝美味。海星触腕的再生能力很强，当它的触腕被弄断或被咬断后，都能长出新的触腕来。因此，每当海星遇到敌害并遭到袭击时，只要对方没有咬住海星的关键部分，只咬着触腕，海星就会拼命挣脱，来个“壮士”断腕，逃之夭夭。

图1-19　海星
巴哈马（Bahamas）
1966年　1分
青铜　流通币
Φ18 mm

图1-20　菊海星
澳大利亚（Australia）
2007年　1元
铝青铜　收藏/特种流通币
Φ25 mm

15. 红海星　Red Starfish　*Echinaster sepositus*

棘皮动物门、海星亚门、星形纲。

图1-21　红海星
帕劳（Palau）
2003年　1元
铜镍　特种币
Φ37 mm

16. 南蛇尾（红色将军海星、易碎的海星）
Southern Serpent Star　*Ophiomyxa australis*

棘皮动物门、海星亚门、蛇尾纲。蛇尾纲动物有多种，南蛇尾就是其中之一。此物虽然在外形上与海星相似，但活动本领却比海星更强。每当蛇尾沿着海底爬行时，有的触腕前伸，而有的触腕随后，好像蠕虫在蠕动，又似蛇在蜿蜒前行，故名“蛇尾”；又由于蛇尾的多条触腕连在一个圆盘形状的身体上，虽然伸缩非常自如，但是触腕十分脆弱，很容易搞碎，所以蛇尾又被称为“易碎的海星”。

图1-22 南蛇尾
库克群岛(Cook Is.)
1999年 1元
银 1盎司
特种币 5 000枚
Φ41 mm

节肢动物门是动物界最大的一个门，此门现存种类达100多万种动物，几乎占动物界已知物种数目的84%左右。

甲壳纲动物是节肢动物门中的一个大纲。甲壳纲动物的体外都有一层有关节的石灰质外壳或保护层（均称为甲壳）。全世界共有3万多种甲壳纲动物，我们常见的各种虾和蟹就是甲壳动物的典型代表。

17. 虾 Shrimp

节肢动物门、有鳃亚门、甲壳纲（软甲亚纲）、十足目、长尾亚目、虾科。虾类分头胸和腹两部分。腹部由7节体节组成，有5对游泳肢及一对粗糙的尾肢，还有一尾扇，它能控制虾的游泳方向。虾的嘴巴在头胸部的底部，头胸部有2对触须（角），负责嗅觉、触觉和身体的平衡。虾以鳃呼吸，分布于世界各地的淡水和海中。虾可分为两类：一类是会游泳的虾；另一类是在水底匍匐前行的虾。虾的物种数以千计，大小差别也很大，小的品种全长才1 cm，而大的品种则可达40 cm。

图1-23 虾
冰岛(Iceland)
1981年 50奥拉
青铜 流通币
Φ19 mm

图1-24 虾
莫桑比克(Mozambique)
1994年 100梅蒂卡尔
镍覆钢 流通币
Φ28 mm

18. 对虾 Prawn *Penaeus*

节肢动物门、有鳃亚门、甲壳纲、软甲亚纲、十足目、长尾亚目、虾科。这个动物名称，可不能望文生义了！对虾，人们常以为它们就是夫妻总在一起的虾。其实搞错了，因为根本就没有雌雄成对成对生活在一起的虾。“对虾”这个名字，竟是来自于虾类的买卖人，他们为了图个吉利，喜欢成对成对地买卖这类虾，久而久之就出现了“对虾”这个名称。实际上对虾是一种性情非常孤僻、独来独往的动物，平常雌雄之间更是很少接触，也没成双成对共同生活的习性。对虾和绝大多数动物一样，只有在繁殖期间，雌雄才有一段交往和求偶的短暂时间，而在交尾一结束，雄虾与雌虾就各奔东西了。

19. 螯虾（刺蛄） Crayfish *Astacopsis gouldi*

节肢动物门、有鳃亚门、甲壳纲、软甲亚纲、十足目、长尾亚目、虾科。螯虾的外形酷似龙虾，但比龙虾小。螯虾原为美国的特产，属于杂食性动物。由于它们不挑食，而且适应能力很强，现在已广布世界各地。螯虾大约有750种。螯虾生活在淡水中，主要以死鱼和水草等为食。螯虾有一对螯，其力极大、其形可畏。

图1-25　对虾
开曼群岛（Cayman Is.）
1974年　5分
铜镍　收藏/流通币
Φ18 mm

图1-26　螯虾
俄罗斯（Russia）
2003年　1卢布
银　16克
特种币
Φ33 mm

图1-27　螯虾
俄罗斯（Russia）
2005年　1卢布
银　16克
特种币　50 000枚
Φ33 mm

20. 龙虾 Spiny Lobster *Ammollicata*

节肢动物门、有鳃亚门、甲壳纲、软甲亚纲、十足目、长尾亚目、龙虾科。一般的龙虾体长40 cm左右，体重5 kg。有记录最重磅的，体长75 cm，体重12 kg。显然，龙虾就是虾中之王，动物奥运会虾组的冠军。龙虾的头胸部也有2对触须（角），短的触须前端分叉，而长的触须则比身体的其他部分还要长。龙虾身上有突刺，对保护身体具有很好的作用。龙虾是在水底匍匐前行的一类虾。龙虾的足很发达，可以在海底爬行几十公里的距离。雌龙虾腹部里侧的多条小腹足是准妈妈用来孵卵的地方。有的龙虾的寿命超过10年。

图1-28　龙虾
特克斯和凯科斯群岛
（Turks & Caicos Is.）
1981年　$\frac{1}{4}$克朗
流通币
Φ24 mm

图1-29　龙虾
也门（Yemen）
1984年　5费尔
铝　流通币
Φ24 mm

图1-30　龙虾
百慕大群岛（Bermuda Is.）
1991年　2元
银　28克
特种币　2 500枚
Φ38 mm

21. 蟹（螃蟹） Crab

节肢动物门、有鳃亚门、甲壳纲 、软甲亚纲 、十足目 、短尾亚目、蟹科。蟹的品种很多，大小差别也很大，小的甲长才1 cm，而最大的是日本的巨螯蟹，其两只巨螯张开时竟达4 m！蟹分布于全世界，栖息在海洋里及岸边的水域，也栖息在淡水中和陆地。蟹类多以死动物为生，也常以小鱼、虾、沙虫（蚕）及螺贝类等活体为食。蟹的产卵数目多达150 000个！据说有的蟹的寿命可达60年。

22. 淡水蟹（螃蟹） Freshwater Crab *Potamon tauricum*

节肢动物门、甲壳纲、软甲亚纲、十足目、短尾亚目、蟹科。蟹和鱼一样，也是以鳃呼吸，但是，蟹类离开了水却不会死，因为蟹的鳃片可以存储水分，所以，蟹类并不担心离开水后有性命之忧。更有甚者，有的蟹已经进化为陆生蟹了。还有趣的是，蟹类也有“丢车保帅”的能力。当蟹遇敌强攻而身陷绝境时，它可忍受阵痛，自断脚或螯，并将其丢向敌方。对方以为美味到手，急忙上去捕捉，蟹便乘机逃之夭夭了。蟹的再生能力很强，几个月后，又长出一只新脚或螯了。

图1–31 蟹（红眼蟹）
图瓦卢（Tuvalu）
1976年 10分
铜镍 收藏/流通币
Φ23 mm

图1–32 淡水蟹
马耳他（Malta）
1986年 5分
铜镍 流通币
Φ19 mm

图1–33 淡水蟹
乌克兰（Ukraine）
2000年 10格里夫纳
银 31克
特种币 5 000枚
Φ39 mm

23. 椰子蟹（椰寄居蟹） Coconut Crab，Robber Crab *Birgus latro*

节肢动物门、甲壳纲、软甲亚纲、十足目、 短尾亚目、蟹科。在蟹类中，有一类蟹叫寄居蟹，是一类与虾和蟹很相似的动物。它们会选择适合自己大小的空螺壳，将腹部套缩进去，而遇敌害时就把整个头胸部都缩进去。随着身体不断长大，它就不断换“房”（壳）。一辈子就在海里的多座“豪宅”（螺壳）中寄居，故得寄居蟹之名。而椰子蟹则是寄居蟹中的另一类型。它们在青少年时期也是在海中如同其他寄生蟹一样生活，中年时期就弃螺壳而移居陆上，成为陆生蟹（但是，雌性椰子蟹是回到海里产卵的）。椰子蟹甲长12 cm，有的则更大，若将螯脚拉直测量，长度竟达50 cm。它们主要分布在太平洋、印度洋的岛屿上。每当夜幕来临之际，椰子蟹纷纷从椰树下的洞穴中爬出来，在地下寻找落地的现成椰子，用令人生畏的一对螯脚对准椰子的芽眼猛刺，把椰子壳打破撬开，品

图1–34 椰子蟹
托克劳（Tokelau Is.）
1980年 1塔拉
银 28克
特种币 6 004枚
Φ38 mm

尝鲜美白嫩的椰肉；如果吃不到现成的，椰子蟹就会顺着树干爬到树顶，用螯脚把椰子柄剪断，让椰子落地，它再爬下树来，找到这个椰子后撬开，饱餐一顿。

节肢动物门中的昆虫纲动物，多数都有坚硬的外骨骼和两对翼。昆虫纲不仅是低等动物中、而且也是整个动物界中最大的一个纲，它包括有30多个昆虫目的100多万种昆虫，约占动物总数的80%。昆虫是世界上生命力最旺盛的一类动物，也是一个巨大弱势群体。然而，昆虫的身影却比其他任何一个动物群体的分布要广泛得多。

24. 蜻蜓（蜻蛉、蚂螂） Dragonfly *Aeshnidae*

节肢动物门、气管亚门、昆虫纲、蜻蜓目、差翅亚目、蜓科。蜻蜓广布世界，特别是热带地区，生活在气候温暖地区的河流附近或潮湿地带。品种多达5 000来种，小品种的蜻蜓身长仅2 cm左右，大的可达20 cm。蜻蜓以蚊、苍蝇、蚜虫等为食，一天可吃1 000只小飞虫。对人类十分有益处。蜻蜓是一种十分古老的昆虫，早在2.8亿年前，地球上就有一种超大型的蜻蜓，双翅膀展开竟达70 cm，比许多鸟都要大。

蜻蜓是空中飞行的昆虫，可是雌蜻蜓产卵却一定要产到水里。每到夏天，我们经常看到许多蜻蜓贴着小河、溪流或池塘的水面上低飞、盘旋，并不时用尾巴点一下水面，这就是人们常说的“蜻蜓点水”，实际上是雌蜻蜓在向水里或水草上产卵。从卵孵化为幼虫，要1~2年时间。可是蜻蜓成虫只能活上一个来月的时间，最长也不超过1年。

图1–35　蜻蜓
俄罗斯（Russia）
2007年　1卢布
银　16克
特种币　50 000枚
Φ33 mm

25. 雨林豆娘 Rainforest Damselfly *Diphlebia coerulescens*

节肢动物门、气管亚门、昆虫纲、蜻蜓目、束翅亚目、丝蟌科。豆娘的外形很像蜻蜓，但是与蜻蜓相差别甚大，而且还不是一个科的动物。豆娘品种很多，身体最长的为4 cm，分布在欧洲、亚洲和北美洲，普通蓝豆娘能在零下30 ℃的北极苔原地区生活。豆娘多以生活在植物上的小昆虫为食。和蜻蜓一样，豆娘也将卵产在水里、水生植物的茎中，它的幼虫也要在水中生活1年左右的时间才能长大为成虫豆娘。

图1–36　雨林豆娘
库克群岛（Cook Is.）
2000年　1元
银　1盎司
特种币　5 000枚
Φ41 mm

26. 乌克兰蝗虫（蚱蜢、蚂蚱）
Ukraine Grasshopper *Poecilimon urrainicus*

节肢动物门、气管亚门、昆虫纲、直翅目、剑角蝗科。蝗虫，望名生义，它是昆虫中之皇。它以分布广、种类多和食量大而居各类昆虫之首。蝗虫为世界性分布，其种类很多，全世界大约有10 000余种，中国就有600余种。小的蝗虫全长2 cm，大的可达8 cm。蝗虫基本上分为两大类：一类是能远距离迁飞的蝗虫叫飞蝗；另一类是仅能短距离飞行的，叫土蝗，意即土生土长。幼虫和成虫的食性相同，而且食量都很大，对人类来说，它们主要是危害禾本科植物和草类植物，如各种农作物、青草、芦苇，没有什么植物可吃时，甚至连窗户纸都能吃光，因而它们是农林害虫。蝗虫不仅善于飞行，而且善于跳跃。蝗虫一跳就可达75 cm，和人类按照比例计算，蝗虫所跳的高度，相当于人类要跳过20层高的大楼！蝗虫是仅次于跳蚤的跳高亚军。

图1–37　乌克兰蝗虫
乌克兰（Ukraine）
2006年　10格里夫纳
银　31克
特种币　5 000枚
Φ39 mm

27. 蝉（知了）　Cicada　*Cicadae*

节肢动物门、气管亚门、昆虫纲、有翅亚纲、同翅目、蝉科。蝉是一种较大的吸食植物的昆虫，同时，雌蝉将卵产在树皮中，使树木伤痕累累，及至枯死。蝉一生对树木为害甚重，对人类唯一的贡献是所留的蝉蜕可以入药治病。雌蝉产卵后不久即会死去。而卵到第二年才孵化为幼虫，落到地面，钻入土中，一直在地下生活15~17年后才发育为成虫来到地面和空中，然而，成虫蝉的寿命只有30天！

图1–38　蝉
百慕大（Bermuda）
1990年　2元
银　28克
特种币　2 500枚
Φ38 mm

28. 穴蚁蛉（蚁狮、食蚁虫、沙猪）
Ant Lion, Doodlebug　*Myrmeleon sagax*

节肢动物门、气管亚门、昆虫纲、脉翅目、蚁蛉科。穴蚁蛉是一种捕食非常有趣的动物。穴蚁蛉总是在沙土上先挖好一个洞穴，然后把大的沙粒或土块推出以给猎物造成外逃时的麻烦。一切搞定后，穴蚁蛉便在洞穴底部等待猎物送上门来。凡是经过此处陷阱的蚂蚁，无一能逃脱。还有趣的是，穴蚁蛉是很讲究整洁卫生的，它在享用完美餐后，穴蚁蛉总是把那些不好吃的残渣推出到洞穴外，随后好生休息，等待下一个“倒霉蛋”光临。当然，由于它总是采用这种“守株待兔”的捕食方式，也经常饿肚子，好在十几二十天不吃东西也无妨，它很经饿。

图1–39　穴蚁蛉
帕劳（Palau）
2006年　1元
金　0.5克
特种币
Φ11 mm

29. 甲壳虫（甲虫） Beetle *Coleoptera*

节肢动物门、气管亚门、昆虫纲、鞘翅目。甲壳虫实际上是鞘翅目动物的总称，此目包括犀金龟科和锹甲科等等在内大约30多万种的动物，是昆虫纲中最大的一个群体（目），每3只昆虫就有一只甲壳虫。甲壳虫都有坚硬的前翅，称为“翅鞘”。翅鞘合拢时，好像外壳一样罩住了后翅，甲壳虫就可以到处爬动而不会损伤用来飞行的后翅。甲壳虫的大小差别极大，小的品种，几乎肉眼看不见（0.25 mm）；大的品种体长竟超过18 cm！甲壳虫广布于除海洋及雪地以外的世界各地，包括生活在陆地和淡水中。甲壳虫的食物包括多种新鲜的、腐烂的动物和植物。甲壳虫的产卵数目因品种而异，有的仅产1或2枚，多的达1 000枚。甲壳虫也是完全变态昆虫，它们的一生要经过卵、幼虫、蛹和成虫这4个生命周期的发育阶段。甲壳虫的寿命，有的可达25年以上，最高纪录达30年。

图1-40　甲壳虫
圣马力诺（San Marino）
1974年　2里拉
铝　收藏/流通纪念币
Φ18 mm

30. 犀金龟（犀头） Rhino Beetle *Oryctes rhinoceros*

节肢动物门、气管亚门、昆虫纲、鞘翅目、犀金龟科。

犀金龟属于大型的甲壳虫，体壁坚硬而粗壮。犀金龟的双眼之间生有向上竖起的尖角，其模样酷似犀牛角，故名。它的头部还生有一块好似半月形板斧一样的额片。犀金龟体长2~4 cm。口器为典型的咀嚼式。和许多甲壳虫比较起来，犀金龟显得“笨”些。但要是论起挖土穿穴来，犀金龟可不含糊，犀金龟靠头上祖传的“尖角”和“额片”，就已经获得家族中挖洞穿穴的冠军。犀金龟在中国分布广泛，并且已经被中国列为“中国国家重点保护动物 II”。在犀金龟科中有一种仅仅产于美洲热带地区的巨大犀金龟，其雄性可谓是世界上身体最长的甲壳虫，体长将近20 cm！它以果实为食。

图1-41　犀金龟
帕劳（Palau）
2006年　1元
金　0.5克
特种币
Φ11 mm

31. 锹甲（铁锹甲）
Staghorn Beetle *Lucanus cervus*

节肢动物门、气管亚门、昆虫纲、鞘翅目、锹甲科。此科大约有1 250种的锹甲，大品种的锹甲体长达10多 cm。锹甲头大，上颚发达，样子吓人。主要分布在热带地区，一般生活在林地里。锹甲主要以树液和其他液体为食。锹甲是一群好斗的昆虫，在群体中常常为争夺异性而大打出手，但是对人类和其他动物并不构成威胁。令人惊讶的是，锹甲夫妇密切合作的精神在昆虫界是很少见的。新婚不久的锹甲夫妇，通力合作挖筑一间又一间的育婴室，然后，准爸爸负责觅食并搬运回食物，交给妻子，由妻子保存或加工成食品，放置在每一个房间，并在每个房间的食物上各产一枚卵；而准爸爸则在洞外担任警卫，不时地进进出出

图1-42　锹甲
波兰（Poland）
1997年　20兹罗提
银　28克
特种币　20 000枚
Φ38 mm

进行巡视，以确保家里的妻子和儿女们安全无恙。这种夫妻之间各司其职、密切配合的关系，和我们人类“男主外、女主内”的恩爱家庭模式何其相似！亲爱的读者们，要是评选锹甲为动物界的“模范夫妻”，您同意吗？

32. 帝蛾　Emperor Moth　*Pavonia pavonia*

节肢动物门、气管亚门、昆虫纲、鳞翅目、蛾亚目、蛾科。蛾类的外表酷似蝴蝶，是蝴蝶的姐妹，但是都没有蝴蝶漂亮。蛾的种类繁多，大约有13万种，仅仅中国记录的就大约有7 000余种。其大小悬殊：张翅长从不足1 cm到20多 cm。蛾是完全变态昆虫，它们的一生也要经过卵、幼虫（毛虫）、蛹和成虫这4个发育阶段。除南北极外，广布世界各地。生活在沙漠、雨林和山地。蛾的食性范围极广，主要是植物的根、茎、叶、果；也吃昆虫、毛皮、布料和木质等等。幼虫时期平均28天。

图1-43　帝蛾
格恩西(Guernsey)
1997年　1克朗
铜镍　WWF-CN纪念币
Φ38 mm

蝴蝶为节肢动物门、气管亚门、昆虫纲、鳞翅目、蝶亚目动物的总称。和蛾类一样，也是完全的变态昆虫。蝴蝶种类大约有18 000种(中国有1 300多种)，其张翅长可从1.3~30 cm不等。除南北极外，广布世界各地。蝴蝶多生活在雨林、山地和沙漠。蝴蝶的食性范围极广，许多蝴蝶以花蜜、水果及植物的汁液等液体为食；或以叶、花和芽为食；或以含糖的液体为食；也有吃蚜虫、毛虫、成虫和介壳虫等肉食性蝴蝶；欧洲的杨木蛱爹蝶不爱去花丛中采蜜，却喜欢吸食动物粪便和腐烂尸体内分解而流出的流体等等，不一而足。蝴蝶的产卵数可达1 000枚，而多数蝴蝶的寿命则不到1年，实际上成年蝴蝶的生命一般不超过2个月，雌蝶产卵不久便告别尘世。有很少一些蝴蝶种类习惯过冬，冬眠后在春天再度出现。

和鸟类一样，为气候、食物和繁殖等原因，蝴蝶也有迁徙的习性，我们很难想象，像蝴蝶这样的小动物，就是较小品种的蝴蝶，也可从撒哈拉沙漠中部飞到英国，而仅仅用14天的时间，长途飞行3 000 km，最远的竟达3 600 km！我们说蝴蝶是低等动物中的飞行冠军，决不会有异议；与鸟类相比，从某种角度上看，也许蝴蝶才是动物界的真正的飞行冠军！

千百年来，人类看到花美、鸟美而蝴蝶更美，比喻它们是“会飞的花朵”，特别是看到双双飞舞的蝴蝶，“舞姿翩跹、形影不离”，就一直被人们认为这是追求忠贞不渝的爱情的表现，犹如梁山伯与祝英台最后化作一对自由飞翔的蝴蝶，成为爱情的楷模。实际上，这是人们对蝴蝶认识上的一个误区。因为蝴蝶的习性，大多数是独宿的，只有少数的才是群栖。研究人员发现，每当春暖花开的时候，正是蝴蝶的繁殖季节，这时，雌雄蝴蝶确实有双双起舞的习性，可是在它们娱情并交配之后，雌蝶就一反常态，“弃夫”而要去产卵了。任由雄蝶百般追逐，它也无动于衷，而是千方百计的摆脱雄蝶的纠缠，“想方设法”去寻找一个合适的产卵地方。人们经常看到蝴蝶双飞，是多么的“情意缠绵、难分难舍”，殊不知，这常常是蝴蝶“婚姻”破裂的表现呢。

美丽的蝴蝶，却常常给它们自己带来厄运。由于人类大量收集蝴蝶作为欣赏品、收藏品、工艺品和装饰品等，许多蝴蝶，包括许多珍贵品种的蝴蝶都到了濒临灭绝的危险境地，特别是著名的凤蝶科蝴蝶。凤蝶科中的蝴蝶包括有世界上最大的蝴蝶（翅张长度约29 cm）。

本文介绍了5个科17种的蝴蝶，其中凤蝶科就有4个属的12种蝴蝶。

33. 金斑喙凤蝶　Golden Kaiser-I-Hind　*Teinopalpus aureus*

节肢动物门、气管亚门、昆虫纲、鳞翅目、蝶亚目、凤蝶科、喙凤蝶属。金斑喙凤蝶是中国特有的世界珍贵蝶种，分布于广东、广西、福建和海南等省（区）。金斑喙凤蝶身体大多呈绿色，前翅长约55 mm，后翅有金色尾突。雄蝶的体和翅膀为黑褐色，布满浓金绿色微粒，后翅的尾突中区有一明显的近五边形金黄色斑块，此蝶名即由此而来。金斑喙凤蝶全身色彩绚丽，非常漂亮。IUCN 稀有；CITES 附录I；中国 I级。

34. 蓝鸟翼凤蝶　Blue Bird Wing Swallowtail　*Orinithoptera priamus urvillianus*

节肢动物门、气管亚门、昆虫纲、鳞翅目、蝶亚目、凤蝶科、蓝鸟翼凤蝶属。蓝鸟翼凤蝶为所罗门地区特产，是世界上非常珍稀的蝶类之一。CITES 附录I。

图1-44　金斑喙凤蝶
中国（China）
1999年　5元
紫铜
收藏/特种流通币
6 000 000枚
Φ32 mm

图1-45　蓝鸟翼凤蝶
瓦努阿图（Vanuatu）
2006年　10瓦图
银　1盎司
特种币　5 000枚
Φ40 mm

35. 亚历山大鸟翼凤蝶
Queen Alexandra Bird Wing Swallowtail　*Orinithoptera paardisea*

节肢动物门、气管亚门、昆虫纲、鳞翅目、蝶亚目、凤蝶科、鸟翼凤蝶属。

图1-46　亚历山大鸟翼凤蝶
巴布亚新几内亚
（Papua New Guinea）
1992年　5基那
银　23克
特种币　300枚
Φ38 mm

图1-47　亚历山大鸟翼凤蝶
瓦努阿图（Vanuatu）
2006年　10瓦图
银　1盎司
特种币　5 000枚
Φ40 mm

36. 凤蝶　Swallowtail　*Papilio toboroi*

节肢动物门、气管亚门、昆虫纲、鳞翅目、蝶亚目、凤蝶科、凤蝶属。

图1-48　凤蝶
瓦努阿图（Vanuatu）
2006年　10瓦图
银　1盎司
特种币　5 000枚
Φ40 mm

37. 大黄带凤蝶　Giant Swallowtail　*Papilio cresphontes*

节肢动物门、气管亚门、昆虫纲、鳞翅目、蝶亚目、凤蝶科、凤蝶属。

38. 黄凤蝶　Yellow Swallowtail　*Papilio machaon*

节肢动物门、气管亚门、昆虫纲、鳞翅目、蝶亚目、凤蝶科、凤蝶属。

图1-49　大黄带凤蝶
古巴(Cuba)
1996年　1比索
铜镍　特种币
Φ33 mm

图1-50　黄凤蝶
伯利兹(Belize)
1981年　100元
金　6克
特种币　1 658枚
Φ26 mm(顶角外圆)

39. 蓝凤蝶　Blue Swallowtail　*Papilio protenor*

节肢动物门、气管亚门、昆虫纲、鳞翅目、蝶亚目、凤蝶科、凤蝶属。

40. 加拿大虎纹凤蝶（虎斑凤蝶）
Canadian Tiger Swasillowtail　*Papilio Canadensis*

节肢动物门、气管亚门、昆虫纲、鳞翅目、蝶亚目、凤蝶科、凤蝶属。

图1-51　蓝凤蝶
毛里求斯(Mauritius)
1975年　25卢比
银　28克
CS特种币　9 869枚
Φ38 mm

图1-52　加拿大虎纹凤蝶
加拿大(Canada)
2004年　25分
银　9克
特种币　20 000枚
全息幻彩
Φ27 mm

41. 短尾黑凤蝶　Short-tailed Swallowtail　*Papilio brevicauda*

节肢动物门、气管亚门、昆虫纲、鳞翅目、蝶亚目、凤蝶科、凤蝶属。

图1-53　短尾黑凤蝶
加拿大(Canada)
2006年　25分
银　9克
特种币　20 000枚
全息幻彩
Φ27 mm

42. 大螯豹凤蝶　Homerus Swallowtail　*Papilio homerus*

节肢动物门、气管亚门、昆虫纲、鳞翅目、蝶亚目、凤蝶科、凤蝶属。西半球最大的蝴蝶，最大翼展达75 mm。数量极少，仅生活在牙买加西部海拔150～600 m的山坡上。IUCN濒危；CITES附录I。

43. 菲罗豆粉蝶　Clouded Sulphur　*Colias phylodice*

节肢动物门、气管亚门、昆虫纲、鳞翅目、蝶亚目、凤蝶科、凤蝶属。

图1-54　大螯豹凤蝶
牙买加（Jamaica）
1979年
银　43克
特种币　8 308枚
Φ44 mm

图1-55　菲罗豆粉蝶
加拿大（Canada）
2004年　25分
银贴金　9克
特种币　20 000枚
Φ27 mm

44. 红点黄带粉蝶　Swallowtail Butterfly　*Delias sagessa*,

节肢动物门、气管亚门、昆虫纲、鳞翅目、蝶亚目、凤蝶科、凤蝶属。

45. 开眼环蝶　Eye Catop　*Taenaris catops*

节肢动物门、气管亚门、昆虫纲、鳞翅目、蝶亚目、环蝶科、环蝶属。

图1-56　红点黄带粉蝶
瓦努阿图（Vanuatu）
2006年　10瓦图
银　1盎司
特种币　5 000枚
Φ40 mm

图1-57　开眼环蝶
瓦努阿图（Vanuatu）
2006年　10瓦图
银　1盎司
特种币　5 000枚
Φ40 mm

46. 君主斑蝶（霸王蝶、黑脉金斑蝶）　Monarch Butterfly　*Donaus plexippus*

节肢动物门、气管亚门、昆虫纲、鳞翅目、蝶亚目、斑蝶科。

图1-58　君主斑蝶
百慕大（Bermuda）
1989年　1元
银　28克
特种币　5 000枚
Φ38 mm

图1-59　君主斑蝶
加拿大（Canada）
2005年　25分
银　9克
特种币　20 000枚
Φ27 mm

47. 红锯蛱蝶 Red Lacewing *Cethosia cydippe*

节肢动物门、气管亚门、昆虫纲、鳞翅目、蝶亚目、蛱蝶科、锯蛱蝶属。

48. 黄褐斑豹蛱蝶 Great Spangled Fritillary *Speyeria cyberle*

节肢动物门、气管亚门、昆虫纲、鳞翅目、蝶亚目、蛱蝶科、斑豹蛱蝶属。

图1-60 红锯蛱蝶
瓦努阿图(Vanuatu)
2006年 10瓦图
银 1盎司
特种币 5 000枚
Φ40 mm

图1-61 黄褐斑豹蛱蝶
加拿大(Canada)
2005年 25分
银 9克
特种币 20 000枚
全息幻彩
Φ27 mm

49. 甜灰蝶 Silvery Blue Swallowtail *Glaucopsyche lygdamus*

节肢动物门、气管亚门、昆虫纲、鳞翅目、蝶亚目、灰蝶科、银蓝甜灰蝶属。

图1-62 甜灰蝶
加拿大(Canada)
2005年 25分
银 9克
特种币 16 000枚
全息幻彩
Φ27 mm

50. 蜜蜂 Bee *Apis mellifera*

节肢动物门、气管亚门、昆虫纲、有翅亚纲、膜翅目、细腰亚目。蜜蜂是人类非常熟悉的动物，因为它们为无数的农林作物和所有花朵传授花粉，还制造了大量的蜂蜜和蜜蜡。蜜蜂体长可达6 cm。除南北极外，广布世界各地。主要栖息在陆地、林地和雨林一带。以花蜜和花粉为食。蜜蜂是群栖动

图1-63 蜜蜂
马耳他(Malta)
1972年 3米尔
铝 流通币
Φ23 mm

图1-64 蜜蜂
圣马力诺(San Marino)
1974年 10里拉
铝 收藏/流通纪念币
Φ23 mm

图1-65 蜜蜂
意大利(Italy)
1981年 2里拉
铝 流通币
Φ19 mm

图1-66 灰蜜蜂(灰蜜蜂)
斯洛文尼亚(Slovenia)
2004年 50斯托
青铜 流通币
Φ25 mm

物。寿命8~10个月。在每一群蜜蜂中都有一只比其他蜜蜂更大的蜜蜂王后，它的任务就是产卵，每天可产卵多至2 000~3 000枚。蜜蜂中大部分是雌性的工蜂，是蜜蜂家族中最为辛劳的成员，它们承担了建造和修理蜂巢、采集食物、照顾幼蜂和抵抗外来侵犯等等许多任务。然而雌蜂们就是不会产卵。在一年里，蜂群只有在某个时候才会产生雄蜜蜂，它们从来不干工蜂们的工作，只是专门与蜂后交尾。蜜蜂是我们地球上最优秀的建筑师，许多人都见过蜂巢，蜂巢由几千甚至数万间蜂房组成，蜂房都是大小相等的六棱柱体，底面由3个全等的菱形状物封闭起来，每间蜂房的容积几乎相同，为0.25 cm^3。每排蜂房互相平行排列又互相嵌接，组成了一个精密的蜂巢。这种结构容积最大但用材却最少。数以万计的蜜蜂同时施工建巢，谁画的图？谁在指挥？谁去协调？谁来检测？令人称奇和叫绝！同时又留下多少谜团让人猜想。

51. 蚂蚁　Ant　*Formicidea*

节肢动物门、气管亚门、昆虫纲、有翅亚纲、膜翅目、细腰亚目、蚁科。在蚂蚁家族中，有着极其明显的分工 ：和蜜蜂一样，雄蚁专司与蚂蚁皇后交配，而蚂蚁皇后的惟一任务也是生育下一代。工蚁负责建立和修理蚁巢、外出觅食并运回蚁巢、还要负责照顾弟弟妹妹；此外还有一种兵蚁，它们的任务是保卫领土、抵抗外敌入侵。每年在温暖闷热的日子里，我们可看到空中满是飞蚁，这是雄蚁和会产卵的雌蚁离开蚁巢作交配飞行。交尾后，雄蚁便死去，雌蚁回巢产卵，翅膀开始脱落。蚂蚁皇后一天就可以产下3 000枚卵。第一批孵出的为工蚁，承担起家族内里里外外的重活，较迟孵出的则为兵蚁。蚂蚁是一种奇妙的动物，它能搬运大于自身体重50倍的“重物”！不愧是自然界的大力士。还有，在偌大的树林或荒原中，蚂蚁的行动简直像进入了迷宫一样，一只微小的蚂蚁如何外出为集体觅食？找到食物后又如何回家“搬兵”？又如何再次找到有食物的那个地方？它们靠的是身上发出的一种化学物质，出去时边走边放，回来时边走边“闻”（感应）。

图1-67　蚂蚁
圣马力诺（San Marino）
1974年　1里拉
铝　收藏/流通纪念币
Φ17 mm

图1-68　蚂蚁
拉脱维亚（Latvia）
2003年　1拉脱
铜镍　流通币
Φ21 mm

52. 蜘蛛 Spider　*Araneida*

节肢动物门、有螯亚门、蛛形纲、蜘蛛目。蜘蛛大约有35 000种。分布在除南北极以外的世界各地，而栖息地也非常广泛。小品种蜘蛛体长仅仅1 cm，大的可达10 cm（包括脚则达20 cm）长。蜘蛛出现在地球上已经有4亿年历史了。蜘蛛以多种昆虫、蠕虫为食，有的蜘蛛还吃鱼、蜥蜴和鸟类等。母蜘蛛产卵数目因品种而异，多的每次可产卵2 000余枚。刚孵化的幼蛛总是在母体上活动。 蜘蛛是大自然中的最佳织网巧手，能织成圆形的（最大的圆周长达5.7 m）、三角形的和多边形的，以此捕捉“自投罗网”者，这是蜘蛛谋生的手段。网织好了，它所需要的就是耐心地“守株待兔”了。人工饲养的蜘蛛寿命可达15年。 蜘蛛家族中的怪事多多，最怪的就是蜘蛛在交配过程中或之后，雄蜘蛛如不掌握技巧或时机，就往往会成为雌蜘蛛的一顿美餐。为此，许多雄蜘蛛早在交尾之前就会殷勤地给“意中人”送上一些好吃的，以便让“她”在品尝美味的时候忘记其他“节目”，雄蜘蛛才有可能在交尾后逃离险境；而有的品种，就在孵化的幼蛛一出世，母蜘蛛就会被这些亲生的幼蛛当作它们出生后的第一顿饱饭，这就是动物界罕见的“食母现象”。

图1-69　蜘蛛
圣马力诺（San Marino）
1975年　1里拉
铝　收藏/流通纪念币
Φ17 mm

53. 蝎子 Scorpion　*Scorpionida*

节肢动物门、有螯亚门、蛛形纲、蝎目。

蝎目共有9个科大约1 400余个品种，是蛛形纲动物中最原始的类群。早在4亿年前，蝎子就从海洋来到陆地。蝎子是大型的蛛形纲动物，小的品种体长6 cm，大的可达20余 cm（包括螯长在内）。它们分布在除南北极以外的世界各地，生活在从雨林到沙漠的所有温暖的地区，常以岩石或地下的洞穴为巢。蝎类动物主要以多种昆虫、蜘蛛、其他蝎子、蜥蜴和老鼠等为食。母蝎的怀孕期长短不一，交尾后短的仅1个月就产卵，长的要1年半才会产卵。大多数蝎子是卵生的，但是约有30%的幼蝎是从母蝎体内直接生出来的。蝎子是世界十大恐怖动物之一，每年都有上千人被蝎子的毒液致死。

图1-70　蝎子
俄罗斯（Russia）
2002年　2卢布
银　16克
特种币
Φ33 mm

图1-71　蝎子
蒙古（Mongolia）
2005年　500图格里克
银　25克
特殊币（蝎尾镶嵌黄宝石）
Φ38 mm

第二章　两 栖 动 物

两栖动物大约起源于4亿年前，其祖先是鱼类。和其他“纲类”动物相比，两栖动物的数量就显得相当的少，被正式确认的大约为4 300多种。包括无足目（蛇蜥类）、有尾目（包括蝾螈类）和无尾目（包括蛙和蟾蜍等几个大类，蛙和蟾蜍就有3 500多种）。两栖动物既能活跃于陆地，又能生活在水里。两栖动物的英语单词就是“双重生活方式”的意思。大多数两栖动物以陆地生活为主，但是产卵的时候就要回到水里；有些则完全生活在水里。蛙科、雨蛙科和蟾蜍科动物的初生幼体称为蝌蚪，在水里用鳃呼吸而用尾巴游水，以腐肉和植物为食，逐渐变为以活体动物为食。少数两栖动物是胎生的。

1. 蝾螈　Salamander　*Cynops*

有尾目、蝾螈科、蝾螈属。5 000万年前，蝾螈品种已广泛分布于欧亚大陆。在现代，小品种蝾螈体长仅3.7 cm；而中国的巨形蝾螈体长可达114 cm。体重可达30 kg。主要分布在北半球各地以及南美洲一些温暖或潮湿地带。蝾螈的栖息地因品种而异，有的终身生活在水中；有的完全生活在陆上；有的则生活在黑暗的洞穴中。以蠕虫和昆虫为主食。平时独居，只有在繁殖期雌雄才会在一起。对大多数蝾螈来说，不管是陆上生活还是水上生活，母体都要在水中产卵。但是幼崽的蝌蚪期是在卵中度过的，大多数蝌蚪孵化为蝾螈后即移居陆地。据记载，英国的蝾螈科动物寿命已达30 年，巨形蝾螈可活50年以上。蝾螈的肉很难吃，而大多数蝾螈的皮肤会分泌出毒液，所以许多捕食者都会不情愿地放它们一马，免得惹火烧身。中国 II级（有5种本科中的疣螈）。

图2-1　蝾螈
乌克兰（Ukraine）
2003年　2格里夫纳
金　1.24克
特种币
Φ13.92 mm

2. 洞螈（火蜥蜴）　Salamander　*Proteus anguinus*

有尾目、蝾螈科、蝾螈属。它是蝾螈属中的另一种成员，实际上是栖息在山洞里的一种盲蝾螈。洞螈主要产于欧洲东南部喀尔巴阡山脉，目前只在斯洛文尼亚的Dinaric Karst地区发现过它们的踪迹。洞螈体全长约30 cm，全身呈白色，4肢细小，3指、2趾。有3对发达的外鳃和2对鳃孔，羽状鳃红色。头狭小，吻钝，头骨多为软骨质。无眼睑，眼退化，虽隐于皮下，但感光灵敏。洞螈是水生类蝾螈，终生栖息在地下水形成的暗洞内，时不时地将鼻孔伸出水面呼吸空气。在光照下肤色可变成黑色，回暗洞后肤色又恢复近乎透明的白色原状。多为卵生，有的卵胎生。卵分散贴附于石下。亲螈有护卵习性，孵卵期约3个月。幼体阶段可看到眼，背面有鳍褶，即使发育为成体时，其他结构仍无改变，为永久性童体型。洞螈可以长达10年不进食也不会饿死。由于洞螈属于两栖类动物，它们对于气候变化非常敏感，现在由于人类的各项活动，使得洞螈的生存环境遭到严重影响，因此亟须保护。

图2-2　洞螈
斯洛文尼亚（Slovenia）
1992年　10斯托
铝　流通币
Φ16 mm

箭毒蛙体长从3~7 cm不等。它们除了身上披着十分鲜艳的五颜六色的外衣以外，与其他蛙类没有什么区别。而正是这些五颜六色的皮肤中，分布有毒腺，这些毒腺所分泌出来的毒液，比毒蛇的要厉害得多！是有毒蛙类中毒性最强的毒蛙。仅一只箭毒蛙身上的毒素就足以让100个人中毒死亡，或夺走20 000只老鼠的生命。这是人类目前发现的最毒的毒液。箭毒蛙没有什么天敌，可以说，箭毒蛙才是天下无敌的动物，难怪箭毒蛙出出入入，敢于招摇过市、旁若无人，如此毒物，试问天下还有哪种动物敢去招惹它？生活在南美洲的印第安人常用箭毒蛙的毒液涂抹在箭头上或其他武器上用于打猎。

3. 疣丛蛙（红色）（疣背箭毒蛙）
Granular Poison Dart Frog　*Dendrobates granuliferus*

无尾目、新蛙亚目、箭毒蛙科、箭毒蛙属。体长1.9~2.2 mm，主要分布于哥斯达黎加一带。栖息生活在陆地。主要以蚂蚁为食。皮肤呈颗粒状且无黑色斑点。生活习性与其他箭毒蛙相似。CITES　附录II。

图2-3　疣丛蛙（红色）
利比里亚（Liberia）
2005年　10元
银　25克
特种币　5 000枚
Φ39 mm

4. 天蓝丛蛙（蓝色）（钴蓝箭毒蛙）
Blue Poison Dart Frog　*Dendrobates azureus*

无尾目、新蛙亚目、箭毒蛙科、箭毒蛙属。体长3~4 cm。主要分布在苏里南、圭亚那、巴西和智利一带，栖息在较凉爽（22~27℃）且湿度高的森林溪流附近，在岩石缝间或青苔下常可见其踪迹，地栖型，并不会游入水中。以蚂蚁或者壁虫为食。雌蛙每次可产2~4颗卵，经14~18天后孵化，幼崽由雌蛙或雄蛙背负，经70~85天后变态！一般寿命可达5年。天蓝丛蛙一般有着蓝色的皮肤和黑色的斑块。在黑暗处皮肤呈深蓝宝石色，而在明处直接发出磷光，它那不同寻常的颜色让人震惊。天蓝丛蛙典型的求爱方式为：被求偶鸣声所吸引而来的雌蛙，会紧贴在雄蛙的吻部或背部上。然而这种蛙是绝对不能碰的！因为它的皮腺产生剧毒，对大多数的人和动物都有致命的危险。IUCN 易危 。

图2-4　天蓝丛蛙（蓝色）
利比里亚（Liberia）
2005年　10元
银　25克
特种币　5 000枚
Φ39 mm

5. 花丛蛙（绿色）（花箭毒蛙、黑绿丛蛙）

Dyeing Poison Dart Frog　*Dendrobats tinctorius*

无尾目、新蛙亚目、箭毒蛙科、箭毒蛙属。体长3.5~6 cm。主要分布在巴西、法属圭亚那、苏里南和圭亚那的热带雨林区。拉丁文种名tinctorius 就是染料的意思。上百年来，南美洲亚马逊土著们代代相传，将染色箭毒蛙的表皮和血液经过特殊的方式，可以把鹦鹉的绿色羽毛改变成其他颜色，主要是红色或黄色，就如同是用染料染过一样，这就是染色箭毒蛙之名的由来。虽然听起来有点神秘，但对于染色箭毒蛙的多变体色，也是满名符其实的。IUCN 易危 ；CITES 附录II。

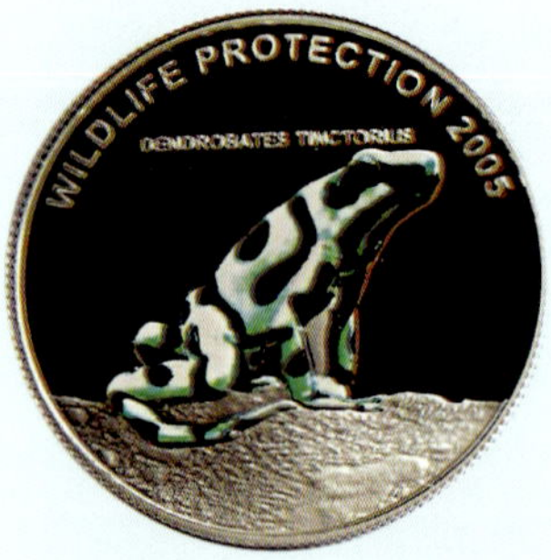

图2-5　花丛蛙（绿色）
利比里亚（Liberia）
2005年　10元
银　25克
特种币　5 000枚
Φ39 mm

6. 地蛙　Ground Frog　*Rana*

无尾目、蛙科、蛙属。蛙类有3 000多个品种。蛙类的幼体蝌蚪完全变态成长后，尾巴已经完全消失（大约为110余天）。蛙类体长从1~40 cm不等，曾有长达90 cm的西非巨蛙，堪称“蛙中巨人”，当地人称为“妈妈的孩子”（意即双手提起巨蛙的后肢时，就很像妈妈倒提着孩子）。除南极洲外，广布世界各地温暖或潮湿的地上。蛙类主要栖息在池塘、沼泽、草地、湖泊、森林甚至沙漠地带。蛙类，特别是我们很熟悉的青蛙，以蝇类（包括苍蝇）、蚊类（包括蚊子）、飞蛾、蜗牛、蚯蚓、蜘蛛和其他昆虫等为食，对人类帮助很大。平时独居，只有在它们的繁殖期，雌雄才会在一起。关于产卵数目，有的品种只产几十枚，而多的品种竟高达20 000枚！在孵化和育幼阶段，蛙妈妈一般不走动，耐心等待幼崽们顺利出世后才外出觅食。蛙类的捕食方法了得，它利用长而带有黏性的舌头捕捉猎物，以迅雷不及掩耳的速度，把舌头伸出来，粘住猎物再缩回去，竟可在1秒内完成！

图2-6　地蛙
斐济（Fiji Is.）
1986年　10元
银　28克
WWF纪念币　25 000枚
Φ38 mm

7. 雨蛙（树蛙）　Tree Frog　*Hyla*

无尾目、雨蛙科、雨蛙属。雨蛙有多个品种，体长从3~15 cm不等。主要分布在热带地区，栖息在树上。一些热带雨林地区的蛙类，习惯、适应并定居在树上生活，故名“树蛙”。树蛙的一生基本上都是在树上度过的，平时独居，只有在它们的繁殖期，雌雄才会在一起寻偶、配对。树蛙脚趾上都有很大的圆形吸盘趾，这些特殊的足趾，不仅使树蛙很善于攀爬，而且还能够使树蛙紧紧地抓住（吸住）树枝和光滑的树叶表面，所以它们都可以牢牢地把自己固定在树上的任何一个部位。树蛙的后腿比前腿长，而且非常富有弹跳力。澳大利亚长褶雨滨蛙是动物界的跳远冠军，它的体长才4 cm，但是它却能跳出400 cm远，为它体长的100倍！树蛙是不在水中产卵的一类蛙种，雌蛙将数百上千的卵产在临水的树枝上，然后雌蛙再用树叶将卵包成“卵团”，而雄蛙则在附近守候。

图2-7　雨蛙
百慕大（Bermuda）
1990年　2元
银　28克
特种币　25 000枚
Φ38 mm

8. 蟾蜍（蛤蟆、癞蛤蟆）　Toad　*Bufo bufo*

无尾目、蟾蜍科、蟾蜍属。蟾蜍共有380多种，其体型大小因品种而异，一般体长为3~15 cm不等，最大的可达24 cm，重达1.3 kg。除南北极外，广布世界各地。主要栖息在草丛、田埂、石洞、山区和平地一带。除了产卵，蟾蜍是不会接近水边的。它们以蚯蚓、蚂蚁、昆虫、蜗牛为食，昼伏夜出。蟾蜍平时独居，只有在春天繁殖期，雌雄就会在一起，寻偶、配对和产卵。普通蟾蜍的产卵数目可达3 000枚。蟾蜍的后腿短，不能灵活地跳跃，只能以四肢爬行，这和其他蛙类有着很大的不同。蟾蜍满身疙疙瘩瘩、黏黏糊糊，它们的皮肤含有毒液。特别是在它们遇敌时，还会从耳后分泌出毒液，所以一般的食肉动物并不会轻易去招惹它们；长记性的动物也常常会放它们一马。因为凡是一咬到蟾蜍的蛇、鸟和兽类等动物，在准备吞食时都有不能忍受的感觉，只好吐出为妙。有趣的是，蟾蜍的毒液经过炮制加工，可制成一种能治疗人体多种疾病的良药“蟾酥”。别看蟾蜍行动笨拙，但它们捕食害虫的速度与蛙类同样惊人！蟾蜍是农林害虫的天敌，是人类的好朋友，它一夜吃掉的害虫要比青蛙多好几倍。蟾蜍的寿命可超过30 年。

图2-8　蟾蜍
波兰（Poland）
1998年　2兹罗提
铜镍　流通币
Φ29 mm

第三章 爬 行 动 物

爬行动物，顾名思义，就是既不能在空中飞翔，又不可以在地上奔跑，而只能在地上爬行或在水里游行的一类动物。早在6 500万年前的恐龙时代，爬行动物就主宰着我们这个星球。现代爬行纲动物分为龟鳖目、有鳞目（下分蜥蜴亚目和蛇亚目）和鳄目等3个目，共计6 000多个物种。龟鳖目是现存爬行动物中古老的一类，大约有2亿年了，而扬子鳄的年龄就更大。爬行动物都有干燥而有鳞片的皮肤和硬实的骨骼。爬行动物大多数是卵生动物，少数为卵胎生。其卵均有较坚硬的外壳保护。爬行动物是变温动物，大部分生活在温暖的地方，以利用太阳和温暖的地热来保暖。但气候炎热时它们又会钻入水中或张开嘴巴纳凉以降低体温。人们常说爬行动物是“冷血动物”，实际上它们的血并不总是冷的，而是可以调节和变化的。

1. 海龟（绿海龟、绿龟） Green Turtle *Chelonia mydas*

龟鳖目、海龟科、海龟属。海龟的体型大小因品种而异，一般体长100~140 cm。体重最大的可达500 kg。主要分布在热带海域一带，多栖息在平静的海湾，以海绵、海藻、海草、水母、鱼、软体动物（螺贝类）和甲壳动物（虾、蟹）等等为食。海龟很中意吃龙虾和大蟹，尽管这些食都身披盔甲，吃起来很麻烦，但的确味道很不错。和陆地龟相比，海龟的前肢长而扁平，很像船桨，特别适合在水中游水。它的头和四肢完全不能缩入壳内。平时喜欢独来独往，而到每年的4~6月是海龟的繁殖季节，成年海龟分别都会从千里之外（远至1 600 km）回到出生的小岛上，有的交配（在水面也可进行），有的产卵。母龟自己会挖掘“产房”，一般一年产卵一次，每次能产100~200枚卵。非常奇特的是，许多雌龟能将精液储藏在体内达4年之久，以至于几年之内未进行交配，也照样可以产出受精卵来，这种现象在动物界是罕见的。孵化期为50~80天。之后，幼龟纷纷破壳而出，先后钻出妈妈为它们覆盖好的沙土层，前仆后继地冲向大海。除繁殖季节和晒太阳外，海龟是很少上岸的。 海龟的潜水本领非常高，可在水中停留24小时以上。海龟可以活到100多岁。它们在20~30岁时才到谈婚论嫁的年龄。和别的龟类一样，海龟性格比较温和，

图3-1 海龟
圣多美-普林西比
（St. Thomas & Prince Is.）
1990年 3 500多布拉
银 4 盎司
特种币 750枚
Φ63 mm

图3-2 海龟
哥斯达黎加（Costa Rica）
1974年 50克朗
银 28克
CS特种币 11 000枚
Φ38 mm

图3-3 海龟
图瓦卢（Tuvalu）
1976年 1元
铜镍 收藏 / 流通币
Φ36 mm

图3-4 海龟
百慕大（Bermuda）
1986年 1元
银 28克
WWF纪念币 25 000枚
Φ38 mm

图3-5 海龟
阿鲁巴（Aruba）
1995年 25弗罗林
银 28克
特种币 2 000枚
Φ38 mm

图3-6 海龟
帕劳（Palau）
1998年 1元
铜镍 特种币
Φ37 mm

图3-7 海龟
澳大利亚（Australia）
2006年
银 1盎司
纪念币 7 500枚
Φ39 mm

一般不具攻击性，但是这并不表示海龟软弱无能。当鲨鱼攻击海龟时，海龟敢于应战，而且会专门紧紧地咬住鲨鱼的鳃，这是鲨鱼最害怕的事，当然，恶战的结果还往往是鲨鱼败下阵来。IUCN 濒危；CITES 附录I；中国 II级。

2. 棱皮龟（革龟）
Leatherback Turtle，Lyre Turtle *Dermochelys coriacea*

龟鳖目、棱皮龟科、棱皮龟属。棱皮龟有多种，其体型大小因品种而异，一般体长可达2.5 m，

图3-8 棱皮龟
英属维尔京群岛
（British Virgin Is.）
1993年 25元
银 20克
特种币
Φ40 mm

图3-9 棱皮龟
图瓦卢（Tuvalu）
1993年 20元
银 1盎司
特种币 10 000枚
Φ40 mm

体重在500~1 000 kg，棱皮龟堪称为世界上最大的龟——龟中之王。别看它体重身长，但因其四肢呈桨状，很利于海中游泳，时速可达32 km。棱皮龟主要分布于太平洋、大西洋和印度洋中。棱皮龟的食物大体和一般的海龟相同，但是棱皮龟最喜欢吃的食物还是水母。为了获得这种美味，棱皮龟可潜水到1 500 m深处觅食。只有在棱皮龟的繁殖期，雌雄才会在一起。棱皮龟每年在产卵季节可以产卵多次，每次产卵90~150枚。IUCN 极危； CITES 附录I； 中国 II级。

3. 玳瑁（十三鳞、文甲、瑇玳） Hawksbill *Eretmochelys imbricate*

龟鳖目、蠵龟科、玳瑁属。玳瑁也是海洋龟类，是海龟的“堂兄弟”，但个头最小，其大小因品种而异，小品种的仅有50 cm左右，最大的也不会超过100 cm，一般的体重也才30~60 kg。玳瑁主要分布在热带和亚热带的海洋中，栖息在珊瑚礁一带。玳瑁性情凶猛，以捕捉鱼、虾、蟹和软体动物等为食。其繁殖习性大致与海龟相同，每年的3、4月是玳瑁的交配、产卵期。玳瑁每年产卵3次，每次产卵130~200枚。大约60天幼龟即可破壳而出。IUCN 极危；中国 II级。

图3-10 玳瑁
索马里（Somalia）
1984年 25先令
银 28克
纪念币 20 000枚
Φ38 mm

图3-11 玳瑁
英属维尔京群岛
（British Virgin Is.）
1985年 1分
银 2克
旅游币 1 474枚
Φ15 mm

4. 蠵龟 Loggerhead Turtle *Caretta caretta*

龟鳖目、蠵龟科、蠵龟属。其体型大小因品种而异，一般体长约100 cm，体重大约100 kg。蠵龟主要分布在世界上的温水海域一带，而常以大陆架为家，也会到海湾、河口或咸水湖等地方做客。蠵龟主要以软体动物和甲壳动物等为食。每年六七月份是它们的繁殖期，雌雄在产卵场沿海的岩礁间交配，雌龟第一次产卵130~150枚，14~21天后雌龟可再产卵一次。雌龟每次产卵后，是由雌、雄龟轮流扒沙将卵盖好。约50天左右，幼龟出壳，之后，幼龟们就会奋力地向大海游去，独闯世界了。IUCN 濒危； 中国 II级。

5. 咸水龟 Painted Terrapin *Callagur borneoensis*

龟鳖目、蠵龟科、咸水龟属。IUCN 极危； CITES 附录I；中国 II级。

图3-12 蠵龟
马尔代夫（Maldive Is.）
1994年 250卢菲亚
银 31克
特种币 14 500枚
Φ39 mm

图3-13 咸水龟
马来西亚（Malaysia）
2006年 25分
金铜 收藏币
Φ34 mm

6. 丽龟（太平洋丽龟） Ridley Sea Turtle *Lepidochelys olivacea*

龟鳖目、蠵龟科、丽龟属。丽龟是海龟科、棱皮龟科、蠵龟科等“海龟类”动物中个体最轻的一种。一般体长仅60~70 cm。体重大约12 kg。主要分布在太平洋和印度洋中，栖息在温水浅海一带。以软体动物（螺贝类）、甲壳动物（虾、蟹）、其他无脊椎动物、水母等为食。也吃些鱼卵和海藻。每年的9月至次年的1月，是丽龟的繁殖期，雌雄纷纷上岸交配。雌龟产卵90~140枚，经过50~60天孵化，幼龟出壳后就会奋力直奔大海。IUCN 濒危；中国 II级。

7. 豹龟（豹纹龟） Leopard Tortoise *Geochelone pardalis*

龟鳖目、蠵龟科、丽龟属。CITES 附录I。

图3–14 丽龟
马来西亚（Malaysia）
2006年 25分
金铜 收藏币
Φ34 mm

图3–15 豹龟
帕劳（Palau）
2006年 1元
金 0.5克
特种币
Φ11 mm

8. 猪鼻龟（飞河龟、新几内亚龟）
Pig–nosed Turtle， New Guinea Plateless Turtle *Carettochelys insculpta*

龟鳖目、曲颈龟亚目、两爪鳖科、两爪鳖属。此龟鼻子丰厚多肉，并且很长，形同猪鼻，故得此名。猪鼻龟头部无法缩入壳内，它的背甲长46~51 cm，体重18~22 kg，到目前为止所知道的最大的一只猪鼻龟的背甲长达到56.3 cm，体重22.5 kg。其分布仅局限于澳大利亚北部、伊里安查亚南部和新几内亚南部。猪鼻龟主要栖息在河流、河口、潟湖、湖泊、沼泽和池塘等淡水中。猪鼻龟是十足的杂食性动物，荤素皆宜，幼龟则爱吃鱼、虾、蚯蚓、红虫等肉食。猪鼻龟极少上岸，擅长游泳，而倒游则是它们的绝技。成年的猪鼻龟十分好斗，每年7~10月是猪鼻龟的繁殖季节，雌龟会挖出深约20 cm的坑产卵，每窝产7~30多枚卵不等，经60~70天孵化。幼龟的性别决定于卵在孵化时的温度：温度在27.7~30 ℃时孵出的是雄龟，大约32 ℃时雌雄各半。IUCN 易危；CITES 附录I。

图3–16 猪鼻龟
巴布亚和新几内亚
（Papua New Guinea）
1990年 5托伊
铜镍 收藏/流通币
Φ19 mm

9. 鳖（甲鱼、脚鱼、王八） Trionyx Turtle *Trionyx sinensis*

龟鳖目、鳖科、鳖属。鳖类有多个品种。据报道，中国的郑先生从缅甸曾购得两只鳖，雄鳖体重达24 kg；雌鳖体重达26 kg。背甲为椭圆形，长向达78 cm。短向为52 cm。身厚为16 cm。头伸长出来可达40 cm，是目前发现最大的鳖。鳖分布于世界各地的热带和亚热带地区，一般栖息在江河、湖泊、池塘和沼泽之中。以鱼、虾和螺等为食。鳖类性情暴躁凶猛，常常主动出击。每年的夏秋之际，是它们的繁殖期，雌鳖爬到岸边，在较松软的泥地上挖个浅坑，伏在坑上产卵。鳖卵经过30天后幼鳖便可出壳。它们的寿命可能达百年。

10. 中华鳖　Trionyx Turtle　*Pelodiscus sinensis*

龟鳖目、鳖科、鳖亚科、中华鳖属。无危物种。

图3-17　鳖
利比里亚（Liberia）
1994　1元
铜镍　PPE特种币
Φ38 mm

图3-18　中华鳖
俄罗斯（Russia）
2003年　1卢布
银　16克
特种币　50 000枚
Φ33 mm

11. 巨龟（山龟、象龟、象电龟）　Giant Tortoise　*Orlitia borneensis*

龟鳖目、陆龟科、巨龟属。陆龟科有多个品种，而巨龟的体型最为巨大，仅次于龟中之王的棱皮龟，故名。此外，巨龟的四腿很强壮粗大，恰似象脚，故又名“象龟”。巨龟的背甲长150 cm，伏地时约有50 cm高，爬行时可达80 cm高。巨龟的体重在200~300 kg。最大的巨龟背甲长为200 cm之多，体重有375 kg。巨龟主要分布在南美洲厄瓜多尔的加拉帕戈斯群岛和印度洋的塞舌尔群岛等地。栖息在陆地上的干燥或荒凉地带，只有在繁殖产卵期才会接近水边。以植物的花、叶和果实或者蚯蚓、蜗牛等为食，特别爱吃仙人掌的花、果实。雌龟每次产卵2~4枚，雌龟会精心地将龟蛋用沙埋好，每个坑大约埋18个蛋。幼龟要7个月才能孵化出壳。古人云“千年王八万年龟”，龟到底能活多久？有据可查的是：有一只巨龟于1830年11月15日在加拉帕戈斯群岛破壳而生，5岁时被达尔文先生带回英国，该龟叫哈瑞特巨龟。于2006年6月22日在澳大利亚因突发心脏病而与世长辞，享年176岁。巨龟是世界上最长寿的龟种。根据现有的资料，应该说，这只龟中的老寿星，也很可能就是动物界中的老寿星了。IUCN 低危；CITES 附录II。

图3-19　巨龟
汤加（Tonga）
1967年　1分
青铜　收藏/流通币
Φ21 mm

12. 欧洲龟（池龟）　European Pond Turtle　*Emys orbicularis*

龟鳖目、龟科、池龟属。欧洲龟是淡水龟类的一种。淡水龟，中国多称“乌龟”。乌龟分布于世界各地的热带和亚热带地区，一般栖息在江河、湖泊、池塘、水潭和沼泽之中。与海水中生活的海龟科、棱皮龟科和蠵龟科等3种龟类（许多资料通称这3种龟类为“海龟”）不同的是，足上有蹼，外壳较硬、轻而平，以便于在水中游动。淡水龟类能在水中停留很长的时间，有的则可在水下休眠几个星期。乌龟的头和四只脚都可以缩进硬壳中。中国有一个广为流传的龟兔赛跑寓言，说的是兔子因为跑得快，看不起慢吞吞爬行的乌龟。当兔子跑了一半多路程后，早把乌龟甩在了后面，它实在得意，便在树下睡觉休息。但当它醒来再跑到终点时，万万没想到乌龟已经在终点啦。此寓言告诉人们“骄者必败，恒者终成”的哲理。IUCN 低危。

图3-20　欧洲龟
波兰（Poland）
2002年　2兹罗提
铜镍　流通币
Φ29 mm

13. 喙头蜥（楔齿蜥、斑点楔齿蜥、新西兰鳄蜥）
Tuatara Lizard，Tokal Lizard　*Sphenodon punctatum*

有鳞目、蜥蜴亚目、喙头蜥科、喙头蜥属。喙头蜥一般体长30~60 cm。仅分布在新西兰及其附近的岛屿上，主要栖息在潮湿的洼地或水边一带。白天在洞穴中休息，晚上外出觅食。喜欢品尝蠕虫、甲壳动物和软体动物等。有趣的是，喙头蜥很少营建自己的洞穴，而是借用海燕辛辛苦苦筑好的巢穴，并能与海燕同住在一起。因为海燕的粪便会滋生大量的昆虫，而这些昆虫正好是喙头蜥的美餐。喙头蜥则“认真地”帮助海燕清除掉洞穴中的昆虫，而让海燕和鸟蛋、特别是幼鸟免受那些昆虫的叮咬，从而使得海燕能够安心、安全地孵化，幼鸟也可良好地生长发育。由于身边就有丰富的食物，喙头蜥也就把这里当成了自己的家，很安心地在这里产卵了。母喙头蜥每次产卵8~15枚，经过15个月的孵化后，幼仔出世了。喙头蜥生长非常缓慢，一般要到20岁才长大成熟，推算其寿命可达百多年！喙头蜥的样子奇特，体型酷似蜥蜴，但是，嘴巴却像鸟喙，故得名“喙头蜥”。早在两亿多年前，“喙头蜥”就出现在地球上了，当时的种类多多，广布世界各地。留存到现代的喙头蜥，无论身体内部结构抑或外表形态都没有多大的变化，因此，动物界就称它们为“活化石”。（由于喙头蜥的特殊性，有些动物分类学家就将它另辟成“喙头目”，此目当然是单科单属单一物种的一个目）。CITES 附录I。

图3-21　喙头蜥
基里巴斯（Kiribati）
1979年　5分
青铜　收藏/流通币
Φ19 mm

图3-22　喙头蜥
新西兰（New Zealand）
1988年　5分
铜镍　收藏/流通币
Φ19 mm

14. 绿蜥蜴　Green Lizard　*Lacerta viridis European*

有鳞目、蜥蜴科、蜥蜴属。绿蜥蜴体长约36 cm，其中尾巴是身子的两倍，可长达24 cm，遇险时常会断尾自救。广泛分布于从伊比利亚半岛北部到乌克兰的欧洲大陆。栖息于灌木丛中，常常在岩石或草坪上晒太阳。成年雄蜥蜴全身绿色，背上略带斑点，喉部呈蓝色。以昆虫、小蜥蜴为食，也吃老鼠。雌蜥春季产卵，每次6～20枚，孵化期2～3个月，幼体长3～4 cm，呈棕色。

图3-23　绿蜥蜴
波兰（Poland）
2009年　2兹罗提
铜镍　流通币
Φ29 mm

15. 避役（变色龙）　Cameroon Lizard　*Cameleon commun*

有鳞目、蜥蜴亚目、避役科。世界上共有85种变色龙，其体型大小因品种而异，但是最大品种的变色龙的体长大约也就是60 cm，小品种的体长仅仅2 cm。变色龙主要分布在非洲大陆和马达加斯加岛，还有亚洲南部以及欧洲（仅西班牙有一种）。主要栖息地是热带森林，是一类典型的树栖爬行动物。以昆虫、蜘蛛、蝎子和小鸟等为食，从不吃素，而且只吃活物。我们从电视上看到，一只变色龙利用舌头黏住了一只形状和它差不多的、比它小的蜥蜴类爬行动物并在逐渐吞食。变色龙的显著特点，就是在短短的2分钟内能够将自己的体色变成周围环境的颜色，或红或绿，或黄或褐，或浓或淡，变化莫测，从而能有效地躲避敌害、保护自己。这类动物的此项本领，获得了动物界利用颜色来防御敌害的冠军。变色龙的两只眼睛，和石龙子的眼睛一样可以分别地独立活动，一只向前看，另一只可向后或向旁边观察，当双眼一起聚焦到猎物身上时，就要捕食了。变色龙的舌长超过体长的一半，又细又长的舌头前端胀大且很有黏性。当猎食目标离自己大约和自己的体长差不多的距离时就会突然弹出舌头猎食，方法同青蛙和蟾蜍一样，但是猎食的速度比它们还快。大部分变色龙为卵生，产卵4~40多枚，卵由母体用泥沙埋好。但有些品种为胎生。变色龙出生一天即可自行觅食，很少让妈妈操心。一般寿命3~5年。CITES 附录II。

图3-24　避役
刚果（金）（D.R.Congo）
2003年　10法郎
银　25克
特种币　5 000枚
Φ39 mm

16. 斗篷蜥（伞蜥、褶颈蜥）
Frilled Lizard　*Chlamydosaurus kingii*

有鳞目、蜥蜴亚目、鬣蜥科、斗篷蜥属。斗篷蜥是澳大利亚的特产。在它的脖子周围有一大片松弛的皮肤，平时好像是雨伞一样可以折叠起来的。但当它遇到敌害时，它就会抖开脖子上那一大片松弛的皮肤来，并张开血红色的嘴巴，正面看去，实在像一把雨伞（伞蜥由此而来），身体摇摆着，还发出嘶嘶声，好像它要进攻了，此招常常吓退敌害。当然，也有胆大者不吃这一套，继续上前叫阵，斗篷蜥觉得再无计可施，它就迅速收起“折叠伞”，迅速跑到最近的一棵树上逃走了之。

图3-25　斗篷蜥
澳大利亚（Australia）
1999年　5元
银　1盎司
纪念币　100 000枚
Φ40 mm

17. 美洲鬣蜥（笔鬣蜥） Common Iguana, Green Lguana *Iguana iguana*

有鳞目、蜥蜴亚目、鬣蜥科、美洲鬣蜥属。鬣蜥种类繁多，其体型大小因品种而异，小的体长只有10 cm，大的体长达100 cm，甚至有180 cm。体重比巨蜥轻得多。主要分布在美洲的热带地区，栖息在灌木、草地和荒漠一带。大部分鬣蜥科动物都是以草、叶、花和果实等为食，是世界上最大的食植物性蜥蜴之一。鬣蜥是敏捷的猎手，能跑、爬树、游泳，甚至可在水面做短距离行走。鬣蜥大部分时间在近水边的树上晒太阳。鬣蜥的生长很缓慢，大约要到20岁才进入繁殖期。它们也是爬行动物的“晚婚”冠军，估计它们可活百年之久。而美洲鬣蜥好斗，雄鬣蜥往往为争夺领土而大打出手，常常是一场你死我活的搏斗。CITES 附录II。

图3–26 美洲鬣蜥
特克斯凯科斯群岛
（Turks & Caicos Is.）
1988年 1克朗
银 28克
WWF纪念币 25 000枚
Φ38 mm

图3–27 美洲鬣蜥
英属维尔京群岛
（British Virgin Is.）
1993年 25元
银 20克
特种币
Φ40 mm

18. 环纹鬣蜥（斐济带纹鬣蜥） Banded Iguana *Brachylophus fasciatus*

有鳞目、蜥蜴亚目、鬣蜥科。IUCN 濒危；CITES 附录I。

19. 鬣蜥 Lguana *Fasciatus*

有鳞目、蜥蜴亚目、鬣蜥科。

图3–28 环纹鬣蜥
斐济（Fiji Is.）
1997年 10元
银 31克
特种币
Φ39 mm

图3–29 鬣蜥
托克劳（Tokelau）
1993年 5元
银 31克
特种币 15 000枚
Φ39 mm

20. 荒漠巨蜥（五爪金龙） Desert Monitor *Varanus griseus*

有鳞目、蜥蜴亚目、巨蜥科、巨蜥属 。本属共有30多种巨蜥，其体型大小因品种而异，一般体长250 cm。重100~150 kg。 主要分布在欧洲、亚洲和非洲等的热带和亚热带地区（在美洲，巨蜥已经灭绝而由鬣蜥所取代）。巨蜥生活在山区溪流附近或沿海河口一带，有的出没在森林，更有甚者，以荒漠为家 。巨蜥是完全的肉食性动物，它们不会拒绝任何动物食品，哪怕是动物的腐尸也照吃不误。它们找不到食物时，还会将小巨蜥拿来充饥！ 许多蜥蜴类动物在非常危险时会“自断尾巴”，以迷惑敌害而逃身，但是，巨蜥的尾巴不仅是防御的武器，而且还是进攻的资本，它力举尾巴，足可将一个成年人撂倒。所以巨蜥不会出现“断尾保命”的。巨蜥也是敏捷的猎手，能跑、爬树、游泳和潜水。巨蜥身怀几招防身之道：①迅速上树逃跑；②吐出长舌头吓唬对方，其舌头长而分叉，伸缩快捷；③吐出臭烘烘的未消化的或腐尸食物喷向敌害；④使用尾巴抽打敌害。巨蜥在3岁时性成熟。每年7~8月为繁殖期，母蜥在8 月产卵，幼崽出壳后先会学习觅食昆虫和蚯蚓，入冬而眠。其寿命大约为80年。CITES 附录 I；中国 I级（仅有一种巨蜥）。

图3-30　荒漠巨蜥
土耳其（Turkey）
2005年　20新里拉
银　24克
特种币　5 000枚
Φ39 mm

21. 科莫多巨蜥（科莫多龙）　Komodo Monitor　*Varanus komodoensis*

有鳞目、蜥蜴亚目、巨蜥科、巨蜥属。科莫多巨蜥体长可超过500 cm。而它们的尾长就可达体长的一半以上，体重超过150 kg。科莫多巨蜥仅仅分布在印度尼西亚的科莫多岛上，为陆栖巨蜥。早在6 000万年前，就有科莫多巨蜥这种大型蜥蜴了，所发现的100多万年前的化石恰与现在的科莫多巨蜥如同再世，但是人类到1910年才发现科莫多巨蜥。这种巨蜥科中的"老大"，主要以腐肉和多种动物等为食。科莫多巨蜥还会吃掉同类甚至自己的幼仔以饱己腹，尤其是小巨蜥常常受成年雄性的攻击乃至当"点心"来享用。难怪1970年该岛尚有1 000余条，而多年以来，尽管该岛既无人类去捕杀，科莫多巨蜥又无其他天敌（天敌就是同类！），但是其种群数量始终难以扩大，而且还一直减少到500条左右。科莫多巨蜥被称为"陆地上的鳄鱼"，不仅躯体硕大，而且长相尤为吓人，粗壮有力的尾巴猛然一击，常常将猎物置之于死地，可把山羊一类的动物撕成一块一块而整块地吞下。IUCN 易危；CITES 附录I。

图3-31　科莫多巨蜥
印度尼西亚（Indonesia）
1974年　100 000卢比
金　1盎司
CS特种币　6 702枚
Φ33 mm

22. 石龙子　Skink　*Eumeces chinensis*

有鳞目、蜥蜴亚目、石龙子科、睑虎属。石龙子有多种，其体型大小因品种而异，最大品种当属所罗门巨型石龙子，体长可达70 cm。石龙子主要分布在欧洲、亚洲、美洲和大洋洲，分别栖息在树上、草地和地下。以活体昆虫及其幼虫为食。石龙子的捕食方法和变色龙、青蛙和蟾蜍极为相似，但

图3-32　石龙子
百慕大（Bermuda）
1997年
银　28克
WWF-CN纪念币
Φ38 mm

图3-33　石龙子
俄罗斯（Russia）
1998年　1卢布
银　16克
特种币　50 000枚
Φ33 mm

是石龙子的捕食速度却比它们还要快！经过动物学家的研究，发现石龙子舌头的前端有一个小小的吸盘，样子很像圆锥形小坑，吸盘一碰到猎物就迅速扩张，凹下去的吸盘腔内出现真空状态，从而把猎物紧紧地吸在腔内。由此可见，变色龙、青蛙和蟾蜍是靠舌头粘住猎物，而石龙子则是靠舌头吸住猎物的。石龙子的眼睛也和变色龙一样，能够一只眼睛紧紧地盯住猎物，另一只眼睛却观察四周动静，防止背后有敌害暗算，从而避免发生“螳螂捕蝉，黄雀在后”的悲剧。

23. 土库曼睑虎　Turkmen Eublefary　*Eublepoharis turkemeniscus darevsky*

有鳞目、蜥蜴亚目、石龙子科、睑虎属。

图3-34　土库曼睑虎
土库曼斯坦（Turkmenistan）
1996年　500马纳特
银　28克
特种币　5 000枚
Φ39 mm

24. 眼镜蛇　Cobra，Indian Cobra　*Naja naja*

有鳞目、蛇亚目、眼镜蛇科、眼镜蛇属。本科将近有250个毒蛇品种，其体型大小因品种而异，最长的体长达550 cm。眼镜蛇的显著特点是脖子扁平，身体能够竖立起来，并向对方喷射毒液。眼镜蛇广布于世界各洲的热带和温暖地区。栖息在森林、灌木丛、草原和田地中。眼镜蛇以小型哺乳动物、鸟类、两栖类、蛇和其他爬行动物等为食。奇怪的是，眼镜王蛇（眼镜蛇科之王，其标本体长为570 cm）则完全以其他蛇类为食。眼镜蛇雌蛇每次产卵10枚，最多的至40枚，然后雌蛇待在窝里孵化直到幼蛇出壳。寿命可达 30年。全世界大约有600多种毒蛇，而眼镜蛇是公认的毒蛇之王，它们通过毒牙将毒液注入猎物体内而迅速征服对方，又通过毒液中的化学物质、使下肚的猎物容易被消化（因为蛇类牙齿不能撕开食物，只能将食物整个吞下）。CITES 附录II。

25. 赤链蛇　Red-banded Snake　*Dinodon rufozonatum*

有鳞目、蛇亚目、链蛇科。赤链蛇背部黑绿色，有赤色条纹和斑点，无毒，但性情凶猛，好捕食蛙类，也以昆虫、鼠类、蜥蜴、鸟蛋等为食，吞食后喜欢静卧，一旦受到惊扰，会很快吐出吃进的食物。赤链蛇脾气非常暴躁，是少数吃同类的蛇之一。

图3-35　眼镜蛇
俄罗斯（Russia）
1994年　1卢布
银　16克
特种币　50 000枚
Φ33 mm

图3-36　赤链蛇
俄罗斯（Russia）
2007年　1卢布
银　16克
特种币　50 000枚
Φ33 mm

26. 高加索蝰　Caucasian Viper　*Vipera kaznaskovi*

有鳞目、蛇亚目、蝰科、蝰属。高加索蝰是蝰蛇的一种。所有的蝰蛇都是毒蛇。全世界共有几十种蝰蛇，其体型大小各异，小的几十厘米，大的可达200 cm，广布各大洲。大多数生活在地面，有少数生活栖息在树上或水中，它们以爬行动物、两栖动物和小型哺乳动物等为食。蝰蛇的毒腺发达，使其头部呈三角形，而且，蝰蛇还有前置的毒牙，连接着可移动的头骨，不用时可将毒牙折叠起来，毒牙长而空心就像注射器一样，很方便向猎物注入毒液。它们的耐心很好，只有等猎物死后才会“开饭”。蝰蛇的生育多样化，有完全卵生的（每次产卵20余枚不等），需要孵化；有的刚产出的卵，其内的幼蛇便可马上就出壳；还有的蝰蛇可直接生出20余条幼蛇来（胎生）。IUCN 濒危。

27. 绿树蚺（绿树蟒）　Green Tree Python　*Chondropython viridis*

有鳞目、蛇亚目、蟒科、树蟒属。绿树蚺的体长最长可达800~1 000 cm。 主要分布在美洲热带和温暖地区以及南太平洋岛屿一带，栖息在树上。主要以鸟类、鸟蛋、小型哺乳动物等为食。绿树蚺的尾巴活动自如，很方便缠绕和钩住树枝，从而适应树林中的生活。 每次产卵可多至 50 枚，估计寿命20~30年（一条印度蟒蛇在动物园生活了34年）。绿树蚺和蟒蛇一样，都是世界上的大型蛇，它们杀死猎物的方式也相同（缠绕式），蟒科蛇类样子实在吓人，但它们都属于无毒蛇。区别之一，绝大部分蟒蛇是胎生的，每次可产100余条幼蛇。CITES 附录II。

图3-37　高加索蝰
俄罗斯（Russia）
1999年　1卢布
银　16克
特种币　50 000枚
Φ33 mm

图3-38　绿树蚺
巴布亚和新几内亚
（Papua New Guinea）
1999年　5基那
银　31克
特种币
Φ39 mm

28. 长吻海蛇（黄腹海蛇）　Yellow—bellied Seasnake　*Pelamis platura*

有鳞目、蛇亚目、海蛇科、长吻海蛇属。世界上有多种海蛇，它们都是终生生活在海里的蛇类。海蛇又都是世界上毒性最强的蛇类之一。其体型大小也因品种而异，小品种的体长约为50 cm。大品种的可达300 cm左右。仅分布在南太平洋和印度洋南北回归线之间的温水海洋，奇怪的是，海蛇却从不“客串”到大西洋。海蛇栖息在近海一带，特别是河口入海处半淡水一带，海蛇以鱼类为食。有时也搞些低等动物打打“牙祭”，换换口味。海蛇的鼻孔朝上，体内有一个很大的肺，在水面吸入空气后，鼻孔内的瓣膜就可以关闭，以防止海水进入，海蛇便可潜入海水达10分钟之久。海蛇的尾巴扁平，游水时是一只很好的“桨”。海蛇平时各顾各，只有到了繁殖期，雌雄才在海面相会。海蛇除极少数是卵生外，其余均为卵胎生。

图3-39　长吻海蛇
基林科科斯
（Keeling-Cocos Is.）
2004年　10分
铜镍　流通币
Φ25 mm

鳄，是爬行动物中鳄目类的总称。鳄目包括鳄科、食鱼鳄科和鼍科等几个科大约25种的鳄。其体型大小因品种而异，小品种鳄体长只有150 cm左右，而大品种的鳄却达1 000 cm。鳄类分布在除欧洲以外的其他洲的热带地区和少数亚热带地区。主要栖息在河流、湖泊、沼泽、湿地或者乱草丛中的潮湿地带。个别鳄种生活在近海港湾一带。鳄的食谱上有鱼类、鸟类、螺类、蛙类、鼠类以及其他大小型的哺乳动物。大部分鳄类群栖，少数则是独居，它们都是卵生动物，一般产卵从10~90枚，因品种不同而异。一般寿命为70~80年，据说可活100多年。

鳄类是一类极其凶猛的动物，从它们的模样可看到，一对突出的大眼睛，长短不齐却像锯齿形的锋利牙齿，全身上下的鳞甲和那张血盆大嘴，哪个不望之胆战心惊？！还有，鳄类的老谋深算，也常让许多动物命丧黄泉。鳄类常常潜伏在水里，只将眼睛和鼻子露出水面寻找猎物。一旦发现目标，或静静等待猎物自投罗网；或潜入水中悄然接近，然后突然发起进攻，将猎物捕获。凡是小于它嘴巴的猎物它可整个吞下；对成年的大动物，就撕裂成大块大块地再吞下；对于原本是陆地上的猎物，它就会死死咬住猎物并往水里拖，先将猎物溺死，然后再饱餐一顿。只要它想吃，就没有多少动物能逃过一劫的。我们说鳄是江、河、湖和湿地的霸主，绝对不会错！

然而，别看鳄是如此的凶残，但是对于它们的后代的关照却可谓无微不至。母鳄先在地上挖好一个30~40 cm深的坑，在其上产卵后即用沙土将蛋埋好。在幼鳄84~90天的孵化期内，母鳄会一直守候在蛋坑附近，严防其他动物接近它的窝巢。雄鳄也会在蛋坑附近巡视。当幼鳄出壳发出叫声时，母鳄就迅速扒开蛋坑覆土，帮助孩子们钻出地面。幼鳄一出世就知道往水里跑，但是，鳄妈妈为了孩子们的安全，总希望它们赶快离开此地，于是它用嘴巴将几只到十几只宝贝们含在嘴里，迅速运到水里，然后返回来再运送第二次，直到幼鳄全部运完为止。妈妈会一直保护孩子们到第二年的繁殖期，才让它们自食其力。

中国原本有两个鳄种，其中一种为湾鳄，早已绝迹。现在仅剩扬子鳄一种了。在25种鳄中，只有窄吻鳄（即下面的密西西比鳄，短吻鳄类）和扬子鳄是近亲，而美洲的其他几种鳄一般则通称为“南美鳄”。

29. 扬子鳄（鼍、猪婆龙、土龙）
Yangtse Alligator *Alligator chinensis*

鳄目、鼍科、鼍属。扬子鳄为中国的特产鳄种，体长200 cm多，体重30~40 kg。过去盛产于长江沿岸的江苏、江西、安徽和浙江等到省的沼泽地带。但是，现在仅出没在江苏和安徽的长江南岸了，目前数量稀少（估计仅有300~500条）。扬子鳄以鱼、蛙、鸟、虾、蟹、鼠等动物以及一些软体动物等为食。扬子鳄是独居性动物，只有到每年的6月繁殖期，雌雄才会在一起交配，7月中旬产卵，每巢10~30枚。扬子鳄是地球上最古老的爬行动物，它已“活”在我们这个星球上有两亿三千多万岁了！的确是生物界的“活化石”。在鳄类中只有扬子鳄栖息在温带，到了10月下旬，它们就会在地下洞穴内“休眠”，至次年4月中下旬方出洞觅食。这段时间它们的心跳减少到每分钟只有两三次。扬子鳄是所有鳄类中唯一冬眠的鳄种。绝大部分动物的性别是由父母的基因决定的，可是，和极少数爬行动物一样，扬

图3-40 扬子鳄
中国（China）
1998年 5元
紫铜 收藏/特种流通币
6 000 000枚
Φ32 mm

子鳄的性别也不是由父母的基因而是由卵的孵化温度来决定的：当孵化温度在30 ℃（及其以下）时，孵化出来的全部为雌鳄；当孵化温度在32 ℃时，孵化出来的幼鳄就雌雄都有；而当孵化温度在34 ℃以上时，孵化出来的竟全部都是雄鳄。IUCN 极危；CITES 附录I；中国 I级。

30. 美洲鳄（窄吻鳄、密西西比鳄） River Crocodile *Crocodylus acutus*

鳄目、鳄科、鳄属。IUCN 易危；CITES附录I。

31. 宽吻凯门鳄 Broad-snouted Cayman *Caiman latirostris*

鳄目、鳄科、鳄属。 IUCN 低危/（需关注）； CITES 附录I。

图3-41 美洲鳄
墨西哥（Mexico）
2000年 5比索
银 31克
特种币 50 000枚
Φ40 mm

图3-42 宽吻凯门鳄
圭亚那（Guyana）
1970年 1元
铜镍 纪念币
Φ36 mm

32. 中介鳄（奥里诺科鳄） Orinoco Crocodile *Crocodylus intermedius*

鳄目、鳄科、鳄属。IUCN 极危；CITES 附录I。

33. 湾鳄（咸水鳄） Indo-Pacific Crocodile *Crocodylus porosus*

鳄目、鳄科、鳄属。IUCN 低危/（需关注）；CITES 附录I。

34. 尖吻鳄(非洲细吻鳄) Slender-snouted Crocodile *Crocodyus cataphractus*

鳄目、鳄科、鳄属。CITES 附录I。

图3-43 中介鳄
哥伦比亚（Colombia）
1978年 500比索
银 28克
CS特种币 5 911枚
Φ38 mm

图3-44 湾鳄
库克群岛（Cook Is.）
1996年 5元
银 28克
特种币
Φ38 mm

图3-45 尖吻鳄
冈比亚（Gambia.）
1987年 1达拉西
铜镍 流通币
Φ30 mm

35. 尼罗鳄 Nile Crocodile *Crocodylus niloticus*

鳄目、鳄科、鳄属。IUCN 低危；CITES 附录I。

图3-46 尼罗鳄
塞拉里昂（Sierra Leone）
2005年 1利昂
铜镍 特种币
Φ38 mm

图3-47 尼罗鳄
苏丹（达尔富尔）
Sudan（Darfur）
2008年 500第纳尔
铝青铜芯铜镍圈 流通币
Φ31 mm

36. 恒河鳄（长吻鳄、食鱼鳄） Gavial Crocodile *Gavialis gangeticus*

鳄目、鳄科、鳄属。IUCN 极危；CITES 附录I。

图3-48 恒河鳄
巴基斯坦（Pakistan）
1976年 150卢比
银 35克
CS特种币 10 756枚
Φ42 mm

37. 暹罗鳄（泰国鳄） Siamese Crocodile *Crocodylus siamensis*

鳄目、鳄科、鳄属。IUCN 极危；CITES 附录I。

38. 澳洲（淡水）鳄 （河鳄、湾鳄、强森鳄、塞尔第） Australian Freshwater Crocodile *Crocodylus johnsoni*

鳄目、鳄科、鳄属。

图3-49 暹罗鳄
马来西亚（Malaysia）
2006年 25分
金铜 收藏币
Φ34 mm

图3-50 澳洲（淡水）鳄
巴布亚和新几内亚
（Papua New Guinea）
1976年 1基那
铜镍 收藏/流通币
Φ32 mm

第四章　鱼 类 一 族

鱼类大约出现于5亿年前，最原始的鱼是无颌的，这种无颌鱼目前仅仅有两类62个左右的物种。大约4亿年前，才出现有颌鱼类，包括了现存的软骨鱼和硬骨鱼这两大鱼类：鲨鱼和它的亲属都是软骨鱼（大约有850个物种），因为它们的骨骼是由软骨构成的；而其他则称为硬骨鱼（大约有24 000多个物种），因为它们的骨骼是由硬骨（即真正的骨头）构成的。硬骨鱼类分为：肺鱼亚纲、总鳍亚纲和辐鳍亚纲。鱼类是完全水生、用鳃呼吸、用鳍游水、体表有鳞、心脏为一心房一心室的脊椎动物。生活在地球陆地上和海洋里的所有水域中。目前世界上有24 000多种鱼，超过脊椎动物（约43 000种）的一半。

1. 腔棘鱼（矛尾鱼、拉蒂迈鱼）　Coelacanth *Malania anjouanae*

总鳍鱼目（有的称腔棘鱼目）、矛尾鱼科。腔棘鱼是一个非常特殊的物种，人类从1938年发现它以来，仅仅捕获100来条。腔棘鱼一般体长130~180 cm，体重40~60 kg。最重的一条体长180 cm，体重95 kg。分布于印度洋的科摩罗群岛海域一带，栖息在200 m以下的海水中。由于此鱼形状奇特，不仅有两个背鳍，而且尾鳍中间有叶状突出，颇像矛的形状，故名矛尾鱼；又因为此鱼的发现者是当时的南非东伦敦博物馆女管理员拉蒂迈女士，动物界就以发现者的名字来命名此鱼，所以这种鱼又被命名为拉蒂迈鱼。据鱼类学家史密斯教授确认，这种鱼竟是7 000万年前绝迹了的一类总鳍鱼的后代，也是总鳍鱼类中已知现在尚存的惟一代表，是古鱼类的活化石。IUCN极危；CITES 附录I。

图4-1　腔棘鱼
赞比亚（Zambia）
2001年　1 000法郎
铜镍　特种币
Φ38 mm

鲨鱼最早出现在地球上已经有4亿500万年，其中的双髻鲨还是“活化石”。全世界大约有370余种鲨鱼。人类对鲨鱼心存恐惧，每每“谈鲨色变”，实际上会吃人的鲨鱼不过才30几种。

2. 大白鲨（噬人鲨） White Shark, Man-eater Carcharodon carcharias

软骨鱼纲、鼠鲨目、鼠鲨科、噬人鲨属。大白鲨一般体长7 m。大的可达12 m。体重6 300 kg。主要分布于温带海域。大白鲨性情凶恶，是完全的肉食性动物，以其他鱼类为主食，也猎食海豹和海豚等大型动物，甚至对鲨鱼家族中的其他鲨鱼也决不“嘴下留情”。同时大白鲨也喜欢攻击和吞食人类，世界上每年都有几百起大白鲨攻击或吃人的报道。全世界共有300多种鲨鱼，但是像大白鲨一样会攻击人类的鲨鱼，目前所知的也仅有32种。大白鲨是一个十足的贪婪家伙，没有什么它不能吃的。君不见，解剖它的胃里就发现有海豹和鲸的残骸、人的骨头、皮鞋、瓶子、椰子壳、空罐头盒子以及煤块等等，在其他一些大白鲨胃的解剖中也发现类似的“杂货铺”。大白鲨享有“海中霸王”、“海中恶魔”、“白色死神”和“食人鲨”等多项恶名，是不会有人感到奇怪的。大白鲨平时独居，只有在每年8、9月的繁殖期，雌雄才会在一起。大白鲨是卵胎生动物，母鲨每次产下10多条小鲨。IUCN易危；CITES 附录II。

图4-2 大白鲨
澳大利亚（Australia）
2000年 5元
银 1盎司
纪念币 100 000枚
Φ40 mm

3. 姥鲨（姥鲛、类似鲨） Basking Shark *Cetorhinus maximus*

软骨鱼纲、鲨目、姥鲨科、姥鲨属。IUCN 濒危；CITES 附录II。

图4-3 姥鲨
帕劳（Palau）
1999年 1元
铜镍 特种币
Φ37 mm

4. 虎鲨（居氏鼬鲨） Heterodontus *Bullhead Shark*

软骨鱼纲、虎鲨目、虎鲨科、虎鲨属。

图4-4 虎鲨
图瓦卢（Tuvalu）
1976年 5分
铜镍 收藏/流通币
Φ19 mm

5. 鲸鲨（豆腐鲨、大憨鲨） Whale Shark *Rhincondon typus*

软骨鱼纲、鲸鲨目、鲸鲨科、鲸鲨属。鲸鲨不是鲸而是鲨鱼，是因为它身体巨大像鲸而起名为鲸鲨。鲸鲨不仅是鲨鱼中的“大个子”，而且还是世界上鱼类中的“大个子”和“体重冠军”。成年鲸鲨体长10几米，体重达几吨至十几吨。据记载，最大一条的体长为17.7 m，体重为40.5 t，至今还没有再捕到能打破此记录的大鱼。鲸鲨主要分布于印度洋、太平洋和大西洋的温带和热带海域中，以海中的浮游生物、小型鱼类、甲壳动物和软体动物等为食，也吃些海洋植物。鲸鲨虽然身体巨大，但是它性情很温顺，不会伤害人，而且还可供欣赏。鲸鲨在吃饱喝足后，便浮在海面上享受“阳光沐浴”，十分惬意。鲸鲨一般产卵15枚，蛋长30余厘米。IUCN 濒危；CITES 附录II。

图4-5　鲸鲨
马来西亚（Malaysia）
2006年　25分
金铜　收藏币
Φ34 mm

6. 鳐　Skate *Rajiformes*

软骨鱼纲、鳐目、鳐亚目、鳐科、鳐属。鳐目共有500余个品种，而鳐科共有13种鳐，它们都是鲨鱼的近亲，但是两者的外形却相差甚远。鳐类体型大小因品种而异，小的体宽仅10 cm。而大的体宽（阔）竟达670 cm。鳐广布世界各海域，但是大多数在较为温暖的地方生活，栖息在海床上或靠近海床的地方。以蛤、虾、蟹、蠕虫、鱼和其他海洋动物为食。雌鳐每次产卵最多达60枚。鳐类的身体型状十分奇特，扁平且逞菱形。它的捕食方法很奇特，常常是隐藏在海床上的沙子之中，将自己的身体与海床融为一体，由于它的体色也基本上与环境颜色几无两样，致使它的猎食对象就不容易发现它，而鳐的眼睛却长在身体的背面（上方），它完全可以看到从它身体上方经过的猎物，一旦猎物进入它的伏击范围，它就突然张嘴捕食，基本上十拿九稳。

图4-6　鳐
图瓦卢（Tuvalu）
1976年　2分
青铜　收藏/流通币
Φ22 mm

7. 魟　Long–tailed Ray *Dasyatis uarnak*

软骨鱼纲、鳐目、魟亚目、魟科、魟属。魟与鳐的关系密切。魟类共有350来个物种，其体型大小因品种而异，一般体长200~300 cm。以无脊椎动物和小鱼为食。魟为卵胎生动物，从母体中直接生下幼魟，人们也把它们说成胎生。当然，鱼类的“胎生”（确切地说应该叫做“卵胎生”），与哺乳动物的胎生是两码事。哺乳动物的胎儿是在母体的特殊器官——子宫里发育，依靠母体的血管系统供给胎儿营养；而鱼类的“卵胎生”，是因为卵是在母体的输卵管中发育的，其胚胎发育的营养则是靠卵黄供给的。目前已知道大约有200来种鱼是卵胎生鱼。魟的尾巴也是细长的，尾巴上生长有一根能从毒腺里分泌出毒液的尖锐大刺儿（可称尾棘），这是它的进攻或防守的武器，它们不仅用毒刺袭击被捕食的猎物，同时也会袭击人类。魟一般栖息在海底，但是也常到海边逛逛。当人们在海边摸鱼抓虾或玩水时，就很可能遭到“到此一游”的魟暗算，毒液进入人体内会长久流血而疼痛（地中海魟的尾棘长达12 cm，毒液更可怕）。

图4-7　魟
冰岛（Iceland）
1981年　5奥拉
青铜　流通币
Φ15 mm

8. 花点魟　Ring-tailed Ray *Dasyatis uarnak*

燕魟目、魟科、魟属。

图4-8　花点魟
古巴（Cuba）
1994年　10比索
银　20克
特种币　10 000枚
Φ37 mm

9. 蝠鲼（鬼鳐、毛毡鲼）　Devil Ray，Manta Ray *Manta birostris*

软骨鱼纲、鲼形目、蝠鲼科、蝠鲼属。蝠鲼与鳐的关系也很密切，甚至人们还称它们是世界上最大的鳐。蝠鲼的扁平身体也呈菱形状，蝠鲼体阔达6~7 m，体重2~3 t，最重者超过4 t。但是其尾巴又细又长，酷像一条鞭子。蝠鲼分布在热带和亚热带海域，以浮游动物和小鱼为食。在蝠鲼头部的两边有一对可以转动的鳍，游动时卷起来好像一个筒子，而捕食时转动到嘴巴下边又成了一只“漏斗”，让所有的食物很方便地吃到嘴里。别看蝠鲼又大又重，但它们却不笨，不仅可在海水表层快速游动，而且可以刹那间潜入海底。蝠鲼性情温和、宽厚，对人类很友善。蝠鲼还能跃出海面4 m高，然后像“鳐式飞机”一样在水面上滑行，乃至碰翻渔船，难怪渔民们把蝠鲼叫为“鬼鳐”呢。有趣的是，蝠鲼生活在水里，临产的蝠鲼妈妈却是在空中分娩的，它正是借凌空“表演”之机，将小宝宝带到这个世界。

图4-9　蝠鲼
帕劳（Palau）
1999年　1元
铜镍　特种币
Φ37 mm

10. 欧洲鳗鲡　European Eel *Anguilla anguilla*

辐鳍鱼纲、鳗鲡目、鳗鲡科、鳗鲡属。鳗鲡共有700个属种，其体型最长可达60 cm。像蛇一样呈圆筒形，绝对的鱼面蛇身。广布世界各地。鳗鲡大半世生活栖息在江河中，但是，许多品种要洄游到大海里产卵。幼鳗孵化出来后在2～3年内发育成长，然后大量地集中在江河的入海口一带，逆江而上到合适的水域开始新的生活。奇怪的是，有的鳗鲡还经常客串到潮湿的草地或者雨水流过的地方，寻找它们喜欢的昆虫和蜗牛等食物，吃饱了便在岸边的草丛中“散步”。欧洲鳗鲡的成体也是在淡水中度过的。它们以水中的小动物和昆虫等为食。繁殖期，成体的欧洲鳗鲡要历经3年穿越大西洋到马尾藻海去繁殖产卵，之后，大部分骨瘦如柴，不久便离世，留下的幼鳗自己返回欧洲，到达父母生活过的地方生活，经5~13年才长大成人。到了秋天繁殖期，它们便成群结队顺江而下，到海里去生儿育女了。当然，许多鳗鲡在洄游的路上就会产下精子和卵子，不等小宝宝出生，它们就葬身大海了。

图4-10　欧洲鳗鲡
波兰（Poland）
1995年　20兹罗提
银　1盎司
特种币　20 000枚
Φ40 mm

11. 中华鲟（鲟鱼、鱼皇鲟、黄鲟、大癞子）
Chinese Sturgeon *Acipenser sinensis*

辐鳍鱼纲、鲟形目、鲟科、鲟属。全世界鲟类动物共有20多个品种。中华鲟为大型鱼类，一般体长 2~3 m多，最长的可超过4 m。一般体重300多 kg，最大的可达600 kg（个体资料记载为560 kg）。中华鲟为中国特有的古老品种，它出现在1亿5 000万年前，是现代的“活化石”。目前主要分布于长江、钱塘江、黄河以及近海一带，栖息于大江和近海的底部。以软体动物、鱼类和虾类等为食。平时独居，有洄游习性。每到春、夏季节，完全成熟的雌、雄中华鲟就会汇集河口栖息或结伴返乡、相爱。之后，迟至秋季（有的会在淡水中栖息一年，等待性腺逐渐发育，到第二年夏秋），它们就逆江河而上，回到它们的出生地（比如四川省宜宾市附近的长江河段，有的甚至到金沙江一带的长江水域）去产卵。经5~6天后幼鱼孵出，便会根据身体的成长情况，跟随亲鱼逐步游向河口、海洋。中华鲟的繁殖能力非常强，雌体产卵量非常大，一条体长3.1 m的雌性中华鲟，其产卵量多达上百万枚！好家伙，她们的卵

图4-11　中华鲟
中国（China）
1999年　5元
紫铜　收藏/特种流通币
Φ32 mm

巢重量就达50 kg呢！但是，成活率仅仅为1%左右。中华鲟的性成熟较晚，雄性要8岁、雌性要14岁才到“谈婚论嫁”的年龄，而雌性要2～3年才产一次卵。人类对鱼类的寿命大多不太清楚，但知道鲟类鱼寿命可超过40岁。而中华鲟的寿命，据说可达80年。IUCN 濒危；CITES 附录II；中国 I级。

12. 红鲟 Russian Sturgeon *Acipenser gueldenstaedtii*

辐鳍鱼纲、鲟形目、鲟科。IUCN 濒危；CITES 附录II。

图4-12 俄罗斯鲟
俄罗斯（Russia）
2001年 1卢布
银 16克
特种币 50 000枚
Φ33 mm

13. 海马 Sea Horse *Syngnathidae*

辐鳍鱼纲、刺目鱼目、海龙科、海马属。海马是鱼不是马，但是这种海鱼的头部颇像马的头，所以就给它起个海马的名字。海马有30多个品种，体长从0.7 cm到近31 cm不等，但是多为10 cm左右。主要分布于热带和亚热带海洋里，栖息在海底地带的海草丛中。海马总是喜欢把尾部缠绕在海草上，过着固定的生活。当它们要到别处去而行进时，海马就将身体直立在水中，靠小小的背鳍和腹鳍的摆动而前进或转向。海马以蠕虫、浮游生物和小型甲壳动物等为食，而以抗饥饿出名，4个月不吃东西也不会饿死。在动物界中，包括产卵、孵化、育儿等等在内的“养儿育女”的程序，海马是独树一帜的。在雄性海马的腹部有一个特殊的“孵卵囊”，也可以称之为“育儿袋”。交配时雌海马将大约200枚的卵子产进雄海马的孵卵囊中，雄海马使卵成为受精卵，并把囊口封闭。从此，受精卵就一直在袋

图4-13 海马
圣马力诺（San Marino）
1975年 2里拉
铝 收藏/流通纪念币
Φ17 mm

图4-14 海马
帕劳（Palau）
1995年 1元
铜镍 特种币
Φ37 mm

图4-15 海马
南非（South Africa）
1997年 2兰德
银 34克
特种币 3 000枚
Φ39 mm

里生长发育，雄海马怀孕20天左右后可将卵孵化。此时，孵卵囊的囊口自动启开，雄海马将尾部缠绕在海藻上，同时将身体不停止地作伸直和弯曲的动作，小海马们就一个接一个地从爸爸的育儿袋里出生了。海马的繁殖能力很强，雄海马“生产”之后即可再次交配怀孕。雌海马一年可产卵10~20次，而雄海马则每次可怀上并孵化30~500条小海马来。小海马刚出世大约有1 cm、3个月就可达10 cm、5个月就性成熟了。海马爸爸不仅在几十天的“妊娠期”中会精心地照顾肚子里的海马宝宝们，它在游水或进食时，总是小心翼翼的，生怕“惊动胎气”；就是在宝宝出生后，海马爸爸照样无微不至的关注孩子们。刚出世的小海马，充满好奇，到处东张西望、南逛北溜，它们哪里知道，这四周到处都充满了杀机。海马爸爸总是不离孩子们左右。每当小海马受到惊吓时，就会急忙地逃回到爸爸的育儿袋里来，小海马们倒很清楚，爸爸的“口袋”才是最安全的场所。

鲉鱼是鲉形目鱼类的通称，此目大约有1 200个属种，鲉形目鱼类的体型，一般体长从十几厘米到几十厘米不等。主要分布于印度洋和太平洋的热带水域，有的品种栖息在近海岸的浅海水区，有的则居住在深海一带，以多种鱼类为食。鲉鱼是卵胎生鱼类，雌鱼一次可产小鱼1 500条。鲉鱼中有一类蓑鲉鱼（蓑鲉也有多个品种），因为有美丽的图案和很大的骨刺而颇有名气。比如蓑鲉鱼类的鳍非常特别，鳍上的鳍骨都是分开的，好像一条一条长长的小棍子或带子，其前端的尖刺带有很强的毒性。有的品种的胸鳍则比身体还要长，捕食时它们还会利用展开的胸鳍来帮助吞食小鱼。鲉鱼的体色本来差别就很大，而蓑鲉类鱼中许多品种更是色彩绚丽，长相很漂亮和标致，是引人注目的观赏鱼类之一。蓑鲉长有18根毒刺，对小猎物可以致死，对大动物会引起激烈疼痛，甚至失去知觉。虽然蓑鲉身有“绝招”，但是它们也不会明火执仗地去追杀猎物，因为那样往往适得其反，会误了大事；再说也不安全，弄不好还会丢掉自己的小命。所以，蓑鲉的捕食办法是：潜伏在岩石或珊瑚礁里，只将又硬又刺还有毒的背鳍伸展在外，蓑鲉真能静下心来“守株待兔”（可以几天不露声色）。要是猎物不幸经过这里，常常被它刺入身体而惨遭食用，只能自认晦气了。

14. 蓑鲉（蓑鱼、狮子鱼、火鱼） Lion Fish *Pterois*

辐鳍鱼纲、鲉形目、鲉科。

图4-16　蓑鲉
巴布亚新几内亚
（Papua New Guinea）
1978年　2托伊
青铜　收藏/流通币
Φ22 mm

图4-17　蓑鲉
帕劳（Palau）
2000年　1元
铜镍　特种币
Φ37 mm

图4-18　蓑鲉
帕劳（Palau）
2005年　1元
铜镍　特种币
Φ37 mm

15. 辐纹蓑鲉　Longhorn Firefish，Radialfish *Pterois radiate*

辐鳍鱼纲、鲉形目、鲉科。

图4–19　辐纹蓑鲉
纽埃岛（Nuie）
1999年　5元
银贴金　31克
特种币
Φ36 mm

16. 斑马鱼（花条鱼）　Zebra Danio，Zebra Fish *Brachydanio rerio*

辐鳍鱼纲、鲉形目、鲉科。

图4–20　斑马鱼
新加坡（Singapore）
1974年　50分
铜镍　流通币
Φ26 mm

17. 青鱼（黑鲩、青、螺蛳青）　Black Carp *Mylopharyngodon piceus*

辐鳍鱼纲、鲤形目、鲤科、雅罗鱼亚科、青鱼属。青鱼是一种常见的淡水鱼，最大的体长可达1 m多。除南美洲、澳大利亚和新西兰以外，世界各地都有青鱼。 普通的鲤鱼呈青黄色，故人们也常称之为青鱼。它是杂食性鱼类，可吃其他鱼类、螺类、昆虫幼虫和水生植物等，栖息在江河、湖泊和池塘中，是底栖动物，适应能力很强。其寿命也很长，据说可活百年以上。

图4–21　青鱼
马恩岛（Isle of Man）
1976年　$\frac{1}{2}$便士
青铜　流通币
Φ17 mm

18. 鲱鱼　Pallas Herring *Clupea pallasi*

辐鳍鱼纲、鲱形目、鲱科、鲱属。鲱鱼共有400种左右，其体型大小因品种而异，一般体长几十厘米。主要分布于南北半球6~20 ℃的海洋中，也有栖息在大陆架和沿岸区域一带的。主要以浮游生物为食，有的也会捕些小鱼吃吃，以换换口味。喜欢群栖，而且经常形成大规模的鱼群，这样庞大的群体，有利于保护它们不受或少受敌害的攻击。鲱鱼产卵很多，达1.7~2.1万枚。有的鲱鱼品种在深海产卵，有的则在近海产卵，但是鱼卵都会浮到水面上来，并在水面上孵化。

图4-22　鲱鱼
芬兰（Finland）
1979年　25马克
银　26克
纪念币　100 000枚
Φ37 mm

19. 大麻哈鱼（鲑鱼、秋鲑）
Salmon，Keta Salmon *Oncorhynchus keta*

辐鳍鱼纲、鲑形目、鲑科、大麻哈鱼属。鲑鱼共有300多个品种，有的雄性体长可达2 m。雌性可达85 cm。 主要分布于北美、北欧和亚洲的北太平洋和北大西洋海域及多条流入北部海洋的河流中。鲑鱼类包括世界上最有名的洄游鱼大麻哈鱼、其他洄游鱼和个别留恋淡水而不再游去大海的鱼种。洄游的大麻哈鱼经过千里迢迢，历经各种困难和生命危险，甚至跳跃过高达400 cm的瀑布！中国的大麻哈鱼，体长120 cm，最重达15 kg。每年的9~10月份，这是它们的繁殖期，雌雄才会在一起进行“旅行结婚”，并会逆江到它们的故乡黑龙江、乌苏里江和松花江中产卵，故此人们称之为“秋鲑”。雌鱼喜欢在清洁的水域构筑并布置洞房（随后便用作产卵房）。雌鱼一生仅产一次卵，产卵量为3 000~4 000枚（最多的可产10 000枚），之后保护这些卵的事情全由鱼妈妈负责。她终于累倒了，许多鱼妈妈和爸爸没有等到看上孩子们一眼，便结束了自己的一生。受精卵经过3~4个月后到次年孵化，幼鱼以两栖动物和水生动物为食，长到5 cm左右时就开始向大海游去。在海中一直生活3~5年性成熟时就到了繁衍后代的年龄，到了每年的9~10月，就像爸爸和妈妈一样，洄游到故土而叶落归根了。

图4-23　大麻哈鱼
阿联酋
（United Arab Emirates）
1982年　5费尔
青铜　FAO流通纪念币
Φ20 mm

图4-24　大麻哈鱼
美国（USA）
2007年　25分
铜镍　流通纪念币
Φ24 mm

20. 毛鳞鱼　Capelin，Atlantic Capelin　*Mallotus villosus*

辐鳍鱼纲、鲑形目、胡瓜鱼科、毛鳞鱼属。毛鳞鱼平时独居，但是它们也有洄游习性，春、夏季汇集河口，到了秋季，它们就逆江河而上回到它们的出生地去产卵。雌性毛鳞鱼的产卵量多达3万~5万枚！然而，许许多多的毛鳞鱼却不能自然善终，因为许多当地的居民利用毛鳞鱼洄游产卵的特性，修筑了蓄水湾，用以捕获前来产卵的毛鳞鱼。本来它们千里迢迢、不畏艰辛，找个地方繁殖后代，却万万没有想到其结果，非但没有成功，反而成了人类餐桌上的美食，可怜的毛鳞鱼啊！

图4-25　毛鳞鱼
冰岛（Iceland）
1984年　10克朗
铜镍　流通币
Φ28 mm

21. 雀鳝　Garfish，Longnose Gar *Lepidosteus osseus*

辐鳍鱼纲、雀鳝目、雀鳝科、雀鳝属。

图4-26　雀鳝
古巴（Cuba）
1981年　1比索
特种币
银Φ30 mm

22. 飞鱼（翱翔飞鱼）　Flying Fish *Exocoetus volitans*

辐鳍鱼纲、颚针鱼目、飞鱼亚目、飞鱼科、飞鱼属。顾名思义，飞鱼就是能飞的鱼。飞鱼有几十个品种，一般体长40~50 cm（如大西洋飞鱼全长45 cm）。但是墨西哥湾的一种叫“鲛鲸鱼”的飞鱼的体重竟有4 000 kg！飞鱼主要分布于太平洋、印度洋和大西洋的热带和亚热带的海域，喜欢栖息在海面上游水和觅食，是海洋上层的群居性的鱼类。飞鱼体型结构的最大特点是：它们的胸鳍和尾鳍非常发达，胸鳍展开时就像鸟儿展翅一样；而有的品种腹鳍也很发达，展开便成两双“翅膀”飞行。当它们

图4-27　飞鱼
图瓦卢（Tuvalu）
1976年　20分
铜镍　收藏/流通币
Φ28 mm

图4-28　飞鱼
巴巴多斯（Barbados）
1984年　50元
银　17克
特种币　3 600枚
Φ38 mm

图4-29　飞鱼
巴巴多斯（Barbados）
1986年　1元
铜镍　流通币
Φ28 mm

被掠食者追捕或者受到船类惊吓时，就会使用尾鳍加速、迅速展开胸鳍腾空飞出水面5~6 m高，一口气飞行100来米远，而大西洋飞鱼竟能飞行到200 m远！每秒最快20 m，折合时速为72 km。大西洋飞鱼的腹鳍也很发达，这使得它们在滑翔时能获得更大的浮升力。当然像墨西哥湾的那种巨大飞鱼，就没有什么敌害了，还是少去招惹它，怎么追赶也赶不上它的，白忙乎的。飞鱼的卵一般是漂浮于海面上的海藻（草）丛中。

23. 飞鲂鱼 Black Sea Bream *Spondyliosoma cantharus*

辐鳍鱼纲、海鲂目、海鲂属。

图4-30 飞鲂鱼
帕劳（Palau）
2003年 1元
铜镍 特种币
Φ37 mm

鲈鱼是鱼类家族中最庞大的一支，大约有9 500个成员，这个数目比鱼类总数的33%还要多。毫无疑问，鲈形目是硬骨鱼中最大的一个目。鲈类鱼分布于热带和亚热带地区，它们多数栖息在海里，也有生活于江河甚至溪流、湖泊和沼泽中的。由于栖息地点、生活环境以及食物来源等等都有着千差万别，所以它们的形状、大小、重量、习性的差别也就很大。有的品种，体长仅1 cm，而有的品种竟可超过500 cm！有的是肉食性鱼类（捕食其他鱼类和虾等），有的荤素均可；有的“鱼儿离不开水”，终身生活在水里，而有的却能利用胸鳍和尾鳍像海豹那样走路，并在陆上生活好几个小时；有的气质文雅，而有的就天生好斗；有的相貌无人恭维，有的漂亮过人，走在路上很有“回头率”……许多品种还有洄游习性，每年3月是它们的繁殖期，雌、雄鱼们纷纷来到江河入海口、咸淡水交汇处共度蜜月、繁衍后代并产卵，5~6月孵化出来的幼鱼进入江河觅食，天冷了，则往往到近海的礁石边过冬。

24. 金枪鱼 Albacore，Atlantic Tuna，Blue-fin Tuna *Thunnus thymus*

辐鳍鱼纲、鲈形目、金枪鱼亚目、金枪鱼科、金枪鱼属。金枪鱼一般体长100 cm左右，最长的大金枪鱼可达300 cm。广布世界各地，是洄游性鱼类。冬天爱栖息在100~500 m的深海中。雌鱼春夏产卵。金枪鱼的成长速度很快，一年即可达到成鱼体型，但是要3年后才有繁殖能力。金枪鱼的游水速度非常快，平时时速可达70~80 km，遇敌追赶而逃命时的时速可达100余 km，在游水方面，金枪鱼是仅次于剑鱼、箭鱼的第三名得主。日本人酷爱吃金枪鱼，早在20世纪末，日本的有钱人随便花上30 000美元买一条大金枪鱼，目的就是为了品尝此鱼腹部

图4-31 金枪鱼
克罗地亚（Croatia）
1993年 2库纳
铜镍 流通币
Φ25 mm

一带的肉，日本吃客称之为“toro”腴美之肉，以满足有身份、地位的人的口福需要和虚荣心。殊不知，仅仅吃上两小口就得花上75美元。日本的这种金枪鱼现象和拼死吃河豚的爱好，可谓是日本人饮食文化别出心裁的一面。难怪当世界WWF等组织敦促CITES组织把大金枪鱼列为附录Ⅰ时，竟然在日本引起了哗然大波，甚至被认为是干涉日本的文化。

25. 狐鲣　Atlantic Bonito *Sarda sarda*

辐鳍鱼纲、鲈形目、金枪鱼亚目、金枪鱼科、狐鲣属。

26. 大魣　Great Barracuda，Giant Sea-pike *Sphyraena barracuda*

辐鳍鱼纲、鲈形目、魣亚目、魣科、魣属。

图4-32　狐鲣
英属维尔京群岛
(British Virgin Is.)
1985年　5分
银　旅游币
Φ20 mm

图4-33　大魣
英属维尔京群岛
(British Virgin Is.)
1985年　10分
银　旅游币
Φ23 mm

27. 剑鱼（箭鱼）　Broadbill Swordfish，Swordfish *Xiphias gladius*

辐鳍鱼纲、鲈形目、剑鱼亚目、剑鱼科、剑鱼亚科、剑鱼属。剑鱼一般体长400~500 cm。最长可达600 cm，体重大约300~500 kg。主要分布于热带和亚热带海域，栖息在大洋的上层一带。以其他鱼类（如鲭鱼）和水生动物为食。剑鱼属于大洋性鱼类，其体型最突出的特点是：身体呈流线型，它的上颌又尖又长又硬，向前突出如剑似箭，长度超过70 cm，最长的竟达150 cm，约占体长的33%；而它的下颌却短得多。体表呈深蓝色、背部为深褐色、腹部为纯蓝色。同时，剑鱼的两副背鳍长得很奇怪：第一副又尖又长呈三角形、而位于尾柄处的第二副则短得不容易看出来，尾鳍宛如一弯新月。剑鱼的游水速度非常惊人，有人做过测定：剑鱼的最快游速为每小时103.8 km；又有资料说。剑鱼的最大时速可达119 km，有的称120 km。所以人们形容剑鱼快速游水时宛如“离弦之箭”，箭鱼之名因此而来。剑鱼是较大型的凶猛鱼类之一，比旗鱼还凶猛，常常窜入鱼群，用其利剑似的上颌东刺西挑、

图4-34　剑鱼
帕劳(Palau)
1995年　1元
铜镍　特种币
Φ37 mm

图4-35　剑鱼
卡奔达(Cabinda)
2005年　5安若
铜镍
特种币　双色币中币
Φ50 mm

或以闪电般的速度横冲直闯，不一会它就刺死撞伤许多条鱼，饱吃一餐后便扬长而去。当剑鱼发起怒来，就是享有“海中霸王”的逆戟鲸和噬人鲨也要让开而退避三舍，难怪人们又称剑鱼为“鱼中霸王”、“海中剑侠”和“海中霸王”。有剑鱼与船只相撞的记录，原因尚待研究，有的学者认为，可能是因为它的游速太快、来不及躲避而误撞；也有的认为是错把船只当成了鲸而予以攻击。在博物馆中有这样的一个展品：一艘捕鲸船的34 cm厚的木版中间竟嵌着一把长30 cm、圆周12.7 cm的剑鱼的上颌残骸，可见剑鱼的游速和它的撞击力是多么的惊人！每年4、5月是剑鱼的繁殖期。

28. 蓝枪鱼（太平洋枪鱼、蓝箭鱼、蓝剑鱼）
Blue Marlin, Black Spearfish *Makaira mazara*

辐鳍鱼纲、鲈形目、剑鱼亚目、剑鱼科、枪鱼属。

图4-36　蓝枪鱼
巴哈马（Bahamas）
1966年　50分
银　流通币
Φ30 mm

图4-37　蓝枪鱼
英属维尔京群岛
（British Virgin Is.）
1985年　25分
银　9克
旅游币　1 480枚
Φ27 mm

29. 旗鱼（芭蕉鱼、帆鱼）　Oriental Sailfish *Histiophorus orientalis*

辐鳍鱼纲、鲈形目、旗鱼科、旗鱼属。旗鱼分布在太平洋、印度洋和大西洋，属大洋性鱼类，体长300~400 cm，体重250~300 kg。其体型最突出的特点是：头部像剑鱼，但比剑鱼要短。它的上颌也是又尖又长，向前突出也如剑或似箭；而它的下颌也短得多。旗鱼的体表全身呈蓝色（也像青褐色）。第一个背鳍又高又长又大，第二个背鳍又短又低。当旗鱼展开背鳍时，有如一面招展的大旗，故得名旗鱼；而打开且露出水面的背鳍，又好似渔船上展开的帆，因此旗鱼还有“帆鱼”之称。旗鱼的背鳍收拢于背上的一条纵沟内，当旗鱼要快速捕食或游水时，它就会将背鳍收拢到背沟里；反之，当旗鱼要降低速度慢游时，它又可将背鳍展开以增加游行的阻力。尾鳍呈深叉状。旗鱼的游水速度同样非常惊人，每小时可达到100 km，有资料称是108 km。还有报道说，旗鱼的最快游速可超过每小时120 km。有人在大西洋海域做过测定：一条旗鱼在3秒钟内游了 91.44 m，折合成时速为109.73 km。旗

图4-38　旗鱼
坦桑尼亚（Tanzania）
1966年　5分
青铜　流通币
Φ23 mm

图4-39　旗鱼
塞舌尔（Seychelles）
1976年　10分
镍黄铜　流通纪念币
Φ21 mm

鱼也是较大型的凶猛鱼类之一（但不如剑鱼凶猛）。它也常常窜入鱼群，采用类似剑鱼的捕食方法袭击和吞吃猎物。旗鱼以其他鱼类为食，还常品尝软体动物。

鱼类的游水速度冠军到底是剑鱼还是旗鱼？多年来众说纷纭，有的说是剑鱼，有的说是旗鱼。据笔者收集到的参考文献，似乎也难下结论。如果上述剑鱼的119 km的资料可靠，那么鱼类的游水冠军以及整个动物界的游水冠军应该是剑鱼；如果对旗鱼的时速推算合理、而且剑鱼119 km的时速并不准确，那么这个冠军又非旗鱼莫属了。作为一个悬念，这里恕笔者不能妄加评论而下结论，诚请动物学专家或学者赐教为盼，也希望有更新更准确的资料问世，以确定动物界奥运会的游泳冠军。

30. 红海蝴蝶鱼（黄色）（红冬瓜蝶）
Blacktail Butterflyfish *Chaetodon austriacus*

辐鳍亚纲、鲈形目、蝴蝶鱼科。红海蝴蝶鱼体长约12 cm，属于海水鱼类，为红海固有物种，也少量分布于西印度洋和亚丁湾，生长于珊瑚丰富的海域。偏好摄食珊瑚虫，但是在安定的环境中会接受带壳的蛤蜊食饵。红海蝴蝶鱼是日行性鱼类，因为数量稀少而相当昂贵。本物种的特征是臀鳍为黑色，有着与弓月蝴蝶鱼（冬瓜蝶）极为相似的色彩。

图4-40　红海蝴蝶鱼
刚果（金）（D.R.Congo）
2005年　10法郎
银　25克
特种币　5 000枚　棱镜幻彩
Φ39 mm

31. 镰鱼（角蝶）　Moorish Idol Fish *Zanclus canescens*

辐鳍鱼纲、鲈形目、镰鱼科、镰鱼属。

图4-41　镰鱼
伯利兹（Belize）
1980年　100元
金　6.21克
特种币　3 993枚
Φ24 mm

图4-42　镰鱼
莫桑比克（Mozambique）
1989年　500梅蒂卡尔
银　16克
特种币　2 000枚
Φ39 mm

图4-43　镰鱼
帕劳（Palau）
2001年　5元
银
特种币
Φ37 mm

32. 棘盖鲈（锯盖鱼、婢鲈）
Sea Bass， Giant Perch *Centropomus undercimalis*

辐鳍鱼纲、鲈形目、鲈亚目、鲈科、婢鲈属。

33. 金鲈 Yellow Perch *Perca flavescens*

辐鳍鱼纲、鲈形类、鲈亚目、鲈科、鲈属。

图4-44 棘盖鲈
古巴（Cuba）
1994年 10比索
银 20克
特种币 10 000枚
Φ36 mm

图4-45 金鲈
古巴（Cuba）
1996年 1比索
铜镍 特种币
Φ34 mm

34. 双锯鱼（柠檬神仙鱼） Lemonpeel Angelfish *Centropyge flavissimus*

辐鳍鱼纲、鲈形目、刺盖鱼科、双锯鱼属。

图4-46 双锯鱼
库克群岛（Cook Is.）
1999年 1元
银 1盎司
特种币 5 000枚
Φ41 mm

35. 海葵鱼（小丑鱼） Clown Anemone Fish *Amphiprion percula*

辐鳍鱼纲、鲈形目、雀鲷科、海葵鱼属。海葵鱼是因为这类鱼总是依赖海葵而生活。海葵是一类腔肠动物，附在海底的岩石或礁石上生活，嘴巴则在触手中，它们通过有毒腺的触手捕食，所以许多动物都不敢靠近海葵，以免遭灭顶之灾。然而，海葵鱼的身体上有一种特殊的黏液，不怕海葵的毒刺，这使得海葵鱼可以在海葵中穿来穿去而平安无事。为了躲避掠食者的伤害，海葵鱼生活在海葵中

图4-47 海葵鱼
库克群岛（Cook Is.）
1999年 1元
银 1盎司
特种币 5 000枚
Φ41 mm

图4-48 海葵鱼
帕劳（Palau）
2004年 1元
铜镍 特种币
Φ37 mm

就十分安全了。有多种海葵鱼，其体型大小因品种而异，一般体长为6~15 cm。主要分布在热带海域一带，栖息在海底的海葵之中。在它们的繁殖期，雌鱼将卵产在海葵生活的岩石上，雄鱼会用鳍扇去卵上的淤泥。在双亲的关爱下，它们的下一代孵化率还是很高的。

36. 红宝石（红花鲈、宝石鱼、红钻石）
Jewel Cichlid *Hemichromis bimaculatus*

辐鳍鱼纲、鲈形目、慈鲷科、伴丽鱼属。红宝石鱼一般体长12~15 cm，小的也能长到7 cm。红宝石鱼原产于非洲刚果河和尼罗河，身长背鳍宽大，基部也甚长，游动姿态潇洒，体色从下颌至尾鳍侧线以下均为赤红色，背鳍、臀鳍和尾鳍边缘也为红色，在黄绿色的背部闪烁着点点蓝色光芒，整个鱼体像一块硕大的红色宝石。鱼眼虹膜呈金黄色。红宝石鱼性情凶猛、好争斗，地域性强。该鱼喜欢钻掘河底的砂石，因此，人们如果饲养，那么鱼缸底应铺放一层洗净的细沙。

37. 蝙蝠鲳（金鲳、黑带大眼鲳） African Moony *Monodactylus sebae*

辐鳍鱼纲、鲈形目、银鳞鲳科。蝙蝠鲳有多种，一般体长从10~20 cm不等。体高、侧扁、菱形，高度略大于长度。蝙蝠鲳原产于非洲西部沿海，是银鲳鱼的近缘种。背鳍、臀鳍肉质化，被体上的皮肉覆盖。头部2条黑色横条纹与黄鳍鲳相似。后身有1条黑色宽横带，从背鳍前端至臀鳍前端。体色银灰色。胆子特别小，喜欢把自己藏在水草茂密的地方。

图4-49 红宝石
刚果（金）（D.R.Congo）
2005年 10法郎
银 25克
特种币 5 000枚
棱镜幻彩
Φ39 mm

图4-50 蝙蝠鲳
刚果（金）（D.R.Congo）
2005年 10法郎
银 25克
特种币 5 000枚
棱镜幻彩
Φ39 mm

38. 濑鱼（鼓头濑鱼） Wrasse *Labridae*

辐鳍鱼纲、鲈形目、隆头鱼科、隆头鱼属。

39. 鳂鱼 Squirrel Fish *Sargocentron*

辐鳍鱼纲、须鳂目、鳂科、鳂亚科、鳂属。

图4-51 濑鱼
帕劳（Palau）
1995年 1元
铜镍 特种币
Φ37 mm

图4-52 鳂鱼
塞舌尔（Seychelles）
1978年 50卢比
银 28克
CS特种币 8 734枚
Φ38 mm

40. 鲇鱼（鲶、塘虱、猫鱼） Catfish *Silurus glani*

辐鳍鱼纲、鲇形目、鲇亚目、鲇科、鲇属。全世界大约有2 000个鲇鱼品种，其体型大小因品种而异，小的体长只有2.5 cm，最大的体长竟将近300 cm，体重达200 kg左右。鲇鱼的外貌差别之大，使人很难相信它们是一家子。鲇鱼广布于亚洲、非洲和美洲各地，主要栖息在淡水的河流、池塘和湖泊中，也有生活在海里的。鲇鱼是以肉为主的杂食性鱼类，多以水生小动物（如鱼、虾、昆虫等）和水生植物、藻类等为食。它们都是夜行性鱼类。鲇鱼口宽大、头部扁平、有两对口胡须（有的品种有更多对）、眼睛小、体表呈灰褐色或黑褐色、光滑无鳞，皮肤上有极其丰富的黏液层，很难用手去抓住它。每年4~7月产卵。中国长江以南的淡水中有1种鲇鱼，有人叫“胡子鲶”，但更多的人称之为“塘虱”，泰国的蟾胡子鲶，它的嘴边长有四对胡须，好像猫的胡须，所以人们把这种鲇鱼又称作“猫鱼”。埃及尼罗河一带的革胡子鲶，是池塘中的底栖鱼类，最大的体重达10 kg，雌鱼产卵竟多达40 000枚！据报道，鲇鱼可以活到60岁。

图4-53　鲇鱼
波兰（Poland）
1995年　20兹罗提
银　1盎司
特种币　20 000枚
Φ40 mm

41. 鲯鳅　Mahi Mahi，Dolphinfish，Dorado *Coryphaena hippurus*

辐鳍鱼纲、鲇形目、鲯鳅科、鲯鳅属。

图4-54　鲯鳅
帕劳（Palau）
2006年　1元
铜镍　特种币
Φ37 mm

42. 北梭鱼（骨刺鱼）
Bonefish，Bonana Fish，Ladyfish *Albula vulpes*

辐鳍鱼纲、海鲢目、北梭鱼科、北梭鱼属。

图4-55　北梭鱼
巴哈马（Bahamas）
1968年　10分
铜镍　流通币
Φ23 mm

图4-56　北梭鱼
阿联酋（阿治曼）
（United Arab Emirates）（Ajman）
1970年　$7\frac{1}{2}$里亚尔
银
特种币　5 000枚
Φ37 mm

43. 鳞鲀 Clown Triggerfish *Balistoides conspicillum*

海鲂鱼纲、鲀形目、鳞鲀亚目、鳞鲀科、鳞鲀亚科、鳞鲀属。鲀字，由豚字演化而来，豚，是小猪的意思。因为这类鱼的体型绝大多数肥肥胖胖、圆鼓隆冬好像小肥猪那样，所以就叫它们为豚，为避免与“河豚”或“海豚”类动物搞混，就将“豚”字演化为“鲀”字了。鳞鲀和下面将要介绍的刺鲀、箱鲀一样，都是鲀形目动物，因而也有着许多相同的地方：它们都分布于太平洋、印度洋和大西洋的热带浅海区域；属于小形鱼类，一般也就十几厘米到几十厘米不等；它们的上下颌的牙齿连在一起而形成一个非常有力的“牙板”，可以咬碎贝壳，因此它们多以小的软体动物（如贝、螺）和珊瑚虫等为食；许多鲀类的色彩都很绚丽；又像河豚一样也有毒。有的资料甚至还认为，河豚就是鲀类鱼的总称，实际上，河豚也和鲀类有许多相似之处。

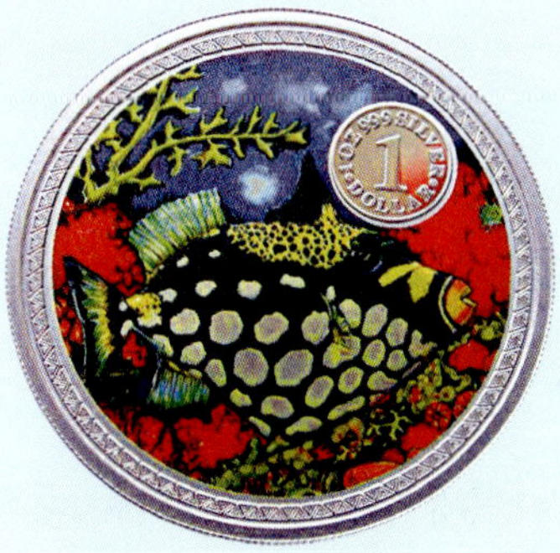

图4-57 鳞鲀
库克群岛（Cook Is.）
1999年 1元
银 1盎司
特种币 5 000枚
Φ41 mm

44. 刺鲀（刺河牦、鱼毛） Balloonfish, Porcupinefish *Diodon holacanthus*

海鲂鱼纲、鲀形目、刺鲀亚目、刺鲀科、刺鲀属。刺鲀也有多个品种，一般体长12~25 cm。之所以取“刺鲀”这个名称，因为它们全身披满了尖而硬的棘刺，这些棘刺都是由鳞片演变而来的，平时依贴在身体上。有趣的是，当刺鲀觉得有敌害侵袭时，刺鲀能充分利用满身的棘刺进行有效地自卫，它大口大口地喝下海水或吸满空气，让身体胀得圆鼓鼓的，而此时全身的这些刺就全部都会竖立起来，好像钉尖朝外的钉子，昂然是一个“刺球”，令前来捕食的其他鱼类望而生畏，还有谁敢去吃它？比如一条腰围是37 cm的平常刺鲀，当它受敌害而使身体充水的时候，竟能让自己的腰围增加到67 cm。此外，刺鲀的肝、血和生殖腺均有毒。刺鲀没有什么攻击能力，虽然它们在海中的游速极慢，但它们没有什么天敌，也就不用快速逃命了 。

图4-58 刺鲀
帕劳（Palau）
2004年 1元
铜镍 特种币
Φ37 mm

45. 箱鲀　Boxfish *Ostracioidei*

海鲂鱼纲、鲀形目、箱鲀亚目、箱鲀科、箱鲀属。箱鲀和刺鲀一样，也是海中的小型鱼类，只能生活栖息在浅海一带，也不能适应环境的激烈变化。箱鲀这个名字，也是以它们的形体而命名的。箱鲀的鳞片已经演变成坚硬的角质片，紧密地排在一起，形成了一个像盔甲似的外壳，捕食的鱼很难咬穿它；而它整个身体很像一个漂浮的小箱子，也不会引起许多鱼类捕食者的注意。更为特别的是，箱鲀的表皮会分泌出一种有毒的黏性物质，在坚硬的外壳周围形成光滑的黏液层。当箱鲀感到有威胁时，就会从皮肤下面分泌出毒素来，从而使捕食者望而却步（在海洋中，只有虎鲨和大石斑鱼能吃它们），比起其他许多随时都有生命之忧的鱼类来，箱鲀的生活还是很平和的。

图4-59　箱鲀
帕劳（Palau）
2006年　1元
铜镍　特种币
Φ37 mm

第五章　鸟 的 世 界

世界上大约有9 700多种鸟，组成了一个庞大的鸟类家族，是脊椎动物中数目仅仅次于鱼类的第二大纲。鸟类具有以下几个明显的特征：

（1）有两只翅膀，大多数能在空中飞翔。

（2）全身有羽，利于保持体温。

（3）是恒温动物，体温一般在42℃左右。

（4）鸟类都没有牙齿，却都有一个强有力的喙。

（5）能够鸣叫，许多鸟类具有美妙的歌喉。

（6）体内受精、体外发育（孵卵、育雏）。

从生态特征上，鸟类可分成八大类（或称八大目），而从鸟的形态结构上，鸟类则可分成大约27个目。到目前为止，在世界硬币上已经有23个目了。现将世界硬币上出现的八大类中有代表性且常见的23个目列出如下：一、走禽目：鸵形目、美洲鸵鸟目、鹤鸵目、几维目；　二、游禽目：企鹅目、潜鸟目、鹱形目、鹈形目、雁形目；三、涉禽目：鹳形目、鹤形目 、鸻形目：　四、猛禽目：隼形目、鸮形目；　五、鹑鸡目：鸡形目；　六、鸠鸽目：鸽形目；　七、攀禽目：鹦形目、鹃形目、咬鹃目、佛法僧目、鴷形目；　八、鸣禽目：雨燕目、雀形目。

1. 鸵鸟（非洲鸵鸟）　Ostrich　*Struthio camelus*

鹤驼目、鸵鸟科。鸵鸟身体高大，身高可达275 cm，体长可达180 cm，体重大约135~160 kg。鸵鸟是世界上最高大的鸟，是鸟类中的“巨人”。仅仅分布于非洲的西北部、东南部和南部一带，栖息在空旷的原野和沙漠中，所以，鸵鸟又叫非洲鸵鸟。鸵鸟虽然不能在空中飞行，但是鸵鸟的腿强壮有力，一步可跨出4 m多，奔跑时速可达40~60 km，当然，这样的速度不能持久，仅能连续30~40分钟。有记载的最快时速达70 km，是鸟类中的赛跑亚军（仅次于鹂鹋）。如遇危险，鸵鸟就会以腿当武器，猛踢敌害。鸵鸟以草、叶、根、茎、种子、野果等植物为主食、也吃昆虫、软体动物、小爬虫、小鸟

图5−1　鸵鸟
厄立特里亚（Eritrea）
1997年　10分
铜镍　流通币
Φ21 mm

图5−2　鸵鸟
尼日尔（Niger）
1968年　10法郎
金　3.2克
特种币　1 000枚
Φ20 mm

和小的哺乳动物等。平时喜欢群栖，一般是几只在一起的小群体，但也有40~50只在一起的较大群体。全年均可繁殖，多在雨季产卵。鸵鸟常常是以一雄多雌在一起过着小家群生活。在鸟类中，鸵鸟爸爸是一个模范爸爸，它在每位妻子产蛋前都会在地面先筑好巢（在它挖好的凹坑里，再铺上些草），每只雌鸟每次产蛋6~8枚，妻子们都在同一个“群巢”中产蛋，每窝可生产15~20多枚，最多的可让妻子们生下50~60枚蛋。鸵鸟蛋可达20 cm长，重约1.5 kg。因此鸵鸟蛋是鸟类中最大的蛋。孵化和护雏由雄鸵鸟承担，雌鸟很少参与孵化。经过大约42~49天的孵化雏鸟出壳。鸵鸟是早成鸟，雏鸟一出壳后即可跟随亲鸟走路和取食，3岁性成熟，据说最长寿命可达60年。CITES 附录 I。

2. 美洲鸵鸟（大美洲鸵鸟） Greater Rhea *Rhea Americana*

美洲鸵鸟目、美洲鸵鸟科。美洲鸵科共有2种美洲鸵鸟，即美洲鸵鸟和美洲小鸵，美洲鸵鸟体长120~150 cm，身高140~170 cm，体重25 kg；而美洲小鸵一般身高90 cm左右，体重10 kg。美洲鸵鸟是美洲大陆上最大的鸟，它们主要分布于南美洲的部分国家，栖息在开阔的草原或平原上（美洲小鸵也可以生活在稀疏林地和灌木丛里）。美洲鸵鸟以草类植物和小动物等为食。美洲鸵鸟平时喜欢玩水和沐浴，虽然它们也不能在空中飞行，但善于奔跑，也喜欢群栖，大多为30~50只左右的小群体生活，不过老年的鸵鸟则往往退出群体而喜欢独居。繁殖期中，雄鸵鸟为争夺领地和配偶而常常激烈地争个高低。美洲鸵鸟也是多妻制，1雄往往有5~7雌，也筑巢于地面的凹坑里，几位妻子都在一个“群巢”里产卵，一窝就有15~20个蛋，甚至更多。经过雄鸟35~40天孵化后，雏鸟出壳。有意思的是，筑巢、孵化和护幼也都由雄鸵承担的，它也是一位模范爸爸。美洲鸵鸟一般寿命为20~40年。CITES 附录II。

图5-3 美洲鸵鸟
阿根廷（Argentina）
1985年 1分
黄铜 流通币
Φ20 mm

3. 鹤鸵（食火鸡） Australian Cassowary *Casuarius casuarius*

鹤鸵目、鹤鸵科。鹤鸵一般体长可达165 cm，身高150~180 cm，体重可达80 kg，是世界上现存的第二大鸟。鹤鸵主要分布于澳大利亚北部、新几内亚以及附近的一些岛屿上，栖息在热带雨林中，以柔软的树芽、树叶、掉在地上的水果等植物和昆虫等小动物为食。据说鹤鸵能够吞食火炭，故得名食火鸡。鹤鸵平时喜欢独居，只有在它们的繁殖期，雌雄才会在一起成对生活。鹤鸵善于奔跑，时速可达30 km，最快达45 km；也会游泳、个性好斗。筑巢于灌木丛中，雌鸟每次产卵3~6枚，蛋长14 cm，经过48~53天孵化后雏鸟出壳。孵化和护幼也都由雄鹤鸵承担的，它也是一位模范爸爸。鹤鸵有一个御敌绝招：一旦遇到敌害，它便腾空而起，用强有力的双脚对准敌害猛然一击，利剑似的爪子

图5-4 鹤鸵
巴布亚和新几内亚
（Papua New Guinea）
1975年 20托伊
铜镍 流通币
Φ28 mm

轻则使对方受伤而逃，重则让其命归黄泉。所以，许多敌害都不敢去找麻烦，免得惹火烧身；就连当地居民，也不会去轻易招惹它们。鹤鸵寿命一般为大约25年。

4. 鸸鹋（澳洲鸵鸟） Emu *Dromaius novaehollandiae*

鹤鸵目、鸸鹋科。鸸鹋一般体长140~160 cm，身高140~170 cm，体重大约50 kg，是世界上现存的第三大鸟。鸸鹋是澳大利亚的特产鸟，也是该国最高大的鸟，栖息在开阔的半沙漠、稀树草原和林地中。鸸鹋不会飞，但是同样善于游泳和奔跑，时速可达60多 km，短时间的奔跑时速可达80~100 km，比鸵鸟还快，是世界上跑得最快的鸟。鸸鹋以草、树叶、种子和野果等为食，有时也吃昆虫。由于爱吃种子，加之干旱季节，觅食困难，鸸鹋就常常侵入农田而食用农作物，因此也常被认为是农田的害鸟。鸸鹋不怕人，甚至会向游人讨吃，它们也常常享受到游人给它们的糕点和瓜果等食物。鸸鹋平时喜欢群栖，但是多以多配制形式的小家群为单元生活，雄鸟筑“群巢”于地面，各位妻子可在同一大窝里产卵8~10枚，多的时候达16枚。蛋长13 cm，由雄鸟单独孵卵，经过60天后孵化后雏鸟出壳。雄鸸鹋也是一位模范爸爸。

图5-5 鸸鹋
澳大利亚（Australia）
2000年 5元
银 1盎司
纪念币 100 000枚
Φ40 mm

5. 褐几维（无翼鸟） Brown Kiwi *Apteryx australis*

几维目、几维科。几维鸟共有3种，一般体长从50~80 cm不等，体重2~3 kg。雌大雄小，雄鸟大约在45 cm左右。几维鸟仅仅分布于新西兰，是该国的特产鸟种，因为其叫声为“几维”、“几维”而得名。它形似鸵鸟而嘴巴细长稍弯曲像鹬嘴，所以它们又被称作“鹬鸵”。此外，由于几维鸟的翅膀基本退化，所以更多的人又爱称它们为无翼鸟。几维鸟的鼻孔长在嘴尖上，这在鸟类中是绝无仅有的！几维鸟怕光，长期栖息在阴暗的山地密林或灌木丛中，以蠕虫、昆虫、蜘蛛、蚯蚓等为食，还喜食蜥蜴和老鼠，当然也会吃草、叶、种子以及落地的浆果。平时喜欢群栖，但是奉行“一夫一妻”制度，筑巢于地面、地洞、或树根缝隙中，是夜行性鸟，视力较差，主要靠灵敏的嗅觉捕食。几维鸟的繁殖非常缓慢，雌鸟每年仅仅产卵1~2枚，偶生3枚，由雄鸟孵卵，经过70~74多天孵化后雏鸟出壳。雏鸟头6天靠蛋黄提供营养，之后由雄鸟带领觅食。4岁性成熟。按绝对数值来说，鸵鸟卵是世界上最大的卵；但是，几维鸟生下的每个卵的重量达450~500 g重，相当于几维鸟本身重量的1/4（海燕也如此）！因此，如果按相对数值来说，几维鸟的卵才是世界上最大的卵。在新西兰流传着一个美丽的神话，说是几维鸟原来是很漂亮有翅膀的鸟，也会在天空中飞行，因为一次森林大火，几维鸟奋不顾身地去救别的鸟类朋友们而被烧伤，翅膀被烧掉了，也失去了原来的美丽，它们再也不能在空中飞行，变成现在这个样子了。但是，几维鸟却受到了所有人类和鸟类的尊敬。新西兰人民以此鸟为光荣，并尊几维鸟为新西兰的国鸟。当有人问到新西兰人是哪国人时，他们就会很骄傲地说：“I am Kiwi”（意为我是几维鸟的家乡—新西兰人）。几维鸟是活化石，早在6 500万~7 000万年前，它们就在那里生活了。目前，野生的几维鸟仅仅为1 000多只了。IUCN 易危。

图5-6　褐几维
新西兰（New Zealand）
1967年　20分
铜镍　收藏/流通币
Φ28 mm

图5-7　褐几维
新西兰（New Zealand）
1998年　10元
银　15克
特种币　1 500枚
Φ30 mm

6. 企鹅　Penguin　*Spheniscidae*

企鹅目、企鹅科。企鹅科大约共有18~20种企鹅。体长（直立时的身高）从30~125 cm不等，体重从10~40 kg不等（已知最重的为45 kg）。主要分布于南极洲一带，少数在南半球南部的其他一些地方，个别品种甚至可生活在一些热带的岛屿上。企鹅栖息在海洋和陆地上，但是一年中企鹅大部分时间还是在海里度过的。在陆地上，可在冰雪地、多岩石岛屿以及海岸等地方生活。以各种小型鱼类、甲壳类动物、软体动物等为食。企鹅在陆地行走笨拙，翅膀已退化成鳍状，走起路来一摇一摆，滑稽可爱，昂首挺胸，很有绅士风度，并排好队伍行进。企鹅可以在冰雪上行走和爬坡，也可以将腹部贴在冰面上滑行。企鹅不善走路，但是却善于游泳，是大海的骄子，时速可达36 km，平均每秒游100 cm，差不多是人类陆地上的百米短跑冠军。特别是企鹅很会潜水，在鸟类中与鸬鹚并列潜水的冠军，能在水中憋气长达11~12分钟，南极企鹅能以14.4 km的时速潜到30~50 m以下捕食鱼类和乌贼。企鹅喜欢群栖，而且奉行"一夫一妻"的婚配制度，但是，也只有繁殖时间它们才在一起，平时都是分开活动的。由于在次年的繁殖季节中，大约有1/4的企鹅是找不到原来配偶的，只好无奈和新欢另组新家庭了。企鹅筑巢于石头堆、草地、泥地和洞穴等处，母鸟每次产卵1~2枚，偶产3枚，由雌鸟和雄鸟轮流孵卵。雌鸟产下卵后，先下海觅食，由雄鸟孵卵，一、两个月后， 雌鸟回来，或者让雄鸟去觅食，自己接着孵卵，但是，有的企鹅品种，是完全由雌企鹅或雄企鹅单独孵卵的。经过30~40天（有的品种甚至60~80天）孵化后雏鸟出壳；企鹅是晚成鸟，亲鸟要轮流喂哺孩子；或者幼雏们由"托儿所"统一抚养。大约经过4~6个月后就可离开亲鸟，自己下海自谋生路了。

图5-8　企鹅
法国（France）
1992年　100法郎
银　22克
纪念币　15 000枚
Φ37 mm

7. 皇企鹅（帝企鹅）　Emperor Penguin　*Aptenodytes forsteri*

企鹅目、企鹅科、王企鹅属。皇企鹅是最大型的企鹅，一般体长（高）95~125 cm，体重35~45 kg。分布于南极洲一带，栖息在海洋和陆地上。也很善于游泳和潜水，在追捕鱼类时，皇企鹅的时速可达

26.5 km，并可以潜水到50 m深处捕食，在水下长达11分钟。此外，皇企鹅在零下60℃的冰天雪地里仍能生存下去，是世界上最能适应寒冷气候的鸟，也超过了其他的任何动物！皇企鹅平时喜欢群栖，筑巢于石头堆、草地、泥地和洞穴等处，雌企鹅每次产卵1枚，产卵后下海觅食，基本上由雄企鹅在绝食状态下单独孵卵，经过大约60天孵化，雏鸟出壳，如果雌企鹅还没有回来，雄企鹅就会吐出胃里的胃液，以代替食物来哺育幼鸟。再经过大约2个月后，小皇企鹅便可跟着亲鸟下海捕食了。IUCN 低危。

图5-9　皇企鹅
澳大利亚（Australia）
1992年　10元
银　22克
加厚币（厚度5 mm）　15 000枚
Φ34 mm

8. 王企鹅　King Penguin　*Aptenodytes patagonicus*

企鹅目、企鹅科、王企鹅属。王企鹅一般体长（身高）97~110 cm，体重16~30 kg。主要分布于南极圈一带及其周边的许多岛屿。每次产卵1枚，由雌鸟和雄鸟轮流孵卵。经过52~54天孵化后雏鸟出壳，雏鸟要经过1年才可离开亲鸟去独自生活，6岁性成熟。IUCN 低危。

图5-10　王企鹅
福克兰群岛（Falkland Is.）
1987年　50分
铜镍　WWF纪念币
Φ38 mm

9. 阿德利企鹅　Adelie Penguin　*Pygoscelis adeliae*

企鹅目、企鹅科、阿德利企鹅属。阿德利企鹅一般体长（身高）大约30 cm，体重大约6 kg。主要分布于南极洲一带，栖息在远离南极海岸的冰冷的水域中，主要猎食乌贼、磷虾为食，也吃小鱼。阿

图5-11　阿德利企鹅
朝鲜（D.P.R. Korea）
1995年　100元
银　7克
特种币
Φ29 mm

德利企鹅的游水时速为48 km。冬天喜欢群栖，繁殖时每只鸟都会返回原来巢址，并寻找原有配偶，成对或以小家庭生活，筑巢于南极洲夏天时节的陆地上。鸟巢是由雄鸟收集来的鹅卵石堆砌成小堆而成的。雌鸟通常每年产卵2枚，一对企鹅夫妇每年就哺育2只幼雏。当企鹅的爸爸和妈妈同时外出捕食时，已经能够离巢的小宝宝就会到海岸边，翘首相盼爸爸和妈妈捕食回来喂哺它们。

10. 巴布亚企鹅　Gentoo Penguin　*Pygoscelis papua*

企鹅目、企鹅科、阿德利企鹅属。IUCN　渐危。

图5-12　巴布亚企鹅
福克兰群岛（Falkland Is.）
1980年　1便士
青铜　流通币
Φ19 mm

11. 冠企鹅　Rockhopper Penguin　*Eudyptes crestatus*

企鹅目、企鹅科、角企鹅属。冠企鹅体长55 cm，主要分布于福克兰等群岛一带，全年均可繁殖。

图5-13　冠企鹅
南乔治亚岛和南桑德韦奇群岛
（S. Georgia & S. Sanwich Is.）
2006年　2镑
铜镍　特种币
Φ38 mm

12. 斑嘴环企鹅（普通企鹅）　Jackass Penguin　*Spheniscus demersus*

企鹅目、企鹅科、环企鹅属。

13. 黄眼企鹅　Yellow-eyed Penguin　*Megadyptes antipodes*

企鹅目、企鹅科、黄眼企鹅属。IUCN濒危。

图5-14　斑嘴环企鹅
库克群岛（Cook Is.）
1996年　5元
银　28克
特种币
Φ38 mm

图5-15　黄眼企鹅
新西兰（New Zealand）
1988年　1元
银　27克
特种币　10 000枚
Φ38 mm

14. 加岛环企鹅（科隆群岛企鹅）
Galapagos Penguin *Spheniscus mendiculus*

企鹅目、企鹅科、环企鹅属。

图5-16 加岛环企鹅
厄瓜多尔（Ecuador）
1994年 5 000苏克雷
银 27克
特种币 20 000枚
Φ40 mm

15. 潜鸟 Loon *Gaviidae*

潜鸟目、潜鸟科。潜鸟科共有4种潜鸟，一般体长50~80 cm，主要分布于整个北半球水域，以加拿大和美国居多，栖息在湖泊、河流、沿海地带以及北极苔原地带等地方。所有的潜鸟都是捕鱼高手，以多种鱼类为主食，兼吃水中的甲壳动物和软体动物。潜鸟的脚长在身体的后面，脚趾间有发达的蹼，十分适合于游水，有潜水达15分钟和深潜55 m水深的记录，但是却不善于行走和飞行。潜鸟也是美丽的鸟种，在水禽中，其漂亮程度仅仅次于鸳鸯。平时喜欢群栖，成对或以小家庭为单元生活，筑巢于水边或岛上，雌鸟每次产卵2枚，由雌鸟和雄鸟轮流孵卵，大约经过30天孵化后雏鸟出壳。潜鸟是早成鸟，出壳几个小时后即可离开鸟巢，跟着亲鸟走路和学习游水，几个星期后，小鸟可以起飞了，这时它们就会告别父母而出去独自生活了。

图5-17 潜鸟
加拿大（Canada）
2006年 1元
金铜 流通纪念币
Φ25 mm

信天翁科大约有13种鸟类，它们的一般体长为68~135 cm不等，这种巨型的海鸟，翅膀狭长，最大翼展可达350~400 cm，体重7~8 kg，可以说是世界上最大的海鸟，也是展翅宽度最宽的鸟。雌雄同色，主体均为白色。主要分布于南极及附近海域（即从非洲、大洋洲和南美洲的南部到南极洲的海洋一带），栖息在广阔的海洋海面上，以各种鱼类和软体动物等为食。信天翁是一种极其恋海的鸟，除了繁殖季节以外，它们几乎从不着地。它们凭借高超的飞行和滑翔本领，总是漫无边际地在海面上翱翔，它们仿佛是行踪不定的漂泊者，在茫茫的大海上，不知疲倦地寻找着永远也找不到的归宿。信天翁还有个“嗜好”，即它们不喜欢风平浪静、却偏爱狂风巨浪，因为失去了风，它们就觉得飞行和滑翔都困难。 它们总是依靠巨大的翅膀，凭借强劲的海风，能像滑翔机那样滑翔飞行，而很少依靠振翅飞行。 信天翁成鸟一旦结成配偶后，它们就会厮守终身。筑巢于陆地，每2年繁殖一次，雌鸟每次产卵1枚，由雌鸟和雄鸟轮流孵卵，经过77~80天孵化后雏鸟出壳，由亲鸟们轮流喂哺10个月便可离巢到海上觅食了。信天翁在8~9岁时，它们还常常过着自由自在的单身汉生活，大约到10岁性成熟，一般寿命为30~60年，据说最长可达80年，如果是这样，它们可是世界上最长寿的鸟类之一了。

16. 短尾信天翁　Short-tailed Albatross　*Diomedea albatrus*

鹱形目、信天翁科、信天翁属。CITES 附录I；中国 I级。

图5-18　短尾信天翁
福克兰群岛（Falkland Is.）
1997年　50便士
铜镍　WWF-CN纪念币
Φ38 mm

17. 黑眉信天翁　Black-browed Albatross　*Diomedea nelanophris*

鹱形目、信天翁科、信天翁属。

图5-19　黑眉信天翁
福克兰群岛（Falkland Is.）
1980年　5便士
铜镍　流通币
Φ22 mm

18. 灰头信天翁　Grey-headed Albatross　*Diomedea chrysostoma*

鹱形目、信天翁科、信天翁属。

图5-20　灰头信天翁
南乔治亚岛和南桑德韦奇群岛
（S. Georgia & S. Sanwich Is.）
2006年　2镑
铜镍　特种币
Φ38 mm

鹱属于鹱形目、鹱科。鹱科鸟类一般体长70~99 cm，品种大的可达130 cm。主要分布于大洋洲南部、南美洲南部以及南美洲和南极洲之间的海域一带，栖息在岛屿和海岸上，以捕杀其他较小的海鸟等为食，也喜欢食用动物的尸体，这比捕杀活物要容易和省事得多。鹱类动物飞行快捷、在水中又善于游泳、而陆地上行走也还很灵活，君不见，无论在海上、陆地还是空中，在捕杀其他海鸟或争抢取食动物的尸体方面，鹱类都是一把好手。繁殖期为每年的10月至次年的3月份。

19. 普通鹱　Manx Shearwater　*Puffinus puffinus*

鹱形目、鹱科。

20. 曳尾鹱（楔尾剪水鹱）　Wedge-tailed Shearwater　*Puffinus pacificus*

鹱形目、鹱科。

图5-21　普通鹱
马恩岛（Isle of Man）
1980年　2便士
青铜　流通币
Φ25 mm

图5-22　曳尾鹱
基林科科斯群岛
（Keeling-Cocos Is.）
2004年　2元
黄铜　流通币
Φ20 mm

21. 热带黄嘴鹲　Yellow-billed Tropicbird *Phaethon*

鹈形目、鹲科、鹲属。

22. 白尾热带鹲　White-tailed Tropicbird　*Phaethon lepturus*

鹈形目、鹲科、鹲属。

图5-23　热带黄嘴鹲
百慕大（Bermuda）
1987年　25分
铜镍　流通币
Φ24 mm

图5-24　白尾热带鹲
塞舌尔（Seychelles）
1978年　100卢比
银　31克
CS特种币　4 075枚
Φ42 mm

图5-25　白尾热带鹲
圣赫勒那和阿森松
（Ascension Island）
1998年　50便士
铜镍　WWF-CN纪念币
Φ38 mm

卷羽鹈鹕和褐鹈鹕属于鹈形目、鹈鹕科、鹈鹕属。全世界共有7~8种鹈鹕，最大体长（这里也意指身高）可达180 cm，体重可达13 kg，翼展宽度达300 cm。基本上分布于全世界，但亚洲、非洲和欧洲南部居多，栖息在沿海一带的湖泊、沼泽、河流以及水库中，有的品种也可以在海上捕鱼，筑巢于岸边的树上。鹈鹕们都以各种鱼类为食，也会捕食水中的甲壳动物、两栖动物和软体动物等。平时喜欢群栖，而且是高度集群的鸟类。它们常常是集体捕鱼，充分发挥大军团作战的威力。它们在空中一旦发现水里的鱼群，就会对鱼群进行“开放岸边、三面包抄”，然后集体双翅击水，把鱼群吓得惊慌失措、晕头转向，而鹈鹕们还能巧妙地将鱼群往开放的浅水滩方向赶。不言而喻，被赶到浅水滩的鱼群还有什么好果子吃，除了成为鹈鹕们的大餐外，仅此而已！鹈鹕每次产卵1~4枚，经过大约30天孵化后雏鸟出壳。几天之后，鹈鹕妈妈就不会用心去育雏了，有的幼雏甚至可能饿死在巢中，这样，就逼迫幼雏尽早离开妈妈去自己谋生；另一方面，刚刚孵化的鹈鹕会进行“窝里斗”，总要把自己的同胞手足挤出巢外，而鹈鹕妈妈见到孩子被挤到地上了，也是视而不见，不予救助。鹈鹕一般是3岁后性成熟。鹈鹕的样子，看上去有点像天鹅，仔细再看，鹈鹕的嘴巴又大又长，很像一把尖嘴钳。特别是鹈鹕有一个硕大的喉囊，它极富弹性，能伸能缩好像是个“大口袋”。平时收缩起来，看似多余，但不显眼。在它们捕食鱼儿的时候，就派上了大用场，这个大口袋顿时变成了一个“大鱼网”。鹈鹕善于一边游泳一边用这个大鱼网去“淘鱼”，等喉囊中装满鱼时，它便仰起头来，排挤掉喉囊中的水，它就享用口中的美味了。而大鱼，则带回巢中哺喂孩子们或慢慢享用。

23. 卷羽鹈鹕　Dalmatian Pelican　*Pelecanus crispus*

鹈形目、鹈鹕科、鹈鹕属。卷羽鹈鹕体长160~180 cm。在繁殖季节，常常云集沼泽之中，在漂浮的植物上，以树的嫩细枝和草类筑成“平台式”鸟巢；也有筑巢于岸边的树上。雌鸟每次产卵3~4枚，由雌鸟和雄鸟轮流孵卵。IUCN 濒危；CITES 附录I；中国 II级。

图5-26　卷羽鹈鹕
土耳其（Turkey）
2001年　7 500 000里拉
银　15克
特种币
28 mm×28 mm

24. 褐鹈鹕　Brown Pelican　*Pelecanus occidentali*

鹈形目、鹈鹕科、鹈鹕属。褐鹈鹕体长大约120 cm。主要分布于大西洋和太平洋热带和亚热带地区海岸线上，并在那里繁殖。它们常常在漫长的海岸线一带巡视，一旦发现鱼群，便立即收拢翅膀，从大约15 m的空中直冲入水，动作之猛、速度之快，犹如空中一颗高速坠落的炸弹。褐鹈鹕用这种捕鱼方法，基本上是“百发百中”，每次入水都不虚此行。中国 II级。

图5-27　褐鹈鹕
英属维尔京群岛
（British Virgin Is.）
1974年　50分
银　17克
旅游币　93 500枚
Φ30 mm

图5-28　褐鹈鹕
塞内加尔（Senegal）
1975年　150法郎
银　80克
纪念币　11 075枚
Φ50 mm

鲣鸟属于鹈形目、鲣鸟科、鲣鸟属。鲣鸟属是鲣鸟科的单一属，大约有9种鲣鸟，雌雄同色，或近于同色，一般体长大约76 cm，主要分布于热带地区，栖息在海洋、海岸和岛屿上，以各种海鱼为食。筑巢于远离海岸的岛屿上。鲣鸟的飞行能力很强，它们的捕食方法也较特别，是从空中垂直俯冲入水抓鱼的。

25. 褐鲣鸟　Brown Booty　*Sula leucogaster*

鹈形目、鲣鸟科、鲣鸟属。IUCN 低危；中国 II级。

26. 红脚鲣鸟　Red-footed Booby　*Sula Sul*

鹈形目、鲣鸟科、鲣鸟属。中国 II级。

图5-29　褐鲣鸟
佛得角（Cape Verde）
1994年　20埃斯库多
镍覆钢　流通币
Φ25 mm

图5-30　红脚鲣鸟
伯利兹（Belize）
1988年　100元
银　4盎司
特种币　10 000枚
Φ63 mm

27. 鸬鹚（鱼鹰、水老鸭、普通鸬鹚）　Cormorant　*Phalacrocorax*

鹈形目、鸬鹚科、鸬鹚属。全世界大约有30种的鸬鹚类动物，雌雄同色，它们都有一个前端为钩状的十分锐利的喙。和鹈鹕一样，鸬鹚也都有一个宽大的喉囊。鸬鹚是30种的鸬鹚类动物中最普通的一种，所以又叫普通鸬鹚。鸬鹚一般体长50~84 cm，体重2~3 kg。鸬鹚广泛分布于全世界，可以分为河鸬鹚和海鸬鹚两大类，河鸬鹚栖息在河流和湖泊等大小淡水水域里，筑巢于树上；而海鸬鹚就群居栖息在港湾和海岸一带，筑巢于树上或海岸边上的悬崖峭壁上。所有鸬鹚都以各种鱼类、螃蟹、软体动物和两栖动物等为食。由于鸬鹚善于游泳和潜水，动作灵敏，加之易于驯服，所以自古以来，中国的渔民就驯服鸬鹚帮助捕鱼。在它们捕鱼前，渔民会先将它们的喉囊部分适当地捆扎好，免得它们边捕鱼边吃掉（当然，不可能捆得很紧，实在小的鱼它们还可以吞下去的），特别是要让鸬鹚在饥饿状态下去捕鱼，效率就很高。对于大鱼，鸬鹚会先啄瞎鱼的眼睛，再致其命；鸬鹚还会通力合作，有的咬眼睛，有的咬头，有的咬鳍，有的咬尾，然后又一起把鱼从水里拖到或“抬”到渔民的船上。鸬鹚平时喜欢群栖，雌鸟每次产卵2~6枚。鸬鹚的潜水本领达几十米，可以和企鹅并列鸟类中的冠军。

图5-31　鸬鹚
直布罗陀（Gibraltar）
1996年　1克朗
铜镍　PPE特种币
Φ38 mm

28. 黑颈鸬鹚（侏鸬鹚） Pigmy Cormorant *Phalacrocorax niger*

鹈形目、鸬鹚科、鸬鹚属。黑颈鸬鹚一般体长大约50 cm，主要分布于亚洲的南部和东南部一带，在中国，则见于云南省南部。栖息在河流、湖泊、水库、池塘、水田和沼泽等大小水域中。以各种鱼类和蛙类等为食。虽然黑颈鸬鹚在陆上行走笨拙，可是它们却善于飞行、游泳和潜水。平时喜欢群栖，筑巢于树上、灌木丛甚至草丛中，雌鸟每次产卵3~5枚。

图5-32　黑颈鸬鹚
俄罗斯（Russia）
1995年　1卢布
银　16克
特种币　50 000枚
Φ33 mm

29. 小军舰鸟（军舰鸟） Lesser Frigatebird *Fregata minor*

鹈形目、军舰鸟亚目、军舰鸟科。军舰鸟科共有5种军舰鸟，是鹈形目乃至在海鸟中最会飞行的鸟类，其时速可达153 km，它们的两翅膀展宽达240 cm。军舰鸟一般体长75~112 cm不等，体重大约

图5-33　小军舰鸟
英属维尔京群岛（British Virgin Is.）
1974年　1元
银　26克
旅游币
Φ38 mm

图5-34　小军舰鸟
基里巴斯（Kiribati）
1979年　1分
青铜　流通币
Φ18 mm

图5-35　小军舰鸟
托克劳（Tokelau）
1981年　1塔拉
银　27克
特种币　6 500枚
Φ38 mm

图5-36　小军舰鸟
阿森松岛（Ascension Island）
1998年　50便士
WWF-CN纪念币
Φ38 mm

13 kg。雌性的体型比雄性的要大，嘴巴长而尖端部弯成钩状，雄鸟有呈红色的喉囊。军舰鸟善于飞行，但是它们不方便停留在水面上，而脚小蹼小也不会潜水。主要分布于热带海域，栖息在树枝上，以鱼类、小海龟和水母等为食，也捕食软体动物。平时喜欢群栖，特别是在它们的繁殖期，雌雄可成对为单元生活，筑巢于树上或灌木丛中，雌鸟每次产卵1枚，由亲鸟轮流孵化，经过50天左右的孵化，雏鸟出壳。军舰鸟是一种晚成鸟，刚出世的雏鸟赤裸无毛，连眼睛也没有张开。经过亲鸟育雏6个月后，小鸟才开始学习飞行，但是仍然需要亲鸟喂食，一直到1年多后，小军舰鸟才“长大成人”，这时，它们就可以离开亲鸟独立谋生了，3岁性成熟。在繁殖季节，雄鸟在向雌鸟求偶时，其喉囊会充满气体而膨胀，鼓成了一个鲜红色的、半透明的椭圆形的“囊状物”，炫耀自已英俊可爱，殷勤地向雌鸟“暗送秋波”。军舰鸟的飞行本领了得，被人们称誉为“飞行冠军”。纵使在12级台风里，它们也临危不惧，既能在台风中飞行，也能找到地方安全降落。本来这些飞行冠军们有过硬的飞行本事，捕食是绝对不成问题的，可惜军舰鸟们却经常在海面上干起了强盗的营生，常常从捕到鱼的其他鸟类（特别是红脚鲣鸟、燕鸥和海鸥等）的嘴里抢食物，甚至还攻击那些“不肯留下买路钱”的鸟儿们，许多鸟类非常惧怕军舰鸟，敢怒不敢言，因此就经常被它们屡屡得手。所以，人类又送它们一个“飞行强盗”的恶称。

鹳形目中的鹭科鸟类大约有62种不同的鹭，广泛地分布于全世界。在世界硬币上已经出现有10种之多。大部分鹭具有喙长、颈长和腿长以至身材苗条的特点，无论它们站立还是飞行，姿态都很优美，深得人们喜爱。由于品种的不同，它们的外貌形态、体型大小、羽的颜色、生理特性、生活方式、觅食习性等等，有的有一点差别、而有的差别就比较大。一般体长70~140 cm不等。鹭科鸟一般栖息在淡水的浅水水域如池塘、沼泽、湖泊中、少数品种甚至也可在咸水中活动和捕食，多以鱼、蟹、虾、老鼠、蛙、蝌蚪、蛇、蚯蚓和其他水生动物等为食。有的品种也吃水生植物。大多数鹭平时喜欢群栖，但是也有的喜欢独居，只有在它们的繁殖期，雌雄才会在一起。鹭类是晚成鸟，它们都筑巢于高大的树上（或灌木上）而不会在地面。

30. 大麻鳽　Eurasian Bittern　*Botaurus stellaris*

鹳形目、鹭科、麻鳽属。主要分布于欧洲、亚洲、非洲和大洋洲一带。IUCN 低危。

图5-37　大麻鳽
朝鲜（D.P.R. Korea）
2004年　10元
银　31克
特种币
Φ40 mm

31. 夜鹭（夜洼子）　Night Heron Nycticorax　*Nycticorax*

鹳形目、鹭科、夜鹭属。夜鹭是夜行性鸟，它们喜欢在夜间活动和捕食，所以人们给它们起了个“夜洼子”的别名。夜鹭体长大约60 cm，主要分布于亚洲、非洲和欧洲一带，栖息在林缘附近多水的低洼地带，以鱼、蛙类和各种软体动物等为食。平时喜欢群栖，特别是在它们的繁殖期，夜鹭不仅会成群结伙，而且还与白鹭、苍鹭一起相安生活。夜鹭筑巢于树上，雌鸟每次产卵4~5枚，由雌鸟和雄鸟轮流孵卵，大约经过20 ~ 22天孵化后雏鸟出壳。IUCN 低危。

图5-38　夜鹭（黄顶夜鹭）
百慕大（Bermuda）
1991年　2元
银　28克
特种币　2 500枚
Φ38 mm

图5-39　夜鹭（黑顶夜鹭）
基林科科斯群岛
（Keeling-Cocos Is.）
2004年　1元
黄铜　流通币
Φ25 mm

32. 牛背鹭（牛椋鸟）　Cattle Egret　*Bubulcus ibis*

鹳形目、鹭科、牛背鹭属。牛背鹭的喙粗大、颈短，几乎广泛分布于全世界，栖息在低山地、平原、牧场、湖泊和沼泽地中，以昆虫和许多小动物等为食。牛背鹭有个习性，爱与牛群为伍，捕食被牛脚赶起的昆虫或被牛尾掸下的蝇类，还时不时地飞到牛背上歇脚，此鹭故得名牛背鹭。牛背鹭筑巢于灌木枝上，雌雄共同孵卵和育雏。IUCN 低危。

图5-40　牛背鹭
安提瓜和巴布达
（Antigua & Barbuda）
1988年　100元
银　4盎司
特种币　10 000枚
Φ63 mm

33. 大白鹭（银鹭）　Great Egret　*Egretta alba*

鹳形目、鹭科、白鹭属。大白鹭全身羽如白雪，喙长、颈长和腿长，很适合于捕食身体四周的各种鱼和虾。一般体长80~100 cm，体重0.7~1.1 kg。广泛分布在世界各地，栖息在沼泽地、湖泊、湿地以及潮湿的森林中，以各种鱼、虾、软体动物、甲壳动物、两栖动物、爬行动物和小型哺乳动物等为

图5-41　大白鹭
新西兰（New Zealand）
1974年　1元
铜镍
纪念币　50 000枚
Φ38 mm

图5-42　大白鹭
新西兰（New Zealand）
1985年　2元
铝铜　流通币
Φ26 mm

食。当它捕食河蚌时，河蚌肯定紧闭双壳，大白鹭吃不到里面的美食，它就叼起河蚌来，并将河蚌一遍又一遍甩向石头上，直到把河蚌被震得难以忍受而张开了双壳，可怜的河蚌就这样成了大白鹭的腹中美餐。大白鹭有个习性，当它站立时，总是将一只脚缩在腹部下面，而用另一只脚"独立"地站着一动不动，直到要移动位置或者改变姿势，才会伸出另一只脚来。大白鹭平时喜欢独居，只有在它们的繁殖期，雌雄才会在一起。组成小家庭为单元生活，筑巢于乔木、灌木上或芦苇丛中，雌鸟每次产卵3~5枚，由雌鸟和雄鸟轮流孵卵，经过大约25天的孵化后雏鸟出壳，再经过1个月的育雏，小鹭就可自行捕食了。IUCN 低危；CITES 附录III。

34. 小白鹭（白鹭） Little Egret *Egretta garzetta*

鹳形目、鹭科、白鹭属。小白鹭一般体长大约80 cm，主要分布于非洲、欧洲和亚洲一带，栖息在沼泽、湖泊、海岸边的浅滩以及水稻田等地，以鱼、虾、蟹和水生昆虫等为食。小白鹭平时喜欢群栖，但是多为小群体，而在繁殖期则集合成大群体，筑巢于大树上，雌鸟每次产卵3~5枚，由雌鸟和雄鸟轮流孵卵，大约经过23天孵化后雏鸟出壳。IUCN 低危。

35. 苍鹭（灰鹭） Grey Heron *Ardea cinerea*

鹳形目、鹭科、鹭属。苍鹭又叫灰鹭。苍鹭是鹭科中较大的鸟，一般体长75~135 cm，体重大约1~2.3 kg。主要分布于亚洲、非洲和欧洲一带，栖息在各种淡水水域，以鱼、蛙类、蜥蜴、蚯蚓、蠕虫、甲壳动物和其他水生昆虫等为食。平时喜欢群栖，而有的则可成对或以小家庭为单元生活，筑巢于较高的树上。雌鸟每次产卵3~6枚，由雌鸟和雄鸟轮流孵卵，经过25天左右孵化后雏鸟出壳，再经过约40天幼鸟便可独立。苍鹭捕食鱼儿有一个妙招：它们常常在有鱼的地方，用长腿把水搅混，把鱼儿搞得分不清东南西北，这时苍鹭就张开两只大翅膀，盖住水面，而鱼类凭借其天性，自然就会游往黑暗的地方，"自动地"集中到被翅膀遮盖的暗处，这正中苍鹭的下怀，鱼儿们便成了苍鹭的腹中美食。IUCN 低危。

36. 大蓝鹭 Great Blue Heron *Ardea herodias*

鹳形目、鹭科。IUCN 低危。

图5-43　小白鹭
马恩岛（Isle of Man）
1995年　1克朗
铜镍　PPE特种币
Φ38 mm

图5-44　苍鹭
博茨瓦纳（Botswana）
1986年　2普拉
银　28克
WWF纪念币　25 000枚
Φ38 mm

图5-45　大蓝鹭
英属维尔京群岛（British Virgin Is.）
1980年　5元
银　40克
特种币　3 421枚
Φ40 mm

37. 草鹭（紫鹭） Purple Heron *Ardea purpurea*

鹳形目、鹭科。草鹭一般体长83~97 cm，主要分布于欧洲、亚洲和非洲一带，栖息在河流、湖泊和沼泽地带，以鱼、蛙、蜥蜴、虾和螃蟹等为食。草鹭筑巢于芦苇或杂草丛里，雌鸟每次产卵4~5枚，由雌鸟和雄鸟轮流孵卵，经过25~28天孵化后雏鸟出壳，42天后可离开亲鸟。

图5-46　草鹭
西班牙（Spain）
1994年　2 000比塞塔
银　27克
特种币　75 000枚
Φ40 mm

38. 三色鹭（银鹭） Louisiana Heron，Silver Heron *Egretta tricolor*

鹳形目、鹭科。主要分布于美国的东部至巴西一带。IUCN 低危。

图5-47　三色鹭（银鹭）
开曼群岛（Cayman Is.）
1972年　2元
银　29克
旅游币　11 500枚
Φ40 mm

39. 雪鹭 Snowy Egret *Egretta thula*

鹳形目、鹭科。IUCN 低危；CITES 附录III。

图5-48　雪鹭
开曼群岛（Cayman Is.）
1985年　50元
银　4盎司
特种币　10 000枚
Φ63 mm

鹳形目共有5科11属，其中的鹳科有17~19种不同的鹳，它们都属于鹳形目 鹳科的不同属。为什么不是一个确定的种数呢？因为目前动物学家们认识尚未统一，对有的品种是否可从亚种提升到物种还要继续讨论。为了照顾双方的意见，鸟类学家在统计时只好采用这种折中的表示方法。鹳类动物的喙长、颈长、腿修长，而尾短、头大、喙粗大，这是大型的涉禽鸟类的特征。它们的体型大小因品种而异，一般体长90~120 cm不等，身高可达150 cm。鹳类动物主要分布于全球的温带和热带地区，而非洲和亚洲南部的种类最多，栖息在开阔的平原、湿地、溪流、池塘、沼泽、甚至农田，以各种小型的鱼类、蜥蜴、蛙、老鼠、甲壳动物、软体动物和较大的水生昆虫等为食。平时喜欢群栖，在繁殖期，雌雄会在一起成对或以小家庭为单元生活，鹳类筑巢于高大树上、建筑物上或岩石上，窝巢虽然简陋，但是它们并不嫌弃，俗话说“别人的龙床不如自己的狗窝”， 鹳类动物可以年复一年地使用旧巢，必要时装修一下就是。 雌鸟每次产卵2~5枚不等，由雌鸟和雄鸟轮流孵卵，经过30天孵化后雏鸟出壳，鹳类都是晚成鸟，还要经过大约60天雏鸟才学习飞行和捕食，大约5岁性成熟。 鹳是一种候鸟，春天从南到北，而秋天再从北方飞回南方过冬，常常飞行达几千公里。鹳类鸟性情温和、夫妻恩爱、兄弟和睦、尊敬老者、同情弱者，是一个和谐的家庭和社会结构。

40. 鲸头鹳（鞋嘴鹳） Shoebill, Whale-headed Stork *Balaeniceps rex*

鹳形目、鲸头鹳科。鲸头鹳的嘴巴宽大好似鞋子，故又名鞋嘴鹳。IUCN 易危；CITES 附录II。

图5-49 鲸头鹳
苏丹（Sudan）
1976年 $2\frac{1}{2}$镑
银 28克
CS特种币 5 500枚
Φ40 mm

41. 白鹳（欧洲白鹳） White Stork *Ciconia ciconia*

鹳形目、鹳科。白鹳是大型涉禽，它们既像鹤又像鹭，显得清秀、文雅、体态优美、羽色清丽、

图5-50 白鹳
匈牙利（Hungary）
1992年 200福林
银 10克
特种币 80 000枚
Φ30 mm

图5-51 白鹳
利比里亚（Liberia）
1995年 10元
铜镍 PPE特种币
Φ38 mm

性情温和，加上容易驯养，深得人们喜爱，被认为是“带来幸福的鸟”。特别是在欧洲地区，人们对白鹳钟爱有加。德国、白俄罗斯等国家还将白鹳定为国鸟，将白鹳作为这些国家的象征。一般体长120~150 cm，最大的达170 cm，体重24 kg。主要分布于欧亚大陆的北部以及非洲的北部一带，白鹳栖息于开阔的平原、池塘、沼泽或浅水滩中，平时喜欢群栖，有的喜欢单独活动。飞行时，颈和脚都伸直，而在栖息地休息时常常是单脚站立。雌鸟每次产卵3~5枚，由雌鸟和雄鸟轮流孵卵，经过30多天孵化后雏鸟出壳，白鹳对孩子们疼爱有加，天冷了，用翅膀将它们裹好以免冻着；天气晴朗，就把它们衔到草地上晒太阳。育雏50多天后，它们便可离开亲鸟自立。IUCN 低危；CITES 附录I；中国 I级。

42. 东方白鹳（亚洲白鹳） Oriental White Stork *Ciconia boyciana*

鹳形目、鹳科、东方白鹳属。东方白鹳繁殖于俄罗斯的远东地区和中国的东北，越冬在中国的长江流域一带，有时也会到江南、西南甚至到台湾和香港，也偶见在朝鲜和日本越冬。栖息在湖泊、沼泽和湿地中。目前，全世界估计有东方白鹳3 000多只。IUCN 濒危；CITES 附录I。

图5-52　东方白鹳
俄罗斯（Russia）
1995年　50卢布
铝青铜芯铜镍圈　流通币
Φ25 mm

43. 裸颈鹳 Jabiru Stork *Jabiru mycteria*

鹳形目、鹳科。IUCN 低危；CITES 附录I。

图5-53　裸颈鹳
伯利兹（Belize）
1979年　10元
银　30克
特种币　2 446枚
Φ38 mm

图5-54　裸颈鹳
澳大利亚（Australia）
1991年　10元
银　22克
加厚币（厚度5 mm）　15 000枚
Φ34 mm

44. 隐鹮　Hermit Ibis　*Geronticus eremita*

图5–55　隐鹮
土耳其（Turkey）
2001年　750 0000里拉
银　15克
特种币
28 mm×28 mm

鹳形目、鹮科。鹮科共有33种大、中型涉禽鸟类，都是著名的观赏鸟类。主要分布于北纬45度以南的广大温带地区。CITES 附录I。

45. 朱鹮（朱鹭）
Japanese Crested Ibis　*Nipponia nippon*

鹳形目、鹮科。朱鹮，早在中国的春秋时期称为朱鹭。它的体型和生活习性像鹭，但其嘴巴细长且向下弯曲呈圆弧形。朱鹮是鹮科中最为珍贵的一种鹮。它的体长大约70~80 cm，体重1.5~2 kg。朱鹮原来主要分布于中国、日本、朝鲜以及俄罗斯南部一带。但是，在20世纪80年代，朝鲜以及俄罗斯的朱鹮已经灭绝。而日本也仅仅残存2只，还无生育能力。中国鸟类专家经多年的考察，于1981年5月在秦岭南麓陕西省洋县八里关发现了濒临灭绝的朱鹮小种群，当时也仅仅才7只！朱鹮的羽色绚丽多彩，非常漂亮：主体为白色，翅膀和尾巴为淡粉色，翅尖则为鲜艳的淡橘桃红色等。栖息在浅水湖泊、沼泽、河滩、港湾和礁湖中，以各种的小鱼、小虾、小蟹和软体动物等为食。它们歇息并筑巢于大树上或灌木丛的顶端，雌鸟每次产卵3~5枚，由雌鸟和雄鸟轮流孵卵和育雏，雏鸟出壳1个月后即可离巢活动。有趣的是，幼鸟和亲鸟一旦离开巢以后，就很少再回旧巢了，直到明年的繁殖期再建新巢。目前朱鹮的数量已非常稀少，全世界仅仅有60多只，是全世界最珍稀的鸟类物种之一，当然，还是中国的数量最多。IUCN 极危；CITES 附录I；中国 I级。

图5–56　朱鹮
中国（China）
1988年　10元
银　27克
特种币　15 000枚
Φ38 mm

图5–57　朱鹮
朝鲜（D.P.R. Korea）
2001年　5元
银　20克
特种币　5 000枚
Φ35 mm

图5–58　朱鹮
中国（China）
1997年　5元
紫铜　收藏/特种流通币
Φ32 mm

46. 红鹮　Scarlet Ibis　*Eudocimus ruber*

鹳形目、鹮科。红鹮具有体色美（全身红彤彤，鲜艳夺目）、体态美和行为美的特征，在鸟类中实属罕见。红鹮一般体长为56~68 cm，主要分布于北美洲南部、中美洲和南美洲的北部一带，栖息在池塘、沼泽以及其他湿地中，以小型的鱼类、蛙、甲壳动物、蠕虫、软体动物和较大的水生昆虫为食。平时喜欢群栖，常常在树顶上停歇。筑巢于水边的树上（多在红树丛中）或灌木丛中，雌鸟每次产卵2～5枚。IUCN 低危；CITES 附录II。

图5-59　红鹮
伯利兹（Belize）
1980年　10元
银　26克
特种币　1 826枚
Φ40 mm

图5-60　红鹮
特立尼达和多巴哥
（Trinidad & Tobago）
1976年　5元
银　30克
特种币　11 000枚
Φ40 mm

47. 凤头林鹮　Crested Wood Ibis　*Lophotibis cristata*

鹳形目、鹮科。IUCN 易危；CITES 附录I。

图5-61　凤头林鹮
马尔加什（Malagasy）
1988年　10法郎
金　19克
WWF纪念币　25 000枚
Φ36 mm

48. 圣鹮（金丝朱鹭）　Sacred Ibis　*Threskiornis aethiopica*

鹳形目、鹮科。CITES 附录III。

49. 粉红琵鹭　Roseate Spoonbill　*Ajaia ajaja*

鹳形目、鹮科、琵鹭属。琵鹭属鸟包括粉红琵鹭和白琵鹭等。它们的嘴巴又长又扁，中间狭窄而前端宽，为琵琶形状，故此属的鸟名中都带有“琵”字。琵鹭属鸟一般体长达70多 cm，属于中型鸟类，主要分布于亚洲、欧洲和非洲等地，栖息在开阔的浅水域、沼泽地、芦苇荡和湖泊中，甚至咸水湖里，以小鱼、蠕虫和其他水中生物等为食。平时喜欢群栖，在它们的繁殖期，雌雄便会在一起，组成小家庭为单元生活，雌鸟每次产卵2~3枚，由亲鸟轮流孵化，大约经过20余天孵化后雏鸟出壳，由亲鸟轮流育雏。小鹭大约在30天后便可离巢。IUCN 低危；CITES 附录II。

图5-62　圣鹮
朝鲜（D.P.R. Korea）
1982年　20元
银　31克
特种币
Φ40 mm

图5-63　粉红琵鹭
伯利兹（Belize）
1981年　10元
铜镍
特种币　843枚
Φ40 mm

50. 火烈鸟（大红鹳、红鹳、焰鹳、火鹤）
Greater Flamingo *Phoenicopterus ruber*

鹳形目、红鹳科、火烈鸟属。红鹳科鸟类的羽为鲜艳的火红色，此鸟故得这些名称。全世界共有6种火烈鸟，一般全长90~142 cm不等，高大约150~200 cm，主要分布于中美洲和南美洲一带，包括巴哈马、古巴和墨西哥南部的尤卡坦半岛等地，在欧洲、亚洲和非洲也有分布。所有的火烈鸟都栖息在淡、咸水区水域中，以水中的藻类植物和甲壳类动物等为食，也吃蠕虫、昆虫及其幼虫和其他水生小动物。火烈鸟是著名的涉禽，其形体外貌高雅端庄，站立的姿态更美，名副其实的“亭亭玉立”。 火烈鸟虽为涉禽，但是也善于游水。红鹳科鸟类的嘴巴的构造很特殊，下嘴沟深、上嘴沟浅，整个嘴巴本身几乎成直角形，觅食时好像掘土机在挖地。平时喜欢群栖，以前可以形成上百万只的庞大群体。喜欢在湖泊中心用杂草和湖里的淤泥、卵石建筑起一个“湖心亭巢”，或筑巢于三面环水的半岛式土墩或泥堆上，雌鹤每次产卵1枚，也有2枚的，由雌鸟和雄鸟轮流孵卵，经过30天左右的孵化后雏鸟出壳，火烈鸟是留巢的晚成鸟，在亲鸟抚育65~70天后雏鸟就可以起飞，加入鸟群出去捕食，1年后可离开亲鸟独立，4岁性成熟，一般寿命为估计为20~40多年，最长可达50年。如果动物界举行一个“逆境求生”的竞赛活动的话，恐怕此项冠军非火烈鸟莫属了。因为火烈鸟的生存环境实在是恶劣，特别是居住在非洲的火烈鸟品种，它们群居在咸水湖边，那里土地荒芜、食物匮乏，气温还高达60℃，它们常常在浑浊的水里寻找低等的

图5-64 火烈鸟
巴哈马（Bahamas）
1972年 2元
银 30克
旅游币 59 000枚
Φ40 mm

图5-65 火烈鸟
巴哈马（Bahamas）
1985年 25元
银 4盎司
特种币 1 060枚
Φ63 mm

图5-66 火烈鸟
英属维尔京群岛
（British Virgin Is.）
1993年 25元
银 22克
特种币
Φ40 mm

图5-67 火烈鸟
古巴（Cuba）
1994年 10比索
银 20克
特种币 10 000枚
Φ37 mm

生物作食物，但是它们却能在这样的条件下安然自得。 巴哈马是火烈鸟的群栖地之一，美丽的火烈鸟是巴哈马人民的骄傲、火烈鸟是巴哈马的象征，是巴哈马的国鸟。CITES 附录II。

51. 大天鹅（天鹅） Whooper Swan *Cygnus cygnus*

雁形目、鸭科、天鹅属。鸭科大约有28种的鸟儿，而其中的天鹅属有8种天鹅，中国有3种，即大天鹅（天鹅）、小天鹅和疣鼻天鹅等，这3种天鹅也都分布于北半球的欧、亚大陆和北美洲，而黑天鹅和黑颈鹅则分布在南半球。天鹅属鸟类体长从90~180 cm不等，重约10~15 kg。它们栖息在水生植物茂盛的开阔淡水区域，包括河流、河弯、湖泊、湖边和沼泽地中等，以水生植物和根茎等为食。筑巢于岸边的水草或芦苇丛中。天鹅善于飞行和游水，但是不潜水。冬天会向南迁徙，属于候鸟。平时喜欢群栖，并且成对或以小家庭为单元生活，天鹅实行“一夫一妻”的婚姻制度，许多配偶可终身相依为伴，据说一方死去，另一方会独老终身。 雌鹅每次产卵4~9枚不等，有的品种隔一天生产1枚，由雌鹅抱窝，雄鹅供应食物和站岗放哨，经过35~40天孵化后雏鸟出壳，出壳几个小时后鹅爸爸就会带孩子们下水，一天后就可以自己学习觅食了。平时，妈妈会带它们回巢。3~4岁性成熟，一般寿命为20~25年。天鹅的飞行高度很高，中国的登山运动员在珠穆朗玛峰上，曾见到过在空中迁徙中飞行的天鹅，估计它们的高度大约在海拔9 000 m！ 大天鹅一般体长150~180 cm，体重可达15 kg。大天鹅蛋还是中国鸟类中所产的蛋中最大的蛋，有记录的为427 g重。IUCN 易危；中国 II级。

图5-68　大天鹅
德国（Germany）
1921年　陶币
流通币
Φ22 mm

图5-69　大天鹅
朝鲜（D.P.R. Korea）
2003年　5元
银　20克
特种币　5 000枚
Φ35 mm

图5-70　大天鹅
利比里亚（Liberia）
2006年　10元
银　25克
特种币
Φ37 mm

52. 黑天鹅 Black Swan *Cygnus atratus*

雁形目、鸭科、天鹅属。

图5-71　黑天鹅
澳大利亚（Australia）
2006年　1元
银　1盎司
纪念币　7 500枚
Φ38 mm

53. 小天鹅（啸声天鹅、短嘴天鹅）Whistling Swan，Whistling Duck *Cygnus columbianus*

雁形目、鸭科、天鹅属。小天鹅夏天繁殖于西伯利亚北部、北美北部，到了冬季它们就南迁到欧洲、亚洲和中美洲一带。中国 I级。

图5-72　小天鹅
巴哈马（Bahamas）
1994年　5元
银　28克
特种币　15 000枚
Φ38 mm

54. 疣鼻天鹅（瘤鼻天鹅）　Mute Swan　*Cygnus olor*

雁形目、鸭科、天鹅属。疣鼻天鹅一般体长130~155 cm，夏天繁殖于欧洲北部和亚洲中部，到了冬季它们就南迁到欧洲中部和南部、亚洲南部、还有非洲北部等地方。后来，在美洲、大洋洲、欧洲的西部等地方也有疣鼻天鹅，那都是引进的。疣鼻天鹅栖息在水草茂盛的水域，主要以水生植物为食；也吃多种水生小动物。IUCN 低危；中国 II级。

图5-73　疣鼻天鹅
波兰（Poland）
1984年　1 000兹罗提
银　20克
特种币　5 700枚
Φ32 mm

雁属鸟多达几十个种类。总的说来，它们的体型比鸭大而比天鹅要小。体色主要为白、灰褐和黑色等，但是各个品种基本上都是雌雄同色，雁类的体长因品种而异。比如黑额黑雁体长可达120 cm，而红胸黑雁的体长仅为55 cm。雁类体重2~5 kg，主要分布于亚洲、欧洲、北美洲和非洲的北部一带，它们都是候鸟，夏天北迁到北方，甚至到达北极的冻土地带；到冬季时就分别南迁。平时喜欢群栖，一般以家族为单位生活，而在迁徙时更会结成一大群。特别令人赞叹的是，雁类是一种很有组织性的鸟类，我们常常看到，它们在迁徙的飞行中，都会在首领的带领下，排成“人”字或“一字”形队伍，无人敢逞强，也没有哪个会落后。雁类栖息在河流、湖泊、水库、沼泽和海湾等地，各种雁都善于飞行和游水，但是不会潜水，故多在陆地上以谷物、草类和水生植物等为食，当然，也吃昆虫、蠕虫，有时也会进食无脊椎动物，以改善口味。雁类筑巢于水边地面上的草丛或芦苇丛中，雌鸟每次产卵4~8枚，经过大约30天孵化后雏鸟出壳。

55. 鸿雁（大雁） Swan Goose *Anser cygnoides*

雁形目、鸭科、雁属。

56. 黑额黑雁（加拿大雁） Canada Goose *Branta canadensi*

雁形目、鸭科、雁属。黑额黑雁全长60～110 cm不等（不同地区的黑额黑雁有所差别），主要分布于加拿大、美国和墨西哥一带，也见于格陵兰、俄罗斯（库页岛）和日本的北部。筑巢于北极地区的水边地面上的草丛或芦苇丛中。IUCN 低危；CITES 附录I。

图5-74　鸿雁
芬兰（Finland）
1995年　10马克
铜芯镍圈　流通纪念币
Φ26 mm

图5-75　黑额黑雁
加拿大（Canada）
1967年　1元
银　23克
纪念币　6 767 496枚
Φ35 mm

57. 红胸黑雁（红腹黑雁）
Red-breasted Goose，Red-fronted Brant *Branta ruficollis*

雁形目、鸭科、雁属。IUCN 濒危；CITES 附录II；中国 II级。

图5-76　红胸黑雁
俄罗斯（Russia）
1992年　10卢布
铝青铜芯铜镍圈　流通币
Φ25 mm

图5-77　红胸黑雁
俄罗斯（Russia）
1994年　1卢布
银　16克
特种币　50 000枚
Φ33 mm

58. 白颈雁（皇雁）
Emperor Goose，White-necked Goose *Anser canagicus*

雁形目、鸭科、雁属。

图5-78　白颈雁
俄罗斯（Russia）
1998年　1卢布
银　16克
特种币　50 000枚
Φ33 mm

59. 鸳鸯　Mandarin Duck　*Aix galericulate*

雁形目、鸭科、鸳鸯属。鸳鸯体长大约40 cm（雄性），主要分布于中国、朝鲜一带，栖息在树上、水中和岸边，可以说是一种“树鸭子”。但是它们又特别喜欢玩水、游泳和嬉戏。鸳鸯基本上是一种候鸟，在中国，每年开春后就北上到东北、内蒙一带繁殖，初冬时节又南下到华南和华东一带过冬。鸳鸯是非常美丽的鸟，雄性比雌性更加漂亮。鸳鸯平时喜欢独居，只有在它们的繁殖期，雌雄才会在一起成对生活。筑巢于树洞中，有时也会筑巢于岩缝中，雌鸟每次产卵6~10枚，也有12枚的，完全由雌鸟独自孵卵，经过大约30天孵化后雏鸟出壳，然后，在妈妈的鼓励下，一只只从窝里跳到地面，再由妈妈带着它们到水塘。当然，有的巢穴下面就是水塘，小鸳鸯们会一只只直接从窝里跳到水里。

人类对动物界存在不少认识上的误区，鸳鸯就是明显的一例。千百年来，中国的古人一直把鸳鸯当成“夫妻恩爱”的代名词、“坚贞爱情”的典范和“白头到老”的象征。实际上，由于古人们观察、认识的局限性，特别是文学渲染的片面性，导致长时间误会。根据现代动物学家们长期卓有成效的观察和研究，从鸳鸯的生活习性上看，鸳鸯和其他许多动物一样，平时多为独居，并不成双成对，也没有固定的配偶关系，而只是在繁殖季节，雌雄才会临时配对在一起。鸳鸯也和其他许多动物一样，这个时候会有“成双成对”、“形影不离”和“情意绵绵”等等求偶表现。然而，完事之后，就各奔东西了。或者一旦到雌鸟产卵要孵化时，雄鸟就会一反常态了，并不过问，而是只顾自己，把孵卵和育雏当作是负担，把这些活儿全部推给了雌鸟，而雄鸟则又热衷于去找陌生的“意中人”了。如果一方死亡，另一方也会很快就另寻新欢，而与过去“前夫或前妻”的“爱情”早就成了泡影。就这样，人类竟被鸳鸯欺骗了上千年，又被人类自己误导了上千年。IUCN 易危；CITES 附录II；中国 II级。

图5-79　鸳鸯
朝鲜（D.P.R. Korea）
1995年　100元
银　7克
特种币
Φ29 mm

图5-80　鸳鸯
朝鲜（D.P.R. Korea）
1995年　500元
银　1盎司
特种币　20 000枚
Φ38 mm

60. 林鸳鸯　Wood Duck　*Aix sponsa*

雁形目、鸭科、鸳鸯属。IUCN 低危；

图5-81　林鸳鸯
古巴（Cuba）
1996年　1比索
铜镍　特种币
Φ33 mm

61. 白头硬尾鸭　White-headed Stiff-tailed Duck　*Oxyura leucocephala*

雁形目、鸭科、鸭属。早在6 000多年前，人类就开始饲养鸭属鸟类了。经过千百年的改良和研究，全世界已培育出许多品种。IUCN 濒危；CITE 附录II。

62. 距翅雁　Spur-winged Goose　*Plectorhyncha gambensis*

雁形目、鸭科、距翅雁亚科、距翅雁属。CITES 附录III。

图5-82　白头硬尾鸭
土耳其（Turkey）
2001年　7 500 000里拉
银　15克
特种币
28 mm×28 mm

图5-83　距翅雁
冈比亚（Gambia.）
1977年　20达拉西
银　28克
CS特种币　8 706枚
Φ38 mm

63. 灰船鸭　Flightless Streamer Duck　*Tachyeres pteneres*

雁形目、鸭科、鸭属。

图5-84　灰船鸭
福克兰群岛（Falkland Is.）
1979年　10镑
银　35克
CS特种币　7 243枚
Φ42 mm

64. 秋沙鸭　Merganser，Goosander　*Mergus*

雁形目、鸭科、鸭属。秋沙鸭共有7种（中国有4种），体长为40~65 cm。秋沙鸭主要分布于欧洲和亚洲一带。秋沙鸭是候鸟，春天飞到北方（如中国的长白山），在那里生儿育女，冬天就到南方过冬。栖息在森林中或林缘地带的河谷、溪流、池塘、湖泊草甸和草地等地方，以各种小鱼、昆虫、蛾、甲虫、螺、贝类等为食。筑巢于河边或湖泊边上树木的树洞里，雌鸟每次产卵3~5枚不等，由雌

图5-85　秋沙鸭
波斯尼亚和黑塞哥维那
（Bosnia and Herzegovina）
1996年　500第纳尔
铜镍　PPE特种币
Φ38 mm

鸟单独孵卵，经过大约28天雏鸟出壳。秋沙鸭是早成鸟，一出壳全身就已经长好了绒毛。第三天，妈妈就要教孩子们出巢下水了。妈妈首先向洞外观察环境，确认周围平安无事时，便向它们发出“咕、咕……”的招呼声，然后妈妈率先垂范，张开翅膀，纵身一跃，飞出洞口，落到小河面上，之后，妈妈就回过头来，向孩子们“呱、呱……”叫唤，鼓励它们勇敢一些，别怕，妈妈在这儿呢。在妈妈的不断地鼓励下，小鸭子们终于一只接一只地跳入水里，开始了新生活。

65. 云石斑鸭（麻鸭） Marbled Teal *Marmaronetta angustirostris*

雁形目、鸭科、鸭属。IUCN 易危。

图5-86　云石斑鸭
土耳其（Turkey）
2001年　7 500 000里拉
银　15克
特种币
28 mm×28 mm

66. 鹗（鱼鹰、鱼雕） Osprey *Pandion haliaetus*

隼形目、鹗科。鹗类动物是专门捕食鱼类的猛禽，曾经被列入鹰科，后来才单立为鹗科。其中非洲鱼雕是非常著名的品种。鹗一般体长50~65 cm不等，体重1~2 kg。几乎广布于世界各地，栖息在靠近湖泊、河流和海岸一带的山地树林中，专以各种鱼类为食，但也会捕食海蛇、蛙类、蜥蜴和其他小型鸟类，甚至会捕食大红鹳。鹗捕食鱼类的方法与众不同：捕捉鱼儿时，它的两脚朝前，或者展翅从水面掠过，用强而有力的双爪在近水面处将鱼抓住（边飞边用脚伸入水中抓鱼），与此同时鹗仍然继续飞行；或者将翅收拢，向下俯冲，甚至将整个身体都冲入水中抓住鱼后而冲出水面继续飞行；最后，将鱼带回巢中慢慢享受美食，或者就将鱼带到附近的树枝上先饱饱口福再说。鹗平时有的喜欢独居，有的也可成对生活，筑巢于水边的树上，雌鸟每次产卵2~3枚，雌鸟和雄鸟会轮流孵卵，经过32~40天孵化后雏鸟出壳，再经过大约40~43天小鹗即可离开亲鸟捕食。IUCN 低危；CITES 附录II。

图5-87　鹗
博茨瓦纳（Botswana）
1976年　50分
铜镍　流通币
Φ28 mm

图5-88　鹗
英属维尔京群岛
（British Virgin Is.）
1980年　25元
金　1.5克
特种币
Φ13 mm

图5-89　鹗
所罗门群岛（Soloman Is.）
1998年　1元
铜镍　WWF-CN纪念币
Φ38 mm

图5-90　鹗
赞比亚（Zambia）
1993年　250克瓦查
银　4盎司
特种币　5 000枚
Φ63 mm

图5-91　鹗
蒙古（Mongolia）
2004年　500图格里克
银　25克
特种币　5 000枚
Φ38 mm

67. 鹰（老鹰） Hawk, Oldworld Vulture *Accipitridae*

隼形目、鹰科、鹰属。鹰属鸟共有10余种鹰，鹰喙弯曲成钩状，非常锐利；鹰的每只脚上具有钩状爪的四趾；鹰的视力宽阔，分辨率是人类眼睛的8倍；鹰的飞翔能力和耐力都很好，特别是鹰的性情凶猛、战斗力强等，使鹰成为猛禽类（隼形目）动物的典型代表。鹰的一般体长为40~65 cm不等，体重0.4~1 kg。鹰的分布很广泛，几乎世界各大洲都有。各种鹰的栖息环境有所不同，但多在山地、针叶林、阔叶林以及混交林山麓地带。筑巢于高大的树上。鹰类是日行性鸟类，白天捕食和活动。鹰类以各种鱼类和小型哺乳动物等为食，特别好吃鼠类，还捕食野兔、蜥蜴和蛙类，也常常捕食其他鸟类及人类饲养的鸡类，“老鹰抓小鸡”不就是人类学习鹰类动物捕食家鸡的一个游戏吗？多数鹰类喜欢独居，只有在它们的繁殖期，雌雄才会在一起。雌鸟每次产卵2~3枚，经过30~35天孵化后雏鸟出壳，育雏期为40~45天。CITES 附录II。

图5-92　鹰
安道尔（Andorra）
1990年　1第勒尔
银　10克
特种币　6 000枚
Φ30 mm

图5-93　鹰
布基纳法索（Burkina Faso）
1990年　银　1盎司
样币　200枚
Φ38 mm

68. 苍鹰（黄鹰、鹞鹰、牙鹰或鸡鹰）
Northern Goshawk *Accipiter gentilis*

隼形目、鹰科、鹰属。苍鹰是一种体态健美的中型猛禽，在中国，苍鹰有如前的几种别名，国外的别名也不少，如阿尔巴尼亚称之为山鹰。一般体长大约50~60 cm，体重1.1 kg。主要分布于欧亚大陆和北美洲一带，雄性的体型比雌性的略小，但是两性羽色相似。平时喜欢成对或以小家庭为单元生活，在高树上筑巢，一般是用树枝和叶搭成“皿”形巢窝，每年5~6月份产卵，由雌鹰负责孵化、雄鹰承担外出觅食。经过35~38天孵化后雏鸟出壳，雏鸟经过41~43天就可单飞出巢。苍鹰是人类驯服的主要鹰种，基本上是从幼鸟开始驯服它们为猎鹰，捕捉野兔等小型哺乳动物和其他鸟类。IUCN 低危；

CITES 附录II；中国 II级。

图5-94　苍鹰
朝鲜（D.P.R. Korea）
2004年　10元
银　1盎司
特种币　20 000枚
Φ40 mm

69. 新几内亚鹰　New Guinea Eagle　*Accipiter buergersi*

隼形目、鹰科、鹰属。CITES 附录II。

图5-95　新几内亚鹰
巴布亚新几内亚
（Papua New Guinea）
1978年　5基那
银　收藏币
Φ39 mm

70. 白衿兀鹫（兀鹫）　Griffon Vulture，White Gryphon　*Gyps fulvus*

隼形目、鹰科、兀鹫属。本属共有15种兀鹫，主要分布于欧洲、亚洲和非洲一带，栖息在高原、草地、荒漠以及岩石地带。所有的兀鹫，都有一个共同的习性，基本上都是以动物的尸体或腐肉为食，自己很少捕食活物。如运气好，也可以捕食一些小型哺乳动物、蛙类、蜥蜴类、较大的甲虫和鸟类等，也有的兀鹫以椰子果皮为生的。肉食兀鹫每天都会花大量的时间在空中翱翔或低空盘旋，它们一旦发现地面的动物的尸体或腐肉，便会迅速下落，抢掠一空，因此，所有的兀鹫都称得上是大自然的“清道夫”。多数兀鹫的头部裸露，所以，人们又称兀鹫为秃鹫。兀鹫一般体长从60~140 cm不等，大品种的兀鹫两翅展宽达290 cm，体重超过12 kg。有的兀鹫喜欢独居，有的喜欢群栖，只有在它们的繁殖期，众多的雌雄兀鹫便会聚在一起。所有的兀鹫都筑巢于悬崖峭壁或树上，雌鸟每次产卵1~2枚，由雌鸟和雄鸟轮流孵卵，大约经过50~60天孵化后雏鸟出壳，3~4个月后雏鸟便会自行离开亲鸟独立。兀鹫一般要到11岁才性成熟，是鸟类中最晚性成熟的一类鸟。IUCN 低危；CITES 附录II。

图5-96　白衿兀鹫
土耳其（Turkey）
2001年　7 500 000里拉
银　15克
特种币
28 mm×28 mm

鸢属于隼形目、鹰科、鸢属中的猛禽。鸢的通称或别名也叫“老鹰”。鸢的特点是身体细长、尾部呈分叉状，飞行速度较慢，但是可长时间地滑翔，飞行常常犹如杂技表演，姿态优美。鸢的俯冲速度可达时速200 km。鸢的一般体长40~70 cm，主要分布于欧亚大陆、中国的大部分地区、日本、非洲和南美洲等地区。鸢属鸟类也属于候鸟，冬季就会迁徙到南方过冬天。大部分鸢栖息在树林的山地、丘陵、田间、草坡以及城郊的居民点附近一带，筑巢于大树上，以野兔、鼠等小型哺乳动物为食，也常常捕食蛇、蜥蜴、蛙类和其他小型鸟类。栖息在海滨地带的品种，也常常捡死鱼吃。但是个别鸢种，对食物却特别挑剔，几乎只吃淡水蜗牛。在它们的繁殖期，雌雄共同筑巢、孵化和育雏。多以小家庭为单元生活。 雌鸟每年产卵1次，每次产卵2~3枚，经过25~35天的孵化后雏鸟出壳，育雏大约40余天后可独立捕食。

71. 欧鸢（红鸢） European Kite *Milvus milvus*

隼形目、鹰科、鸢属。IUCN 渐危；CITES 附录II。

72. 燕尾鸢 Swallow–tailed Kite *Elanoides forficatus*

隼形目、鹰科、鸢属。IUCN 低危；CITES 附录II。

图5–97 欧鸢
佛得角（Cape Verde）
2006年 50埃斯库多
银 28克
特种币
Φ38 mm

图5–98 燕尾鸢
伯利兹（Belize）
1980年 1分
银 3克
旅游币 1 826枚
Φ20 mm

73. 白头海雕（秃头雕、秃鹰） Bald Eagle *Haliaeetus leucocephalus*

隼形目、鹰科、海雕属。雕是大型猛禽，而白头海雕则是鹰科中所有“雕”类鸟中的“巨人”，喙、眼和脚为黄色，因头部的羽色为纯白色而得名白头海雕，别名叫秃头雕或秃鹰，其实这是一种误

图5–99 白头海雕
美国（USA）
1984年 1元
银 26克
纪念币 225万枚
Φ38 mm

图5–100 白头海雕
库克群岛（Cook Is.）
1996年 25元
银 5盎司
特种币 1 000枚
Φ65 mm

图5–101 白头海雕
美国（USA）
2006年 1元
黄铜 流通币
Φ27 mm

解，也不知道人们是怎么起名的，实际上它们的头白却并不秃！白头海雕还被人们称为“鸟王”，因为它在雕类中一大二猛，无可比拟。白头海雕一般体长70~95 cm，最大的可达120 cm，双翅展宽大约200 cm，一般体重3~6.5 kg。白头海雕体型健壮、喙大、爪大而都成弯钩、视力超群、飞翔能力很强、性情又特别凶猛。主要分布于北美洲一带（阿拉斯加、加拿大、美国和墨西哥西北部），栖息在海岸、河流和湖泊等附近的苔原地带、针叶林甚至沙漠中，筑巢于悬崖峭壁上或树林里。白头海雕的食谱广泛，以各种鱼类等为主食，副食品有哺乳动物、鸟类、爬行动物、甚至较大的昆虫，此外，它们还吃腐肉。雌性体型比雄性的要大。平时喜欢雌雄成对生活，雌鸟每次产卵1~3枚，由雌鸟和雄鸟轮流孵卵，孵化期大约为35天，经过70~92天后小雕便可出巢。白头海雕经常在空中追逐并攻击那些捕到鱼的鹗类鸟儿，强迫它们放弃嘴中或者爪上的鱼，白头海雕就乘机把鱼抢过来。白头海雕这种霸道无耻的强抢行径，被人们称为“强盗鸟”。不过由于白头海雕的威武、雄壮、凶猛，倒是深得美国人民的喜爱，认为此鸟可以反映出美国人民的勇敢和国家的坚强。1783年6月20日，美国国会通过了将白头海雕作为美国国鸟的决定。这是人类第一次将某种鸟作为一个国家象征的创举，开创了以动物代表一个国家形象的先河。目前，在美国有4 000对左右的繁殖对。IUCN 低危； CITES 附录II。

74. 白腹海雕 White-bellied Sea Eagle *Haliaeetus leucogaster*

隼形目、鹰科、海雕属。顾名思义，这种海雕的腹部就是纯白色的。一般体长70~84 cm，主要分布于中国的东部和南部沿海、亚洲南部、中南半岛、东南亚、澳大利亚、巴布新几内亚以及南太平洋的一些岛屿，栖息并筑巢于悬崖和高大的乔木林中，以鱼、海蛇、鸟类、野兔、蛙类、蜥蜴和蛇等为食，有时也吃腐肉，这比自己去捕食要省事多了。平时喜欢群栖，成对生活（也有的爱独居），雌鸟每次产卵2枚，由雌鸟和雄鸟轮流孵卵，但是，雄鸟孵卵较少。IUCN 濒危；CITES 附录II。

75. 白尾海雕（白尾雕） White-tailed Eagle *Haliaeetus albicilla*

隼形目、鹰科、海雕属。顾名思义，这种海雕的尾巴就是纯白色的了。白尾海雕一般体长80~95 cm，雌性体型比雄性的要大。主要分布于亚洲和欧洲北部一带，栖息在多岩石的海岸、岛屿、河湾、水流附近以及内陆的湖泊中，以各种鱼类、小型哺乳动物（如小海豹、野兔等）和其他鸟类（包括雁、鸭和鹭等）等为食，也常沿着海岸线寻找动物的腐尸吃。白尾海雕有个习性：食量惊人、但是忍饥能力也很强，一旦吃饱喝足，它可以一个月不进食。白尾海雕平时喜欢独居，但是在繁殖期，雌雄就会成对生活，有的也会留居和幼鸟共同生活。IUCN 易危；CITES 附录I；中国 I级。

图5-102 白腹海雕
马来西亚（Malaysia）
2005年 25分
金铜 收藏币
Φ30 mm

图5-103 白尾海雕
朝鲜（D.P.R. Korea）
2001年 7元
银 20克
特种币 10 000枚
Φ38 mm

76. 蛇雕（凤头捕蛇雕） Crested Serpent Eagle *Spilornis cheela*

隼形目、鹰科、蛇雕属。蛇雕一般体长55~75 cm不等，体重1.1~1.7 kg。主要分布于中国的华东、华南和西南地区；亚洲的南部、东部、中南半岛和东南亚地区一带；北美洲等等。蛇雕栖息在山地和森林地带，筑巢于高树上，主要以各种蛇类为食，也捕食鼠类、蛙类、蜥蜴类、鸟类和甲壳类动物。蛇雕平时喜欢独居，少有成对生活。雌鸟每次产卵1枚，由雌鸟独自孵卵，孵化期大约为35天，哺育期为60天。IUCN 低危；CITES 附录I；中国 I级。

图5-104　蛇雕
墨西哥（Mexico）
1994年　50新比索
银芯铝青铜圈　34克
收藏/流通币
Φ40 mm

77. 草原鹞 Pallid Harrier *Circus macrourus*

隼形目、鹰科、鹞属。草原鹞是典型的草原鸟类，体长40~48 cm，体重311~550 g。分布于欧洲东部，非洲、亚洲中部，印度、斯里兰卡、缅甸、泰国和中国新疆、河北、江西、江苏、西藏、广西和海南等省区。主要栖息于草原、荒漠和开阔平原，偶见于林缘。以田鼠、黄鼠、跳鼠等啮齿动物，以及野兔、蜥蜴、蝗虫、鸟类等为食。不善鸣叫，繁殖期求偶时，常发出"kiki-kiki-kik"叫声。多在草原凹陷的干燥处筑巢。每年产卵3~6枚，孵化期大约为35~45天，哺育期为4~5个月。IUCN 低危；CITES 附录II。

78. 白头鹞（泽鹞、泽鵟） Marsh Harrier *Circus aeruginosus*

隼形目、鹰科、白头鹞属。白头鹞一般体长40~55 cm，主要分布于欧洲、亚洲、非洲和北美洲一带，栖息在平原和丘陵地带，筑巢于芦苇、草类和灌木丛中，以其他小型鸟类、鼠类、蛙类以及大昆虫等为食。雌鸟每次产卵4~5枚，孵化期为大约为30天。CITES 附录II；中国 II级。

图5-105　草原鹞
俄罗斯（Russia）
2007年　1卢布
银　16克
特种币　50 000枚
Φ33 mm

图5-106　白头鹞
英属维尔京群岛
（British Virgin Is.）
1985年　25元
金　1.5克
特种币　1 826枚
Φ12 mm

79. 红尾鵟 Red-tailed Hawk *Buteo jamaicensis*

隼形目、鹰科、鵟属。红尾鵟是猛禽，其形体粗壮、双翅宽而圆、尾部为红色且宽阔。红尾鵟一般体长45~56 cm，体重大约1 kg。主要分布于欧洲和亚洲的温带森林和热带雨林一带，栖息在农田、城郊、坡地和森林的混合地带、沙漠以及半沙漠中等多种环境，特别爱生活在稀树地区。筑巢于悬崖和树上。红尾鵟以小型哺乳动物（如野兔和鼠类等）、爬行动物、鸟类、鸟蛋和较大的昆虫等为食。它经常在空中翱翔寻找猎物，或者在高树上、电线杆上静候猎物，一旦有猎物进入它的视线，它就会猛扑下去逮住猎物。红尾鵟平时喜欢独居，也有群栖，雌鸟每次产卵2~9枚，经过28~35天孵化后雏鸟出壳。IUCN 低危；CITES 附录II；中国 II级。

图5-107 红尾鵟
加拿大（Canada）
2000年 50分
银 12克
纪念币
Φ27 mm

80. 角雕（冠角鹰） Harpy Eagle *Harpia harpyi*

隼形目、鹰科、雕属。CITES 附录I。

81. 楔尾雕 Wedge-tailed Eagle *Aquila audax*

隼形目、鹰科、雕属。CITES 附录II。

图5-108 角雕
墨西哥（Mexico）
2000年 10比索
银 31克
特种币 50 000枚
Φ40 mm

图5-109 楔尾雕
澳大利亚（Australia）
1994年 10元
银 40克
加厚币（厚度5 mm）
15 000枚
Φ34 mm

82. 食猿雕（食猴雕、食猴鹰、菲律宾鹰）Philippine Eagle，Monkey-eating Eagle *Pithecophaga jefferyi*

隼形目、鹰科、雕属。食猿雕也是大型的猛禽之一，一般体长近100 cm，体重4 kg左右，雌鸟体型比雄鸟的略大。食猿雕仅仅分布在菲律宾群岛的吕宋岛和棉兰老等岛屿，栖息在热带丛林中，以森林中的猿、猴等为食，也吃犀鸟等大型的鸟类，是东南亚森林中的恶霸。森林中食物缺乏时就会捕食家狗、小猪、小羊等，因为它主要以森林中树木上的动物为食物，因此食猿雕练就了一身能灵活地穿行于树枝之间、进行森林捕食的过硬本领。它时而在森林上空盘旋或滑翔，观察并发现猎物；时而停留在树上静候猎物的出现，伺机进行突然捕捉。平时喜欢成对生活，食猿雕通常是每2年才繁殖一回，雌鸟每次仅产卵1~2枚，由雌鸟和雄鸟轮流孵卵。由于热带雨林被大量的砍伐，目前食猿雕的数量仅仅只有50对左右，已经是世界上最稀有的鸟类之一了！IUCN 极危；CITES 附录I。

图5-110　食猿雕
新加坡（Singapore）
1972年　10元
银　31克
特种币　3 000枚
Φ39 mm

83. 金雕（黑翅雕、洁白雕、鹫雕）　Golden Eagle　*Aquila chrysaetos*

隼形目、鹰科、雕属。金雕是雕类中体型较大的一种，一般体长80~90 cm，主要分布于欧洲、亚洲和北美洲一带，栖息在高山草原和针叶林地区，特别喜欢栖息并筑巢于高山悬崖峭壁之巅，主要以各种中、小型的哺乳动物等为食，包括鹿、野羊、家羊、狐、貂，以及各种鼠类。金雕还能在空中袭击飞行着的天鹅、雁和鸭等飞禽。金雕也是雕属中的“巨人”，是最大型的猛禽之一。它的飞行时速大约128 km，而下降速度和俯冲本领是所有的直升机都不可比拟的，它在空中一旦发现地上的猎物，便可急速地向猎物俯冲逼近，其速度迅猛常常令猎物闻风丧胆，大难临头，不知所措，真有“待以毙命”情形。因此，金雕的捕食效率相对比较高。金雕和其他所有的“雕类”（包括海雕属、蛇雕……）一样，都可称之为鸟中之王。生活在西班牙的金雕可能是雕类中的一个特例和奇迹，它们成对生活，是“一夫一妻”婚姻制度，直到白头到老。雌鸟每次产卵1~3枚，由雌鸟主内孵卵，雄鸟主外捕食和守卫，它们密切配合，孵化期为35天左右。金雕是晚成鸟，据说金雕的寿命可达60~70年。IUCN 低危；CITES 附录II；中国 I级。

图5-111　金雕
朝鲜（D.P.R. Korea）
1995年　500元
银　1盎司
特种币　20 000枚
Φ40 mm

84. 乌雕（黑雕）　Verreaux's Eagle　*Aquila verreauxii*

隼形目、鹰科、雕属。IUCN 低危；CITES 附录II；中国 II级。

图5-112　乌雕
保加利亚（Bulgaria）
1992 年　100列瓦
银　23克
特种币
Φ40 mm

图5-113　乌雕
阿曼（Oman）
1987年　$2\frac{1}{2}$ 里亚尔
银　0.84盎司
WWF纪念币　25 000枚
Φ39 mm

85. 乌灰鹞 Montagu’s Harrier *Circus pygargus*

隼形目、鹰科、雕属。CITES 附录II；中国 II级。

86. 白肩雕（老雕，西班牙帝鹰） Imperial Eagle *Aquila heliaca*

隼形目、鹰科、雕属。白肩雕全身为黑褐色，仅仅在肩披着一些白色的羽层，宛如披上了一层白色的纱巾，此雕故名白肩雕。主要分布于欧洲（地中海沿岸国家）和亚洲（如中国）等地方，栖息在森林草原地区，大多数在阔叶林和混交林以及在海拔为1 300~1 400 m的山地中，有些也生活在平原、河流的沙岸及湿地上等等。白肩雕主要以黄鼠和跳鼠为食。有时也会捕食松鼠、花鼠、田鼠、旱獭、雷鸟、松鸡、鸽、鸭、甚至猛禽中的鵟类。每年春天是它们的繁殖期，白肩雕伉俪双双共筑爱巢，其巢筑在密林里或林缘地带的乔木上，由雌鸟和雄鸟轮流孵化。雌鸟在巢里照顾，雄鸟在外找食物。育雏3个月后，小雕即可捕食了。在国外，白肩雕仅仅存留几十对了，而中国尚有一定数量。IUCN 濒危；CITES 附录I；中国 I级。

图5-114 乌灰鹞
匈牙利（Hungary）
1988年 500福林
银 28克
WWF纪念币 25 000枚
Φ38 mm

图5-115 白肩雕
直布罗陀（Gibraltar）
1994年 1克朗
铜镍 PPE特种币
Φ38 mm

87. 草原雕（大花雕、角雕） Tawny Eagle *Aquila rapax*

隼形目、鹰科、雕属。草原雕体长71~82 cm，体重2~3 kg。广布世界各地，栖息环境也十分广泛，诸如草原、平原、丘陵、山地、荒漠、河流、沼泽和湿地，等等，几乎无处不见。草原雕筑巢于林间山地或河谷悬崖，以野兔、鼠类、蜥蜴类、鸥和其他鸟类等为食，当然，草原雕也不会放弃现成的腐肉，虽然味道不怎么好，但填饱肚子是最重要的。草原雕平时喜欢独居，雌鸟每次产卵1~3枚，由雌鸟单独孵卵，孵化期为45天，妈妈育雏55~60天后小雕便可出巢了。CITES 附录II；中国 II级。

88. 猛雕 Martial Eagle *Polemaetus bellicosus*

隼形目、鹰科、雕属。IUCN 低危；CITES 附录II；中国 II级。

图5-116 草原雕
乌克兰（Ukraine）
1999年 10格里夫纳
银 31克
特种币 5 000枚
Φ39 mm

图5-117 猛雕
赞比亚（Zambia）
1978年 2恩韦
青铜 流通币
Φ20 mm

89. 康多兀鹫（安第斯山鹫、神鹰） Andean Condor *Vultur gryphus*

隼形目、美洲鹫科、兀鹫属。康多兀鹫一般全长130 cm，体重11 kg。两翼展宽300 cm，有记录的最大展宽竟达500 cm！是南美洲最大的鸟，它不仅是鸟类中的“巨人”。而且还是世界上最大的猛禽， 康多兀鹫的平均飞行高度是5 000~6 000 m，最高飞达8 500 m以上，是世界上飞得最高的鸟类之一。它们主要分布于智利、哥伦比亚和阿根廷一带，栖息环境十分广阔，康多兀鹫的喙很锐利，但是脚和爪却不是很强壮。所以主要以现成的腐肉为食，很少主动去猎杀活物。除繁殖期外，多为独居，也可成小群活动。筑巢于山峰和峭壁上，雌鸟每次产卵1枚，要隔2年才生产一次。康多兀鹫是晚成鸟，要1周岁才开始学飞，还要亲鸟喂养几个月才可以自己飞翔捕食。所以康多兀鹫的繁殖能力很低。CITES 附录I。

图5-118 康多兀鹫
智利（Chile）
1968年 10分
铝青铜 流通币
Φ25 mm

90. 胡兀鹫（髯鹫、大胡子鹫） Bearded Vulture *Gypaetus barbatus*

隼形目、鹰科、胡兀鹫属。胡兀鹫属的鸟都有一个共同的长相：嘴巴下长有一撮黑毛，好像山羊的“胡子”，故名胡兀鹫。胡兀鹫体长可超过100 cm，翼展宽达250 cm，主要分布于亚洲和非洲一带，胡兀鹫和别的鹫类不同的是，除了吃尸体外，自己也常常捕食活鸟活兽。而有的胡兀鹫主要捕食山羊，但是它们对羊肉不那么感兴趣，却对吃羊骨头情有独钟。为了吃到美味的羊骨头。胡兀鹫就经常会进行“碎羊骨”的杂技表演：它们叼住羊骨头，飞到空中，寻找合适的大石头，再飞到一定的高度，放开嘴里的羊骨头，让其向大石头猛砸下去，一次，又一次，将羊骨头砸碎，胡兀鹫就爱吃骨髓和小小的碎骨。年轻的胡兀鹫需要练习7年，才可以像老谋深算的老胡兀鹫那样精到。胡兀鹫是鸟类中的飞行高手，为了寻找食物，可以连续在7 000 m以上的高空飞行几个小时。有记载称，兀鹫是飞得最高的鸟，已达11 277 m。1973年11月29日在科特迪瓦首都上空，曾有一只兀鹫同一架高空飞行的商业飞机相撞。IUCN 低危；CITES 附录II；中国 I级。

图5-119 胡兀鹫
埃塞俄比亚（Ethiopia）
1970年 10比尔
银 28克
CS特种币 7 462枚
Φ38 mm

隼属于隼形目、隼科、隼属的鸟类。隼属共有60来种隼，一般体长从20~60 cm不等，是小型的猛禽，但是它们却是飞行速度最快的鸟类之一，时速可达130 km，而俯冲时速可超过250 km。广泛地分布于世界各地（但人们没有在南美洲见到过），栖息在森林中的广阔地域内，以中小型的鸟类为食，有时也攻击并捕食大型鸟类，比如雁等。隼类喜欢独居或成对生活，不太合群，它们筑巢于树上或海岸的悬崖上。与鹰科鸟类比起来，隼的体型和力量都要小，但是论起胆量和凶猛程度来，隼就比鹰强多了。隼甚至敢于攻击鹰类鸟，或从鹰嘴夺食，也不知是鹰怕隼？还是鹰显得大度，不与隼计较，因为隼与鹰斗，往往还是隼得逞的。

91. 猎隼　Saker Falcon　*Falco cherrug*

隼形目、隼科、隼属。IUCN 濒危；CITES 附录II；中国 II级。

图5-120　猎隼
阿联酋
（United Arab Emirates）
1981年　10迪拉姆
铜镍　流通纪念币
Φ30 mm

图5-121　猎隼
哈萨克斯坦（Kazakhstan）
2003年　500坚戈
银　31克
特种币　3 000枚
Φ39 mm

92. 黄爪隼　Lesser Kestrel　*Falco naumanni*

隼形目、隼科、隼属。CITES 附录II；中国 II级。

93. 灰背隼（灰隼）　Merlin Hawk　*Falco columbarius*

隼形目、隼科、隼属。IUCN 低危；CITES 附录II；中国 II级。

图5-122　黄爪隼
库尔德斯坦（Kurdistan）
2003年　100第纳尔
银　特种币
Φ28 mm

图5-123　灰背隼
英属维尔京群岛
（British Virgin Is.）
1982年　25元
金　1.5克
特种币　5 949枚
Φ12 mm

94. 游隼（花梨鹰、鸭虎）　Peregrine Falcon　*Falco peregrinus*

隼形目、隼科、隼属。游隼体长大约40 cm，主要分布于亚洲、大洋洲一带，栖息并筑巢于山上和悬崖峭壁中，以苍鹭、鸽类和野鸭等多种中型鸟类为食。平时喜欢成对生活，并和它们的幼鸟们一块过日子。有资料说，仅仅在一个夏季里，一个游隼小家庭，就要吃掉大约300只的中型鸟类。游隼是世界上飞行速度最快的鸟类之一，时速常常超过169 km，俯冲时速可达288~320 km。据报道，曾有一位美国飞行员正以每小时250 km的速度驾机飞行，竟被一只游隼赶上并超过了！由于游隼具有凶猛的习性、高超的捕猎技巧和疾速飞行的本领，素有空中“歼击机”的美称，所以猎人们常常将游隼驯服为猎隼，以帮助捕猎。IUCN 低危；CITES 附录I；中国 II级。

图5-124　游隼
库克群岛（Cook Is.）
1991年　2元
银　10克
特种币
Φ30 mm

图5-125　游隼
库克群岛（Cook Is.）
1991年　1元
银　0.16盎司
特种币
Φ28 mm

95. 拟游隼（巴巴利隼） Barbary Falcon *Falco pelegrinoides*

隼形目、隼科、隼属。CITES 附录I；中国 II级。

96. 矛隼 Gyrfalcon *Falco gyrfalco*

隼形目、隼科、隼属。矛隼体长为52~63 cm，体重可达1.7~2 kg，素有“巨隼”之称，是隼科中的大个子。主要分布于欧洲、亚洲、北美洲的北部、格陵兰和冰岛一带，栖息在北极荒原、林地和山区。大部分矛隼是北极地区的“永久居民”，少部分会稍向南迁徙。矛隼有多个亚种，如被定为冰岛国鸟的冰岛亚种，因体色为白色而叫“白隼”，是捕猎能手，既能捕食空中飞行的鸟；又能抓住地面奔跑的松鸡等动物。白隼常常被人类训练为猎隼（猎鹰）。IUCN 低危；CITES 附录I；中国 II级。

图5–126 拟游隼
阿联酋
（United Arab Emirates）
（Ajman）
1970年 $7\frac{1}{2}$ 里亚尔
银 23克
特种币 5 000枚
Φ36 mm

图5–127 矛隼
马恩岛（Isle of Man）
1978年 1克朗
银 28克
纪念币 10 0000枚
Φ38 mm

97. 红隼（茶隼、红鹰） Common Kestrel *Falco tinnunculus*

隼形目、隼科、隼属。红隼一般体长20~25 cm，体重200 g左右，是隼科中的小个子。红隼主要分布于亚洲、欧洲和非洲等，栖息在林缘、乡村稀树林、灌木丛、农田旷野，甚至城郊地带，筑巢于树上或树洞中，经常爱干霸占他人之巢为己有的事，每每为“住宅”与原巢主激烈争斗，但总是红隼获胜。红隼主要以各种鼠类、小型鸟类、小型爬行动物和昆虫类等为食。红隼的视力极好，常常在空中盘旋，寻找那些猎物，不要说鼠类、麻雀等，就连蝗虫和其他一些小甲虫等，也在捕捉之列，这些小不点虽然算不上什么大餐，但是味道还不错，可以饱饱口福。红隼还常常到城镇和郊区一带捕食麻雀，因为麻雀好欺负。有趣的是，作为猛禽类的红隼，并不害怕比它大的鹰，却反而常常遭到欧洲八哥和燕科鸟类的群起围攻而败下阵来，真让人匪夷所思。雌鸟每次产卵4~6枚。IUCN 低危；CITES 附录II；中国 I级。

图5–128 红隼
圣马力诺（San Marino）
1993年 1 000里拉
银 14克
特种币
Φ32 mm

图5–129 红隼
塞舌尔群岛（Seychelles Is.）
1995年 25卢比
银 28克
特种币 20 000枚
Φ38 mm

98. 地中海隼 Lanner Falcon *Falco biarmicus*

隼形目、隼科、隼属。IUCN 低危；CITES 附录II。

99. 泰塔隼 Taita Falcon *Falco fascinucha*

隼形目、隼科、隼属。CITES 附录II。

图5-130 地中海隼
厄立特里亚（Eritrea）
1996年 1元
铜镍
PPE特种币
Φ38 mm

图5-131 泰塔隼
赞比亚（Zambia）
1979年 10克瓦查
银 35克
CS特种币 3 256枚
Φ42 mm

100. 鸡 Hen，Cock *Calliformes*

鸡形目、雉科、原鸡属。

图5-132 鸡
汤加（Tonga）
1981年 5分
铜镍 FAO流通纪念币
Φ19 mm

101. 营冢雉（营冢鸟、眼斑冢雉） Malee Fowl, Megapode *Leipoa ocellata*

鸡形目、冢雉科、冢雉属。全世界共有12种营冢雉。营冢雉一般体长50~70 cm，主要分布于菲律宾群岛、南太平洋的一些群岛、澳大利亚的东、南和北部的沿海等地带，栖息在丛林、灌木丛或草原中，有些则生活在山上，都筑巢于地面。营冢雉的营巢和孵卵方式非常独特，亲鸟并不亲自去孵卵，而是有一个绝招：每年的4~5月，在雌鸟生蛋前，雄鸟会在地面上挖一个30~100 cm深的小坑，并在里面铺上枯叶或干草，坑填满后雄鸟就从附近继续堆上垃圾和沙土，在坑上形成一个大土堆，非常像一个坟墓，直径和高度都有好几米。4个月后堆内的枯叶或干草腐烂、发酵而使温度升高，雄鸟还会在堆内挖一个“孵卵室”，让雌鸟在里面产卵，每窝产卵6~8枚，最多的达15枚，但不是一次产完，因为每产完1枚后，要隔上几天甚至十几天才又产1枚，这样，1窝卵要几个月才能生产完。而每个卵大约要60天才可自然地孵出幼雏来。雄鸟几乎全年都在营冢和照顾孵卵室（要注意保持其内的孵化温度），而雌鸟则专心产卵。雏鸟在出壳后，就要努力奋斗2~15小时，凭借自己的力量扒开土堆的沙土盖层爬到外面，休息1小时后便能奔跑和展翅，1天后即可飞行，并自行觅食，无需亲鸟照顾。大约1年后它们就可以当爸爸或妈妈了。IUCN 濒危。

图5-133 营冢雉
汤加（Tonga）
1986年 1潘加
银 28克 特种币
Φ38 mm

102. 角冠雉 Horned Guan *Oreophasis derbianus*

鸡形目、凤冠雉科、角冠雉属。凤冠雉科共有44种凤冠雉，它们主要分布于墨西哥至委内瑞拉和厄瓜多尔一带，IUCN 濒危；CITES 附录I。

103. 大凤冠雉 Great Curassow *Crax rubra*

鸡形目、凤冠雉科、凤冠雉属。大凤冠雉是本科体型最大的一种，体长可达93 cm。CITES 附录III。

图5-134 角冠雉
危地马拉（Guatemala）
1994年 1克查尔
银 27克
特种币 20 000枚
Φ40 mm

图5-135 大凤冠雉
伯利兹（Belize）
1974年 10元
银 30克
旅游币 21 000枚
Φ40 mm

104. 白尾雷鸟 White-tailed Ptarmigan *Lagopus leucurus*

鸡形目、松鸡科、雷鸟属。在松鸡科的18种鸟类中，雷鸟因体羽颜色能够随季节变化而著名。一般体长35~55 cm，最大的品种大雷鸟体长可达85 cm。雷鸟属的鸟主要分布于欧亚大陆的北部和北美洲北部一带，栖息在酷寒的森林地带、森林草原地带以及冻原地带。IUCN 低危。

105. 黑琴鸡（黑鸡、乌鸡、黑野鸡） Black Grouse *Lyrurus tetrix*

鸡形目、松鸡科、松鸡属。中国 II级。

106. 高加索琴鸡 Caucasian Blackcock *Lyrurus mlokosiewiczi*

鸡形目、松鸡科、松鸡属。IUCN 渐危。

图5-136 白尾雷鸟
加拿大（Canada）
1995年 50分
银 30克
特种币 21 000枚
Φ27 mm

图5-137 黑琴鸡
朝鲜（D.P.R. Korea）
1999年 10元
银 31克
特种币
Φ40 mm

图5-138 高加索琴鸡
俄罗斯（Russia）
1993年 50卢布
铝青铜芯铜镍圈
流通币
Φ25 mm

107. 松鸡（普通松鸡，西方松鸡）
Western Capercaillie *Tetrao urogallus*

鸡形目、松鸡科、松鸡属。松鸡科大约有18种鸟，大多是猎禽和观赏鸟。有的品种体重可达3 kg。主要分布于欧亚大陆的北部和北美洲一带，中国有6种，其中有的品种是中国的特有鸟种，被列为中国的一级保护动物。

图5−139　松鸡
西班牙（Spain）
1995年　2 000比塞塔
银　27克
特种币　75 000枚
Φ40 mm

图5−140　松鸡
挪威（Norway）
1965年　2欧尔
青铜
流通币
Φ20 mm

108. 里海雪鸡　Caspian Snowcock　*Tetraogallus caspius*

鸡形目、松鸡科、雪鸡属。雪鸡属共有5种雪鸡，中国2种（藏雪鸡和高山雪鸡），主要分布于亚洲的中部和南部的高山地带，从高加索、土耳其向东至俄罗斯和蒙古的边界也有分布。雪鸡喜欢栖息并筑巢在具有裸岩或碎石的高山草甸和灌木丛草甸地带，这些地带的海拔高度往往在5 000 m以上。IUCN 低危；CITES 附录I；中国 II级。

109. 阿尔泰雪鸡　Altai Snowcock　*Tetraogallus altaicus*

鸡形目、松鸡科、雪鸡属。IUCN 低危；中国 II级。

110. 须石鸡　Barbary Partridge　*Alectoris barbara*

鸡形目、松鸡科、石鸡属。主要分布于欧洲、中国和亚洲大陆的其他地方。IUCN 低危。

图5−141　里海雪鸡
土库曼斯坦（Turkmenistan）
1996年　500马纳特
银　28克
特种币　5 000枚
Φ39 mm

图5−142　阿尔泰雪鸡
哈萨克斯坦（Kazakhstan）
2006年　50坚戈
铜
流通币
Φ31 mm

图5−143　须石鸡
直布罗陀（Gibraltar）
1988年　1便士
青铜
流通币
Φ21 mm

111. 鹧鸪　Francolin，Black Partridge　*Francolinus francolinus*

鸡形目、雉科、鹧鸪属。鹧鸪一般体长大约35 cm，主要分布于中国（江南多省），印度、缅甸、泰国及中南半岛一带，栖息在丘陵地带、密布的草丛、矮树或小松林的山冈上，筑巢于草丛中或灌木丛中。鹧鸪平时喜欢独居。

112. 冕鹧鸪　Crested Wood Partridge　*Rollulus roulroul*

鸡形目、雉科、鹧鸪属。CITES 附录III。

图5-144　鹧鸪
冈比亚（Gambia.）
1977年　10布托
镍黄铜　流通币
Φ27 mm

图5-145　冕鹧鸪
马来西亚（Malaysia）
2005年　25分
金铜　收藏币
Φ30 mm

113. 黑头角雉　Satyr Tragopan　*Tragopan satyra*

鸡形目、雉科、角雉属。角雉属共有5种角雉，这5种角雉中国都有，其中1种为中国特产。所有品种的角雉羽色艳丽、体态优美，是著名的观赏鸟。角雉属鸟类主要分布于中国、巴基斯坦、尼泊尔、锡金、不丹和印度等国。黑头角雉在中国仅仅分布于西藏；国外则见于克什米尔地带。IUCN 易危；CITES 附录II；中国 I级。

114. 棕尾虹雉（九色鸟、喜马拉雅虹东雉）
Himalayan Monal Pheasant　*Lophophorus impeyanus*

鸡形目、雉科、虹雉属。虹雉属共有3种，即棕尾虹雉、白尾虹雉和绿尾虹雉。这3种虹雉主要都分布在中国，都是著名的观赏鸟。其中绿尾虹雉还是中国的特产，数量稀少，另外2种虹雉则少量分布在阿富汗、不丹和印度一带。而棕尾虹雉分布于中国的西藏、阿富汗、尼泊尔、不丹、印度北部和巴基斯坦北部一带。 棕尾虹雉体长50~60 cm，栖息在海拔3 000 m以上林线附近多岩的地方以及针叶林地带。筑巢于灌木丛、大树洞和岩石中，以昆虫和植物的块茎等为食。平时群栖，但是群体结构松散。配偶方式为多配型，即一雄多雌。雌鸟每次产卵4~5枚。IUCN 低危；CITES 附录I；中国 I级。

图5-146　黑头角雉
巴基斯坦（Pakistan）
1976年　100卢比
银　28克
CS特种币　10 957枚
Φ38 mm

图5-147　棕尾虹雉
尼泊尔（Nepal）
1974年　20卢比
银　28克
CS特种币　11 000枚
Φ38 mm

115. 泰国火背鹇（暹罗火背鹇）
Siamese Fireback Pheasant　*Lophura diardi*

鸡形目、雉科、鹇属。鹇属共有10种鹇，主要分布于中国（有3种：白、蓝和黑鹇）、亚洲南部、中南半岛和东南亚一带。所有的鹇属鸟类都是珍贵的观赏品种，容易饲养和繁殖。而泰国火背鹇的一般体长为55~70 cm，体重1.6~2.6 kg。分布于泰国、马来西亚、老挝、柬埔寨、越南和印度尼西亚等地，栖息在平原和低山地一带，也会到半常绿森林及竹林里活动或觅食，以植物的叶类、种子、果实以及多种昆虫等为食。雌鸟每次产卵4~8枚，孵化期大约为24天。IUCN 渐危。

116. 黑鹇　Kalij Pheasant　*Lophura leucomelana*

鸡形目、雉科、鹇属。黑鹇主要分布中国、巴基斯坦、不丹、印度缅甸和泰国一带，栖息在海拔2 000 m左右的森林中、火烧地或刚下过雪的开阔地面上。黑鹇晚上在树上歇息，往往是几只同时在一枝树枝上歇息。多于早上和傍晚觅食，筑巢于竹林边缘、山边的灌木丛中或石头边的草丛里极为隐蔽的地方。以植物的叶类、种子、果实以及多种昆虫等为食。雌鸟每次产卵6~9枚。IUCN 易危；CITES 附录II。

图5-148　泰国火背鹇
泰国（Thailand）
1987年　200铢
银　28克
WWF纪念币　25 000枚
Φ38 mm

图5-149　黑鹇
不丹（Bhutan）
1994年　300努扎姆
银　31克
特种币
Φ39 mm

117. 褐马鸡（耳鸡、角鸡）
Brown Eared-Pheasant　*Crossoptilon mantchuricum*

鸡形目、雉科、马鸡属。马鸡属共有褐马鸡、藏马鸡和蓝马鸡3种，都是中国的特有品种，是宝贵的动物资源。马鸡是珍稀的观赏鸟类，同时，自古以来其尾羽就广泛地被中国人用于各种装饰品，也受到国外朋友的欢迎。马鸡在耳部有一对特别发达而又长又硬的耳簇，好似外耳，又仿佛像角一样地突出在颈项上，所以国人又把它们称作耳鸡和角鸡；而且马鸡属鸟中央尾羽很长，尾羽和羽枝大多披散下垂好像是马尾。故名马鸡。褐马鸡体长大约90 cm，体重1.5~2.5 kg。褐马鸡分布于中国的山西和河北。主要栖息在阔叶混交林（包括采伐过的次森林），其次栖息在针阔混交林或针叶落叶林中，或者灌木与草原的交接地带，晚上在树上歇息，上午和下午下地觅食，午休2~3个小时。褐马鸡的食物非常广泛，全年的食物组成有137种之多，但是以植物性为主，占96%以上，动物性食物大约占3%，还有一些是真菌类食物。平时喜欢群栖，一般为7~15只的小群体，多则可达35只，最多的曾出现100多只。繁殖时雌雄成对生活，筑巢于地面，雌鸟每窝产卵4~17枚，每隔2天产1枚，由雌鸟孵

图5-150　褐马鸡
中国（China）
1998年　5元
紫铜　收藏/特种流通币
6 000 000枚
Φ32 mm

卵，孵化期大约为28天，雏鸡是早成鸟，一出壳待体羽干燥后就有现场啄食行为和离巢活动的能力，如同家养雏鸡。IUCN 易危；CITES 附录I；中国 II级。

118. 雉鸡（雉、野鸡、山鸡） Common Pheasant *Phasianus colchicus*

鸡形目、雉科、雉属。雉鸡，后来得名野鸡，据说汉初，吕后名雉，老百姓为了避讳，才将雉鸡改名为野鸡。野鸡名虽不雅，但也并没有影响雉鸡的美丽形象。它们羽色鲜艳、雄姿英发、堂堂仪表、亭亭玉立。雉鸡一般体长80~130 cm不等。它们原产于亚洲一带，后来被引进到欧洲和北美洲，栖息在森林和草原中，是日行性鸟类，繁殖时筑巢于地面。以嫩芽、种子、草籽、果实、豆类、谷类等为食，也吃各种昆虫，间或偷吃农作物。雉鸡是留鸟，每年繁殖两窝，雌鸟每次产卵10~14枚左右，由雌鸟孵卵，雄鸟守候在旁和供应食物。

图5−151　雉鸡
朝鲜（D.P.R. Korea）
2004年　10元
银　31克
特种币
Φ40 mm

图5−152　雉鸡
朝鲜（D.P.R. Korea）
2004年　10元
银　31克
特种币
Φ40 mm

孔雀属于鸡形目、雉科、孔雀属。孔雀属共有4种孔雀：蓝孔雀、刚果孔雀、爪哇孔雀（绿孔雀）和中国的绿孔雀。雄性一般体长230 cm（各种雄性孔雀的最长体长为：爪哇孔雀330 cm；蓝孔雀230 cm；刚果孔雀62 cm）。雌性孔雀的一般体长大约100 cm。孔雀主要分布于亚洲的南部和东南部一带，还有非洲的刚果，栖息在森林、竹林、林地、灌木林、河谷地带、田园、草地中，当然还有人工饲养的动物园、公园和花园等地方，一般是筑巢于地面上的简单浅坑里或灌木林中的草丛里。孔雀属于杂食性动物，主要以谷物、种子、浆果、果实、嫩叶或草等。也兼吃昆虫、小型的爬行动物、两栖动物和哺乳动物等。平时喜欢群栖，但是多见于1雄伴多雌（4~5）的活动，生活几天之后雌性就离开雄性而独自筑巢。雌鸟每次产卵3~8枚不等，由雌鸟孵卵，孵化期为25—30天，雏鸟出壳后即可走路，不久即会啄食。3岁性成熟，孔雀是著名的观赏鸟类，特别是雄鸟让人过目不忘。雄鸟的头部有翠绿色的冠羽竖起，而身上的羽色多为翠蓝或翠绿色，还具有明显的金属光泽，特别是雄性孔雀所具有的“尾屏”，那才叫人拍手叫绝。所谓尾屏，就是人们常常误说为是孔雀的尾巴，实际上，尾屏并不是尾巴。雄性孔雀才有的尾部（即真正的尾巴）长有强健的肌肉，而正是这些肌肉，使得孔雀能将尾巴上的尾羽立起并展开，即“尾屏”。 雄性孔雀的尾羽平时是折叠起来并拖在身后的。但是当雄性孔雀发现雌孔雀，或向其求偶时节，它就会将尾屏展开，并微微地抖动。展开的尾屏，就像张开了一把高雅、华丽、漂亮的大羽扇，展现了一道五彩缤纷并且闻名遐迩的“孔雀开屏”的靓丽风景线。在交配期过后，雄孔雀的漂亮的体羽就会脱落。但是，在动物园中长期饲养的雄孔雀，其开屏的目的已不再局限于求偶，而是在向观众展示美丽的风采，如果人们不断地鼓劲喝彩，它还会将尾屏抖擞起来呢。孔雀不太会飞翔，但是它们的双脚强健而有力，如有危险，就急速逃匿，并尽量隐蔽在密林或灌木丛里。

119. 蓝孔雀 Peafowl, Peacock *Pavo cristatus*

鸡形目、雉科、孔雀属。主要分布于印度、巴基斯坦、尼泊尔和斯里兰卡等地。

图5-153 蓝孔雀
缅甸（Burma）
1936年 1克朗
铜镍
纪念币 750枚
Φ37 mm

图5-154 蓝孔雀
圣·多美和普林西比
（St. Thomas & Prince Is.）
1998年 1 000多布拉
银 1盎司
特种币 10 000枚
彩色全息
Φ39 mm

此枚硬币有三种币图，是从三种不同的方向观看的视觉效果。

120. 刚果孔雀（非洲孔雀）
Congo Peafowl, Congolese Peacock *Afropavo congensis*

鸡形目、雉科、孔雀属。刚果孔雀体长大约60~65 cm，1836年才发现此物种，仅仅分布于非洲的刚果，栖息并筑巢于热带密林深处。IUCN 易危。

图5-155 刚果孔雀
刚果（Congo）
1992年 100法郎
青铜 特种币
Φ37 mm

鹤类都属于鹤形目、鹤科。鹤科共有15种鹤，中国就有9种之多，是世界上鹤类品种最多的国家。一般体长90~150 cm不等。鹤类动物基本上是雌雄大致同色。主要分布于欧洲、亚洲、非洲、大洋洲和北美洲。鹤类是地栖性鸟类（鹤爪不能抓住树枝，只适合在地面行走，所以鹤从来不在树上休息），鹤类常常栖息在湿原和草原地带，筑巢于沼泽地、芦苇丛中或地面上等地方。早上外出觅食，晚上回巢休息。以禾本科植物的种子、蛙、蜥蜴、蚯蚓和较大的昆虫等为食。平时喜欢群栖，好些品种奉行“一夫一妻”的婚配制度，特别是在它们的繁殖期，雌雄更是配对在一起。雌鸟每次产卵1~5

枚不等，由雌鸟和雄鸟轮流孵卵，经过大约1个来月的孵化后雏鸟出壳，鹤类是早成鸟，雏鸟出壳不久即可行走，并可离开巢穴跟随父母觅食。鹤类是高飞鸟，生活在俄罗斯的鹤类，每年南迁到印度湿原和草原去过冬，必须飞过喜马拉雅山，最低的高度都要超过6 100 m！千百年来，中国人一直认为鹤是“长寿鸟”，并有“千年鹤、万年松”的说法，许多画家和诗人还将“鹤和松捏在一起”，创作了众多有关长寿题材的画和诗。实际上，这是人类对动物界又一个误解的实例。现代动物学家对鹤类的考察和研究表明，鹤类的一般寿命为才20~30年，也有超过30多年的，如俄罗斯西伯利亚地区的灰顶鹤，其平均寿命为43年。

121. 美洲鹤（高鸣鹤、叫鹤） Whooping Crane *Grus Americana*

鹤形目、鹤科、鹤属。美洲鹤主要分布于加拿大至美国南部一带。IUCN 濒危；CITES 附录I。

122. 灰鹤（普通鹤、玄鹤） Common Crane *Grus grus*

鹤形目、鹤科、鹤属。广泛地分布于欧洲、亚洲和北非一带。IUCN 低危；CITES 附录II；中国I级。

图5-155 美洲鹤
库克群岛（Cook Is.）
1998年 10元
银 28克
特种币 10 000枚
Φ38 mm

图5-157 灰鹤
库克群岛（Cook Is.）
1990年 50元
银 19克
特种币
Φ38 mm

123. 丹顶鹤（仙鹤、白鹤） Red-crowned Crane *Grus japonensis*

鹤形目、鹤科、鹤属。丹顶鹤是一种大型的珍贵涉禽，体长为102~152 cm，体重为6~9 kg，头顶裸露无羽，呈朱红色即丹红色，看起来好像戴了一顶红帽子，故名丹顶鹤。丹顶鹤喙长、颈长、腿修长，由于它们体态秀丽、举止优雅、能歌善舞，千百年来，深得中国人民喜爱，也为画家和诗人提供了诸多创作题材。主要分布于中国的东北至长江的中下游一带、俄罗斯的远东地区、朝鲜和日本

图5-158 丹顶鹤
中国（China）
1997年 5元
紫铜 6 000 000枚
收藏 /特种流通币
Φ32 mm

图5-159 丹顶鹤
波兰（Poland）
2005年 10兹罗提
银 14克
纪念币
43 mm×29 mm

图5-160 丹顶鹤
朝鲜（D.P.R. Korea）
2003年 20元
银 31克
特种币
Φ40 mm

等国家，栖息在广阔的河滩、湖泊、沼泽地带，甚至近水的草地和芦苇丛中。丹顶鹤以鱼、螃蟹、水生昆虫、蠕虫、螺等为食；同时也吃植物的根、茎、叶和果实。平时喜欢群栖，基本上是实行“一夫一妻”制度，配偶可保持终身固定。如果一方死去，另一方就不再婚配，而且经常哀鸣，以示对配偶的相思，当然，也有例外的情况，见异思迁或“第三者”诸类事情也时有发生。筑巢于沼泽地上或水草丛中，每年的5月下旬，雌鸟每次产卵2枚，由雌鸟和雄鸟轮流孵卵，晚上多为雌鸟承担，大约经过30~33天的孵化后雏鸟出壳，丹顶鹤是早成鸟，雏鸟出壳不久即可行走，并可离开巢穴跟随妈妈觅食，鹤爸爸则在一旁保卫。10~11月份，幼鹤就跟随爸爸妈妈南迁了，直到第二年开春时再回到北方，不久又到了丹顶鹤的繁殖期，此时，雄鹤会将身边近1岁的、并有一次南迁经验的小鹤赶走，让它们出去单独活动或与其他小鹤结伴生活。目前，全世界仅有1 200多只丹顶鹤，中国境内不足千只。丹顶鹤的一般寿命据说为50~60年。IUCN 濒危；CITES 附录I；中国 II级。

124. 白鹤（西伯利亚白鹤、黑袖鹤）
Siberian White Crane *Grus leucogeranus*

鹤形目、鹤科、鹤属。白鹤的体羽除小翼羽、初级覆羽和初级飞羽外，均为纯白色。也具有长颈和长腿。分布于亚洲一带，栖息在水边或沼泽地中。白鹤是天生的舞蹈家，在风和日丽的日子里，饱食后的白鹤，在中午和下午3点时分，就会翩翩起舞，舞姿迷人，十分飘逸脱俗，加上它们通白体色和高挑的身材，更显得高雅优美。中国的鄱阳湖自然保护区是世界上最大的白鹤越冬地方，数量达到大约3 000只，约占全世界白鹤数量的98%以上，不愧是举世闻名的“白鹤王国”。IUCN 极危；CITES 附录I；中国 II级。

图5-161 白鹤
阿富汗（Afghanistan）
1978年 500阿富汗尼
银 35克
CS特种币 8 592枚
Φ42 mm

125. 肉垂鹤 Wattled Crane *Bugeranus caruncu latus*

鹤形目、鹤科、鹤属。肉垂鹤一般体长大约132 cm左右，主要分布于非洲多个国家，筑巢于地面，雌鸟每次产卵1~2枚，经过32~40天孵化后雏鸟出壳。IUCN 易危。

图5-162 肉垂鹤
厄立特里亚（Eritrea）
1996年 1元
铜镍 PPE特种币
Φ38 mm

126. 西非冕鹤（皇冠鸟、皇冠鹤）

West African Crowned Crane *Balearica pavonina*

鹤形目、鹤科、鹤属。西非冕鹤的头顶上有一簇柔软的羽束，看上去就像一顶皇冠，体长大约70~100 cm，主要分布于非洲西部的一些国家，栖息在开放的潮湿地、草原和沼泽地带，筑巢于沼泽地等地方，以鱼、爬行动物、昆虫、蛙类以及多种植物的嫩芽等为食。平时喜欢群栖，特别是在它们的繁殖期，雌雄配对在一起。雌鸟每次产卵2~5枚，由雌鸟和雄鸟轮流孵卵，经过27~30天孵化后雏鸟出壳。IUCN 渐危。

图5-163　西非冕鹤
刚果（Congo）
1997年　10法郎
银　28克
特种币
Φ38 mm

127. 东非冕鹤（灰冠鹤）

East African Crowned Crane, Gray Crowned Crane *Balearica regulorum*

鹤形目、鹤科、鹤属。东非冕鹤全身色彩分明，双腿修长，头顶上则有一簇柔软的金黄色羽束，看上去就像一顶皇冠。体长大约70~100 cm， 东非冕鹤主要分布于非洲东南部的一些国家，栖息在开放的潮湿地、草原和沼泽地带，筑巢于沼泽地等地方，以鱼类、爬行动物、蛙类、昆虫以及多种植物的嫩芽等为食。平时喜欢群栖，据说东非冕鹤一旦成为夫妇就能厮守终身。每年繁殖1次，雌鸟每次产卵2~3枚，由雌鸟和雄鸟轮流孵卵，经过26~31天孵化后雏鸟出壳。IUCN 渐危；CITES 附录II。

图5-164　东非冕鹤
乌干达（Uganda）
1969年　5先令
银　10克
纪念币　7 670枚
Φ30 mm

图5-165　东非冕鹤
乌干达（Uganda）
1972年　5先令
铜镍　流通币
Φ30 mm

秧鸡科的鸟类大约有130来种，一般体长从22~55 cm不等，广泛分布于世界各地，栖息在河流、湖泊和近水草丛中，以田螺、虾、蟹、蚯蚓、蜗牛和各种水生昆虫等为食，有的品种也吃各种水草。秧鸡鸟类的特点之一是脚趾很长，这使得它们很适合在湿地上捕食和生活。秧鸡鸟类生性胆小，是夜行性鸟类，白天隐蔽起来，不敢在空中飞行。只有在晚上外出觅食移动时才会飞行。 秧鸡鸟类有的喜欢独居，有的喜欢群栖，雌鸟每次产卵5~10枚，有的是由雌鸟单独孵卵，有的则由雌鸟和雄鸟轮流孵卵，经过20余天孵化后雏鸟出壳。

128. 普通秧鸡 Water Rail *Rallus aquaticus*

鹤形目、秧鸡科、秧鸡属。

129. 秧鸡 Rail，Coot，Gallinules *Rallidae*

鹤形目、秧鸡科、秧鸡属。

130. 紫水鸡（凫秧鸡） Purple Swamphen *Porphyrio porphyrio*

鹤形目、秧鸡科、紫水鸡属。IUCN 低危。

图5-166 普通秧鸡
圣赫勒那（St. Helena Island）
1998年 50便士
铜镍 WWF-CN纪念币
Φ38 mm

131. 短翅水鸡 Takahe *Notornis mantelli*

鹤形目、秧鸡科、水鸡属。短翅水鸡主要分布于新西兰，而且是新西兰的特有品种。该鸟的翅膀短小而不能飞行，喙大而呈红色，体羽为艳蓝和铜绿两色，整体显得很艳丽。短翅水鸡栖息在树林边缘地带、草丛地带和岸边，以草籽为食。雌鸟每次产卵1~3枚， 经过29~30天孵化后雏鸟出壳。在19世纪末期，曾经认为短翅水鸡已经灭绝，但是，1948年在新西兰南岛的几个偏远的山谷中又发现了短翅水鸡。毫无疑问，现在，短翅水鸡也是世界上最珍稀鸟种之一了。IUCN 濒危。

图5-167 秧鸡
拉脱维亚（Latvia）
1996年 10拉脱
银 31克
特种币 15 000枚
Φ38 mm

图5-168 紫水鸡
土库曼斯坦（Turkmenistan）
1996年 500马纳特
银 28克
特种币 5 000枚
Φ39 mm

图5-169 短翅水鸡
新西兰（New Zealand）
1982年 1元
银 27克
特种币 35 000枚
Φ38 mm

132. 大鸨（鹔鸟、羊须鹔） Great Bustard *Otis Tarda*

鹤形目、鸨科、鸨属。鸨科共有21个品种。由于肥胖的身材和羽毛颜色像雁，而颈和脚又像鹤，常常奔跑于草原和荒漠上，所以人们也称大鸨为“野雁”和“旱地上的鹤”，但它们并不擅长飞翔。大鸨是较大型的鸟，一般体高60~70 cm，体重10~15 kg，最大的可达20 kg。主要分布于欧洲、西伯利亚南部，中国、蒙古、朝鲜和日本等地，栖息在草原和荒漠上，以昆虫、包括农田中的害虫、其

图5-170 大鸨
土耳其（Turkey）
2001年 7 500 000里拉
银 15克
特种币
28 mm×28 mm

他小动物、农作物种子和草籽等为食。平时喜欢群栖，筑巢于地势较高而干燥的土岗或草丛中，雌鸟每次产卵2~3枚，由雌鸟和雄鸟轮流孵卵。大鸨两性区别不明显，性情极温顺，不怕人类，不爱鸣叫，即使在繁殖期，雌雄双方都沉默寡言。晚秋，它们就几十只结伴向南迁徙了。目前，全世界现有大鸨约有30 000多只（中国仅有300~400只）。IUCN 渐危；CITES 附录II；中国 I级。

133. 黑长脚鹬　New Zealand Stilt，Black Stilt　*Himantopus novaezelandiae*

鸻形目、反嘴鹬科、鹬属。反嘴鹬科大约有7种鸟，它们共同的特点是脚都很长。而这7种鸟中，有4种鸟又有另外一个特点，就是它们的嘴巴是向上弯曲，这与其他许多鸟类的嘴巴形状不同，要么是直的（比如本科中的黑长脚鹬就是直的）；要么是向下弯曲的。反嘴鹬科鸟平时喜欢群栖，但是，在繁殖季节，雌雄就会成对组成“小家庭”生活，有的会组成一夫多妻的“小家群”生活。IUCN 极危。

134. 距翅麦鸡　Spur-winged Lapwing　*Vanellus duvaucelii*

鸻形目、鸻科、麦鸡属。

图5-171　黑长脚鹬
新西兰（New Zealan）
1985年　1元
银　27克
特种币　25 000枚
Φ38 mm

图5-172　距翅麦鸡
索马里（Somalia）
1998年　25先令
铜镍　特种币
Φ38 mm

135. 长嘴杓鹬（大杓鹬）　Long-billed Curlew　*Numenius americanus*

鸻形目、鹬科、杓鹬属。鹬科鸟类品种较多，一般体长从22~60 cm不等，多数为40 cm左右，广泛分布于世界各地，栖息于森林、山地和海岸、河口和水边等地方。大多数鹬的脚长、趾长，也都是候鸟，冬天就会往南迁徙过冬。鹬类鸟是夜行性鸟。鹬类多以昆虫、苍蝇、蚯蚓、沙虫、贝类、虾和螃蟹等为食。平时仅仅是小群生活，或雌雄成对生活，也有的喜欢独居，总之，鹬类的社会结构松散，很难形成大群。鹬类筑巢于沼泽、沙滩或草丛中，但是也常常歇息在树上或灌木丛中。长嘴杓鹬是鹬类中的大个子，体长可达60多 cm，主要分布于欧亚大陆中部，到了冬天，它们就飞到非洲、印度或印度尼西亚等地越冬（有的鹬很可能是世界上飞得最高的鸟类之一，有人曾看见过鹬南迁徙时飞越过海拔8 848 m的珠穆朗玛峰）。长嘴杓鹬栖息在水沼地带，以水生昆虫、贝类、虾和螃蟹等为食。长嘴杓鹬多为独居，只有在它们的繁殖期，雌雄才会在一起。筑巢于洼地上，并会铺些干草。雌鸟每次产卵3~4枚，由雌鸟和雄鸟轮流孵卵，经过30天孵化后雏鸟出壳。

图5-173　长嘴杓鹬
朝鲜（D.P.R. Korea）
2004年　10元
银　31克
特种币
Φ40 mm

136. 鬃腿杓鹬（塔希提杓鹬） Tahitian Curlew *Numenius tahitiensis*

鸻形目、鹬科、杓鹬属。IUCN 易危。

137. 丘鹬（山鹬、大水鸷） Eurasian Woodcock *Scolopax rusticola*

鸻形目、丘鹬科、丘鹬属。丘鹬体长大约34 cm，主要分布于欧亚大陆中部地区，一般栖息在森林中，丘鹬的主要特点是喙长脚短，喜欢用嘴巴插入软而湿的泥土中寻找蚯蚓、昆虫及其幼虫，也能以蜗牛等为食。丘鹬是夜行性鸟，白天躲在森林和树丛里，晚上再出来觅食。

图5-174　鬃腿杓鹬
西萨摩亚
（Western Samoa）
1992年　10元
银　31克
特种币　20 000枚
Φ39 mm

图5-175　丘鹬
爱尔兰（Ireland）
1970年　50便士
铜镍　流通币
Φ30 mm

鸥科大约有88种鸟类，此科又分为鸥类（鸥属、多称海鸥）和燕鸥类（燕鸥属）等。其中鸥类大约有44种鸟。海鸥一般体长从26~75 cm不等，基本上分布于世界各地，栖息在广阔的海洋、岛屿、沿海，有的也生活在陆地淡水地区（湖泊和水库）、城市和乡村等地。海鸥的食物相当广泛，它们以海洋动物、各种鱼类、乌贼、甲壳动物、螃蟹、蠕虫、昆虫、小型哺乳动物、其他成年或幼年鸟、鸟蛋以及人类的残余食物等为食，也吃浆果和掉落的谷物，有的还吃动物的腐尸。海鸥平时喜欢群栖，也常小群生活，或雌雄成对生活，它们的繁殖期长达4~6个月。筑巢于海边或内地的沼泽地或草地中，也有筑巢于悬崖或地面上的，雌鸟每次产卵1~4枚，由雌鸟和雄鸟轮流孵卵，经过20~30天孵化后雏鸟出壳，大约80天即可离开亲鸟独自觅食了。海鸥大约6岁性成熟，一般寿命为30余年，在条件好的动物园中，寿命可以超过30年。

138. 银鸥 Herring Gull *Larus argentatus*

鸻形目、鸥科、鸥属。IUCN 低危。

139. 黑海巨鸥（红嘴巨鸥） Caspian Term *Hydroprogne caspia*

鸻形目、鸥科、巨鸥属。IUCN 低危。

图5-176　银鸥
白俄罗斯（Belrus）
2003年　20卢布
银　29克
特种币　2 000枚
Φ39 mm

图5-177　黑海巨鸥
俄罗斯（Russia）
1999年　1卢布
银　16克
特种币　50 000枚
Φ33 mm

140. 海鸥　New Gull，Seagull　*Larus canus*

鸻形目、鸥科、鸥属。

图5-178　海鸥
巴巴多斯(Barbados)
1973年　10分
铜镍　流通币
Φ18 mm

图5-179　海鸥
基里巴斯(Kiribati)
1992年　20元
银　31克
特种币
Φ39 mm

图5-180　海鸥
亚美尼亚(Armenia)
1998年　100德拉姆
银　28克
WWF-CN纪念币
Φ39 mm

燕鸥是鸻形目、鸥科、燕鸥属的鸟类，在鸥科中属于比较小的一类，即燕鸥属鸟。燕鸥大约有44个品种，它们都有类似燕子一样的叉状尾巴，故名燕鸥。燕鸥翅膀长、腿短，它们可以快速飞行，很少停浮在水面上。燕鸥一般体长从23~53 cm不等。燕鸥主要分布于欧洲、亚洲和北美洲北部一带，冬季则迁徙到印度、印度尼西亚、大洋洲、非洲和南美洲等地，栖息在海洋、海岛、海岸、沼泽、河流和湖泊等地，以多种鱼类、甲壳动物、昆虫和软体动物等为食。筑巢于沙地里，它们对居所要求不高，随便挖个坑就“OK”了，或者干脆“以缝隙、裸地或石底为家”。当然，有的品种要求会稍微高一些，希望条件好一些，因此就会铺些树枝和草叶。燕鸥和海鸥类一样，平时喜欢群栖，在群体活动中繁殖，雌鸟每次产卵2~4枚，大约经过20~22天孵化后雏鸟出壳。燕鸥大约6岁性成熟，在所有的鸟类中，北极燕鸥的迁徙距离最长：它们在北极圈内的南部地区繁殖，却要到南极洲过冬，行程17 600余 km，到了春天，它们又飞回到北极去繁殖了。一年中，这种小小鸟儿竟要来回飞行35 000多 km，加上由于种种原因而发生的“横向飞行”，差不多就将近40 000 km！从迁徙的飞行旅程（经历）来看，北极燕鸥是当之无愧的长途跋涉的飞行冠军。此外，由于北极燕鸥总是在两极的极昼期生活，看不到日落和晚上，所以它们还是世界上绝无仅有的极地白昼鸟。

141. 眼斑白额燕鸥　Fairy Tern　*Sterna nereis*

鸻形目、鸥科、燕鸥属。IUCN 低危。

图5-181　眼斑白额燕鸥
库克群岛(Cook Is.)
1988年　20分
铜镍　收藏/流通币
Φ28 mm

142. 乌燕鸥　Sooty Tern　*Sterna fuscata*

鸻形目、鸥科、燕鸥属。IUCN 低危。

图5-182　乌燕鸥
圣赫勒拿和阿森松
（St. Helena & Ascension）
1981年　1镑
镍黄铜　流通币
Φ22 mm

143. 斑海雀
Brachyramphus Marmoratus　Partridge Auk　*Marbled murrelet*

鸻形目、海雀科、斑海雀属。海雀类鸟共有22种的海雀，包括各种海雀、北极海鹦（北极海雀）和海鸽等，所以它们也常常被通称为“海鸟”。这些品种的一般体长为20~45 cm不等，主要分布于北大西洋和北太平洋高纬度的海岸边一带，栖息在海洋上，繁殖时则在海崖或海岛上。海雀科鸟类以海里的沙鳗、各种小鱼、螃蟹和虾类等为食。平时喜欢群栖，或成群浮游于海上；或聚会在海崖峭壁上。海鸟们筑巢于海崖上，巢内会铺上草。雌鸟每次产卵1枚。IUCN 濒危；CITES 附录I。

144. 刀嘴海雀　Razorbill　*Alca torda*

鸻形目、海雀科、刀嘴海雀属。刀嘴海雀因为其喙像刀状而得名。一般体长40~45 cm，主要分布于欧洲北部和西部、亚洲北部、俄罗斯北部、北非和北美洲北部一带，栖息并筑巢于在海崖上，以各种鱼类为食。每年的3~7月是它们的繁殖期。刀嘴海雀的腿实在是短，以至于行走非常笨拙，但是在海面或深水中捕食鱼儿时，两条腿脚却是有力的推进器。IUCN 低危。

图5-183　斑海雀
俄罗斯（Russia）
2005年　1卢布
银　16克
特种币　50 000枚
Φ33 mm

图5-184　刀嘴海雀
马恩岛（Isle of Man）
1996年　1克朗
铜镍　PPE特种币
Φ38 mm

145. 北极海鹦（海鹦、海鹦鹉、北极海雀）
Atlantic Puffin　*Fratercula arctica*

鸻形目、海雀科、海鹦属。海鹦类鸟因为其嘴巴如同鹦鹉的嘴巴一样而得名。北极海鹦共有4种，其嘴由红、蓝和黄三色组成，非常引人注目。一般体长大约30 cm，主要分布于欧洲、亚洲和北美洲的北寒带地区，栖息并筑巢于在海岸和岛屿的悬崖壁上和石峰上，以各种鱼类等为食。北极海鹦善于飞行，时速可达64 km，一分钟可振翅300次，捕获十几条鱼。据报道，有人曾看见，在一只北极海鹦的嘴巴里“排列”着60余条小鱼（估计是要带回去喂哺雏鸟的）。IUCN 低危。

图5-185　北极海鹦
伦地岛（Lundy Island）
1965年　1普芬
黄铜　流通币
Φ30 mm

图5-186　北极海鹦
加拿大（Canada）
1995年　50分
银　12克
特种币
Φ27 mm

图5-187　北极海鹦
直布罗陀（Gibraltar）
1996年　1克朗
铜镍　PPE特种币
Φ38 mm

图5-188　北极海鹦
阿尔德尼（Alderney）
1997年　2镑
铜镍　WWF-CN纪念币
Φ38 mm

鸠鸽科的鸟大约有300来种。一般说来，在鸠鸽科中，可按体型的大小分为两大类，即鸠和鸽，体型小的称为鸠；而体型大的则称为鸽。鸽类鸟，人们一般通称为鸽子。鸽子一般体长从21~45 cm不等，广泛分布于全世界（寒带除外），高山地带较少（仅仅有雪鸽等个别品种）。鸽类鸟又可分为两类：野鸽和家鸽。野鸽，又被称为原鸽，体长大约为33 cm，是家鸽的祖先，人类驯化野鸽至少有4 000多年以上的历史。鸽类鸟有一个共同的特点：它们可以把喙伸入水中直接喝水而咽下，而其他绝大多数鸟类，喝水时嘴巴必须吸入水后仰起头来才能把水咽下。鸽类鸟由于品种众多，所以它们的栖息地点也多样化，包括海岸、森林、热带雨林、开阔林地、山地、灌木丛、公园、公共建筑……但是，鸽类鸟都是在地面觅食，大多数鸽类是素食主义者。总的来说，鸽类的食物包括有草籽、种子、谷类、豆类、浆果、水果、叶子等，偶尔也会吃蜗牛和蚯蚓等。有的鸽类品种平时喜欢独居，但是多数喜欢群栖，它们中的许多品种，奉行“一夫一妻”制。特别是繁殖期，更是雌雄成对生活，多数鸽类筑巢于树林或灌木丛中，但有的却筑巢于悬崖峭壁的石缝或洞穴里。筑巢时，雄鸽负责搬运材料，雌鸽负责建巢和整理内务，雌鸟每次产卵2枚，由雌鸟和雄鸟轮流孵卵，孵化期14~22天不等（野鸽为17~18天）。鸽类鸟的绝大多数都是强有力的飞行家，时速可达70 km，甚至可以一天飞行上千公里。在鸽类家族中，有一种叫信鸽的，是人类可靠可敬的信使，千百年来，一直积极地在为人类服务着。信鸽曾经创造的飞行记录是156 km的时速，这是鸟类飞行的前几名之一。信鸽具有惊人的记忆力和多种辨别方位的本领，使得它们能在几千 km之外回到家里。1845年，在非洲某地放飞一只信鸽，飞行了55天后，因为疲劳过度，就死在伦敦附近距离它的鸽棚1 500 m的地方，须知，它已经飞行了8 700 km的距离！创造了鸽类飞行的最长距离的历史成绩。

146. 和平鸽　Pigeon　*Peace*

鸽形目、鸠鸽科、斑鸠属。和平鸽，并不是动物的分类名称，而是一个政治化的“动物名词”。鸽子自古以来被人类视为和平、安宁的象征。其故事起源于《圣经·创世纪》，说是洪荒之年，诺亚方舟中几次放出几种动物到外界了解情况，都一去未见返回，只有放出的白鸽，不但回来了，还衔回橄榄枝，说明洪水已退，大地万物恢复生机，人们就把衔有橄榄枝的鸽子称为生命鸽、和平鸽，因为是它给人类带来生机。

147. 粉红鸽（毛里求斯粉红鸽） Mauritius Pink Pigeon *Columba mayeri*

鸽形目、鸠鸽科、斑鸠属。IUCN 濒危；CITES 附录II。

图5–189 和平鸽
苏丹（Sudan）
2006年 50皮阿斯特
镍芯铜圈 流通币
Φ25 mm

图5–190 粉红鸽
泽西（Jersey）
1987年 2镑
银 28克
WWF纪念币 25 000枚
Φ38 mm

148. 旅鸽 Passenger Pigeon *Ectopistes migratorius*

鸽形目、鸠鸽科、旅鸽属。IUCN 灭绝。

149. 拉罗果鸠（库克群岛果鸠） Rarotongan Fruit Dove *Ptilinopus rarotongensis*

鸽形目、鸠鸽科、果鸠属。果鸠属共有50多个物种，拉罗果鸠是其中之一。比起大多数鸽形目鸟类来，果鸠类鸟的体羽颜色真是丰富多彩：灰绿色的主体、橘色的翅膀、鲜紫色的头羽、灰白色的上胸、果鸠类主要分布于世界上的热带和亚热带地区，栖息在热带和亚热带森林中，筑巢于树上，以油脂丰富的小型水果为食。果鸠基本上是树栖鸟类，很少到地面上来，一辈子差不多就在树上度过，包括觅食和各种活动。IUCN 易危。

图5–191 旅鸽
瓦努阿图（Vanuatu）
1992年 50瓦图
银 31克
特种币
Φ39 mm

图5–192 拉罗果鸠
库克群岛（Cook Is.）
1979年 5元
银 27克
纪念币 11 112枚
Φ40 mm

150. 斑鸠 Turtle Dove *Streptopelia turtur turtur*

鸽形目、鸠鸽科、斑鸠属。斑鸠类一般体长27~66 cm不等，主要分布于中国的长江以南、亚洲的南部、中南半岛和东南亚以及巴布新几内亚一带，此外，在南太平洋一些岛国也有。斑鸠类栖息在森林、山地、平原、草地、农田区和丘陵地带中，筑巢于树上或灌木丛中，以植物的种子、果实和浆果等为食，有的也吃树叶、嫩枝和花朵，有的会到地面觅食，有的还吃蠕虫和软体动物。平时喜欢群栖或成对生活，雌鸟每次产卵1~2枚不等，孵化期为18~30天不等。 哺乳动物的育雏是靠雌鸟的乳汁进行的，而鸟类的育雏是靠亲鸟（包括雌鸟雌鸟和雄鸟）喂食来完成的，因为鸟类似乎不可能分泌乳汁的。但是，还真有个例外：斑鸠类鸟就会产乳！这恐怕是鸟类家族中绝无仅有的事了。斑鸠产乳不是靠乳腺，而是因为斑鸠有一种特殊的嗉囊，嗉囊内壁的一种再生作用可以产生乳汁，这种乳汁与潮湿的谷物混合起来，就成为雏鸟的可口的食物—“乳糕”。还令人叫绝的是，不仅斑鸠妈妈会“产乳”，而且斑鸠爸爸也会“产乳”，即小斑鸠的双亲都会“产乳”来哺育它们的。

图5-193　斑鸠
英属维尔京群岛（British Virgin Is.）
1974年　5分
银　4克
旅游币　93 555枚
Φ20 mm

图5-194　斑鸠
朝鲜（D.P.R. Korea）
2004年　10元
银　31克
特种币
Φ40 mm

151. 白领鸡鸠（波利尼西亚地鸽）
Polynisian Ground Dove　*Gallicolumba erythroptera*

鸽形目、鸠鸽科。IUCN 极危。

152. 尼科巴鸠　Nicobar Pigeon　*Caloenas nicobarica*

鸽形目、鸠鸽科。IUCN 渐危；CITES 附录I。

图5-195　白领鸡鸠
格林纳达（Grenada）
1988年　100元
银　4盎司
特种币　10 000枚
Φ63 mm

图5-196　尼科巴鸠
马来西亚（Malaysia）
2005年　25分
金铜　收藏币
Φ30 mm

153. 渡渡鸟　Dodo (Bird)　*Raphus cucullatus*

鸽形目、愚鸠科、愚鸠属。渡渡鸟是毛里求斯的特有鸟种，它们栖息在森林中，以较大的果实和种子等为食，特别是爱吃一种叫卡尔瓦利亚树的落地种子。渡渡鸟的形态很特别，有发育不全的翅膀，因而不会飞；身体较臃肿，外形和走起路来像鸽子；喙大成钩像鹰嘴；还有一条滑稽可笑的尾巴，又像鸭子。在

图5-197　渡渡鸟
毛里求斯（Mauritius）
1971年　10卢比
银
纪念币　750枚
Φ34 mm

15世纪以前，毛里求斯的渡渡鸟数量很多，后来葡萄牙人和荷兰人先后到来，大量捕食它们，作为美味的食物，加上大量砍伐森林以及其他一些原因，终于使这种鸟在300多年前灭绝了！在世界上，许多国家都把尚存的动物作为国鸟、国兽，惟有毛里求斯例外，该国就是将已经灭绝了的渡渡鸟作为国鸟，其目的在于教育人民，要努力保护好濒危动物，绝对不能让这些动物重演渡渡鸟的悲剧。IUCN 灭绝（1691年）。

全世界共有330多种鹦鹉，它们都属于鹦形目、鹦鹉科鸟类。鹦鹉遍布世界各大洲，主要栖息在热带和亚热带地区，特别是阔叶林、针叶林、混交林等雨林中，也有部分鹦鹉生活在山沟谷地、低地树林、毗邻农田的树林、草地或灌木丛中。大部分鹦鹉筑巢于树枝上或树洞中，而且许多品种基本上都在树上度过一生。当然有些鹦鹉品种也非树栖鸟类，它们就筑巢于废旧的白蚁洞或岩石洞中。鹦鹉的体长因品种而异，小个子鹦鹉体长大约近10 cm（侏鹦鹉体长才8.4 cm），“巨人”鹦鹉体长竟可达98 cm。绝大部分鹦鹉是素食性鸟类，以植物的种子、坚果、果实、嫩枝和嫩叶等为食；有些品种会吃花朵或吸食花蜜；而有的品种也吃昆虫。鹦鹉的喙成弯钩形状，嘴壳像把钳子，强而有力，适合咬开坚硬的果壳。鹦鹉的社群关系多样化，有的喜欢独居，有的则喜欢群栖热闹；有的还喜欢成对生活，据说有些品种的夫妻关系可维持终身不变。雌鸟每次产卵从1~9枚不等，因品种而异。孵化期为20~28天不等，鹦鹉是著名的观赏鸟类，它们的体型漂亮，体羽色彩鲜艳、华丽多姿；鹦鹉聪明好学，易于驯服，不仅可以在动物园和马戏团里进行中表演，最重要的是，它们很聪明，能够学习人类的多种语言或词句，故中国有“鹦鹉学舌”的成语。此外，鹦鹉也可模仿人类唱歌以及乐器演奏声。前英国首相丘吉尔曾经饲养过的一只金刚鹦鹉，此金刚鹦鹉名叫“查理”，雌性，生于1899年的维多利亚女王时代，1937年被丘吉尔买下。1965年丘吉尔去世，此鹦鹉被转卖，但是它一直还记得与人宣誓的话，这位“百岁老翁”还能准确无误地模仿丘吉尔的腔调，重复对纳粹的咒骂和说脏话。虽然查理嘴巴经常是“不干不净”的，但是这位鸟寿星的人缘很好。到2004年还健在，当时它已经活了104岁！

154. 啄羊鹦鹉（卡卡鹦鹉） Kaka *Nestor meridionalis*

鹦形目、鹦鹉科、鹦鹉属。卡卡啄羊鹦鹉仅仅分布于新西兰，栖息在高山地带。这种鹦鹉原来是吃植物的果实、种子、嫩枝、嫩叶、花、草类和昆虫等；后来，不知从它们的哪一代老祖宗开始，在啄食羊身上的寄生虫时，将羊皮啄破了，品尝到了羊肉和羊血的味道，竟“发现”了羊肉和羊血很鲜美，比植物食品好吃多了。于是这类鹦鹉就有意识地去啄羊，吃肉喝血，就这样代代相传，这类鹦鹉出现了啄羊的恶习，也因此而得名了。由于此种鹦鹉的这个恶习，卡卡啄羊鹦鹉就被认为是害鸟，当地人更谈不上去保护这个鸟种了。与其他许多鹦鹉不同的是，由于卡卡啄羊鹦鹉有羊群“提供”食物，它们就可将巢穴建在取食较方便的地面凹处、树根旁、石缝里。卡卡啄羊鹦鹉不仅啄羊，而且也经常乘游人不在时去啄食他们的行李背包和食物，每每都有所收获。IUCN 濒危。

图5-198 啄羊鹦鹉
新西兰(New Zealand)
1986年 5元
银 28克 特种币
Φ38 mm

155. 灰鹦鹉（非洲灰鹦鹉） Grey Parrot *Psittacus erithacus*

鹦形目、鹦鹉科、鹦鹉属。灰鹦鹉两性外表很相像，一般体长33~36 cm，主要分布于非洲西部的几个国家。栖息在近平原、沼泽一带的林地中，筑巢于树洞里，雌鸟每次产卵3~4枚。灰鹦鹉很机灵，脾气也很好。据说寿命可达80年。IUCN 低危。

图5-199 灰鹦鹉
利比里亚（Liberia）
1996年 1元
铜镍 PPE特种币
Φ38 mm

156. 鹦鹉 Parrot *Psittacula*

鹦形目、鹦鹉科、鹦鹉属。中国 II级。

图5-200 鹦鹉
多米尼加（Dominica）
1988年 100元
银 4盎司
特种币 10 000枚
Φ63 mm

图5-201 鹦鹉
巴哈马（Bahamas）
1995年 2元
银 1盎司
特种币 10 000枚
Φ39 mm

图5-202 鹦鹉
朝鲜（D.P.R. Korea）
1995年 10元
银 1盎司
特种币 20 000枚
Φ40 mm

图5-203 鹦鹉
危地马拉（Guatemala）
1995年 50格查尔
银 23克
特种币
Φ38 mm

图5-204 鹦鹉
牙买加（Jamaica）
1995年 20元
银 28克
特种币 10 000枚
Φ38 mm

157. 情侣鹦鹉（牡丹鹦鹉、爱情鹦鹉、爱情鸟） Lovebird *Agapornis*

鹦形目、鹦鹉科、鹦鹉属。情侣鹦鹉体长大约18 cm，雌雄色彩基本相似。雌鸟一年可以生产2窝卵，每窝6~8枚。情侣鹦鹉的寿命为5~10年。IUCN 低危；中国 II级。

158. 非洲黑鹦鹉（黑鹦鹉） Black Parrot *Coracopsis nigra*

鹦形目、鹦鹉科、鹦鹉属。IUCN 低危。

159. 古巴亚马逊鹦哥(古巴白额鹦哥) Cuban Amazon *Amazona leucocephala*

鹦形目、鹦鹉科、鹦鹉属。IUCN 渐危；CITES 附录I。

图5-205 情侣鹦鹉
利比里亚（Liberia）
1996年 1元
铜镍 PPE特种币
Φ38 mm

图5-206 非洲黑鹦鹉
塞舌尔群岛（Seychelles Is.）
1978年 25分
铜镍 流通币
Φ19 mm

图5-207 古巴亚马逊鹦哥
开曼群岛（Cayman Is.）
1987年 5元
银 28克
WWF纪念币 25 000枚
Φ38 mm

160. 圣卢西亚亚马逊鹦哥 St. Lucia Amazon *Amazona versicolor*

鹦形目、鹦鹉科、鹦鹉属。IUCN 易危；CITES 附录I。

图5-208 圣卢西亚亚马逊鹦哥
圣卢西亚（St. Lucia）
1988年 100元
银 4盎司
特种币 10 000枚
Φ63 mm

161. 鸮鹦鹉 Kakapo *Stringops habroptilus*

鹦形目、鹦鹉科、鹦鹉属。鸮鹦鹉仅仅分布于新西兰的森林或山地里。鸮鹦鹉因为有一张类似于鸮类的脸盘而得名。鸮鹦鹉吃草类，或吸草中的液汁，而把渣一团团地吐出来，草渣干后则变成一个个白色的小球。仅仅生活在新西兰的雄性鸮鹦鹉是世界上歌声最嘹亮的鸟种，同时也是世界上最肥胖、惟一不会飞的鹦鹉品种。鸮鹦鹉是夜行性鸟，白天休息。在晚上，它们低沉的叫声可以传到6.5 km以外。估计目前全世界仅仅有60~80只鸮鹦鹉了。CITES 附录I。

图5-209 鸮鹦鹉
新西兰
(New Zealand)
1996年 1元
银 28克
特种币 3 000枚
Φ38 mm

162. 绯红金刚鹦鹉（琉璃金刚鹦鹉、红蓝麦鸰）
Scarlet Macaw *Ara macao*

鹦形目、鹦鹉科、金刚鹦鹉属。金刚鹦鹉属共有13种鹦鹉，它们都是体色艳丽的大型鹦鹉，一般体长为78~90 cm，而它们的长尾巴就有50~60 cm。主要分布于墨西哥南部至玻利维亚一带。IUCN 濒危；CITES 附录I；中国 II级。

163. 蓝黄金刚鹦鹉（蓝黄麦鸰） Blue and Yellow Macaw *Ara ararauna*

鹦形目、鹦鹉科、金刚鹦鹉属。蓝黄金刚鹦鹉一般体长80~90 cm，主要分布于中、南美洲一带，栖息在原始森林中，筑巢于树洞中，鸣声嘹亮、几可震耳欲聋。平时喜欢群栖，雌鸟每次产卵2~3枚，孵化期为大约为25天。IUCN 濒危；CITES 附录I。

164. 紫蓝金刚鹦鹉（紫蓝麦鸰）
Hyacinth Macaw *Anodorhynchus hyacinthinus*

鹦形目、鹦鹉科、金刚鹦鹉属。IUCN 濒危；CITES 附录I。

图5-210 绯红金刚鹦鹉
伯利兹(Belize)
1974年 1元
银 20克
旅游币
Φ36 mm

图5-211 蓝黄金刚鹦鹉
刚果(金)(D.R. Congo)
2000年 10法郎
银 25克
特种币 棱镜幻彩
Φ37 mm

图5-212 紫蓝金刚鹦鹉
刚果(金)(D.R. Congo)
2000年 10法郎
银 25克
特种币 棱镜幻彩
Φ37 mm

165. 棕树凤头鹦鹉 Palm Cockatoo *Probosciger aterrimus*

鹦形目、凤头鹦鹉科、鹦鹉属。IUCN 低危；CITES 附录II。

图5-213 棕树凤头鹦鹉
澳大利亚（Australia）
1993年 10元
银 20克
特种币 35 000枚
Φ34 mm

166. 葵花凤头鹦鹉 Sulphur-crested Cockatoo *Cacatua galerita*

鹦形目、凤头鹦鹉科、鹦鹉属。IUCN 极危；中国 II级。

图5-214 葵花凤头鹦鹉
澳大利亚（Australia）
1990年 10元
银 20克
特种币
Φ34 mm

图5-215 葵花凤头鹦鹉
马恩岛（Isle of Man）
1988年 1克朗
铜镍 纪念币
Φ38 mm

167. 红树美洲鹃 Mangrove Cuckoo *Coccyzus minor*

鹃形目、杜鹃科、美洲鹃属。红树美洲鹃是一种杜鹃，别名叫布谷鸟，来自于此鸟的鸣叫声，因为，每当春天到来时，它们就“布谷”、“布谷”地叫个不停。杜鹃体长因种类而异，一般体长从23~40 cm不等。杜鹃类动物主要分布于欧洲、亚洲、非洲和北美洲一带，栖息在山地中、阔的林地、平原、乡村甚至城市。以各种昆虫及其幼虫为食，特别喜欢捕食松毛虫，对林业有益。许多品种的杜鹃并不建巢，而是在树上一夜又一夜地凑合着睡觉。更糟糕的是，杜鹃的懒惰还在于雌鸟产卵时也不筑巢。繁殖期，雌鹃总是乘别种鸟（如大苇鹭、伯劳等）不在巢里时流窜进去，将自己的卵快速地产下（只需几秒钟就可完成）。雌鹃是分开产卵的，在别种鸟的一个鸟巢中每次只产卵1枚，产后即飞走了，孵卵的苦差事就交给该巢的巢主了。在动物学上，杜鹃的这种产卵和繁衍后代的方式，就称为“托卵”方式。那些“被托付”孵化和抚养的鸟妈妈们，也都粗心得可以，根本没有认出 “入侵”的杜鹃卵，和自己产下的卵一齐孵化，杜鹃卵孵化期大约为10天，比其他种类鸟的孵化期要短2~3天。可怜那些鸟妈妈，含辛茹苦，将小杜鹃如同已出孵化、喂养，可是先出世的小

图5-216 红树美洲鹃
英属维尔京群岛
（British Virgin Is.）
1974年 25分
银 9克
旅游币
Φ24 mm

杜鹃一旦有力气了，它就会将巢主亲生的卵和后来出世的小鸟一一推出巢外，而这个小强盗从此更加“得宠”，使自己成为托养妈妈的“独生子女”，享受着糊涂养父母的优厚待遇，越长越好，长大后就不辞而别，扬长而去。1只杜鹃每年春天约产6枚卵，就分别会扼杀6窝其他鸟类的幼雏。不过，平衡利弊关系，杜鹃仍不失为一种益鸟。IUCN 低危。

全世界共有130~135种的鸮类动物，人们都通称它们为猫头鹰、夜猫子，仅仅在晚上出没捕食和活动（个别品种除外）。它们的共同特点是：和所有的猛禽类动物一样，鸮类动物有一个钩状的喙和一对强有力的爪，眼睛大而视力非凡，而听觉更是敏锐无比，有的品种甚至可以在漆黑的晚上仅仅凭借听力捕食。同时，它们的颈部十分灵活，几乎可把头部转个圆周（一般能转动270°），鸮类体长从14~71 cm不等。除南极洲以外，它们广泛地分布于全世界，栖息在森林里、林地、灌木丛、草地、城郊、半干旱的旷野地带、沙漠和北极的冻原地带等等，因不同的种类而有所侧重。鸮类绝大部分都筑巢于树洞里，它们都是肉食性的鸟类，总的说来，其食谱至少包括各种小型的哺乳动物、爬行动物、两栖动物，有的品种特爱吃鱼，而有的则主食昆虫。鸮类动物一般不喜欢吃死物的，所以，它们也就特别努力去捕食活物。雌鸟每次产卵1~16枚不等，所有的鸮类动物的雏鸟孵化、出生顺序是按照卵的产出顺序的，一般会相差几天，很显然，在食物匮乏的情况下，只有最先出生或较早出生的雏鸟（们）可以成活。

168. 灰林鸮 Eurasian Tawny Owl *Strix aluco*

鸮形目、鸱鸮科、林鸮属。灰林鸮的体色有灰色和棕色两种，一般体长为40 cm，体重1 kg。主要分布于欧洲、亚洲和北美洲。栖息在森林中，也会栖息在公园的树木上和花园的繁茂的树丛里，筑巢于树洞或树枝丛中。灰林鸮主要以小型的哺乳动物为食，也兼吃别的动物，奇怪的是，灰林鸮还喜欢吃蚯蚓。和其他鸮类动物一样，灰林鸮也是凭借敏锐的听觉来确定猎物的种类、大小和方位以进行捕捉。IUCN 低危；CITES 附录II；中国 II级。

169. 西点林鸮 Spotted Owl *Strix occidentalis*

鸮形目、鸱鸮科、林鸮属。IUCN 渐危；CITES 附录II；中国 II级。

图5-217 灰林鸮
芬兰（Finland）
1990年 100马克
银 24克
纪念币 150 000枚
Φ35 mm

图5-218 西点林鸮
库克群岛（Cook Is.）
1998年 2元
10克
特种币
Φ30 mm

170. 雪鸮（白鸮） Snowy Owl *Nyctea scandiaca*

鸮形目、鸱鸮科、雪鸮属。雪鸮一般体长大约55~65 cm，雌性的体型比雄性的要大，体重可达2.3 kg，雄性最大体重才1.8 kg。雄雪鸮的体色全为雪白，雌雪鸮则夹杂有黑色条纹。主要分布于北极的冻原地带和周边岛屿，栖息并筑巢于冰原或苔原的地面上，在北极地区，它们的体色都有一身非常好的保护色。雪鸮主要以旅鼠为食，也会捕食野兔（雪兔）、北极狐、雷鸟、鸥和鸭类动物。雪鸮是“全天候”动物，白天和晚上都可以捕食，不是“夜猫子”，这与其他鸮类动物有着根本的区别。特别是夏季，北极圈地带全天都是白昼，更是如此。在食物匮乏时雪鸮还会冒险深入到极地去觅食。 到了冬季，雪鸮就会南移到欧洲、北美洲和亚洲的北部（如中国、朝鲜和日本等一些地方）。雌鸟每次产卵一般为4~7枚，最多可达8枚，孵化期为32~34天，由雌鸟和雄鸟轮流育雏。IUCN 低危；CITES 附录II；中国 II级。

图5–219　雪鸮
加拿大（Canada）
1999年　25分
铜镍　12克
纪念币
Φ24 mm

171. 雕鸮　Northern Eagle Owl　*Bubo bubo*

鸮形目、鸱鸮科、雕鸮属。雕鸮是鸮类中的“巨人”，体长达71 cm，两翅展幅超过150 cm。IUCN 低危；CITES 附录II；中国 II级。

图5–220　雕鸮
库克群岛（Cook Is.）
1990年　50元
银　19克
特种币
Φ38 mm

图5–221　雕鸮
乌克兰（Ukraine）
2002年　10格里夫纳
银　31克
特种币　5 000枚
Φ39 mm

图5–222　雕鸮
蒙古（Mongolia）
2005年　500图格里克
银贴金　25克
特种币　5 000枚
Φ38 mm

172. 大雕鸮　Great Horned Owl　*Bubo virginianus*

鸮形目、鸱鸮科、雕鸮属。IUCN 低危；CITES 附录II；中国II 级。

173. 普通角鸮（红角鸮）　Eurasian Scops Owl　*Otus scops*

鸮形目、鸱鸮科、角鸮属。IUCN 低危；CITES 附录II；中国 II级。

图5–223　大雕鸮
加拿大（Canada）
2000年　50分
银　12克
纪念币
Φ27 mm

图5–224　普通角鸮
土耳其（Turkey）
2001年　7 500 000里拉
银　15克
特种币
28 mm×28 mm

174. 长耳鸮（猫头鹰、夜猫子） Long-eared Owl *Asio otus*

鸮形目、鸱鸮科、耳鸮属。耳鸮属是鸮类动物中捕鼠能力最强的一个种类，而其中的长耳鸮堪称“捕鼠明星”，每只长耳鸮每天要吃100 g以上的鼠肉，一年可捕食1 000多只的野鼠，就算每只野鼠每天吃掉100 g重的粮食，那么每只长耳鸮每年为人类保护的粮食是多么的可观？！IUCN 低危；CITES 附录II；中国 II级。

图5-223 长耳鸮
希腊（Greece）
2002年 1欧元
铜镍芯铝青铜圈 流通币
Φ23 mm

175. 灰腰金丝燕（阿蒂乌岛金丝燕） Swiftlet *Collocalia inexpectata*

雨燕目、雨燕科、金丝燕属。灰腰金丝燕就是雨燕科70余种雨燕中的一种。雨燕科是小型鸟类，体型与燕子相似，尾巴呈剪刀形状，两性体型和体色相似，它们的一般体长11~25 cm不等，除北极圈以外，雨燕科鸟类分布于世界各地，而尤其以昆虫数量更多的热带地区居多。雨燕栖息在林地、山地、近河的悬崖、乡村、城市、甚至荒漠等地，筑巢于岩壁洞穴、树洞、废旧的烟囱内、屋檐下和各种建筑物上，大部分雨燕的筑巢材料是从空中抓到的各种鸟羽和尘土，或苔类植物等，并用口中黏液把它们粘到一起。雨燕是在空中以捕食飞行中的各种昆虫为食（尤以蝇、虻、蚊子、蛾和蜂类为多）。平时喜欢群栖，雌鸟每次产卵2~5枚不等，由雌鸟和雄鸟轮流孵卵，孵化期大约为20~25天左右不等，经过35~56天育雏后。小鸟即可独立捕食。雨燕的翅膀很长，是飞行健将，时速最高可达300 km。虽然游隼的俯冲时速可达360 km、苍鹰的短距离飞行时速可达600 km，但是能维持较长时间、保持200~300 km时速的还是非雨燕莫属！与其他鸟类不同的是，雨燕科鸟儿在空中飞行的时间要多得多，吃、喝、拉、撒都是在空中进行，更有趣的是，雨燕竟可边飞行边休息，将脑袋依在飞行中的翅膀上凌空睡觉！CITES 附录II。

图5-226 灰腰金丝燕
库克群岛（Cook Is.）
1977年 5元
银 27克
特种币 15 032枚
Φ42 mm

蜂鸟属于雨燕目、蜂鸟科，全世界到目前为止，经鸟类分类学家鉴定并命名的，大约有330种蜂鸟。蜂鸟一般体长从6~20 cm不等，但是嘴巴和尾巴就占了身体长度的50%以上，体重仅仅2 g重。一只雄鸟体长为5.79 cm，嘴巴和尾巴就占去4 cm，身躯仅仅才1.79 cm；而有的品种的两翅展宽仅仅为2.82 cm！一些长尾巴蜂鸟的体长也才 30多 cm，然而嘴巴和尾巴占了大约身体总长度的80%。蜂鸟主要分布于南北美洲以及中美洲的广大地区和一些岛屿上，尤其以南美洲的热带地区为多，栖息在山地、林地、林缘地带、灌木丛地、草原和热带雨林的低下层等。大多数蜂鸟筑巢于树上（包括在树枝或树叶上）和灌丛上，也有筑巢于岩石洞穴中的。蜂鸟主要以花蜜为食，也吃花粉、还吃昆虫（蜂、

花虻和蜘蛛）等。蜂鸟平时喜欢单独生活，雌鸟每次产卵2枚，卵的重量才0.2 g。由雌鸟单独孵卵14~19天，育雏40多天后小蜂鸟才可出巢练习飞行。蜂鸟是世界上最小的鸟类，最小品种的蜂鸟，是南美洲北部和亚马孙河流域的红蜂鸟，体长才5 cm多，而体重仅仅1.64~1.80 g！蜂鸟不仅重量如同一只黄蜂，而且它们在飞行中采蜜时又会发出类似蜜蜂那样的“嗡嗡”声，所以动物学家们就将这一类鸟称为蜂鸟。蜂鸟虽小，却是飞行高手，时速可达50 km，有的蜂鸟，竟能连续飞行800 km！特别是它们都有别的鸟类无法比拟的飞行绝技：蜂鸟可以每秒拍动翅膀（实际上是振动）50~80次（多为70余次）！蜂鸟可以向前飞行，也可以垂直上下、向左、向右和向后飞行，而且还可以“悬”在空中，便于吸食花蜜。因此，蜂鸟摘取了鸟类中飞行方式最多的桂冠。人类发明直升机，就是从蜂鸟的飞行绝技方面得到启迪的。此外，蜂鸟的心搏达每分钟600多次，这在鸟类乃至整个动物界也是绝无仅有的。

176. 蜂鸟　Hummingbird　*Trochilus*

雨燕目、蜂鸟科。CITES 附录II。

图5-227　蜂鸟
圣多美—普林西比
（St. Thomas & Prince Is.）
1998年　1 000多布拉
银　1盎司
特种币　10 000枚　彩色全息
Φ38 mm

图5-228　蜂鸟
特克斯和凯科斯群岛
（Turks & Caicos Is.）
1995年　25克朗
银　5盎司
特种币
Φ63 mm

177. 绿喉加利蜂鸟　Green-throated Carib　*Sericotes holosericeus*

雨燕目、蜂鸟科。CITES 附录II。

图5-229　绿喉加利蜂鸟
圣·基茨和尼维斯
（St.Kitts & Nevis）
1988年　100元
银　4盎司
特种币　10 000枚
Φ63 mm

178. 长尾隐蜂鸟　Long-tailed Hermit　*Phaethornis superciliosus*

雨燕目、蜂鸟科、隐蜂鸟属。IUCN 低危；CITES 附录II。

179. 棕腹蜂鸟　Buff-bellied Hummingbird　*Amazilia yucatanensis*

雨燕目、蜂鸟科。IUCN 极危；CITES附录II。

图5-230　长尾隐蜂鸟
伯利兹（Belize）
1974年　10分
银　3克
旅游币　31 000枚
Φ16 mm

图5-231　棕腹蜂鸟
哥伦比亚（Colombia）
1978年　750比索
银　35克
CS特种币　5 756枚
Φ42 mm

180. 寿带蜂鸟（红嘴长尾蜂鸟）　Streamertail　*Trochilus Polytmus*

雨燕目、蜂鸟科。寿带蜂鸟一般体长11~25 cm（嘴巴和长长的两根尾羽就占了身体长度的50%以上），主要分布于牙买加等地，栖息在林地、灌木丛地和花园中，筑巢于灌丛上，以花蜜为主食，兼吃各种昆虫。寿带蜂鸟平时喜欢喜欢独居，但是比较讲究卫生，能像清洁工一样清理住所的周围环境。繁殖期为每年的10月至次年的3月，雄鸟求偶飞行时为横飞，或不断地上下直飞，雌鸟每次产卵2枚。IUCN 低危；CITES 附录II。

图5-232　寿带蜂鸟
牙买加（Jamaica）
1987年　100元
银　4盎司
特种币
Φ63 mm

图5-233　寿带蜂鸟
牙买加（Jamaica）
1980年　10元
银　22克
特种币　5 394枚
Φ38 mm

图5-234　寿带蜂鸟
特克斯和凯科斯群岛
（Turks & Caicos Is.）
1995年　25克朗
银　5盎司
特种币
Φ63 mm

181. 吸蜜蜂鸟　Bee Hummingbird　*Mellisuga helenae*

雨燕目、蜂鸟科。IUCN 渐危；CITES 附录II。

图5-235　吸蜜蜂鸟
库克群岛（Cook Is.）
1991年　50元
银　19克
特种币　25 000枚
Φ38 mm

182. 红玉喉北蜂鸟　Ruby-throated Hummingbird　*Archilochus colubris*

雨燕目、蜂鸟科。IUCN 低危；CITES 附录II。

图5-236　红玉喉北蜂鸟
古巴（Cuba）
1996年　1比索
铜镍　特种币
Φ33 mm

183. 火冠蜂鸟　Fernandez Firecrown　*Sephapoides fernandensis*

雨燕目、蜂鸟科。IUCN 极危；CITES 附录II。

图5-237　火冠蜂鸟
危地马拉（Guatemala）
1995年　1格查尔
铜外圈银内圈铜芯　23克
特种币　150枚
Φ38 mm

184. 古巴咬鹃　Cuban Trogon　*Priotelus temnurus*

咬鹃目、咬鹃科。

185. 金头绿咬鹃　Gold-headed Quetzal　*Pharomachrus pavoninus*

咬鹃目、咬鹃科。

图5-238　古巴咬鹃
古巴（Cuba）
1981年　5比索
银　12克
特种币　5 000枚
Φ30 mm

图5-239　金头绿咬鹃
刚果（金）（D.R. Congo）
2004年　10法郎
银　25克
特种币　5 000枚
棱镜幻彩
Φ39 mm

186. 凤尾绿咬鹃（格查尔鸟，爱沙尔克鸟）
Resplendent Quetzal；Quetzal Bird　*Pharomachrus mocinno*

咬鹃目、咬鹃科。凤尾绿咬鹃是咬鹃类中最漂亮的咬鹃之一，被号称为南美洲的极乐鸟，并被危地马拉定为国鸟。凤尾绿咬鹃体长38~41 cm，主要分布于中、南美洲地区如危地马拉等一些国家，栖息在森林里，雄鸟筑巢于树洞中或在朽树上挖洞营巢，由雌鸟孵卵，大约8天后，全身赤裸裸的幼鸟出壳。凤尾绿咬鹃主要以昆虫、蛙类和蜥蜴类为食，也吃植物的果实和浆果等。凤尾绿咬鹃是典型的树栖鸟类，很少下地活动。雄性凤尾绿咬鹃的显著特征是，它们有长达100 cm的闪耀着绿光的尾上覆羽，形成了一种奇特的形态。过去，只有国王才可以用这种尾上覆羽作为头饰。IUCN 濒危；CITES 附录I。

图5-240　凤尾绿咬鹃
危地马拉（Guatemala）
1995年　10格查尔
铜外圈银内圈铜芯　23克
特种币　150枚
Φ38 mm

佛法僧目的翠鸟科共有90来种五颜六色的翠鸟，翠鸟科鸟一般体长从10~42 cm不等，广泛地分布于世界上各大洲，栖息在河流、池塘、水库、湖泊和沼泽等水边、水边的林地或灌木丛中。从整体上说，根据这些翠鸟科鸟的栖息环境，可分成林栖与水栖两大类型，林栖翠鸟多在近水处，除捕食鱼类以外，还会捕食各种蛇、鼠、蛙、蜥蜴、螃蟹和昆虫等，实在缺乏动物食物时，就会吃植物的果实、种子和草籽等，它们筑巢于树杈上。水栖的翠鸟则主要以各种鱼类为食，兼吃虾、螃蟹、蜗牛和水生昆虫等，筑巢于河岸、河堤斜坡上或近水的树木上，甚至田坎的洞穴中等。翠鸟科鸟平时喜欢独居，在繁殖期（4~7月）雌雄成对生活，双双地用像凿子一样的嘴巴在陡峭的河、湖的岸边上掘土、凿洞，以筑它们的爱巢。洞深50~100 cm，有时洞深可达250 cm。雌鸟凿洞时，雄鸟会把捕到的鱼等食物带回给雌鸟吃，雄主外、雌主内，也是一种分工，它们却配合得非常默契。雌鸟每次产卵2~7枚不等，由雌鸟和雄鸟轮流孵卵，孵化期为7~21天不等（视种类而别）。在翠鸟科鸟类中，除了鱼狗类、翠鸟类和笑翠鸟类以外，还有一类称为翡翠类的翠鸟，它们都属于翡翠属。中国古人对翡翠有这样的认识：说红色的是雄鸟，叫翡；蓝色的是雌鸟，叫翠。其实，古人说的翡，是赤翡翠（包括雌和雄），古人说的翠，是蓝翡翠（当然也包括雌和雄）。实际上翡翠属中有好多种翡翠。翡翠是很常见的鸟，体长大约30 cm，是属于水栖一类翠鸟，常常在多树的水边活动和觅食，捕食鱼、虾、蟹和昆虫。它们筑巢于河岸、河堤斜坡上。翡翠筑巢很特别，它先像飞机一样向前猛冲（凿），然后后退，再向前猛冲，再后退……当土穴初具规模后，它就钻进穴内去凿土，并用双脚利索地将土拨出洞外。其巢多为球状，有50 cm多深，还铺有8 cm厚的垫层，大多是鱼骨和鱼鳞，可谓废物利用。

187. 冠鱼狗（花斑钓鱼郎、冠翠鸟） Pied Kingfisher *Ceryle rudis*

佛法僧目、翠鸟科、鱼狗属。冠鱼狗主要分布于亚洲、欧洲和北美洲（会到南美洲过冬），栖息在河边、溪流、池塘、山麓和森林中，但也是在河岸甚至田坎处洞穴中筑巢。有趣的是，雌冠鱼狗却常常把卵产在更加陡峭的另外一些洞中，使得人类和其他天敌不易接近并偷吃其卵。此外，它们在捕到鱼后，为防止滑不溜丢的鱼逃脱，会咬紧并迅速带到树上，将鱼在树枝上撞昏，然后再慢慢品尝美味或喂食幼鸟。IUCN 低危。

图5-241　冠鱼狗
英属维尔京群岛
（British Virgin Is.）
1974年　10分
银　6克
旅游币　9 400枚
Φ22 mm

188. 普通翠鸟（翠鸟） Common Kingfisher *Alcedo atthis*

佛法僧目、翠鸟科、翠鸟属。翠鸟体长15~42 cm，主要分布于欧洲、亚洲、非洲北部和所罗门群岛等地，栖息在河流、池塘、湖泊、水库和沼泽等水域，筑巢于水边堤岸的洞穴中，以鱼、虾和螃蟹等为食。翠鸟平时喜欢独居，雌鸟每次产卵5~7枚。IUCN 低危。

图5-242　普通翠鸟
瓦努阿图（Vanuatu）
1994年　20瓦图
银　20克
特种币　25 000枚
Φ34 mm

图5-243　普通翠鸟
波斯尼亚和黑塞哥维那
（Bosnia and Herzegovina）
1994年　500第纳尔
铜镍　PPE特种币
Φ38 mm

图5-244　普通翠鸟
刚果（金）（D.R. Congo）
2004年　10法郎
银　25克
特种币　5 000枚　棱镜幻彩
Φ39 mm

189. 笑翠鸟（笑狗鱼鸟、白化蓝翠鸟）
Laughing Kookaburra *Dacelo novaeguineae*

佛法僧目、翠鸟科、笑翠鸟属。笑翠鸟一般体长为35 cm左右，是翠鸟科中体型较大的一种翠鸟，故又称为大翠鸟。笑翠鸟仅仅分布在澳大利亚。笑翠鸟除了以鱼为食外，还善于抓蛇捕鼠，并以此而著名。笑翠鸟的最大特征是，它们的叫声好像人的笑声，此翠鸟故得名笑翠鸟。

图5-245　笑翠鸟
澳大利亚（Australia）
1989年　10元
银　20克
特种币
Φ34 mm

图5-246　笑翠鸟
澳大利亚（Australia）
1997年　2元
银　2盎司
特种币
Φ50 mm

190. 白胸翡翠　White-breasted Kingfisher　*Halcyon smyrnensis*

佛法僧目、翠鸟科、翡翠属。分布于中国的东部和南部、亚洲的中南半岛、印度及阿拉伯等地方。

191. 白领翡翠　White-collared Kingfisher　*Halcyon Chloris*

佛法僧目、翠鸟科、翡翠属。

图5-247　白胸翡翠
土耳其（Turkey）
2001年　7 500 000里拉
银　15克
特种币
28 mm×28 mm

图5-248　白领翡翠
马来西亚（Malaysia）
2005年　25分
金铜　收藏币
Φ30 mm

192. 灰头翡翠　Grey-headed Kingfisher　*Halcyon leucocephala*

佛法僧目、翠鸟科、翡翠属。

图5-249　灰头翡翠
佛得角（Cape Verde）
1994年　10 埃斯库多
镍覆钢　流通币
Φ22 mm

193. 红林翡翠　Mangrove Kingfisher　*Halcyon senegaloides*

佛法僧目、翠鸟科、翡翠属。IUCN 低危。

图5-250　红林翡翠
库克群岛（Cook Is.）
1976年　5元
银　27克
特种币　30 443枚
Φ42 mm

194. 杂色短尾鸿　Cuban Tody　*Todus multicolor*

佛法僧目、短尾鸿科。

195. 蓝顶翠鴗　Blue-crowned Motmot　*Momotus momota*

佛法僧目、鴗科。IUCN 低危。

图5-251　杂色短尾鸿
古巴（Cuba）
1996年　1比索
铜镍　特种币
Φ33 mm

图5-252　蓝顶翠鴗
伯利兹（Belize）
1974年　25分
银　7克
旅游币　31 000枚
Φ23 mm

196. 蓝颊蜂虎　Blue-cheeked Bee-eater　*Merops supercilliosus*

佛法僧目、蜂虎科、蜂虎亚科、蜂虎属。蜂虎科大约有24~26种蜂虎，体长20~40 cm不等。这些鸟类都有一个共同的习性：因嗜食各种蜂类包括蜜蜂在内而得名，当然它们也吃蜻蜓等昆虫。蜂虎分布于欧洲南部、中国的西南和华南地区、亚洲南部和东南部以及非洲等地，主要是分布在热带地区。栖息在森林边缘、灌木丛、草地、农田等地。在繁殖季节，成对的蜂虎们就在沙质或黏土的河堤上的洞穴或其他的地洞中筑巢，但是它们从不会错窝，雌鸟每次产卵4~10枚，由雌鸟和雄鸟轮流孵卵，幼鸟21~28天即可出巢独立捕食。

图5-253　蓝颊蜂虎
土耳其（Turkey）
2001年　7 500 000里拉
银　15克　特种币
28 mm×28 mm

197. 戴胜（臭咕咕） Hoopoe *Upupa epops*

佛法僧目、戴胜科、戴胜属。戴胜体长大约30 cm，主要分布于亚洲、欧洲和非洲的中南部一带，栖息在森林、山地、草地、平原、河谷、农田、甚至果园中，筑巢于天然的树洞中，以蜘蛛、蚯蚓、蠕虫、昆虫及其幼虫、蛹等等为食。雌、雄体色一样。戴胜的头顶上有一支色彩鲜艳的羽冠，当它张开时就好像一把漂亮的扇子。虽然，戴胜鸟外貌不俗，但是，奇臭。刚一出生的幼戴胜也会从尾部分泌出一种类似妈妈分泌出的带臭味的液体。由于戴胜母子的这些特性，使它们的许多天敌闻而却步，根本没有什么胃口去找它们的麻烦。相对说来，戴胜的孵化期间还是很安全的。平时喜欢独居，雌鸟每次产卵5~8枚，孵化期约为18天，小鸟21~28天后便可出巢飞行并独立捕食。IUCN 低危。

图5-254 戴胜
波斯尼亚和黑塞哥维那
（Bosnia and Herzegovina）
1996年 500第纳尔
铜镍 PPE特种币
Φ38 mm

犀鸟属于佛法僧目、犀鸟科、犀鸟属。犀鸟科鸟类的最大特征是喙狭长而向下弯曲。全世界大约有12个犀鸟属的大约49种的犀鸟。犀鸟的大小视不同的品种而别，如红嘴小犀鸟体长大约为50 cm，而双角犀鸟就是大型品种，体长竟达120 cm（此犀鸟又叫大犀鸟）。犀鸟科主要分布于中国、南亚和东南亚一带，也见于非洲的部分热带地区，栖息在亚热带和热带的森林地区中，基本上都在树上生活（仅有一种非洲的地犀鸟完全生活在地面上）。犀鸟筑巢于树洞中。犀鸟以各种昆虫、果实、浆果和种子等为食，也捕食小型的两栖、爬行动物和鸟类。平时喜欢雌雄成对生活，也有喜欢群居的。雌鸟每次产卵1~6枚不等（大犀鸟1胎只生1~2枚卵）。犀鸟的孵化是由雌鸟独自孵卵的，孵化期为28~40天不等。有趣的是，在产卵、孵化和甚至在长达40~60天的育雏的期间（犀鸟是晚成鸟），雌鸟是一直留在巢里，和洞外的雄鸟紧密配合，用泥巴和粪便将洞口堵好，仅仅留一个小孔，雄鸟会在巢外不断地通过小孔将食物供应给正在孵卵的雌鸟和幼鸟，而里面的雌鸟很讲究卫生，会将粪便对着小孔洞排出巢外。当小犀鸟可以独立时，妈妈才会打破洞口而让其出巢。这一独特的育雏方法，大大保证了犀鸟母子的安全。难能可贵的是，在长达4个来月的时间里，雌犀鸟安心“坐月子”而被“关禁闭”，雄犀鸟则在外“养家糊口”或站岗放哨，不辞劳苦地为妻儿们带回2万多次的食物！真是可怜天下父母心。同时，也反映了犀鸟也是钟情鸟，它们堪称鸟中的“模范夫妻”，据说犀鸟婚一而终，一方死亡，另一方也会死在林中。小犀鸟长到近60天时便可离开亲鸟独立，犀鸟寿命较长，能活20年以上，最长可达50年。

198. 马来犀鸟 Rhinoeros Hornbill *Buceros rhinoceros*

佛法僧目、犀鸟科、犀鸟属。UCN 渐危；CITES 附录II。

199. 冕弯嘴犀鸟　Crowned Hornbill　*Tockus albotermiatur*

佛法僧目、犀鸟科、犀鸟属。CITES 附录II。

图5-255　马来犀鸟
马来西亚(Malaysia)
1976年　25林吉特
银　35克
CS特种币　48 008枚
Φ42 mm

图5-256　冕弯嘴犀鸟
赞比亚(Zambia)
1982年　10恩韦
铜镍锌　流通币
Φ24 mm

鵎鵼属于鴷形目、鵎鵼科。此科大约有30种鵎鵼。鵎鵼这个学名，源自英译翻译名称，它们的别名叫巨嘴鸟，倒是很贴切和形象的，因为这类鸟的嘴巴（喙）巨大，其长度占体长的30%~50%，嘴巴大得和头部一样宽（喙宽约9~12 cm），加上色彩多样且鲜艳，更加让人觉得大。鵎鵼一般体长33~66 cm不等（当然还包括嘴巴的长度），主要分布于墨西哥、中南美洲一带，栖息在热带森林、或林缘高处、或高大的树冠上，一般以较高的树洞筑巢，它们基本上是树栖鸟，很少下到地面上来。鵎鵼是杂食性鸟类，以水果、浆果、种子、花朵、昆虫、小的爬行动物、小鸟及它们的卵甚至雏鸟类等为食，当然，不同的品种对食物有所偏重。鵎鵼吃东西的样子非常特别：它是先将食物咬住，然后一扬头并同时松开嘴巴，将食物直接抛向了空中，随后它立即张开大嘴巴，准确接住落下的食物，让食物直接掉进喉咙，并进行吞食。鵎鵼平时喜欢小群生活，也有选择独居的，不过到了繁殖期，就会雌雄成对地生活了，雌鸟每次产卵2~4枚，由雌鸟和雄鸟轮流孵卵，孵化期大约为16天，育雏45天后雏鸟可出巢练习飞行。鵎鵼的嘴巴这么大，站在树上是否会因为不平衡而经常摔下来？其实不然，因为鵎鵼的嘴巴构造非常特殊：嘴巴的基体之间充满了极纤细、多空隙的海绵状的骨质组织，里面充满着空气；而嘴巴的外面则由一层薄薄的角质硬壳包裹着，这样整个嘴巴看似粗大笨重，实际上却既坚硬又轻巧，成鸟的“巨嘴”还不到30 g。当然，鵎鵼们在休息时，会转过头来把这张大嘴巴放在背上的，也许这样更舒服。

200. 厚嘴鵎鵼（彩虹巨嘴鸟）　Keel-billed Toucan　*Ramphastos sulfuratus*

鴷形目、鵎鵼科、鵎鵼属。IUCN 低危；CITES 附录II。

图5-257　厚嘴鵎鵼
伯利兹(Belilze)
1974年　5元
银　27克
旅游币　31 000枚
Φ38 mm

201. 凹嘴鵎鵼　Channel-billed Toucan　*Ramphastos vitellinus*

䴕形目、鵎鵼科、鵎鵼属。IUCN 低危；CITES 附录II。

图5-258　凹嘴鵎鵼
刚果（金）（D.R. Congo）
2000年　10法郎
银　25克
特种币　棱镜幻彩
Φ37 mm

啄木鸟科大约有180来种啄木鸟，大小差别较大，一般体长从8~52 cm不等。啄木鸟的形态和习性几乎都相同，它们主要分布在除澳大利亚、新西兰和南极洲一带以外的世界各地，栖息在森林和林地中，也会生活在一些开阔地带，甚至小片林地或公园里，筑巢于树洞或地洞中，啄木鸟主要以昆虫、特别是藏在枯木或树木里的昆虫和幼虫、蛹、蛾、蚂蚁、白蚁等为食，也吃果实、坚果、种子和树液。啄木鸟实行一夫一妻制度，雌鸟每次产卵2~12枚不等，由雌鸟和雄鸟轮流孵卵，孵化期大约为14~18天，经过21~28天后小鸟便可出巢练习飞行、捕食。40天龄的小啄木鸟就可以告别亲鸟，分出去另立门户了。啄木鸟的嘴巴强壮硬直而尖锐，像钢凿一样；而它的舌头又比别的鸟类长5倍，顶端还有钩状的刺，以擅长觅食藏在树洞里或树皮下的各种昆虫和幼虫、蚂蚁、白蚁等而闻名于世，为树木消灭了许多害虫，被人类称之为“森林的医生”。

202. 啄木鸟　Woodpecker　*Picidae*

䴕形目、啄木鸟科、啄木鸟属。

203. 象牙嘴啄木鸟（白嘴啄木）
Ivory-billed Woodpecker　*Campephilus principalis*

䴕形目、啄木鸟科、啄木鸟属。象牙嘴啄木鸟主要分布于美国和古巴（在古巴的可能已经灭绝）。IUCN 极危。

图5-259　啄木鸟
马恩岛（Isle of Man）
1984年　1便士
青铜　流通币
Φ20 mm

图5-260　象牙嘴啄木鸟
古巴（Cuba）
1994年　10比索
银　40克
特种币　20 000枚
Φ40 mm

204. 白腹黑啄木鸟（白腹啄木鸟） White-bellied Black Woodpecker *Dryocopus javensis*

䴕形目、啄木鸟科、啄木鸟属。CITES 附录II；中国 II级。

205. 黑红阔嘴鸟 Black and Red Broadbill *Cymbirhynehus macrorhynchus*

雀形目、阔嘴鸟科、阔嘴鸟属。阔嘴鸟科的鸟是雀形目中的原始鸟种，此科共有14种鸟，一般体长从15~30 cm不等，它们主要分布于亚洲的南部、马来西亚、苏门答腊岛、加里蔓丹和非洲中部的森林地区。阔嘴鸟一般以植物的果实和昆虫等为食。中国 I级。

图5-261 白腹黑啄木鸟
朝鲜（D.P.R. Korea）
1999年 10元
银 31克
特种币
Φ40 mm

图5-262 黑红阔嘴鸟
马来西亚（Malaysia）
2005年 25分
金铜 收藏币
Φ30 mm

206. 蓝翅八色鸫 Blue-winged Pitta *Pitta brachyura*

雀形目、八色鸫科、八色鸫属。八色鸫科大约有23~26种八色鸫，这些鸟类的体羽色彩丰富，艳丽夺目，同一只鸟的体色就包括了红、黄、黑、白、蓝、绿、橙和紫等8种颜色，故名八色鸫。八色鸫科鸟类的体长有所区别，有的八色鸫鸟体长大约18 cm，有的品种超过20 cm。八色鸫主要分布于中国、朝鲜、日本、印度和斯里兰卡等地，栖息在森林或灌木丛中，筑巢于树上，以蜥蜴、蚯蚓和蜘蛛等为食。八色鸫的飞行能力很强（可以从东南亚地区飞到日本的南部繁殖），但是它们平时还是在地上活动和觅食，只有在鸣叫和睡觉时才回到树上。八色鸫的独居性很强。雌鸟每次产卵2~5枚不等，由雌鸟单独孵卵，孵化期为12~23天。中国 I级。

207. 叉尾霸鹟（燕尾翔食鸟） Fork-tailed Flycatcher *Muscivora tyrannus*

雀形目、霸鹟科。霸鹟科大约有360多种鸟类，是雀形目的一个大科。雌雄体羽异色，但都较艳丽。一般体长为15~18 cm，这些鸟类仅仅分布于美洲。它们的体型和习性和欧亚大陆的鹟科鸟类很相似。栖息在森林、森林的边缘地带和果园，筑巢于树枝上，以昆虫、浆果和果实等为食。雌鸟每次产卵2~4枚不等。

图5-263 蓝翅八色鸫
朝鲜（D.P.R. Korea）
1999年 10元
银 31克
特种币
Φ40 mm

图5-264 叉尾霸鹟
伯利兹（Belize）
1974年 5分
黄铜 流通币
Φ20 mm

208. 云雀（百灵鸟） Skylark *Alauda arvensis*

雀形目、百灵科、云雀属。百灵科大约有78种鸟类，而其中大约有5种云雀。云雀是本科中等大小的鸟种，体长大约为13~23 cm不等。云雀主要分布于欧亚大陆、非洲北部和北美洲等地，栖息在近水的草地中。云雀是日行性鸟类，而且一般不筑巢，到了晚上就可以席地而卧，实在简单。就是在雌鸟下蛋和孵化期间，也只是简单地在草原和农耕地上挖个巢就可以对付了。云雀以植物的种子、昆虫及其幼虫等为食。云雀喜欢群栖，特别是冬天，会成群结队地在地上争相觅食；天气晴朗时，它们又会到沙地上享受日光浴和沙浴。到了春天的繁殖期，雄鸟就在高土岗上或沙丘上引吭高歌、婉转入云，意在求偶，然后落于雌鸟旁边，等待佳音。所以云雀的歌声被认为是报春的声音，云雀则被认为是报春鸟。 雌鸟每次产卵4~5枚，孵化期大约为11天，1岁性成熟。IUCN 低危。

图5-265 云雀
佛得角（Cape Verde）
1994年 100埃斯库多
青铜芯铜镍圈 流通币
Φ26 mm

209. 家燕（燕子） Barn Swallow，House Swallow *Hirundo rustica*

雀形目、燕科、燕属。燕科大约有75种燕类动物，其中的家燕跟人类的关系最为密切。家燕具有苗条的身材、灵活的飞行技巧和像剪刀一样的尾巴。一般体长12~23 cm不等，除南极洲以外，广布于世界各地，是一种世界性的鸟类。栖息并筑巢于乡村和城镇的民居、各种建筑物的屋梁或墙上，以泥巴和草类筑巢；或在沙地或泥质河岸、堤壁上等地方挖洞作巢。以飞行中的蝴蝶、苍蝇、蚊子和蜻蜓等各种昆虫为食。家燕平时喜欢群栖，但是多见于雌雄成对生活，后来则和儿女们一块过日子。雌鸟每次产卵1~8枚（热带地区3枚；温带多为4~6枚），由雌鸟和雄鸟轮流孵卵和育雏，孵化期大约为16天。在育雏期间，每一窝的一对亲鸟平均每一天要捕捉大约450只昆虫来抚养孩子们（小燕每隔3分钟就要喂一次，平均一天要喂150~200次），加上自己吃的，一对家燕在育雏期间所捕捉的昆虫，以及小家燕们出巢捕食的昆虫，一年中这一家子要捕食的昆虫是非常可观的。成千上万的家燕家庭，一年中它们捕食的昆虫数量更是惊人！何况这些昆虫还绝大部分是有害于农林生产的害虫呢。所以，千百年来，许多鸟类都会被人类捕捉，惟一例外的是，燕子受到最大限度的保护，而且可以登堂入屋作窝，与人类和谐相处。家燕 1岁性成熟。 北方的家燕是一种候鸟，多数都会进行长途的迁徙，比如北欧的家燕会飞行11 000 km到遥远的非洲过冬。但是热带的家燕却是留鸟，并不进行迁徙。 IUCN 低危。

图5-266 家燕
爱沙尼亚（Estonia）
1992年 10克朗
银 28克
特种币 10 000枚
Φ39 mm

图5-267 家燕
斯洛文尼亚（Slovenia）
1992年 2托拉尔
黄铜 流通币
Φ24 mm

210. 和平鸟　Asian Fairy Bluebird　*Irena puella*

雀形目、燕科、阔嘴鸟属。

211. 黄冠鹎　Straw-headed Bulbul　*Pycnonotus zeylanicus*

雀形目、鹎科、鹎属。鹎科共有近120种鹎类鸟，一般体长从15~30 cm不等，主要分布于中国、亚洲南部、东南亚、马来群岛、欧洲和非洲等地，但是多在热带地区。鹎类鸟一般栖息在次生森林、低森林、低山地、或平原地区的雨林、季雨林中，也会生活在乡村附近的林缘、灌木丛和庭园一带，筑巢于树上或灌木丛里，以果实、浆果、水果、种子、嫩芽和花蜜等为食，也会吃昆虫以改善口味。鹎类鸟性情比较活泼，平时喜欢群栖，或雌雄成对生活，雌鸟每次产卵2~6枚，多由雌鸟和雄鸟轮流孵卵。CITES 附录II。

图5-268　和平鸟
马来西亚(Malaysia)
2005年　25分
金铜　收藏币
Φ30 mm

图5-269　黄冠鹎
马来西亚(Malaysia)
2005年　25分
金铜　收藏币
Φ30 mm

鹟科鸟类超过310多种，一般体长有所差别，大约在18~30 cm不等，如塞舌尔鹊鸲的体长为19~22 cm。主要分布于亚洲、欧洲、南美洲和非洲等，大部分栖息于热带森林和竹林中，也有生活在平原、草地和园圃等地，它们筑巢于树洞中或树梢上，也有筑巢于地面的。以蚂蚁、螺类、蝗虫、蟑螂、苍蝇、蚊子和甲虫等各种昆虫为食，饥饿时也吃一些浆果、果实、菜子等将就将就。当然，鹟科鸟类的主食还是各类虫子，特别是树上的各类虫子。它们善于奔走，同时又能飞行，但是飞行距离有限。鹟类平时喜欢群栖，而且不独食，如果有一只鸟发现某处有许多食物，便立即会招呼大家共同来分享，这在动物界中是不多见的。鹟类鸟还善于鸣叫，而且声音嘹亮动听，所以人们常常将它们比喻为“乡村歌手”（指那些生活在乡村周围的鹟类）或“山林歌手”（ 指那些生活在山林中的鹟类）。繁殖时雌雄成对生活，雌鸟每次产卵1~6枚不等。

212. 欧歌鸲　Thrush Nightingale　*Luscinia luscinia*

雀形目、鹟科、歌鸲属。

图5-270　欧歌鸲
克罗地亚(Croatia)
1993年　1库纳
铜镍　流通币
Φ23 mm

213. 塞舌尔鹊鸲　Magpie Robin　*Copsychus sechellarum*

雀形目、鹟科、鹊鸲属。IUCN 低危。

214. 黑鸲　Black Robin　*Copsychus stricklandii*

雀形目、鹟科。

图5-271　塞舌尔歌鸲
塞舌尔群岛
（Seychelles Is.）
1993年　25卢比
银　8克
特种币　20 000枚
Φ38 mm

图5-272　黑鸲
新西兰（New Zealand）
1984年　1元
银　27克
特种币　30 000枚
Φ38 mm

215. 蓝鸲　Eastern Bluebird　*Sialia sialis*

雀形目、鹟科。IUCN 低危。

图5-273　蓝鸲
百慕大（Bermuda）
1992年　2元
银　28克
特种币　2 500枚
Φ38 mm

216. 红嘴相思鸟（红嘴玉、红嘴鸟、红嘴绿观音）
Red-billed Leiothrix　*Leiothrix lutea*

雀形目、画眉科、相思鸟属。红嘴相思鸟主要分布于亚洲等地，在中国则分布在西部和南部一带，栖息在山地中，红嘴相思鸟娇小、美丽、色彩缤纷、鸣啼幽雅，是著名的观赏鸟。千百年来，关于红嘴相思鸟最有趣的说法，就是说它们对待爱情忠贞不贰，说它们严格实行“一夫一妻”的婚配制度，一旦婚配后便会形影不离、终身为伴，如果一方死去，另一方则会悲痛欲绝，不食不喝、不鸣不舞，最后终因相思而死。实际上，这是人类对动物界的误解又一个实例。现代动物学家对红嘴相思鸟的考察和研究表明，红嘴相思鸟并不相思！故意给它们换掉配偶后，它们会很快与新伴相识而且热恋起来；如果一方死去，另一方则会另选新伴谈婚论嫁，照样与新的配偶恩爱如前，它们并不守身如玉、忠贞不贰，更不会、也绝对不存在所谓的“不食不喝、不鸣不舞，最后终因相思而死”。相思鸟1岁性成熟。

图5-274　红嘴相思鸟
朝鲜（D.P.R. Korea）
1999年　10元
银　31克　特种币
Φ40 mm

217. 黄莺（黄色林莺） Yellow Warbler *Dendroica petechia*

雀形目、莺科、林莺属。莺科大约有近390种莺类（中国大约有82种），一般体长为10~15 cm不等，主要分布于东半球一带，而在北美洲也见有个别品种。 在中国，莺科鸟类几乎广布各省。莺类栖息范围广泛，包括混交林、树林边缘地带、灌木丛地带，甚至生活在荒漠灌木丛地带，以种子、果实、浆果、昆虫等为食。平时喜欢群栖，但多以一雄多雌为小群体生活，1岁性成熟。IUCN 低危；CITES 附录 III。

图5–275　黄莺
英属维尔京群岛（British Virgin Is.）
1983年　5元
银　41克
特种币　5 000枚
Φ42 mm

图5–276　黄莺
赞比亚（Zambia）
1986年　10克瓦查
银　28克
WWF纪念币　25 000枚
Φ38 mm

图5–277　黄莺
瑙鲁（Nauru Island）
1993年　10元
银　31克
特种币
Φ39 mm

218. 波利尼西亚苇莺
Polynesian Warbler， Kiritimati Reed–warbler *Acrocephalus aequinoctalis*

雀形目、莺科、苇莺属。苇莺又叫芦苇莺，雌雄相似，体色单一，共有300多个品种。苇莺是经常被杜鹃捉弄的鸟类之一，不但为杜鹃抚养孩子，还被其害死了自己的亲骨肉。苇莺广泛地分布于亚、欧、非和大洋洲一带，栖息并筑巢在芦苇丛中、也有生活在低山灌木丛、草丛以及农田的甘蔗地里的品种。它们的鸟巢呈杯形，吊挂在几根芦苇秆上。苇莺主要以各种昆虫为食。雌鸟每次产卵4~6枚。IUCN 低危。

图5–278　波利尼西亚苇莺
库克群岛（Cook Is.）
1978年　5元
银　27克
特种币　14 909枚
Φ40 mm

全世界大约有35~40种鸦类鸟，这些鸦类鸟是雀形目中黑色鸟类—乌鸦的总称。在这些鸦类鸟中，近10种鸟是真正的乌鸦，而20多种鸦类鸟泛称乌鸦。所有的鸦类鸟的体羽均为黑色有光泽，一般体长从33~61 cm不等。除南极洲以外，乌鸦广泛地分布于世界各地，栖息在树林中，筑巢于较高树上的树杈上，乌鸦的适应能力很强，能根据栖息环境、季节特点和食物多少而“随遇而安”。乌鸦也是杂食性鸟类，以各种昆虫为主食，它的食物中大约有75%的昆虫对农林有害（如蝗虫、棉铃和蚜虫等），被动物学家誉为“田园卫士”。同时由于乌鸦还很爱吃腐肉和别的腐烂食物，所以乌鸦又被称为大自然的“清道夫”。平时喜欢群栖，但是并不喜欢集体筑巢。有的会雌雄成对生活，有的选择独居。雌鸟每次产卵2~5枚不等，孵化期大约为20天。乌鸦的寿命长、脑筋好使，是鸟类中最进化的物种之一。 在国外，乌鸦的名声很好，受到好些国家人们的喜欢和爱护，缅甸甚至把它作为国鸟。但在中国，许多人认为乌鸦长相不华丽、叫声不悦耳、举止较粗鲁，从而不喜欢乌鸦，这还是一个喜好问题；由于乌鸦是黑色的，就打比方说“天下乌鸦一般黑”，意指某个“含沙射影”，这恐怕就带有偏见的色彩了。由于千百年来乌鸦嗜吃腐肉，练就了灵敏的嗅觉，有时会在停尸人家的房顶或树上呱呱乱叫，等待美餐，这与丧事本来就没有必然的联系，但人们硬是给乌鸦安上个“不吉祥之鸟”这个不实之名，那实在是有失偏颇了。

219. 灰噪鸦（灰樫鸟） Gray Jay *Perisoreus candensis*

雀形目、鸦科。

220. 鞍背鸦 Saddleback *Creadion carunculatus*

雀形目、垂耳鸦科。IUCN 渐危。

图5-279 灰噪鸦
加拿大（Canada）
1995年 50分
银 12克
特种币
Φ27 mm

图5-280 鞍背鸦
新西兰（New Zealand）
1997年 5元
银 28克
WWF-CN纪念币 5 000枚
Φ38 mm

221. 扇尾鹟 Fantail *Rhipidura*

雀形目、王鹟科、扇尾鹟属。扇尾鹟因为经常开展并摆动其长长的尾羽（尾羽展开如扇）而得名。扇尾鹟一般体长大约13~22 cm不等，主要分布于澳大利亚北部、东部和东南部等南太平洋的一些岛国，包括新西兰岛和西萨摩亚等地区，栖息在森林空旷地或稀树林中（有的也可生活在河岸或海滩上，有些已被驯养为花园观赏鸟）。扇尾鹟筑巢于树上，以各种昆虫等为食，扇尾鹟也有边飞边捉虫子的绝技。雌鸟每次产卵2~3枚。

图5-281 扇尾鹟
新西兰（New Zealand）
1980年 1元
银 27克
特种币 37 000枚
Φ38 mm

图5-282 扇尾鹟
西萨摩亚（Western Samoa）
1986年 10元
银 28克
WWF纪念币 25 000枚
Φ38 mm

222. 红头鸲鹟 Petroica Goodenovii *Red-capped robin*

雀形目、鸲鹟科、红头鸲鹟属。体长12 cm，仅分布于澳大利亚，栖息于森林、灌丛中，以昆虫等为食。繁殖期为7–12月，营巢于树上或灌丛，每窝产卵2–3枚。IUCN 低危。

223. 红胸䴓 Red-breasted Nuthatch *Sitta canadensis*

雀形目、䴓科、䴓属。䴓科大约有21种鸟，主要分布于欧洲、亚洲的北部和东部以及北美洲一带。普通䴓体长约14 cm。红胸䴓栖息在森林中，筑巢于树上，并以树皮里的各种虫子为食。雌鸟每次产卵6~11枚。IUCN 低危。

图5–283 红头鸲鹟
胡脱河
（Hutt River Province）
1997年 30元
银 33克
特种币 1 000枚
Φ39 mm

图5–284 红胸䴓
加拿大（Canada）
2007年 25分
镍覆钢
特种币 25 000枚
Φ35 mm

太阳鸟类大约有104个品种，它们都属于雀形目、太阳鸟科。 太阳鸟是因为日出时分特别活跃而得名。太阳鸟又称为天堂鸟，也是世界上最美丽的鸟类之一。太阳鸟的一般体长从10~25 cm不等，小个品种的体重仅仅为5 g重左右，主要分布于亚洲的南部和非洲一带，在中国，太阳鸟是现已发现的最小的鸟类。太阳鸟栖息在热带森林中，筑巢于树上，一般是在高大的树顶上构建吊巢。以花蜜和昆虫等为食。雌性的体型比雄性的要小。太阳鸟平时喜欢独居，有的也成对生活。但是，到了每年春季的繁殖期，太阳鸟就会进行歌舞“大汇演”，热闹非凡，同时，在大汇演中也各自找到了自己的配偶，双双步入爱的殿堂。雌鸟每次产卵1~2枚，由雌鸟单独孵卵，而雄鸟则为雌鸟供应食物并担任警卫，孵化期为16~18天。

224. 非洲太阳鸟 African Sunbird *Nectariniiae*

雀形目、太阳鸟科。

225. 巴勒斯坦太阳鸟 Palestine Sunbird *Nectariniiae*

雀形目、太阳鸟科。

图5–285 非洲太阳鸟
索马里（Somalia）
1998年 25先令
铜镍 特种币
Φ38 mm

图5–286 巴勒斯坦太阳鸟
约旦（Jordan）
1977年 3第纳尔
银 35克
CS特种币 11 160枚
Φ42 mm

226. 棕背麻雀　Rufous-backed Sparrow　*Passer iagoensis*

图5-287　棕背麻雀
佛得角（Cape Verde）
1994年　50埃斯库多
铜镍　流通币
Φ28 mm

雀形目、文鸟科。文鸟科大约有300余种鸟类，而其中的麻雀类鸟共有19种，麻雀的两性外形和羽色近似，一般体长为12~19 cm不等。除南北极外，麻雀广泛分布于全世界各地，栖息在山地、森林，林缘地带、草地、田野、乡村和城市里等多种环境中，筑巢于树洞、灌木丛、屋檐下、建筑物的角落头等。以各类草籽、五谷粮食、嫩芽、嫩叶、昆虫及其幼虫等等为食。平时喜欢群栖，繁殖期雌雄成对生活。麻雀的繁殖能力非常强，每年可以繁殖3次，雌鸟每次产卵2~8枚不等（多数为4~6），由雌鸟和雄鸟轮流孵卵，孵化期大约为10~15天不等。幼雏生长特别快，几个月即可达到性成熟。当年孵出的雏鸟，当年就可繁殖后代。其繁殖速度是任何鸟类都无法比拟的！当然，麻雀的寿命较短，平均寿命才9个月，但是也有活到21个月的，少数的竟可活到10岁。短促的寿命也使得麻雀的数量增长受到制约。在中国，麻雀曾经一度被作为“四害”之一，遭受到空前的全民大捕杀。其结果就“立竿见影”地在农村出现大面积的虫害！在科学家们的力争下，打了4年的“消灭麻雀”战斗才告结束，麻雀才有了在中国生存下去的可能。到了2001年8月，中国又将麻雀列入了保护动物的目录中了。无独有偶，2002年英国政府也计划将麻雀列入濒危动物名单中。IUCN 低危。

227. 黑脸鹦雀（粉嘴金翅雀）
Pink-billed Parrot Finch　*Erythrura kleinschmidti*

雀形目、文鸟科。

228. 秃儿吸蜜鸟　Tui　*Prosthemadura novaeseelandiae*

雨燕目、吸蜜鸟科。全世界大约有60余种吸蜜鸟，一般体长为10~20 cm不等，主要分布于非洲的南部、东南亚、新西兰、巴布新几内亚和澳洲一带，栖息森林地中，筑巢于地面、灌木丛里、矮树或树上，吸蜜鸟主要是吸食花蜜，有些也吃昆虫和种子。生长在温带的吸蜜鸟，雌鸟每次产卵1~4枚；而生长在热带的吸蜜鸟，雌鸟每次仅产卵1枚。

图5-288　黑脸鹦雀
斐济（Fiji Is.）
1978年　10元
银　28克
CS特种币　7 608枚
Φ38 mm

图5-289　秃儿吸蜜鸟
新西兰（New Zealand）
1963年　1便士
青铜　流通币
Φ30 mm

229. 黑头群栖织布鸟（黑头织布鸟、黑头织巢鸟）
Village Weaver，Black-headed Weaver　*Ploceus cucullatus*

雀形目、嘴鸟科、织布鸟属。织布鸟是鸟类中最杰出的“建筑师”，它们以能用植物的枝条、草片和叶片精巧地编织鸟巢而得名和闻名。鸟巢一般是按照自上而下的顺序编织的，最后在鸟巢的底部留一个出入口。鸟巢编织好后，织布鸟还会放一些小石头到巢里，以防止鸟巢被风刮掉。织布鸟竟能考虑得如此周到，真是绝了！ 织布鸟主要分布于热带和亚洲热带，栖息在稀树草原上。织布鸟绝对是素食主义者，它们仅仅以多种草类为食，也吃种子。IUCN 低危；CITES 附录III。

图5-290　黑头群栖织布鸟
赞比亚（Zambia）
1994年　500克瓦查
银　1盎司
特种币
Φ39 mm

棕鸟科大约有110种棕鸟，一般体长18~28 cm。主要分布于欧洲、亚洲和非洲，20世纪60年代，北美洲、澳大利亚和新西兰等地已经广为引进。棕鸟栖息在阔叶林、针阔混交林、果园以及农耕区等，筑巢于洞穴中，主要以果实、水果、种子和昆虫等为食。棕鸟和麻雀一样，也许是地球上最成功的两种鸟类，它们的胆大妄为、群居习性、流浪态度、接近人类和要求不高等特性，不要说在农村、乡镇一带可以生存下去，甚至能随便在每座城市的街道上生存！

230. 牛文鸟　Buffalo Weaver　*Bubalornis albirostris*

雀形目、棕鸟科。IUCN 低危；CITES 附录III。

图5-291　牛文鸟
帕劳（Palau）
2006年　1元
金　0.5克
特种币（世界5小动物）
Φ11 mm

231. 栗头丽棕鸟　Superb Starling　*Spereo superbus*

雀形目、棕鸟科、棕鸟属。

图5-292　栗头丽棕鸟
索马里（Somalia）
1998年　25先令
铜镍　特种币
Φ38 mm

232. 粉红椋鸟　Rose-colored Starling　*Sturnus roseus*

雀形目、椋鸟科、椋鸟属。粉红椋鸟主要分布于欧洲、亚洲。

图5-293　粉红椋鸟
土耳其（Turkey）
2001年　7 500 000里拉
银　15克
特种币
Φ28 mm×28 mm

233. 极乐鸟（天堂鸟、风鸟和神鸟）　Bird of Paradise　*Paradisaea*

雀形目、风鸟科。500多年前，当人类第一次看到极乐鸟的雄鸟时，竟被它的体色和形态惊呆了：当时，人们只是在高山密林中见到它们在空中飞舞。此鸟五彩缤纷婀娜多姿，以至于认为它们是来自极乐世界或天堂的神鸟，于是就把这种鸟叫做极乐鸟、天堂鸟、天堂极乐鸟或风鸟等雅称。后来，极乐鸟被列为风鸟科。现在，风鸟科共有43种鸟类，大品种的体长可达100 cm，小品种的却只有16 cm。主要分布于澳大利亚、巴布新几内亚和印度尼西亚一带，栖息在茂密的热带森林中，也有生活在低山林地带的，筑巢于树上，是树栖鸟类，以果实和浆果等为食，有的品种也吃昆虫一类的小动物。雌性极乐鸟的体型比雄性的要小些，而且色彩普通单一，仅仅是雄性极乐鸟才有华丽显贵的色彩和骄人的身材。世界上漂亮的鸟类很多，如孔雀等，但是，世界上最美丽的鸟还应该是（雄性）极乐鸟了，特别是伊利安岛东部及其附近岛上的（雄性）极乐鸟，更是羽色华丽、体态盈人、能歌善舞，

图5-294　极乐鸟
巴布亚新几内亚
（Papua New Guinea）
1994年　5元
银　28克
纪念币　7 500枚
Φ38 mm

图5-295　极乐鸟
巴布亚新几内亚
（Papua New Guinea）
1976年　10基那
银　41克
纪念币　21 000枚
Φ44 mm

图5-296　极乐鸟
巴布亚新几内亚
（Papua New Guinea）
1994年　25元
银　4盎司
纪念币　1 000枚
Φ63 mm

让人乐而忘忧。极乐鸟平时喜欢独居，只有在繁殖季节，雄鸟才会去求偶，而且雄性情敌们都会尽情展示并炫耀自己的“风采”，以获得雌鸟的好感。可是，交配过后，雄鸟就扬长而去了。所以雄性极乐鸟完全是典型的花花公子。雌鸟每次产卵1~2枚，由雌鸟独自孵卵和育雏。孵化期为18天。

第六章　兽类王国

哺乳纲动物，又称哺乳动物或兽类，属于脊索动物门、脊椎动物亚门、哺乳纲。该纲可分原兽、后兽和真兽三个亚纲。哺乳纲不仅是动物界，而且是脊椎动物亚门中最高等的一类动物。与其他动物相比，哺乳纲动物具有3个明显的特征：一是胎生；二是给幼兽哺乳；三是体表有毛（不同于鸟的羽）。不同种类因适应不同的地域和生活环境而形成了多种多样的形态结构。个别最原始的兽类仍然有泄殖肛腔（原兽亚纲的鸭嘴兽与针鼹）；有的虽然是胎生，但尚无胎盘（后兽亚纲的有袋类动物）；有的还保留了爬树的本领（许多灵长类动物）；有的很适应水性而可在水下生活而成为水兽；有的还继承了爬行动物的特征；有的是兽却会飞（蝙蝠类动物）；等等，不一而足。哺乳纲大约可分为26个目、138科、128亚科、1 095属、4 600多种动物。其中“鼠辈”及蝙蝠类占哺乳纲动物的一半以上（约近3 000种）。

哺乳动物与我们人类的关系那是太密切了。因为，我们人类也是动物，而且也是哺乳动物，在动物分类学上，人类属于哺乳纲、灵长目、人科、人属（与大猩猩、黑猩猩和猩猩等并属）。从许多哺乳动物的本能、思维与行为等诸多方面，我们看到了人类的真善美和假恶丑。

1. 针鼹（针食蚁兽）
Australian Short-nosed Echidna，Spiny Anteater　*Tachyglossus aculeatus*

单孔目、针鼹科、针鼹属。针鼹和鸭嘴兽一样，属于原兽亚纲单孔目动物，此亚纲仅仅包括1个单孔目的2科5种动物，即针鼹（4种）和鸭嘴兽（1种）。它们的共同特点是：卵生，而且排泄（大小便）与生殖（“胎儿”出生通道——实际上是卵）都通过一个孔道（泄殖肛腔）完成。这个泄殖肛腔就是排泄、生殖与直肠共同开口的地方，也被称为总排出孔，所以动物学上就称针鼹和鸭嘴兽这两类动物为单孔目动物。当然，这两类动物的这些特性和爬行类与鸟类动物相同，是兽类中的最低等动物。

针鼹是世界上嘴巴最小的哺乳动物，其头部前端有一个长而硬的喙，鼻孔和嘴巴都开口在喙的前端，嘴巴实际上就是一个小孔，但嘴巴里却有一条又长又能灵活伸缩而且还能拐弯的舌头，舌头极其富有黏性，可用来粘取蚁类和虫卵。针鼹的体型是吻长、头小、看不到颈，全身长有夹杂着较长棘刺的毛，是故其名含有“针”字。针鼹的大小因品种而异，一般体长30～45 cm，吻长大约为17 cm；最大的体长达60～100 cm，而吻长却超过20 cm；尾长1～9 cm或无尾。主要分布在澳大利亚和新几内亚一带，栖息在干燥的山地、森林和高山草地中，是夜行性动物。针鼹没有牙齿，以蚂蚁、白蚁、昆虫、蠕虫、蚯蚓和铁线虫等为食。在天气寒冷的时候，针鼹躲在洞中不外出觅食，或作冬眠，一个月内不会饿死。针鼹在遇到危险而又来不及逃走时，它就会将尖锐的毛刺竖立起来，并将身体蜷缩成一个刺尖朝外的“刺球”以自卫。 针鼹平时独居，只有在它们的繁殖期，雌雄才会在一起。有的母兽孕期为23 天。母鼹没有奶头，奶汁会从它的腹部分泌出来，幼崽便会自行舔食。但是针鼹比鸭嘴兽进化更完善，因为母兽的下腹部有一个育儿袋（即腹部的袋囊）。在生产前，妈妈会先在地上挖一个坑产卵，每次产1枚，偶尔2枚，之后就用嘴巴将卵衔入育儿袋中孵化。孵化出来的幼崽就会在育儿袋中吸上几个月的乳，此后就可离开育儿袋活动，但遇危险时又会钻入育儿袋内随母逃遁。针鼹的寿命可达30多年。IUCN 濒危、低危。

图6-1　针鼹
澳大利亚（Australia）
1968年　5分
铜镍　流通币
Φ20 mm

图6-2　针鼹
澳大利亚（Australia）
2000年　5 元
银　1盎司
纪念币　100 000枚
Φ40 mm

图6-3　针鼹
澳大利亚（Australia）
2008年　1元
铝青铜　收藏 /特种流通币
Φ25 mm

2. 鸭嘴兽（鸭獭、四脚鸭）
Platypus，Duck—Billed Platypus　*Ornithorhynchus anatinus*

单孔目、鸭嘴兽科、鸭嘴兽属。鸭嘴兽和针鼹都是非常奇怪的、有“同一孔道——泄殖腔”的哺乳动物。生出来的并不是幼体而是卵（蛋），要孵化后破壳出来才成为鸭嘴兽或针鼹的幼崽。鸭嘴兽具有许多爬行动物的特性，它们到底是不是哺乳动物？曾经有过长时间的争论。虽然鸭嘴兽是卵生动物，但是由于小崽出世后是靠母兽的乳汁喂养长大的，而且它们身上长的是毛（只有哺乳动物长毛）而不是羽（鸟类长的是羽，只是人们习惯将羽和毛笼统地合称为羽毛）或鳞（鱼类和爬行动物长的是鳞），仅根据这两点（当然还有别的原因），科学家终于统一了认识，认为应该将它们归为哺乳动物。由于鸭嘴兽的嘴巴扁而平且无牙齿，酷似鸭嘴，故将其命名为鸭嘴兽。

鸭嘴兽是单科单属单一种动物。体长40 ~ 60 cm，尾长8.5 ~ 15 cm，体重大约1 kg。主要分布在澳大利亚东部和塔斯马尼亚岛，生活于附近稀疏林木的淡水区域或附近有水的山地。鸭嘴兽好独居，雌、雄平时分别在河、湖堤边挖洞筑巢，只有在繁殖或产卵期才会在一起。孕期30天，产卵1 ~ 3枚。

图6-4　鸭嘴兽
澳大利亚　(Australia)
1968年　20分
铜镍　流通币
Φ28 mm

图6-5　鸭嘴兽
澳大利亚（Australia）
2000年　5 元
银　1盎司
纪念币　100 000枚
Φ40 mm

大约孵化10天后，幼崽便会破壳而出，体长仅2.5 cm。鸭嘴兽的食物包括昆虫的幼虫、鲑鱼卵、淡水虾、铁线虫、小鱼和贝类等。它们在黄昏和清晨捕食，其他时间则在巢中睡觉，为了适应水中生活，鸭嘴兽的四肢已经进化有蹼。母鸭嘴兽没有奶头，奶汁会从它的腹部分泌出来，幼崽便会自行舔食。鸭嘴兽冬眠，其寿命为10～17年。

有袋类动物，因雌性成体腹部上具有袋囊（育儿袋）而得名的。全世界的有袋类动物大约有22科290多个物种。以前这类动物都被列在哺乳纲、后兽亚纲中的单一目——“有袋目”内。近年来科学家们已经将该目内的一些科升为目。包括有袋目、袋鼬目、袋狸目和袋鼠目等等。幼体在母兽的子宫内发育一段时间后就会出生，而且胎儿并无胎盘，刚出生的幼崽眼睛未张开，四肢发育不全，周身无毛，仅仅凭其天性从妈妈的尾部向腹部慢慢地爬入育儿袋中（如爬不进则自然会夭折）。新生的幼崽都会在袋内吸几周或几个月的奶汁继续发育，直到长得差不多时才会离开育儿袋，或外出玩耍，或外出学习觅食，但遇危险时又会钻回育儿袋内随母逃遁。直到一段时间后才彻底离开母兽而营独立生活。

3. 环尾负鼠　Ring-tailed Opossum　*Didelphis catta*

有袋目、负鼠科、负鼠属。负鼠曾繁盛于大约1.4亿年～6500万年。负鼠科共有70多个物种，其体型大小因品种而异，小品种的体长为18 cm，头身仅仅8.5 cm，而尾长与头身长度大致相同。大品种的体长为100 cm，头身则可达50 cm，尾长与头身长度也大致相同。负鼠形同老鼠，但是它们却能以用心照顾幼崽而出名，因为负鼠总是背着幼崽去觅食或逃命。在有袋类动物中，只有负鼠不分布在澳洲，而分布在南、北美洲，栖息在森林或草地一带。以鸟、鸟蛋、青蛙、田鼠、爬行类、昆虫、昆虫幼虫以及树的种子等为食。负鼠的繁殖和生长能力都很强，母兽一胎可怀孕多达20只幼崽。但是，由于母兽的育儿袋里只有5～13个奶头，所以有些多余的幼崽便会死去。新出世的幼崽一般需在育儿袋中喂养几个月，但是有的品种，仅仅在母亲的育儿袋中吃奶70天便可离开母兽，180天就可繁殖下一代了。有的一年生产1次；有的一年生产2次。负鼠的寿命：野外的3年；笼养的8年。负鼠在遇到敌害而来不及逃跑时便会倒地装死，对于一些从不吃死物、只食活物的敌害来说，此招倒也常常奏效。

图6-6　环尾负鼠
澳大利亚（Australia）
1968年　1分
青铜　流通币
Φ17 mm

4. 袋食蚁兽（带纹食蚁兽）
Numbat，Banded Anteater　*Myrmecobius fasciatus*

袋鼬目、袋食蚁兽科、袋食蚁兽属。袋食蚁兽体长20～28 cm，尾长16～21 cm。仅分布于澳大利亚西南端顶部的少数地区，栖息在桉树林等森林中，主要以蚂蚁和白蚁为食，也吃其他一些节肢动物。舌头有10 cm长，有助于舔食蚁类。袋食蚁兽外形像松鼠，平时独居，母兽孕期大约14天，幼崽为4只。IUCN 易危。

5. 袋獾（塔斯马尼亚恶魔）
Tasmanian Devil *Sarcophilus laniarius*, *Sarcophilus harrisii*

袋鼬目、袋鼬科、袋獾属。袋獾一般体长23～80 cm，尾长23～30 cm。仅分布在澳大利亚的塔斯马尼亚岛内，生活在各种环境中，只要有吃的，也可和人类共同生活在城市里。袋獾是世界上现存最大的肉食性有袋类动物，但主要还是以小型哺乳动物、鸟类、蜥蜴类等为食。既捕食活物，又吃死物。它们的牙齿锋利，加之下腭坚固有力，能够嚼碎猎物的骨头。袋獾性情凶猛，可谓有袋类动物之最。它浑身黑色、眼睛发绿，故被人们称为"塔斯马尼亚恶魔"。袋獾平时独居，只有在它们的繁殖期，雌雄才会在一起。母兽孕期大约为30～31天。幼崽数目为2～4只。育儿袋内有4个奶头，小宝宝至少要在妈妈的育儿袋里生活1年，才会彻底离开妈妈。IUCN 低危。

图6-7 袋食蚁兽
澳大利亚（Australia）
1995年 10元
银 22克
特种币
加厚币（厚度5 mm）
15 000枚
Φ34 mm

图6-8 袋獾
马恩岛（Isle of Man）
1988年 1克朗
铜镍 纪念币
Φ38 mm

6. 兔耳袋狸 Common Rabbit-bandicoot *Macrotis lagotis*

袋狸目、袋狸科、兔耳袋狸属。兔耳袋狸体长20～55 cm，尾长20～29 cm。主要分布于澳大利亚的北部和西部一带，栖息在开阔的草地和荒漠中，是杂食性动物，以节肢动物和爬行动物等为食，同时又能吃真菌类植物和表皮不太硬的植物种子。兔耳袋狸是夜行性动物，白天在深洞中睡觉，以躲避酷热，晚上外出觅食。平时独居，只有在它们的繁殖期，雌雄才会在一起，母兽孕期为13～16天，每胎可生2只幼崽。CITES 附录I。

图6-9 兔耳袋狸
库克群岛（Cook Is.）
1998年 1元
银 1盎司
特种币 4 000枚
Φ41 mm

7. 树袋熊（考拉、无尾熊） Koala *Phascolarctos cinereus*

袋鼠目、树袋熊科、树袋熊属。树袋熊体长63～82 cm，体重大约4～8 kg。主要分布在澳大利亚东部地区，栖息在海拔1 000 m以下的桉树林中，树袋熊的食性非常特殊，它们仅仅以桉树叶为食。平时独居，只有在它们的繁殖期，雌雄才会在一起。母兽孕期为35天左右，每胎仅仅生1只幼崽。刚生下的幼崽体重只有5～6 g，体长仅为2 cm左右，就像一条小爬虫，小得简直令人难以置信。幼崽在妈妈的育儿袋中哺乳6个月后，才会发育完全，再过3～6个月就会爬到妈妈的后背上玩耍和生活，一直到2～3岁，有的甚至到4岁大时才离开妈妈独自去生活。树袋熊对幼崽的关爱有加，只有在上一胎幼崽彻底离开它后，它才会开始下一胎的繁殖活动。树袋熊的育儿袋开口朝后。树袋熊每天晚上要进食4个小时，而且多在半夜活动，其他时间都处在休息状态。树袋熊有一个奇特的现象，尽管它只吃有毒的桉树叶子，而且又从不下地喝水，但是它的肝脏却能分解桉树叶中的有毒物质！由于树袋熊每天基本上要休息或睡觉18～20个小时，而且极少下地活动，所以在动物界的评比中，它获得了“世界十大最懒的动物”中的第四名。除了猛禽和人类以外，树袋熊再无其他天敌，寿命为大约为12～15岁。IUCN 低危；CITES 附录 I。

图6-10　树袋熊
马恩岛（Isle of Man）
1988年　1克朗
铜镍　纪念币
Φ38 mm

图6-11　树袋熊
库克群岛（Cook Is.）
1990年　50元
银　19克
特种币　25 000枚
Φ39 mm

图6-12　树袋熊
澳大利亚（Australia）
2008年　1元
铝青铜　收藏 /特种流通币
Φ25 mm

8. 袋熊（昆士兰毛吻袋熊）　Hairy-nosed Wombat　*Lasiorhinus krefftii*

袋鼠目、袋熊科、袋熊属。袋熊体型小而像熊，体长70～120 cm，体重25～40 kg。主要分布于澳大利亚东部地区和塔斯马尼亚岛，栖息在森林、高山欧石楠林中以及海滨的灌木丛里，以草类、植物的叶子、花和根茎等为食。袋熊是夜行性动物，在冬天，它们会在早上和黄昏的时候享受享受日光浴。平时独居，到繁殖期雌雄才会在一起。母兽孕期为33天。每胎仅仅生1只幼崽。袋熊的育儿袋开口也朝后，这使得袋熊在挖洞筑巢穴时不会将土覆盖到幼崽身上。袋熊与树袋熊很相近，只是不会爬树，营地上或采穴居的生活栖势。由于1838年发现的古代化石就是袋熊的化石，所以袋熊又被称为“活化石”。袋熊的天敌是袋獾。IUCN 极危；CITES 附录I。

图6-13　袋熊
澳大利亚（Australia）
2008年　1元
铝青铜　收藏 /特种流通币
Φ25 mm

9. 灰袋貂 Common Cuscus，Gray Cuscus *Phalanger orientalis*

袋鼠目、袋貂科、袋貂属。灰袋貂体长38～48 cm，尾长28～43 cm。主要分布于新几内亚、所罗门群岛及其附近的一些小岛上，栖息在森林中，以树叶、树皮和水果等为食。灰袋貂是夜行性动物，它们的生活方式既像猴类又像树懒，行动比较谨慎，但是爬树却极为敏捷。平时独居，只有在它们的繁殖期，雌雄才会在一起。母兽孕期14～21天，每胎可生1～2只幼崽。IUCN 低危；CITES 附录II。

10. 新几内亚袋貂 New Guinea Cuscus *Phalanger sericeus*

袋鼠目、袋貂科、袋貂属。

图6-14 灰袋貂
所罗门群岛
（Solomon Is.）
1975年 30元
银贴金 20克
纪念币 40 000枚
Φ40 mm

图6-15 新几内亚袋貂
巴布亚新几内亚
（Papua New Guinea）
1975 10托伊
铜镍 流通币
Φ23 mm

袋鼠目、袋鼠科中的大袋鼠属共有14种大袋鼠。更大范围的各种袋鼠，则大小和生态均有差异，而且栖息与居住方式不稳定，有的平时喜欢群栖，有的则喜欢独居，有的则独居或成对生活兼有之。即使是群栖，也是由各个小家庭“组团”生活，在袋鼠的群体中并没有特别的领导者或首领。袋鼠类动物是夜行性动物，白天炎热时休息，晚上才外出觅食。袋鼠是坐着生产的，尾巴伸向前面，新生的“BB”非常小，体长大约2 cm 、体重大约1 g。它凭借其本能，会从妈妈的尾巴上慢慢地爬到妈妈的育儿袋里（如爬不进则自然会夭折）。小“BB”在育儿袋中会含住妈妈的奶头接受哺乳120～150天，到了240天左右就会爬出妈妈的育儿袋自由活动了，但是一遇到什么风吹草动，小袋鼠就会快速钻回妈妈的育儿袋中，随着妈妈一起逃离敌害。小袋鼠在1岁时可彻底离开育儿袋，但是它仍然会将头钻入袋中吸奶，直到1岁半就可独立生活了。袋鼠是三级跳远的冠军，它的成绩是30 m，人类三级跳远的成绩才18 m。

11. 沙大袋鼠（沙袋鼠、黑尾袋）
River Wallaby，Sand Wallaby *Macropus agilis*

袋鼠目、袋鼠科、大袋鼠属。在澳大利亚，大袋鼠的主要天敌是澳洲野狗和类似楔尾鹰这样的大型猛禽。沙大袋鼠的体长66～85 cm，尾长65～86 cm。因为它的尾长而黑，故又被称为黑尾袋。主要分布于澳大利亚东部地区，栖息在热带和温带的雨林中，是完全的食植性动物，但是较偏爱进食植物的叶子和真菌。沙大袋鼠的行动方式较为奇特：低头前探、尾巴伸直、一跳一跳地行进。它是哺乳动物的跳跃能手，可以轻松地跳过2 m多高的篱笆和8 m多宽的壕沟。奔跑时速可达50～64 km。沙大袋鼠平时独居，只有在繁殖期，雌雄才会在一起。母兽孕期为33～38天。每胎仅生1只幼崽。大袋鼠的寿命为10～15年。IUCN 低危。

图6-16　沙大袋鼠
英属维尔京群岛
（British Virgin Is.）
1993年　25元
银　20克
特种币
Φ40 mm

12. 红大袋鼠　Red Kangaroo　*Macropus rufus*

袋鼠目、袋鼠科、大袋鼠属。红大袋鼠体长100～160 cm，尾长75～120 cm，体重23～70 kg。它们是体型最大的有袋动物。分布于澳大利亚的大部分地区，栖息在热带的稀树草原、荒漠和温带的森林中，主要以植物的叶子、花或嫩枝等为食。短期的逃跑速度可达每小时50～64 km。喜欢群栖，常以2～10只为一个社群单元。红大袋鼠的数量，在雨水充足时可达1 200万只，干旱的年份则减少到几百万只。在旱季的水塘周围则可看到数以千计的红大袋鼠来喝水。红大袋鼠的母兽孕期为33天，每胎仅生1只幼崽。由于红大袋鼠的数量很多，加之被当作害兽，在澳大利亚已经将它们作为狩猎对象，以获取肉和皮。IUCN 低危。

图6-17　红大袋鼠
马恩岛（Isle of Man）
1988年　1克朗
铜镍　纪念币
Φ38 mm

图6-18　红大袋鼠
库克群岛（Cook Is.）
1990年　50元
银　19克
特种币　25 000枚
Φ39 mm

13. 大袋鼠（灰袋鼠）　Eastern Gray Kangaroo　*Macropus giganteus*

袋鼠目、袋鼠科、大袋鼠属。灰袋鼠体长90～140 cm，尾长75～100 cm。主要分布于澳大利亚的东南地区和西南地区，可分为东澳灰袋鼠和西澳灰袋鼠，它们都栖息在开阔的森林、灌木丛以及热带的稀树草原等地，以青草和矮树的嫩枝叶等为食。喜欢群栖，常以2～15只为一个社群单元。母兽孕期为30～31天，每胎仅生1只幼崽。自从澳大利亚人把它们当作农业害兽以来，这个物种就逐渐被淘汰了。西澳灰袋鼠在短距离行进时，可用四肢跳跃，像兔子一样，但是，在长距离行进时便用两条后肢跳跃，雄性一跳就可达10 m远。IUCN 低危。

图6-19　大袋鼠
澳大利亚（Australia）
1993年　1元
银　1盎司
投资币　73 000枚
Φ38 mm

图6-20　大袋鼠
澳大利亚（Australia）
1997年　5元
金　0.05盎司
投资币
Φ14 mm

14. 岩袋鼠 Rock Wallaby *Petrogale assimilis*

袋鼠目、袋鼠科、岩袋鼠属。

图6-21 岩袋鼠
澳大利亚（Australia）
2008年 1元
铝青铜 收藏/特种流通币
Φ25 mm

15. 大犰狳 Giant Armadillo *Priodontes maximus*

贫齿目、犰狳科、犰狳亚科、大犰狳属。贫齿目动物有的品种虽然还残留着牙齿，但其牙齿的数量却因种类而别，牙齿无珐琅质，而且会不断地生长，因此必须经常咬食树根等坚硬的物质。犰狳亚科共有18个品种，其体型大小因品种而异。而大犰狳是大犰狳属的惟一品种，也是该科的“最大个”，其体长75 ~ 100 cm（最大记录为152 cm），尾长约50 cm，体重30 ~ 60 kg。仅仅分布在南美洲的北部和中部，栖息在热带雨林中的草原和其他多种环境中。大犰狳是夜行性动物，主要以蚂蚁和白蚁为食。它的舌头很长，而且很有黏性，当长舌头像蠕虫一样伸进蚂蚁或白蚁洞里时，就会粘上许多蚂蚁或白蚁，它将舌头一收回便可迅速地将它们吞下。大犰狳食谱还包括节肢动物、蠕虫、蜗牛、甲壳虫、蛇和蜥蜴等，也吃动物腐尸，还吃树根和水果等植物性食物。平时独居，到了繁殖期，雌雄便会在一起。母兽孕期为120天，每胎一般可生1 ~ 2只幼崽，多的可达4只。

大犰狳全身披有骨质鳞片，恰似一副硬而重的盔甲。这种全身披挂、坚甲护体的大犰狳及犰狳科家族的其他成员，竟有一套防御本领，如加以总结，可谓“防敌三招”：一逃二堵三拼搏。如遇敌害，对于进攻能力不强的大犰狳来说，首选的还是逃走，它们具有非凡的挖掘能力，三下五除二就可以挖掘好一个藏身之洞；要是敌害已到跟前，它便将头和身先进洞，而将尾部的盾甲堵住洞口，酷似一块坚强的盾牌，使得敌害感到晦气，难于下手只好离它而去；如果敌害来得太突然，逃不成、堵不住时，它便使出“硬拼搏”的高招了：马上缩卷成一个圆球，把头、腹、胸、脚全包在里面，外面则是硬实的铁甲紧紧地裹住，这个硬球，搞的敌害有齿咬不破、用爪掰不开、使拳打不痛、靠脚踢不伤。这一高招，就连许多大型的食肉兽也无计可施，只得悻悻地放弃这顿美餐了。大犰狳的自然寿命超过12年。IUCN 濒危；CITES 附录I。

图6-22 大犰狳
委内瑞拉（Venezuela）
1975年 50玻利瓦尔
银 35克
CS特种币 230 000枚
Φ42 mm

图6-23 大犰狳
阿根廷（Argentina）
1992年 25比索
银 27克
特种币 20 000枚
Φ40 mm

16. 大食蚁兽（食蚁兽） Giant Anteater *Myrmecophaga tridactyla*

贫齿目、食蚁兽科、大食蚁兽属。大食蚁兽，顾名思义，这是专门以蚂蚁和白蚁为食的大型野兽。大食蚁兽是贫齿目中完全没有牙齿的品种。体长100～300 cm，尾长也超过100 cm，体重22～39 kg。主要分布在中美洲和南美洲一带，栖息在草原和森林中。大食蚁兽虽然完全没有牙齿，但是，此君娇小瘦削的脸蛋，长着一根向前伸展出来的长管状吻（超过60 cm），这根长管吻内的舌头也达60多 cm，其上很具黏性而且覆盖着刺，实在有利于舔食蚁类等昆虫。大食蚁兽的舌头每分钟可吞吐多达160次，一天可吃掉3万只蚂蚁。大食蚁兽平时独居，只有在它们的繁殖期，雌雄才会在一起。母兽孕期为190天左右，每胎仅仅生1只幼崽。在独闯世界之前，幼崽总是骑在妈妈的身上随母活动。如遇到美洲狮和美洲豹等敌害时，大食蚁兽就会暴跳如雷、大声吼叫，站立起来与敌害抱在一起，并用力爪突刺对方或用前爪猛烈抽打对方等方式进行自卫，有时也能奏效。由于天敌不多，故大食蚁兽敢于在白天捕食和活动，晚上休息。IUCN 易危；CITES 附录II。

图6-24　大食蚁兽
哥斯达黎加（Costa Rica）
1974年　1 500科朗
金　1盎司
CS特种币　3 144枚
Φ33 mm

图6-25　大食蚁兽
巴西（Brazil）
1993年　10克鲁赛罗
不锈钢　流通币
Φ22 mm

17. 小岛鼩 Western Cuban Nesophontes *Nesophontes micrus*

食虫目、岛鼩科、岛鼩属。岛鼩科仅岛鼩属一个属共8个品种。它们均分布在古巴和海地、西印度群岛地区。IUCN 灭绝。

图6-26　小岛鼩
古巴（Cuba）
1981年　5比索
银　20克
特种币　5 000枚
Φ30 mm

18. 刺猬（欧洲刺猬） European Hedgehog *Erinaceus europaeus*

食虫目、猬科、猬亚科、猬属。刺猬体长22～30 cm，无尾。主要分布于欧洲、亚洲和非洲一带，栖息在森林、灌木丛、草地，甚至在有人类活动的农田、公园和花园中，以蠕虫、昆虫、蛙类、蜥蜴类、毒蛇、蜗牛、鸟蛋和腐尸等为食，也吃植物的果实。刺猬是夜行性动物，平时喜欢独居。母兽孕期大约为31～35天，每胎可生4～6只幼崽。刺猬除了头部、腹部下侧和四肢外，都长满了短而尖的棘刺，正是依靠这些棘刺，刺猬的防卫技术就很有趣。因它满身是棘刺，一旦遇到天敌而又来不及逃跑时，它便将头和四肢紧贴腹部而让身体蜷曲成一个刺尖朝外的“刺球”，一些动物见状就懒得理它，一些想吃它的动物又感到很麻烦，硬是张不开嘴巴去咬。对此，敌害常常围着“刺球”转半天也毫无办法，末了，有的只好作罢。但是，有的敌害还会干些恶作剧，对“刺球”放个臭屁或撒泡尿什么的，见没什么动静，才无可奈何地悻悻而去（当然，有经验的刺猬，必须忍受臭味，因为过早恢复原状，会让敌害阴谋得逞）。总的说来，“刺球”广告效应很奏效。更有趣的是，幼崽在出生几个小时后就会长出棘刺，天生就有防敌的本事。刺猬的自然寿命可达10年左右。IUCN 低危。

图6-27　刺猬
库克群岛（Cook Is.）
1990年　50元
银　19克
特种币
Φ38 mm

图6-28　刺猬
波斯尼亚和黑塞哥维那
（Bosnia and Herzegovina）
1995年　750第纳尔
银　28克
PPE特种币　30 000枚
Φ38 mm

图6-29　刺猬
俄罗斯（Russia）
1999年　1卢布
银　16克
特种币　50 000枚
Φ33 mm

19. 长耳沙漠刺猬　Long-eared Hedgehog　*Hemiechinus euritus*

食虫目、猬科、猬亚科、大耳猬属。

图6-30　长耳沙漠刺猬
土耳其（Turkey）
2005年　20新里拉
银　24克
特种币
Φ39 mm

20. 狐蝠（飞狐）　Flying Fox　*Pteropodae*

翼手目、狐蝠科。翼手目即蝙蝠类动物。 这一类群的动物大约有926种，它们是真正能飞翔的哺乳动物。其体型大小因品种而异，一般翼展为15～200 cm。体重从几十至几百克重。除南北极外，广泛地分布在世界各地，热带和亚热带地区更多，栖息在森林、草地和各种岩石裂缝或洞穴内。由于蝙蝠家族成员众多，所以蝙蝠的食物也非常广泛或多样，大体可分为食虫类、食肉类、食鱼类、吸血类和植食类等5种。蝙蝠是夜行性动物，是极其典型的群栖性动物，美国得克萨斯州的布来肯山洞里，住着2 000万只蝙蝠；而泰国的一个山洞里竟住着4 000万只蝙蝠；这可是世界上最大的哺乳动物群体了！蝙蝠母兽每胎生1只幼崽，但有的品种每胎可生4只。蝙蝠的寿命一般

图6-31　狐蝠
西萨摩亚（Western Samoa）
1994年　10塔拉
银　31克
特种币　20 000枚
Φ39 mm

为4～5年。千百年来，人类总是把蝙蝠当作邪恶的化身或传播疾病的恶魔，几乎要把它们赶尽杀绝。经科学家的多方面研究，认为人类并不了解蝙蝠，因为最普通的蝙蝠每只每夜可捕捉3 500只苍蝇和蚊子，这对人类有多大好处！食植类蝙蝠，则承担了95% 的树种和花粉的传播，而且还在沙漠和林区传播植物种子，没有蝙蝠，世界上许多水果、坚果和蔬菜将无法生长。有的蝙蝠品种数量众多，而狐蝠则需加保护。IUCN 濒危；CITES 附录 I；中国 I级。

21. 澳洲假吸血蝠（鬼蝠）

Ghost Bat，Australian Giant False Vampire Bat *Macroderma gigas*

翼手目、假吸血蝠科、澳洲假吸血蝠属。澳洲假吸血蝠体长10～12 cm，前臂长9～11 cm。仅分布于澳大利亚西部和北部一带，栖息在热带雨林、草原和多石的山坡上。澳洲假吸血蝠，名字甚怪，这是假的吸血蝠？对了，这个名称的起因，是当时曾经被人类误认为它们也是以吸食其他动物的血液为食的。后来，人们才知道这又是发生在动物世界的一例冤假错案。实际上，澳洲假吸血蝠的食谱包括有节肢动物、小型哺乳动物、鸟类、两栖类、蜥蜴类等许多食物。大量的研究表明：它们不是吸血者，而是强有力的捕食者。澳洲假吸血蝠喜欢群栖，常常结成大群栖息在岩石的裂缝中。母兽孕期大约77～84天，每胎只生1只幼崽。IUCN 易危；CITES 附录I；中国 I级。

图6-32 澳洲假吸血蝠
库克群岛（Cook Is.）
1998年 1元
银 1盎司
特种币 4 000枚
Φ41 mm

22. 环尾狐猴（节尾狐猴）

Ring-tailed Lemurs *Lemur catta*

灵长目、狐猴科、狐猴属。环尾狐猴是狐猴科的猴类动物，由于其尾巴上有十分明显的黑白相间环带，加之看上去很像狐狸，所以叫它们为环尾狐猴。环尾狐猴体长39～46 cm，尾长56～62 cm，它们仅仅分布在马达加斯加岛的南部和西南部一带，栖息在干旱森林和灌木丛一带，也在落叶林的附近、多岩石的山区、河流沿岸林带的交界处等活动，以果实、树叶、树皮甚至树胶等为食。环尾狐猴喜欢群栖，一般是5～25只为一个群体，其头领为一只成年雌猴，它允许雌性留住，而年轻的雄性则要迁移到其他群体中去。母兽孕期大约为134～138天，每胎只生1只幼崽，有时2只，偶有3只。幼崽刚出世时会紧紧抓住妈妈的腹部，长大一些就骑在妈妈的背上而跟随妈妈活动。半岁时即可独立生活。2～3岁性成熟，寿命大约为18年。在雄性环尾狐猴的上胸部和前臂内侧以及肛门周围等处都有腺体，会分泌出刺鼻的臭气，不要说人类闻之作呕，就是其他雄性环尾狐猴闻到，也是受不了的。所以每到繁殖期，雄性环尾狐猴们为了争夺配偶，都会把自己的臭气当成“武器”，它们使用蓬松的大尾巴在腺体处使劲摩擦，边擦边煽动，都想用自己浓烈的臭气“臭走对方”。在这场“臭气大战”中，胜利者便可取得与雌体的交配权。IUCN 易危；CITES 附录I。

图6-33 环尾狐猴
库克群岛（Cook Is.）
1992年 50元
银 19克
特种币 25 000枚
Φ39 mm

23. 大狐猴　Indri，Endrina　*Indri indri*

灵长目、狐猴科、大狐猴属。大狐猴是大狐猴属的单一种，而且是狐猴科中的“大个子”，其体长达60 cm。大狐猴仅分布在马达加斯加岛的东部，栖息在雨林山地中，主要以树叶和水果等为食，是夜行性动物。大狐猴的社群单元是雌雄配对并与其后代共同生活。雄性防守领地，雌性能优先取食。母兽孕期大约为172天，每胎仅仅生1只幼崽。大狐猴曾经是马岛的常见物种，但现在其数量已很少了。IUCN 濒危；CITES 附录I。

图6-34　大狐猴
马尔加什（Malagasy）
1988年　20法郎
银　19克
WWF纪念币　25 000枚
Φ36 mm

24. 懒猴　Slender Loris　*Loris tardigradus*

灵长目、懒猴科、懒猴属（单一物种）。它的体长17～26 cm，体重330 g重，尾长大约1 cm（基本上无尾），眼睛奇大。主要分布在非洲、印度南部、斯里兰卡和中国的云南省、广西（区）的南部，栖息在浓密的落叶林中或沿海森林地带，以节肢动物、树叶、水果、蛋类和小型哺乳动物等为食，但不吃鱼类和肥肉。其他“猴类”动物都行动灵活敏捷，懒猴则恰恰相反，不善跳跃和攀登，只是在树枝上慢慢地爬行。懒猴是夜行性动物，捕食方式不是主动出击，而是静候等待猎物送上门来。懒猴的吃相很好玩：采食时，先闻闻后舔舔，再用嘴巴试咬，生怕人家放了毒似的，每个动作都很呆笨，显得无精打采。懒猴不会戏水，它们拒绝洗澡，也能长期缺水。独居或成对生活，母兽孕期大约为165～170天，每胎可生1～2只幼崽。IUCN 濒危；CITES 附录II。

25. 蜂猴　Slow Loris　*Nycticebus coucang*

灵长目、懒猴科、蜂猴属。蜂猴英文名字的意思是“行动缓慢的懒猴”，这是因为这种猴的行动缓慢而谨慎，完全不同于其他灵长类动物那样好动、能跳、善跑和攀爬。蜂猴的体长26～38 cm，尾长1～2 cm。主要分布于亚洲南部和东南部一带，一般栖息在热带森林、竹林或种植园中，以小型哺乳动物、节肢动物和水果等为食。蜂猴和懒猴科的其他内亲一样，都有着许多共同点：行动缓慢、性情温顺、双目并视、手指适宜抓握、树栖以及夜行性等。蜂猴的居住方式不稳定，母兽孕期大约为190天，每胎可生1～2只幼崽。IUCN 低危；CITES 附录II；中国 I级。

图6-35　懒猴
马拉维（Malawi）
2005年　10克瓦查
银　28克
特种币
Φ39 mm

图6-36　蜂猴
马来西亚（Malaysia）
2003年　25分
金铜　收藏币
Φ30 mm

婴猴，名字里包含有一个“婴”字，是因为它们发出的叫声很像婴儿的哭叫声，动物学家就给它们起了婴猴的名字。婴猴属共有5种婴猴，其体型大小因品种而异：小品种的体长11～16 cm，尾长14～22 cm。大品种的体长27～47 cm，尾长33～52 cm。主要分布在非洲的中部、东部和南部一带，栖息热带森林、丛林、干燥的灌木林、人工林以及稀树草原中，以节肢动物、水果、小鸟、鸟蛋和花等等为食。有的婴猴喜欢群栖，但是有的却选择独居，或者有分有合。母兽孕期大约90～150天，每胎可生1～3只幼崽。所有的婴猴的视觉、听觉和嗅觉都很发达，同时它们又都有耳朵大、尾巴长、行动非常敏捷的特点，别看它们的个头小，跳跃的本事可强了，有的甚至可以一跳就跃过2 m高4 m宽的障碍。

26. 塞内加尔婴猴 Lesser Bushbaby，Galago *Galago senegalensis*

灵长目、婴猴科、婴猴属。IUCN 低危；CITES 附录II。

27. 扎伊尔婴猴 Zaire Galago *Galago matschiei*

灵长目、婴猴科、婴猴属。IUCN 低危；CITES 附录II。

图6-37 塞内加尔婴猴
塞内加尔（Senegal）
2003年 3 000中非法郎
黄铜 10克
特种币 1 200枚
Φ28 mm

图6-38 扎伊尔婴猴
乌干达（Uganda）
1999年 500先令
银 10克
特种币
Φ34 mm

金头狮面狨、狨和柽柳猴都是狨猴科动物，又称为狨类动物，共有4属26个物种。其体型大小因品种而异：小品种的体长大约16 cm，尾长18 cm；大品种的体长达35 cm，尾长可达40 cm。狨猴科动物的食性比较复杂，依不同品种而异：有的是植（物）食性动物；有的是肉食性动物；而有的则是杂食性动物。这些狨类动物虽然有长长的尾巴，但是没有抓握物品的能力；它们都是昼行性和树栖动物；如果就它们的下颌门齿的长度来考虑，则可分为狨属和柽柳猴属。由于本科好些品种的体型都很小（有的还是灵长目中最小的品种），形象逗人，所以常常被人们当作宠物来饲养。当然本科中的一些品种，动作十分敏捷，人们很不容易捕获它们。

28. 金头狮面狨（金狮绢猴、金狮塔马林猴）Golden-headed Lion Tamarin *Leontopithecus chrysomela*

灵长目、真猴亚目、狨猴科、狮面狨属。金头狮面狨体长25～35 cm，尾长35～40 cm。主要分布在南美洲的大西洋热带雨林中，以水果、蜂蜜和昆虫等为食，有时也会抓小鸟充饥。金头狮面狨一般为群栖（常常为4～11只）或成对生活。母兽孕期大约129天，每胎可生2只幼崽。金头狮面狨具有长长的鬃毛、像丝一样的金红色的皮毛，面部则为灰色。在社群活动中，金头狮面狨与别的猴类不同的是：从属猴的性活动不受猴王或优势个体的控制，群体中的幼体常常会帮助照看新生的弟弟或妹妹。IUCN 濒危；CITES 附录I。

图6-39　金头狮面狨
英属维尔京群岛
（British Virgin Is.）
1993年　25元
银　20克
特种币
Φ40 mm

29.　狨（狷毛猴）　Common Marmoset　*Callithrix jacchus*

灵长目、真猴亚目、狨猴科、狨属。IUCN 濒危；CITES 附录I。

30.　柽柳猴　Red-handed Tamarin，Negro Tamarin　*Saguinus midas*

灵长目、真猴亚目、狨猴科、柽柳猴属。IUCN 低危；CITES 附录II。

图6-40　狨
朝鲜（D.P.R.Korea）
2004年　7元
银　18克
特种币
23 mm×40 mm

图6-41　柽柳猴
朝鲜（D.P.R.Korea）
2004年　7元
银　18克
特种币
23 mm×40 mm

31. 吼猴（红面吼猴）　Howler Monkey　*Alouatta pigra*

灵长目、卷尾猴科、喉猴亚科、吼猴属。吼猴属共有8种吼猴，其体型大小因品种而异，一般体长50 ~ 65 cm，尾长55 ~ 70 cm，体重可超过9 kg。主要分布于北美洲的墨西哥、中美洲尼加拉瓜等国以及南美洲北部的几个国家，栖息在热带雨林中，有的还生活在红树林、热带稀树草地一带，吼猴是正宗的素食主义者，各种各样的树叶、嫩树皮、果实、种子、花和芽都“照单全收”。吼猴喜欢群栖，一般是由一只雄性、几只雌性和幼体组成一个群体或“家庭”。母兽孕期大约为190余天，每胎只生1只幼崽。在吼猴的群体中，当一个新的雄性“家长”取代了原来的“家长”时，会杀死原来“家长”的所有后代，逼迫留下的成年雌性“就范”，并为它生育和抚养自己的后代。

吼猴被评为动物世界中“十大最吵闹动物”的第一名。这类猴子天生一个“共鸣箱”，它位于下颌两侧、喉头前端的背面与喉管相连。每天早上一起来或晚上睡觉之前，吼猴们第一件要做的事情就是开始嚎或吼叫，其声音极为强烈和洪亮，在离它们5 000m以内都可以听到。加之在其他时间内，吼猴也常会吼叫，所以动物学家们就给它们起了个“吼猴”之名。吼猴的吼叫，特别表现在对领土的保卫或争夺方面，双方都是以雄猴首领来领叫，雌猴和幼仔则帮吼叫助威。领土的猴群用吼声宣布：“这是我们的家园，不得入侵！”，而入侵猴群则用吼声挑衅：“江山轮流坐，今天到我家！”如果原领土猴群胜利了，入侵群就乖乖地退出边界；反之，如果入侵群得胜，那么原领土猴群就只好拱手让出地盘，垂头丧气地离开领地。

吼猴是树栖动物，无论进食、行走，还是玩耍、睡觉都在树上。它们不必下地喝水，因为它们从吃的食物中，就可获得生存所必需的水分。所以，人们及经常考察吼猴的科学家在内，都很难看见吼猴下地活动。IUCN 濒危；CITES 附录II。

图6-42　吼猴
尼加拉瓜（Nicaragua）
1994年　5科多巴
银　27克
特种币　20 000枚
Φ40 mm

图6-43　吼猴
伯利兹（Belize）
1995年　10元
银　28克
特种币　10 000枚
Φ38 mm

32. 青猴　Diademed Monkey，Sykes' Monkey　*Cercopithecus mitis*

灵长目、猴科、猴亚科、长尾猴属。青猴是长尾猴的一种，体长49 ~ 66 cm，体重4.3 ~ 7.9 kg。体毛呈暗灰褐色，双肩蓝灰，喉白腹黑，脸黯黑，额头上长有标志性的淡黄色的冠毛。四肢黑色，尾巴很长、黄白色，尾端黑色。主要分布于非洲索马里、埃塞俄比亚、肯尼亚、刚果、乌干达、安哥拉和南非等地。栖息于森林地带。昼行性，半树栖，以母猴为中心集小群活动，一群只有一只成年公猴。其吼声响亮并极具个性，用以相互联络。以植物果实、花、叶、昆虫、鸟和婴猴等小型兽类为食。孕期140天，每胎1崽，雄崽性成熟后便离群而去。IUCN 低危；CITES 附录II。

图6-44　青猴
朝鲜（D.P.R.Korea）
2004年　7元
银　18克
特种币
23 mm × 40 mm

33. 叟猴（无尾猕猴、柏柏里猴）　Barbary Ape　*Macaca sylvana*

灵长目、猴科、猴亚科、猕猴属。猕猴属共有16种猕猴，这些猕猴中有的品种有尾巴，尾长20 ~ 30 cm；而有的则没有尾巴，叟猴就是没有尾巴的一种猕猴。叟猴分布于欧洲南部和非洲北部，而猕猴属中的其他猕猴则都分布在亚洲，生活在非洲北部的无尾猕猴至少有600万年的历史了。日本青森县下北半岛（产日本猴）是世界上猴类分布的最北限界，而其上的日本猴则是除人类以外分布在最北端的灵长目动物。猕猴属中的猴类体型大小因品种而异，一般体长45 ~ 65 cm，尾长15 ~ 60 cm。它们栖息和生活的地域也很广泛；在树林、山地、沼泽地甚至草原和平地都有它们的踪迹；从热带到温带，从海岸边到4 000 m高山处也都有它们的影子，所以它们都是地栖猴类。猕猴适应能力很强，是杂食性动物，以果子、树叶、嫩芽、昆虫和鸟蛋等为食，冬天则以吃树皮和地衣为生。猕猴平时喜欢群栖和热闹，常常是几十只甚至几百只在一起活动。在猕猴群体中不仅有一位首领，而且还有4～5位副首领。同时，成员的优劣顺位十分明显而且严格。母兽孕期大约为150～160天，每胎仅生1只幼崽。猕猴主要是用四肢在地上行走，在地面上和在树上同样敏捷。但是，也能用后肢站起来走路或奔跑，特别是当它们手中拿着东西或食物的时候更是如此，有的品种（赤猴）的奔跑时速竟能达到50 km。CITES 附录II。

图6-45　叟猴
印度（东印度公司）（India）
1818年　0.5安那
紫铜　流通币
Φ30 mm

图6-46　叟猴
直布罗陀（Gibraltar）
1988年　5便士
铜镍　流通币
Φ23 mm

图6-47　叟猴
直布罗陀（Gibraltar）
1995年　1克朗
铜镍　PPE特种币
Φ38 mm

34. 山魈（花面狒狒）　Sphinx Mandrill　*Mandrillus*

灵长目、猴科、猴亚科、山魈属。山魈属共有2个品种即山魈和鬼狒。山魈和鬼狒的面部都有一个特殊的地方，就是它们具有鲜红色的鼻子、鼻子两侧都有多条亮蓝色的突缘以及黄色的胡须。这些鲜明的色彩在臀部和性器官周围也可见到。山魈的体长63～81 cm，尾长7～9 cm，站立起来有100 cm多高，雄性比雌性约大2/3。主要分布在非洲的西部和中部一带，栖息在原始或次生雨林中，以水果、种子、树皮、树叶、蛋类、节肢动物和小型哺乳动物等为食，有时连其他猴子也照吃。山魈喜欢群栖，每个群体由几十只到上百只不等。当一个群体多达250只左右时，便又可分为多个小群体，每个群体又各由1头雄性山魈领着它所拥有的大约20几位妻妾，再加上一些幼崽另立门户了。母兽孕期大约为150～180天，每胎仅生1只幼崽。雄山魈脾气暴烈、性情凶猛，它们一旦遇到狮和豹类动物，不但不怕，还挑衅似的大喊大叫，并向其投以石块。雄山魈这种临危不惧、敢于拼命的举动，反而吓得狮或豹等仓皇逃命。这还确实是非洲动物界中的一大奇观！IUCN 濒危；CITES 附录I。

图6-48　山魈
库克群岛（Cook Is.）
1992年　50元
银　19克
特种币　25 000枚
Φ39 mm

35. 狒狒　Baboon，Drill　*Mandrillus leucophaeus*

灵长目、猴科、猴亚科、狒狒属。狒狒属共有2种，即埃及狒狒和狮尾狒，其体型有些差别。一般体长60～86 cm，尾长45～58 cm。主要分布在非洲的西部、中部和东部一带，还有亚洲的阿拉伯半岛。它们栖息在热带的稀树草原的林地、森林边缘、谷底森林和灌木丛中等。狒狒是地栖猴类，以水果、果实、种子、树叶、树根、节肢动物、蛋类、蜥蜴、小型哺乳动物甚至一些大型的哺乳动物等为食。狒狒喜欢群栖，其群体数目可从40只到200只不等，在狒狒群体中不仅有一位首领，而且还有4～5位副首领。其中还包括若干个小家庭，都有各自的小首领或家长，是一个等级分明的群体，大大小小的首领都有保护自己小群体安全的重任。母兽孕期大约为180天左右，每胎仅仅生1只幼崽。当每个家庭新增生命时，其他成员都会来“祝贺”，热闹一翻。但是对于新生儿，“只许看、不能摸”，因为抚摸“BB”是妈妈的专利，“BB”在断奶前一直在妈妈的怀里。只有到180～240天后，小狒狒就会被送到“托儿所”，由“狒狒阿姨”统一负责专门照顾这些顽皮的小狒狒。IUCN 濒危；CITES 附录 I。

图6-49　狒狒
赞比亚（Zambia）
2000年　1 000克瓦查
银　29克
特种币
Φ40 mm

36. 东黑白疣猴 Eastern Black-and-white Colobus *Colobus guereza*

灵长目、猴科、疣猴亚科、疣猴属。东黑白疣猴一般体长52～80 cm，尾巴特别长，为60～95 cm。东黑白疣猴身上的脸毛、体毛和尾毛都很长，而又是相间有黑白两种颜色。东黑白疣猴仅仅分布在喀麦隆、埃塞俄比亚、肯尼亚及坦桑尼亚等国家，栖息在光线明亮的森林中，基本上以树叶为食，也食用水果或种子。东黑白疣猴的跳跃能力很强，它可以从一棵树上跳到10 m以外的另一棵树上。东黑白疣猴平时喜欢群居，通常由1只优势的雄猴领着4～5只雌猴，再加上它们的幼崽一起生活。母兽孕期大约为170天，每胎仅仅生1只幼崽。东黑白疣猴的雄性头头常常用吼声和引人注目的跳跃表演，防止或驱赶入侵者。IUCN 低危；CITES 附录II。

37. 长鼻猴（象鼻猴） Proboscis Monkey *Nasalis larvatus*

灵长目、猴科、疣猴亚科、长鼻猴属。长鼻猴体长73～76 cm，尾长大约66 cm，雄性的体重25～30 kg，雌性则只有15～18 kg。由于长鼻猴的鼻子又长又大还下垂，所以人们就给这种猴子起名为长鼻猴。这个鼻子还随着年龄的增加而伸长。 它们主要分布在马来西亚的婆罗洲，栖息在红树林、红树林沼泽、雨林、低地、河流沿岸及海岸线处的林地等地，但其生境都离不开水，以红树叶及其种子为食。长鼻猴一生基本上不下地面，是标准的树栖动物，它们喜欢群栖，一般为6～10只为一个小群体，由一只优势的雄性作头领，它常常利用大而低沉的鼻音和勃起的下体去驱赶入侵者。母兽孕期大约为166天，每胎仅生1只幼崽。长鼻猴的主要天敌是鳄鱼，许多成年或幼体长鼻猴一旦从树上掉到河里或其他水域，就常常成为鳄鱼的腹中食。长鼻猴的数量估计不足6 000 只了。IUCN 濒危；CITES 附录II。

图6-50　东黑白疣猴
厄立特里亚（Eritrea）
1995年　1元
铜镍　PPE特种币
Φ38 mm

图6-51　长鼻猴
马来西亚（Malaysia）
2003年　25分
金铜　收藏币
Φ30 mm

38. 金丝猴（金线猴、花猴、仰鼻猴）
Golden Monkey，Snub-nosed Monkey *Pygathrix roxellana*

灵长目、猴科、疣猴亚科、白臀叶猴属。白臀叶猴属共有5个物种，其中3种都含有金丝猴的名称（金丝猴的亚种），实际上，人们泛指的金丝猴，即川金丝猴，才是确切意义上的金丝猴，因为它的身上长有金黄色的长毛，披拂在肩背部的金黄色的长毛可达30～50 cm，毛色十分华丽。在其头部、颈部、胸部以及四肢的内侧也都有橙黄色而且发金光的毛，这种金丝猴就是世界著名的金丝猴。川金丝猴体长54～71 cm，尾长52～76 cm，有的雄性可超过80 cm，尾巴还超过100 cm，最大体重35 kg，雌性约小30%。川金丝猴为中国特产，主要分布在中国四川省西部和北部的山区森林中。金丝猴食物包括树叶、树皮、嫩芽、野果、种子等等，也吃一些昆虫、蠕虫、鸟和鸟蛋等，以打个“牙祭”。金丝猴喜欢群栖，母兽孕期大约为180～196天，每胎仅生1只幼崽（偶产双胞胎），刚生下的小仔大约有300 g。4～5岁性成熟，寿命30～35岁。

其他2种金丝猴分别是产在贵州省的黔金丝猴（又名灰金丝猴）和产在云南省的滇金丝猴（又名黑金丝猴）。这两种金丝猴并不是名副其实的金丝猴，因为它们的身上根本就没有金黄色的长毛。但是，这三种金丝猴都是同一个属，其共同特征是鼻小而上仰，鼻孔还朝天。其他的生理特性和食性大致相同，都生活在2 500～3 800 m的高山上，天冷时则下迁到1 500 m以下的树林中过冬。

许多母兽都会关怀和保护幼崽，而母金丝猴护崽却堪称一流。当敌害来侵害时，它会携儿同逃；一旦逃不了时，它即刻将幼崽安排好（比如抛向树上或抛向山谷，先让孩子夺路而逃）；这时，母金丝猴或者把敌害引向他处，以分散敌害的注意力；或者它自己就干脆挺身而出，挡住去路，与敌害决一死战，至少会与敌害周旋一番，以赢得孩子逃跑的时间。像母金丝猴如此“宁可牺牲自己，也要保护幼仔”的血染风采的举动，体现了金丝猴的崇高母性。在金丝猴群中，保护幼猴是社群中每一个成员的责任和义务，无论是觅食、进食、受伤抢救和安全转移，幼仔们都是优先；雄性猴王在群猴中是至高无上的，但这个权位不是世袭的，而是靠它的智勇双全和英勇献身精神赢得的，猴群的老百姓服它；金丝猴夫妇感情专一、相敬相爱、互相帮助等等，不得不让人类赞叹：金丝猴是大森林的精灵，是一个和谐的社群，是一个充满人情味的世界。IUCN 濒危；CITES 附录I；中国 I级。

图6-52 金丝猴
不丹（Bhutan）
1992年 300努扎姆
银 31克
特种币 2 300枚
Φ39 mm

图6-53 金丝猴
中国（China）
1995年 5元
紫铜 收藏 /特种流通币
Φ32 mm

图6-54 金丝猴
老挝（Laos）
2004 /2005年（全息双年份）
15 000基普
银 20克
特种币 2 300枚
Φ39 mm

39. 黑长臂猿 Black Gibbon *Hylobates concolor*

灵长目、长臂猿科、长臂猿属。黑长臂猿是长臂猿属 11种动物中的一种，也属于“小猿类动物”。其体长40～55 cm，体重7～10 kg，没有尾巴。黑长臂猿主要分布在越南、老挝、柬埔寨以及中国云南省、海南省，生活在热带和亚热带山地常绿阔叶林中，主要食物有植物的果实和树叶，有时也吃昆虫、小鸟和鸟蛋。黑长臂猿爱群居，孕期210天左右，每胎仅生1只幼崽。寿命大约30～35 年。黑长臂的特点是，前肢大大长于后肢，站立时，双臂下垂可以碰到地，两臂平展宽度可达1.5 m。中国的黑长臂猿濒危灭绝，20世纪50年代，海南黑长臂猿还有2 000只，到20世纪末却仅存18只了（其中母猿6只，公猿和仔猿12只猿），这个数目，作为种群存在已经相当困难。科研人员正在探索如何挽救濒临灭绝的黑长臂猿。IUCN 濒危；CITES 附录I；中国 I级。

图6-55 黑长臂猿
老挝（Laos）
2004/2005年（全息双年份）
15 000基普
银 20克
特种币 2 300枚 全息幻彩
Φ39 mm

40. 大猩猩 Gorilla *Gorilla gorilla*

灵长目、人科、大猩猩属。大猩猩属仅有一个大猩猩品种，但是，包括了几个亚种，比如山地大猩猩、低地大猩猩和一般大猩猩（但是有的学者认为它们不是亚种而是不同的品种）。大猩猩雄性身高可

图6-56 山地大猩猩
原扎伊尔（Zaire）
1975年 2.50扎伊尔
银 28克
CS特种币 6629枚
Φ38 mm

图6-57 低地大猩猩
英属维尔京群岛
（British Virgin Is.）
1993年 25元
银 20克
特种币
Φ40 mm

图6-58 大猩猩
利比里亚（Liberia）
1994年 1元
铜镍 PPE特种币
Φ38 mm

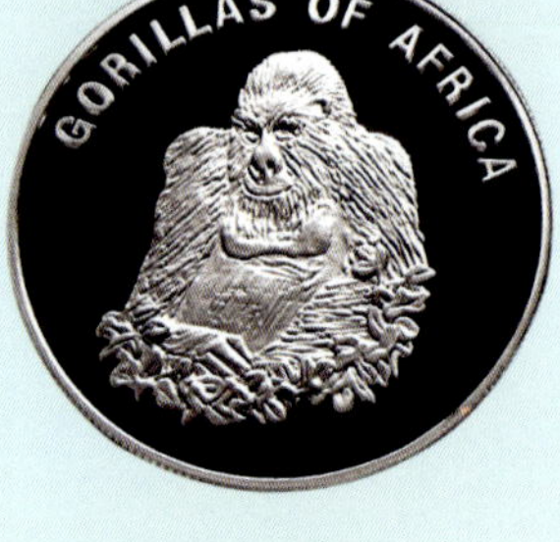

图6-59 大猩猩
乌干达（Uganda）
2002年 1 000先令
银 31克
特种币
Φ39 mm

图6-60 大猩猩
乌干达（Uganda）
2002年 1 000先令
银 31克
特种币
Φ39 mm

图6-61 大猩猩
刚果（金）（D.R.Congo）
2005年 10元
特殊币 桦树木（烙烫成像）
Φ39 mm

达130 ~ 190 cm，雌性身高为125 ~ 140 cm，雄性体重140 ~ 270 kg，雌性体重也达90 ~ 150 kg，它们绝对是森林中的“金刚”，是世界上现存最大的灵长类动物。大猩猩主要分布在非洲中部、东部和西部的赤道地区茂密潮湿的森林、竹林、甚至林间沼泽地等。带幼崽的雌性和幼崽栖息在树上，而雄性或一些雌性因为体型太大而睡在地下。大猩猩以树叶、树根、水果、果实、竹笋和真菌等为食。大猩猩喜欢群栖，但是，它们是“一夫多妻”制，由一优势雄性统领若干成年雌性及它们的幼崽一起生活，即“单雄性型群体”的生活方式，通常是10 ~ 30来只为一个小群体。雌性大猩猩10 ~ 11岁、雄性大猩猩大约12岁时分别到了谈婚论嫁的年龄。但是雌性大猩猩往往只“看上”本群体中的首领作为配偶。雌性大猩猩每隔3 ~ 5年才怀孕一次，雌性孕期大约为250 ~ 290天，每胎仅生1只幼崽，偶生2只。妈妈十分关心和养育自己的宝宝，成天总是抱着它，以免发生任何的闪失：而孩子长大些了，就让宝宝成天骑在自己的背上，一直到孩子4岁了，才放心让它离开自己去独闯世界。大猩猩的寿命大约为40年。

大猩猩全身披着黑褐色（有的略带灰色），硕大的头颅、高突的眉脊、凹陷的眼窝、大而塌的鼻子、宽而大的嘴巴、粗且圆的臂膀、魁梧的身躯以及狰狞可畏的表情，看起来有点恐怖。人类以前曾认为它们是粗暴可怕的动物，后来，经过多方面的了解和研究才知道，实际上大猩猩是性格温和、不喜争斗的动物。在大猩猩的每个小群体中是比较能安静地生活的，它们都能听从首领的命令。而在每个小群体之间也能友善和平地相处。当然，一旦遇到敌害侵入，在与之战斗之前，它们会激烈地捶打胸脯（动物界中特有的“大猩猩的捶胸行为”），并同时大声地吼叫或顿足，以表示不满和警告。如果，入侵者见状还不知高低、不晓好歹，以至不愿后退的，大猩猩只好“对不起，别怪我大开杀戒了”，面对被激怒的“森林金刚”大猩猩，还有哪个入侵者能占到便宜？IUCN 濒危；CITES 附录I。

41. 黑猩猩　Chimpanzee　*Pan troglodytes*

灵长目、人科、黑猩猩属。黑猩猩的属名为“ Pan ”，其含意为“森林之神”。本属共有2种黑猩猩。黑猩猩体长63 ~ 90 cm，体重30 ~ 60 kg。仅仅分布在非洲西部至东部地区，生活在山区、原始

图6–62　黑猩猩
库克群岛（Cook Is.）
1990年　25元
银　5盎司
特种币　10 000枚
Φ65 mm

图6–63　黑猩猩
库克群岛（Cook Is.）
1990年　50元
银　19克
特种币　25 000枚
Φ39 mm

图6–64　黑猩猩
冈比亚（Gambia）
1994年　20达拉西
银　31克
特种币　15 000枚
Φ39 mm

森林、次生雨林以及热带稀树大草原林地中。黑猩猩喜群居，常常十几只多至120余只在一起生活，但是，它们似乎没有什么固定的社会结构，颇具乱婚性。母兽孕期大约为243天，每胎仅生1只崽，2岁后便可独自谋生了。黑猩猩的主要食物是植物，包括野生果、番木瓜、甘薯和甘蔗等。但是，黑猩猩也会合伙捕杀并吃掉猴子、小羚羊和非洲野猪等动物，且荤食食谱上还有蜥蜴、鸟、鸟蛋和昆虫等等。黑猩猩很喜欢吃白蚁和蚂蚁，并会使用树枝或草条伸进蚁洞中骚扰粘它们，待树枝或草条爬满蚁类，便拔出来尽情舔食其上的白蚁或蚂蚁。黑猩猩白天多在地面活动，每天的黄昏在树上简单筑巢，但是第二天便会另筑一个新巢。

在灵长目动物中，最聪明的要数黑猩猩了，被称为“动物界的智叟”。黑猩猩是动物界中现存人类最近的“亲戚”，大约在600万年前，黑猩猩与人类有一个共同的祖先。黑猩猩具有一定的思维能力和相当高的理解力，在智力、情感和学习技能方面与人类最接近。它们不但会使用工具，还会制造工具以便获取食物；黑猩猩较活泼外向，母兽不仅精心照看自己的孩子，也能同时照料同类的2～3只幼崽，并像自己的孩子一样给它们喂奶；黑猩猩会像人类一样向同伴示意讨吃食物，而不是靠武力来抢夺，当然，对方也会分给讨要者吃；在黑猩猩的群体中，也具有分配行为；黑猩猩具有人类中“知恩图报”、“打抱不平”和“欺骗手段”等行为；黑猩猩较活泼外向，非常善于模仿，包括人类的吐唾沫和吸烟等不文明习惯；经过训练的黑猩猩能上台演戏；特别是在交配方式上，黑猩猩和所有猿猴都不相同，不是爬跨式而是面对面；近年来科学家们还发现：1岁半的黑猩猩就有“助人为乐”的精神；黑猩猩很理解合作的重要性；黑猩猩助人也不求回报等等，这些都是和人类共有的相同的天性。黑猩猩的寿命一般为35～40年。

20世纪末，一些动物学家根据DNA试验，提出黑猩猩不是两种而是三种的观点：它们分别是西非黑猩猩（人们常说常见的黑猩猩）、东非黑猩猩和中非黑猩猩（又名侏黑猩猩）。这一观点，尚待动物界取得共识。IUCN 濒危；CITES 附录I。

42. 猩猩（赤猩猩、红猩猩、褐猿） Orangutan *Pongo Pygmaeus*

灵长目、人科、猩猩属。猩猩的体长110～140 cm，体重40～80 kg，雄性比雌性的体型要大。猩猩仅仅分布在苏门答腊和婆罗洲，栖息在原始热带森林中。猩猩的臂长是体长的两倍，几乎终身生活在树冠中。猩猩以水果、蜂蜜、节肢动物、蜥蜴、鸟蛋和小型哺乳动物等为食。猩猩的社群及居住方式不稳定，成年后的雄猩猩有的好单独生活；有的则由一只雄猩猩带领2～3只携带幼崽“投奔”而来的雌猩猩组成一个暂时性的小家庭。当然，也有不少这样的情况，即雌、雄结为配偶后，夫妻关系就有8～9年相对稳定的时间。因为，在猩猩世界里，雌猩猩大体上每4年生产1胎，母兽孕期大约为260天，每胎仅生1只幼崽。而母兽每7～8年都会在树顶的巢穴中一直养育幼崽，也有幼崽5年后就离开母兽独自生活的。在长达这5～8年中，配偶一般情况下，会一直和幼崽生活在一起，毫无疑问，猩猩的繁殖间隔是动物界的冠军！ 猩猩是标准的树栖动物，在树上会简单地建筑一个巢，但是第二天便会另筑一个新巢。据报道，猩猩的寿命大约为40年。IUCN 濒危；CITES 附录I。

图6-65　猩猩
马来西亚（Malaysia）
2003年　25分
金铜　收藏币
Φ30 mm

43. 狗（家犬） Dog *Canis lupus familiaris*

食肉目、犬科、犬属。犬属是一个很大的类群，包括各种狼以及人类培养出来的形形色色的品种在内，共有上百种之多，其体型大小因品种而异，有的小型品种的体长仅仅20多 cm，大型品种的体长竟超过100 cm，尾长的差别也很大。除南极外，狗广布世界各地。栖息在各种环境中。狗的食性很杂。狗为群栖动物，很有协调性，有怕寂寞的习性。狗类都善于游泳，难怪乎在人类众多的游泳方式或技术中，狗还为人类发明了一种称作“狗爬式”的游泳方式呢。狗的繁殖期不固定，母兽孕期大约为60天，每胎可生1 ~ 12只幼崽，幼崽28 ~ 56天便可断奶离开妈妈了。而母狗生产后的7 ~ 10个月起，就可以再次怀胎了。狗是人类最早驯服的动物之一，早在14 000 ~ 12 000年，狗的祖先——狼为了寻找人类吃剩的食物而来到人类居住的家，被人类抓住后，经过驯化和调教，终于成了人类的好帮手。千百年来，在所有动物中，狗的确是人类最忠实的朋友和助手，忠实地为人类看家、护院、牧羊、打猎、拉橇、导盲，特别是参与军事活动和警方破案，替代了许许多多人类无法完成的工作，此外，还有供人娱乐的宠物狗和赛狗等等。狗与人的交往是不带任何私利的，只要它活着，就会永远忠实于主人。狗对人的索取仅仅是残羹剩饭或是被人吃了肉的骨头，而它回报主人的却上是毕生的忠诚乃至生命。仅在中国，历代狗救主人的故事不胜枚举。 而在大地震中，搜救犬救人的努力和效率之高，令人惊叹。因此，赞美狗的言词不少。比如，“子不嫌母丑，狗不嫌家穷”，仅仅这一条就道出了狗通人性的忠义情分。世界上许多人饲养各种各样宠物，有哪一种宠物的数量能超过宠物狗？这不正是基于它这一本性吗？当然，以前国人却常误解与诅咒狗，骂狗贬狗的成语、谚语和歇后语多达几十条。诚然，狗是有一些缺点，比如，有些狗不讲卫生，到处大小便；有时狗也分不清好坏；有些狗会乱咬人，甚至连神仙吕洞宾也敢咬，等等。当然，这不应该迁怒于狗，而是人的管理问题。在犬属中，有许多是优势品种数量甚多。但是有的品种却相反，比如狼狗，则属IUCN 濒危。

图6–66　狼狗
爱尔兰（Ireland）
1966年　6便士
铜镍　流通币
Φ21 mm

图6–67　狗
挪威（Norway）
1969年　50欧尔
铜镍　流通币
Φ21 mm

图6–68　古马耳他狗
马耳他（Malta）
1977年　1镑
银　7克
特种币　2 500枚
Φ25 mm

44. 狼（灰狼） Gray Wolf *Canis lupus*

食肉目、犬科、犬属。体长100 ~ 150 cm，尾长30 ~ 51 cm。主要分布在北美洲、欧洲和亚洲的北纬15° 以上的地区中，一般栖息在野外或边远的地方，也会出现在人类居住地附近一带以寻找食物。狼主要以小型和大型的哺乳动物为食，是夜行性动物。狼的家庭观念很强，大多维持一夫一妻制，母兽孕期大约为61 ~ 63天，每胎可生1 ~ 11只幼崽，幼崽在30天后断奶，以后就取食于成狼们回吐的食物，幼崽不仅有双亲和长辈的抚养，而且也会得到兄弟姐妹们的照顾。如果喂养得好，幼崽长得健壮，那么3～5个月就可与家群一起外出觅食了。到年满1岁后，有些就可离群去独闯世界去，2～3岁便成熟了，狼的寿命为12～15年。曾有一只被捕的野生狼为16岁。

狼有灵敏的视觉、嗅觉和听觉，而且它们体力好、有耐性、讲战术，还能长距离追赶并围歼猎物，直到将猎物制服而享受美味大餐。狼是绝对成功而且合群的捕食者，“豺狼虎豹”，狼能排行老二，说明它的确比虎和豹有更高一筹之处。狼一般以8～12只为一个家群共同生活，这个家群的首领是一对由优秀繁殖个体结成的终身配偶，狼的等级观念非常强，其他成员都会听从并依附于它们的“国王和王后”。在狼群合作捕食到猎物后，两位首领优先食用，其他成员则会“自觉地”排队等候。在狼群中，强者会向弱者严厉瞪视，而弱者则会躺下伏耳、露出喉咙和胸脯，表示“听话”（不听话您就咬死我）。狼的吞咽能力了得，不用嘴嚼就可吞下大块大块的肉，要不怎么会有“狼吞虎咽”的成语？要不它们又怎样为狼崽们带回去食物？当然，狼的嚎也是非常有名的，远在10 km开外都可听到，其嚎叫之声，非常难听，而且十分阴森恐怖，难怪古人还创造了“鬼哭狼嚎”的成语呢。在人类的眼里，狼是“贪婪”和“邪恶”的代言词。实际上，古往今来，人类并没有真正了解并认识狼。狼的凝聚力、自我牺牲精神、高效率捕食和对家族的忠诚，这在动物界中是很少有的。IUCN 濒危；CITES 附录I。

图6－69　狼
波斯尼亚和黑塞哥维那
（Bosnia and Herzegovina）
1994年　750第纳尔
银　28克
PPE特种币　30 000枚
Φ38 mm

图6－70　狼
波兰（Poland）
1999年　20兹罗提
银　31克
特种币　21 000枚
Φ39 mm

45. 红狼　Red Wolf　*Canis rufus*

食肉目、犬科、犬属。红狼是一种生活于北美洲的犬科动物，与灰狼相比，体型小且瘦，腿、耳较长，毛却更短。体毛呈茶色、微红色或黑色。 身长约100～125 cm，其中尾长 33 cm。肩高66～79 cm。体重约14～37 kg。雄狼比雌狼高大，毛色也更漂亮，为肉桂红和灰黑色相间，其红色在冬季更加明显，每年夏天脱毛。主要捕食啮齿目小型哺乳动物，也吃白尾鹿、兔子、西猯、马鹿和昆虫。红狼在每年的1～3月交配，母兽孕期60～63天，每胎3～6只崽。 红狼属极危动物，20世纪80年代就被认为野生灭绝，后经多方努力，才在美国卡罗利纳等地区建起红狼保护区，到1998年，共有135只红狼，其中野生红狼只有20只。IUCN 极危；CITES 附录 I。

图6－71　红狼
库克群岛（Cook Is.）
1997年　2元
银　10克
特种币
Φ30 mm

46. 黑背胡狼（黑背豺狗、银背胡狼）
Black-backed Jackal *Canis mesomelas*

图6-72 黑背胡狼
南非（South Africa）
2006年 50分
银 76克
特种币 1 500枚
Φ50 mm

食肉目、犬科、犬属。黑背胡狼与其他狼类的最大区别就在于：黑背胡狼的体色呈淡赤黄色，但是它的肩部和背部的毛发却为黑色，形成一个明显的鞍状黑背块，此狼种之名也由此而来。黑背胡狼的体长45～90 cm，尾长36～40 cm。分布在非洲东部和南部一带，栖息在草原、沙漠和城市郊区等地。黑背胡狼以吃腐肉为主，所以，经常吃狮和豹吃剩下的肉，或吃从鬣狗那里抢夺来的腐肉。当然，它们也捕食哺乳动物、鸟类、蠕虫和蛙类等为食，有时也会品尝品尝水果。黑背胡狼喜欢成对外出捕食并成对生活，母兽孕期大约为60天，每胎可生1～8只幼崽。黑背胡狼的家庭观念也很强，大多维持一夫一妻制，幼崽不仅有双亲和长辈们的抚养，而且也会得到兄弟姐妹们的照顾。IUCN 低危。

47. 豺（亚洲野狗、豺狗、赤毛狼）
Dhole，Asian Wild Dog *Cuon alpinus*

食肉目、犬科、豺属。豺是豺属的单一物种，豺的一般体长90～105 cm，尾长40～50 cm。主要分布在亚洲的东部、东南部和南部地区，栖息在热带和温带的针叶林、山地森林和丘陵地带，以大中型哺乳动物、爬行动物等为食。有时也食用植物的叶子、果实和草类。豺喜欢群栖和群体捕食，常常三五成群或十几二十只出没捕猎，有的家群个体数可达30余只左右。豺的视力极强，是人类视力的50倍，而且，豺的听觉和嗅觉也极其发达，特别是，豺胆量大、性情凶猛、身手敏捷、善于腾跃、对于4 m多宽、并加有1.5 m高的壕沟，它可纵身而过。豺行动快速而诡秘，凡与之相遇的所有大小动物，没有一种不惧怕豺的。即使很有经验的老猎人也不易发现豺的踪迹。在中国有“豺狼虎豹”的排法，豺能被列在第一位，可见豺决非等闲之辈。为争夺猎物，豺敢和虎和豹类相斗，并以群力将它们赶走。在巴基斯坦，一次有10只豺与1只孟加拉虎不期相遇，这些比虎小得多的豺竟胆敢向该虎发起了攻击，一场历经半个来小时的恶战，虎被咬得伤痕累累、筋疲力尽；而豺则被撂倒了5只，其余5只见占不到便宜，只好停战，但它们并不甘心，不即不离地跟着伤虎，伺机再战。没想到半路上又出现一群豺，原来的豺立刻振奋起来，一声长嗥，新来的豺一拥而上，又是一场恶斗，那只不可一世的“大虫”最后只剩余一堆凌乱的虎骨了。豺为昼行性动物，不筑巢，仅以自然的低洼地或岩石洞穴为住所。豺的繁殖力强，母兽孕期大约为60～65天，每胎可生3～9只幼崽。在哺乳期后还不能捕猎的幼豺，依靠双亲及家群中其他成体的回吐（食）物生活。IUCN 濒危；CITES 附录 I；中国 II级。

图6-73 豺
俄罗斯（Russia）
2005年 1卢布
银 16克
特种币 50 000枚
Φ33 mm

48. 澳洲野狗　Dingo，Australian Wild Dog　*Canis lupus dingo*

食肉目、犬科、猎狗属。澳洲野狗体长72～120 cm，尾长21～36 cm。主要分布在澳大利亚，栖息在热带和温带森林及森林边缘、沙漠和草原中，以哺乳动物、鸟类和节肢动物等为食。澳洲野狗喜欢群栖，母兽孕期大约为63天，每胎可生1～10只幼崽。有的学者认为，澳洲野狗的祖先可能是9 000～10 000年前由人类带到澳洲的家狗，而这些家狗的后代经过野生化后仍能在野外生活，其外观与家犬难以区分，但是它们野性十足，人难靠近。并成为澳洲各种动物的统治者。不过，千百年来，又由于澳洲野狗很容易与家狗交配繁殖，所以真正的纯种澳洲野狗已经不到30%了。据报道，仅仅在离开澳大利亚大陆的菲雷泽岛尚有120多只的纯种澳洲野狗了。从电视上我们可看到，近几年来，澳洲野狗几次攻击人并咬死人，是掠杀本性使然？还是繁殖期的脾气？或是另有原因？尚待人类探讨。IUCN 易危。

图6–74　澳洲野狗
马恩岛（Isle of Man）
1988年　1克朗
铜镍　纪念币
Φ38 mm

49. 猎狗（非洲野狗）
African Wild Dog，African Hunting Dog　*Lycaon pictus pictus*

食肉目、犬科、猎狗属。猎狗体长76～110 cm，尾长30～41 cm。主要分布在非洲撒哈拉沙漠附近地区，特别是坦桑尼亚和南非等国家，栖息在灌木丛、山地上以及海岸边，以大型哺乳动物为食。猎狗喜欢群栖，而且可能是犬科中最具社群性的一个物种，它们的每个家群多达30多只甚至更多的成员。在群体中，除有一只是领导者外，其他成员的地位平等，共同负担狩猎和抚养后代，而捕获到的食物则会平均分配。猎狗日夜均可捕食，它们体力好、有耐性，讲战术，还能长距离追赶并包抄猎物，搞得它筋疲力尽，最终成为猎狗的一顿美餐。所以人们将猎狗又称为“非洲的狼”。母兽孕期大约为69～73天，每胎可生10～12只幼崽。对于哺乳期后还不能捕猎的幼仔，则依靠双亲及家群中其他成年猎狗的回吐（食）物喂养。猎狗的敌害有狮和鬣狗，但是，更主要的还是人类。

图6–75　猎狗
刚果（金）（D.R.Congo）
2002年　25分
铜镍　流通币
Φ20 mm

图6–76　猎狗
苏丹（达尔富尔）
[Sudan (Darfur)]
2008年　5第纳尔
黄铜　流通币
Φ14 mm

50. 北极狐（白狐、蓝狐）　Arctic Fox　*Alopex lagopus*

食肉目、犬科、北极狐属。北极狐体长53～75 cm，尾长26～43 cm。主要分布在北美洲、欧洲和亚洲的北部地区，栖息在极地苔原和海岸处一带。在积雪的地方，北极狐的体毛会变成纯白色；而在雪少的海岸或平地，北极狐的体毛则全年都是蓝灰色，而不会变成纯白色。全年都是蓝灰色的就是蓝狐，蓝狐是北极狐的变种之一。北极狐以小型哺乳动物、鸟类、蛋和蠕虫等为食，也吃鱼和动物尸体；冬天，北极狐会尾随北极熊，捡吃它们吃剩下的残食。如还吃不饱，甚至会发生同类相残的事情。实在没有荤时，只好吃些植物叶子充饥。当然，对北极狐来说，最喜欢的早餐，就是能吃到新鲜的雪雁蛋。北极狐性格孤僻，基本上是独栖动物，但是，在捕食时，又常常可以集结起来共同战斗。母兽孕期大约为51 ~ 54天，每年可生产1胎（有的资料称一年两胎，因为生产后7 ~ 14天又会交尾），每胎可生6 ~ 16只幼崽，经过90 ~ 120天的哺乳后，幼崽即可离开父母独自生活了。

前些年，有一个问题经常令动物学家们困惑不解：挪威、瑞典和芬兰等地的北极狐，尽管受到法律的保护，但是其数量却一直在锐减；而冰岛的北极狐则数量太多，它们经常捕食绵羊幼崽和绒鸭，已经成为当地一种害兽了。为此，冰岛政府已废除了对北极狐的保护法律，许可人们对北极狐进行大规模的捕杀。但是，几年下来，冰岛的北极狐大有“杀不尽”之势，目前这里的北极狐数量比挪威等三国地区的数量还多出6倍多。后来才搞清楚，主要是食物和天敌原因。挪威等三国地区的北极狐的主要食物是田鼠和旅鼠，但是许多猛兽和猛禽不仅与北极狐争吃食物，同时也把北极狐当作食物来捕食，这些地方北极狐的命运能有好？！而冰岛的北极狐，一无什么天敌，二食物充足，它们除了捕食绵羊幼崽和绒鸭以外，还有丰富的海鸟和鸟蛋，此外，由于生活条件和营养条件都很好，这里北极狐的繁殖力还特别强，一胎竟可生产出20来只幼崽！当然，北极狐也因此成为一胎生产最多的冠军。IUCN 低危。

图6-77　北极狐
俄罗斯（Russia）
2003年　1卢布
银　16克
特种币　50 000枚
Φ33 mm

图6-78　北极狐
加拿大（Canada）
2004年　4元
银　16克
特种币
Φ35 mm

51. 赤狐（狐狸）　Fox，Red Fox　*Vulpes vulpes*

食肉目、犬科、狐属。赤狐体长58 ~ 90 cm，尾长32 ~ 49 cm。赤狐分布在北极、北美洲、欧洲、亚洲西部、非洲北部和澳大利亚等地，栖息在沙漠、森林、山地、苔原和城市的郊区。赤狐是狐类动物的代表，故就称赤狐为狐狸。赤狐主要捕食各种兔类，当然它们也会捕食其他小型的哺乳动物、节肢动物、鸟类、蠕虫等，也能吃水果，赤狐不会挑剔食物，甚至腐尸和人类丢弃的垃圾，它们也照吃不误。赤狐能巧妙地利用或适应环境而生存。赤狐在伏击老鼠或兔子时表现得很聪明，但是，人类却冠之为“狡猾”，实在无道理。赤狐是全天候动物，有的喜欢独居，繁殖期才在一起，但有的也喜欢成对生活，母兽孕期大约为49 ~ 55天，每胎可生3 ~ 12只幼崽。IUCN 低危；CITES 附录III。

图6-79　赤狐
安道尔（Andorra）
1997年　10第勒尔
银　31克
特种币　15 000枚
Φ39 mm

52. 耳廓狐 Fennec Fox *Vulpes zerda*

食肉目、犬科、狐属。耳廓狐是所有狐属动物中体型最小的一种，其体长24 ~ 41 cm，尾长18 ~ 31 cm。相比之下，耳廓狐的耳朵却显得很大了，竟长达15 cm左右。耳廓狐仅仅分布在撒哈拉沙漠地区和亚洲的阿拉伯荒漠一带，栖息在沙质的荒漠或沙漠中，以小型哺乳动物、爬行动物、鸟类、蛋类、节肢动物、及植物的叶子、果实和种子等为食，是杂食性动物。耳廓狐还是夜行性动物，白天在洞穴里睡觉，晚上才离开巢穴去觅食。耳廓狐虽然喜欢群栖，但是，成员之间的关系说不清，因为每个成体成员都会挖掘一个几米深的巢穴作为“私人空间”，一个家庭成员大约有十几只，母兽孕期大约为50 ~ 52天，每胎可生2 ~ 5只幼崽。幼崽和妈妈在巢穴中可以一起度过60天的时光，这段时间，由妈妈独自防御巢穴的安全，就连亲生爸爸也不能进入巢穴内。耳廓狐的天敌是秃鹫和鬣狗。CITES 附录II。

图6-80 耳廓狐
阿尔及利亚（Algeria）
1992年 $\frac{1}{4}$ 第纳尔
铝 流通币
Φ17 mm

53. 野猫（欧林猫） Wildcat *Felis silvestris*

食肉目、猫科、猫亚科、猫属。猫科分为猎豹亚科、猫亚科和豹亚科三个亚科。其中猫亚科分为13个属，包括野生猫类和人类改良的猫类（家猫和宠物猫）在内就有300多个品种。根据地域的不同，猫属中的野猫就有几个亚种，其体型大小因品种而异，总的说来，野猫的体型比家猫要大，一般体长50 ~ 80 cm，体重3 ~ 8 kg。主要分布在非洲、欧洲、亚洲的西部和中部等。野猫常常栖息在混交林中，主要以小型的哺乳动物和鸟类为食，也吃蚱蜢一类较大的昆虫。野猫是夜行性动物，它们平时喜欢独居，也有成对生活的。母兽孕期大约为63 ~ 68天，每胎可生1 ~ 8只幼崽，大约150天便可独立生活。野猫的天敌是鹰、猞猁等，当然，由于野猫会袭击家禽，那就难被免被人类捕杀了。动物界认为，分布在非洲的野猫称为非洲野猫，只有非洲野猫才是家猫的祖先。而分布在欧洲和亚洲的野猫则称为“欧林猫”。IUCN 低危；CITES 附录II。

54. 丛林猫（狸猫、麻狸） Jungle Cat *Felis chaus*

食肉目、猫科、猫亚科、猫属。体长50 ~ 94 cm，体重4 ~ 16 kg。主要分布在非洲东北部、西亚和东南亚一带，栖息在靠近水的密林中，但是它们又常常出没于沼泽、河岸以及池塘附近，甚至也在靠近人类居住的地方。丛林猫完全是肉食性动物，它们的食物包括小型哺乳动物、鸟类、两栖动物、爬行动物和鱼类等。丛林猫是白天和晚上都可活动的动物，但是它们喜欢独居，母兽孕期大约为66天，每胎可生3 ~ 5只幼崽。IUCN 低危；CITES 附录II；中国 II级。

图6-81 野猫
阿根廷（Argentina）
1985年 5分
黄铜 流通币
Φ22 mm

图6-82 丛林猫
伯利兹（Belize）
1983年 100元
金 6克
特种币 484枚
Φ26 mm

55. 狞猫（沙漠猞猁、波斯猞猁） Caracal *Caracal caracal*

食肉目、猫科、猫亚科、狞猫属。狞猫体长60～91 cm，尾长22～33 cm，体重6～19 kg。狞猫是和猞猁很相近的“猫类”，特别是耳尖有长毛，那就更像猞猁，而细长的四肢则是狞猫的特征，适于奔跑捕捉猎物；同时跳跃能力也强，可跳到近2 m高捕食低飞的鸟类。狞猫主要分布在非洲以及亚洲的西部、中部和南部，栖息在森林、多石的高山、热带稀树草原和灌木丛林地一带，常常利用豪猪洞穴和岩石裂缝中休息，以大小哺乳动物和鸟类等为食，有时会袭击家畜，但可驯服饲养。正是由于狞猫还经常栖息在干旱、半荒漠区或树丛繁盛的半干旱地带，所以狞猫又被称为沙漠猞猁。狞猫是夜行性动物，但是它们喜欢独居，母兽孕期大约为69～81天，每胎可生1～6只幼崽。IUCN低危；CITES 附录II。

图6-83　狞猫
阿曼（Oman）
1977年　$2\frac{1}{2}$里亚尔
银　28克
CS特种币　8 946枚
Φ38 mm

图6-84　狞猫
越南（Viet Nam）
1996年　100盾
银　20克
特种币
Φ37 mm

56. 猞猁（山猫） Lynx *Lynx lynx*

食肉目、猫科、猫亚科、猞猁属。猞猁属共有4种猞猁，如加拿大猞猁、猞猁、拟虎猫和短尾猫等，此外，还有一些亚种。猞猁体型大小因品种而异，一般体长80～130 cm，尾长12～25 cm，体重8～38 kg。主要分布在欧洲北部、亚洲中部和东部，栖息在森林中和草原地带，以大小哺乳动物和鸟类等为食，有时也会袭击鹿类。猞猁的捕食能力很强，可以捕食体型比它大3～4倍的大型哺乳动物，食物缺乏时，只好捕食小型的哺乳动物来充饥。猞猁为夜行性动物，喜欢独居。母兽孕期大约为64～74天，每胎可生1～4只幼崽，大约300天时幼崽才可独立。CITES 附录II；中国 II级。

图6-85　猞猁
保加利亚（Bulgaria）
1990年　25列弗
银　23克
特种币
Φ38 mm

图6-86　猞猁
阿富汗（Afghanistan）
1996年　500阿富汗尼
银　20克
特种币
Φ37 mm

图6-87　猞猁
乌克兰（Ukraine）
2001年　10格里夫纳
银　31克
特种币　5 000枚
Φ39 mm

57. 西班牙猞猁（伊比利亚猞猁、南欧猞猁）
Spanish Lynx *Lynx pardinus*

食肉目、猫科、猫亚科、猞猁属。西班牙猞猁实际上是猞猁的一个亚种。西班牙猞猁体长66～88 cm，体重大约15 kg。主要分布在西班牙和葡萄牙等南欧一带。栖息在森林地带，大部分的食物是野兔，兼吃其他一些小型哺乳动物。西班牙猞猁是野生猫科动物中最少的一种了。由于人类的偷猎和食物来源的减少，估计现有的数量仅仅有100来只了，所以人们也把西班牙猞猁称之为“超级濒危动物”。IUCN 极危；CITES 附录I。

58. 加拿大猞猁（北美猞猁） Canadian Lynx *Lynx Canadensis*

食肉目、猫科、猫亚科、猞猁属。IUCN 低危；CITES 附录II。

图6–88 西班牙猞猁
古巴（Cuba）
2004年 1比索
铜镍 特种币
Φ38 mm

图6–89 加拿大猞猁
加拿大（Canada）
1997年 25分
银 10克
纪念币
Φ24 mm

59. 拟虎猫（虎猫） Ocelot，Painted Leopard *Lynx pardinus*

食肉目、猫科、猫亚科、猞猁属。拟虎猫体长50～100 cm，体重12～16 kg。主要分布于美国南部至中美洲、南美洲一带，栖息在热带雨林、干旱的灌木丛、草地和沼泽中。拟虎猫绝对是肉食动物，捕食范围很广泛，它的食谱上的主食包括：小型的和大型的哺乳动物、鸟类、爬行类和鱼类等。拟虎猫是夜行性动物，平时喜欢独居。母兽孕期大约为79～85天，每胎可生1～3只幼崽。IUCN 极危；CITES 附录I。

图6–90 拟虎猫
尼加拉瓜（Nicaragua）
1990年 10 000科多巴
银 26克
特种币
Φ38 mm

60. 豹猫（山狸、野猫、狸猫、麻狸、石虎）
Leopard Cat *Prionailurus bengalensis*

食肉目、猫科、猫亚科、豹猫属。豹猫是猫科中的一种小型食肉动物，外形好像家猫，体长40～80 cm，尾长超过体长的一半，体重2～3 kg。豹猫多产于亚洲、美国得州和拉丁美洲。栖息在森林、山林郊野灌木丛中或村庄附近，它们对“家”的条件要求不高，什么树洞、土洞、石块下或石缝等，它们都可安家。豹猫动作敏捷、善于奔跑、攀爬力强，而且它的肢体柔软，走路时不易被猎物发觉，所以捕食能力强。对于各种各样鼠、兔、蛙、蜥蜴、蛇、松鼠、小型鸟类、昆虫等等，都一一照单全收，有时还会窜游到村庄、山寨搞搞鸡、鸭和鹅吃吃。当然，豹猫也不挑食，实在缺荤食，它也能吃素，什么浆果、嫩叶、嫩草，味道也不错，还可洗洗肠子。3～4月是豹猫的繁殖期，母兽孕期大约为60天左右，每胎可生2～4只幼崽，每年生1胎。IUCN 低危；CITES 附录I。

图6-91　豹猫
厄立特里亚（Eritrea）
1997年　5分
铜镍　流通币
Φ19 mm

61. 美洲狮（山狮）　Cougar，Puma　*Puma concolor*

图6-92　美洲狮
库克群岛（Cook Is.）
1991年　50元
银　19克
特种币　25 000枚
Φ39 mm

食肉目、猫科、猫亚科、美洲金猫属。美洲狮体长1.1～2 m，体重67～105 kg。主要分布在北美洲的西部和南部、中美洲和南美洲一带，栖息的范围很广泛，可遍及山区、热带雨林、沼泽、草地、灌木丛以及其他有遮盖物和充足食物的地方等。美洲狮是个“杂食家”，主要以鹿类（尤其是长耳鹿和麋鹿）和羊为食，而对臭鼬、犰狳和豪猪等难弄的家伙，美洲狮也有办法使得它们就范。平时也吃鼠类、鸟类、鸟蛋；饥饿时偷吃家畜、家禽，甚至还吃蚂蚁呢。如果猎物一时吃不完，美洲狮便会将食物储藏在树上，以备不时之需。美洲狮在跳跃方面具有过人的本领，不用助跑一次便可跳出6～7 m远，若用助跑时一次可跳到10～13 m远！美洲狮个性温和，不会袭击人类，容易驯服，也可与猫、狗一起生活。美洲狮吃饱后的样子，取仰卧姿势睡觉，与家猫一模一样；同时也会像家猫一样，将自己的大小便用沙土覆盖起来。美洲狮喜欢独居，除繁殖期外，美洲狮无论雌、雄都会彼此互相避开。母兽孕期大约为90～96天，每胎可生1～6只幼崽，2岁时便可独立生活，寿命大约12岁。IUCN 低危；CITES 附录I。

62. 猎豹　Cheetah　*Acinonyx jubatus*

食肉目、猫科、猎豹亚科、猎豹属。猎豹是猫科中猎豹亚科的单属单一种动物。猎豹有2个亚种：非洲猎豹和亚洲猎豹。猎豹一般体长110～150 cm，尾长大约76 cm，体重50～72 kg。主要分布在非洲和亚洲西部，栖息在草原和干旱的灌木丛中，以哺乳动物和鸟类等为食。猎豹一般为独居，有时成对生活，或以小家庭方式生活。5～9月是它们的繁殖期，母兽孕期为90～95天，每胎可生1～8只幼崽，每2～4年可怀1胎。携带幼豹的妈妈几乎每天都要去捕食，以供孩子们成长之需。而成年独居的猎豹，则每隔2～5天才捕猎一次。猎豹的天敌是狮和鬣狗，出生3个月左右的小猎豹，有一半到三分之二都成了狮或鬣狗的点心了，所以猎豹总的成活率才为5%。小猎豹长到12～20个月大时便可离开妈妈了，有时也可延长一些时间。3岁性成熟。离开妈妈的雄性猎豹可在一起互相生活好几年，猎豹的自然寿命为14～16年。

猎豹的面额到鼻子嘴巴的两边有两条非常独特的黑色条纹，很容易让人们将猎豹与其他豹类区分开来。猎豹的体型细长、腿也较长、头部稍圆，这使得猎豹很能善跑。猎豹绝对是动物奥运会上跑得最快的短跑冠军得主者，从静止状态，仅用10～12秒的时间就能加速到达113 km的全速奔跑时速，跑100 m用不了3秒钟。弱点是：一是快跑不能持续10分钟，因为它的心跳会从每分钟60次增加到156次，这样的心跳，使它的体温就从36℃迅速增加到46℃，而这样的体温就使它感到全身发烧。所以，当它们全速追捕15秒时（大约400～500 m距离），如果追捕不到猎物，它也只好停下来休息了；二是因为太快了就不便急转弯，一些羚羊逃跑速度快，又善于急转弯从而可把猎豹甩掉。因此，猎豹的捕食率大约为50%，这在兽类中已经是最高的了。目前，全世界仅剩余9 000只左右的猎豹了。IUCN 易危；CITES 附录I。

图6－93　猎豹
赤道几内亚
（Equatorial Guinea）
1980年　2 000埃奎勒
银　31克
特种币　1 000枚
Φ40 mm

图6－94　猎豹
厄立特里亚（Eritrea）
1994年　1元
铜镍　PPE特种币
Φ38 mm

图6－95　猎豹
西撒哈拉（Western Sahara）
1996年　500比塞塔
银　20克
特种币
Φ37 mm

63. 云豹（龟纹豹、荷叶豹、柳叶豹）　Clouded Leopard　*Neofelis nebulosa*

食肉目、猫科、豹亚科、云豹属。云豹体长60～110 cm，尾长70～90 cm，体重16～23 kg。主要分布于亚洲南部、东部和东南亚一带，栖息在热带和温带的森林、山脉中，是典型的树栖动物，它的爬树技巧与善于爬树的小型猫科动物相比，毫不逊色，因为它可以头朝下从树上向地下“奔跑”，也可以背朝下在水平的树枝间“行走”，大型猫科动物绝无其轻巧的身段。所以云豹善于捕食那些生活在树上的哺乳动物和鸟类，

图6－96　云豹
中国（China）
1998年　10元
银　25克
WWF纪念币　15 000枚
Φ39 mm

实际上云豹主要也是以大小哺乳动物和鸟类等为食。云豹平时喜欢独居，母兽孕期大约93天，每胎可生1～5只幼崽。令人不解的是，雌云豹在分娩时有个怪脾气，必须保证绝对的隐蔽和安全感，不得有任何的风吹草动，否则，云豹就会将幼崽（们）吃掉；或者独自出走，将孩子（们）抛弃不顾。IUCN 易危；CITES 附录I；中国 I级。

64. 狮（狮子） Lion *Panthera leo*

食肉目、猫科、豹亚科、豹属。狮分为非洲狮和亚洲狮2个亚种。人们谈到狮时，一般指的就是非洲狮。非洲狮主要分布在非洲中部和近中部地带，栖息在稀树草原、草甸草原、开阔的森林草原和灌木丛中。非洲雄狮体长170～250 cm，尾长90～110 cm，体重150～250 kg；雌狮则较小，体长140～175 cm，尾长70～95 cm。体重110～180 kg。狮主要以角马、斑马、非洲野牛和野猪等大型哺乳动物为食，当食物短缺时也会捕食小型哺乳动物和爬行动物。IUCN 易危；CITES 附录I。

65. 亚洲狮（印度狮、狮子） Asiatic Lion *Panthera leo persica*

食肉目、猫科、豹亚科、豹属。亚洲雄狮体长大约为195 cm，雌狮体长大约为160 cm。与非洲狮同属（或是狮的一个亚种）。大约在200万年前地球上就有狮了。以前，亚洲狮曾在亚洲广为分布，现在，亚洲狮仅仅分布在印度西北部的吉尔自然保护区的森林里。和非洲狮一样，亚洲狮也是一种高度集群的动物，每个家群从几只到十余只，往往是由一只雄狮和几只配偶连同它们的子女组成。（非洲狮也常常会形成更大的家群。）但是，与非洲狮不同的是，亚洲狮在捕到猎物后，能与全族分享。为了保护这一濒危物种，印度政府和许多有识之士，花了大量的财力、物力和精力，做了许多工作，但是至今仍不乐观。目前仅剩余大约300余只了（有的资料载为170余只了）！IUCN 极危；CITES 附录I。

图6-97 狮
刚果（Congo）
2000年 10法郎
银 特种币
27 mm×47 mm

图6-98 亚洲狮
英属维尔京群岛
（British Virgin Is.）
1993年 25元
银 20克 特种币
Φ40 mm

66. 美洲豹（美洲虎、银狮） Jaguar *Panthera onca*

食肉目、猫科、豹亚科、豹属。美洲豹一般体长110～190 cm，尾长45～75 cm，体重50～160 kg。仅仅分布在于中美洲和南美洲的北部到中部一带，主要栖息在热带雨林、稀树草原、灌木丛林和湿地一带，多在河边或潮湿的生境中生活（如永久性沼泽或有季节性洪水的森林等），也可生活在半沙漠地带。美洲豹类似于豹，然而，与豹不同的是，美洲豹的斑纹中有黑点。美洲豹以大小型哺乳动物为食，有时也会抓老鼠来垫垫肚子。但是，由于美洲豹喜欢玩水，而且是出色的游泳健将，因此，它也可在水中捕食各种鱼类、龟类甚至鳄类。美洲豹的特异之处就在于它的游泳技巧和捕鱼本领，竟可让人类自叹不如。美洲豹很少上树捕食，大多在河里或水边攻击到水中来饮水的动物。美洲豹是美洲最大的猫科动物，除人类外没有任何天敌。美洲豹不会吼叫，仅能发出尖细而持久的叫声。美洲豹平时喜欢独居。母兽孕期大约为93～105天，每胎可生1～4只幼崽，生活42天后即可随母外出捕猎。估计目前美洲豹的数量少于50 000只。IUCN 易危；CITES 附录I。

图6-99　美洲豹
委内瑞拉（Venezuela）
1975年　25玻利瓦尔
银　28克
CS特种币　230 000枚
Φ38 mm

图6-100　美洲豹
圭亚那（Guyana）
1976年　5分
黄铜　流通纪念币
Φ19 mm

图6-101　美洲豹
刚果（Congo）
1996年　1 000法郎
银　20克
特种币
Φ37 mm

67. 豹（金钱豹、花豹、文豹、银豹子）　Leopard　*Panthera pardus*

食肉目、猫科、豹亚科、豹属。豹一般体长为90～190 cm，尾长近100 cm，体重37～90 kg，最大的可达100来 kg。广布于亚洲的西部、中部、南部、东部和东南部一带以及非洲的大部分地区。豹有20多个亚种，中国有华南豹、华北豹和东北豹3个亚种。东北豹是大型的亚种，而印度豹和非洲的豹类

图6-102　豹（黑豹）
蒙古（Mongolia）
1987年　25图格里克
银　28克
WWF纪念币　25 000枚
Φ38 mm

图6-103　豹
纳米比亚（Namibia）
1995年　10元
银　25克
特种币　10 000枚
Φ30 mm

图6-104　豹
利比里亚（Liberia）
1995年　1元
铜镍　PPE特种币
Φ38 mm

图6-105　豹（西亚豹）
约旦（Jordan）
1997年　1里亚尔
银　19克
WWF—CN纪念币
25 000枚
Φ39 mm

图6-106　豹（安纳托利亚豹）
土耳其（Turkey）
2005年　20新里拉
银　24克
特种币　5 000枚
39 mm

则是小型的亚种。豹栖息在有丘陵的森林、山脉、草地、灌木丛和半干旱的荒漠中。豹以大小型哺乳动物和鸟类等为食，食物匮乏之时，也会找些节肢动物或鱼来充饥。豹无固定的巢穴，还是一种夜行性动物，白天在树上、草丛或悬崖的洞中睡觉，夜晚出来游荡或寻找猎物。豹每隔3、4天就会进行一次大型的捕猎活动，但是带有幼崽的母豹的捕食频率却要高两倍。豹是爬树高手，而且还是大力士，它经常将捕到的比它自己身体重一倍的大型猎物拽到树上去进餐，不受干扰地尽情享用美食，而树下的狮、鬣狗和豺等只能看着流口水。豹一时吃不完的食物，就会藏在树上，以备不时之需。有趣的是，豹天生爱吃腐肉，凡是其他食肉兽吃过的新鲜肉，豹却不屑一顾，表现得毫无兴趣，这与其他猫科动物相比，是个很大不同的怪癖。 此外，豹的食性依品种不同而又有所差别，有的豹亚种对食物相当挑剔，只要喜欢上了，便会只吃那种食物。比方，有的豹专门好吃狒狒，由于成群的狒狒战斗力很强，豹不会轻易出击，但豹捕食单独一只狒狒，那狒狒就难逃一劫了。随着栖息地的不同，豹的皮毛颜色变化也较大，沙漠中为浅黄色、草地中为深黄色，有的豹则全身为黑色或大部分是黑色（这种豹又专称为黑豹）。豹平时喜欢独居，但有报道说，有的雄豹会留下来与母豹共同抚育幼崽。母兽孕期大约为90～105天，每胎可生1～6只幼崽，但是通常为3只。1岁后小家伙们便可离开妈妈自立了。豹的寿命为15～20年。IUCN 濒危；CITES 附录I；中国 I级。

68. 虎（老虎） Tiger *Panthera tigris*

图6-107 虎
赤道几内亚
（Equatorial Guinea）
1980年 2 000埃奎勒
银 31克
特种币 1 000枚
Φ40 mm

食肉目、猫科、豹亚科、豹属。虎，这个物种起源于亚洲的东北部，经过200万年的进化和发展，从中国的东北地区向西、向南两个大方向迁移。可以说，东北是虎的发源地和故乡。虎，是一种通称。19世纪，有不少动物学家认为虎有十几个亚种，直到20世纪初，才比较统一认识，公认虎仅有8个亚种，其他的一些则是同物异名。虎的这8个亚种是：东北虎、华南虎、巴厘虎、印支虎 、爪哇虎、苏门答腊虎、孟加拉虎和中亚虎。

虎是猫科中体型最大的动物，当然，其大小也因品种而异，一般体长140～280 cm，尾长60～106 cm，体重100～300 kg。主要分布在亚洲的东部和南部一带，栖息在热带和亚热带的长绿色森林、针叶林、草甸草原、稀树草原及山区中。由于200万年的不断迁移和进化，随着地理环境和栖息地点的改变，虎的不少生理特性也有变化，比如东北虎能御寒，爪哇虎不怕热；同时，不同虎种的食物也有差别。但是，总的看来，虎基本上是以大、小型哺乳动物、鸟类等为食的，也进食爬行动物和鱼类。虎的捕食本领很高，奔跑速度可达每秒20 m以上。同时，虎又有超常的忍耐性，潜伏能力很强，往往不动声息地逼近猎物，在捕猎范围内就突然发起猛攻，将其成功猎杀。饱食的虎可以5～6天不进食。然而，虎绝对不吃素！这是因为虎胃不能消化植物性食物，一吃素，虎的胃和大肠就会闹毛病。这也大不同于猫的胃，荤、素均可。虎是夜行性动物，多在夜间捕食，黄昏和清晨活动更为频繁，白天一般都休息。当然，如果夜间没有捕到猎物，它们白天也会出来捕食的。虎是非常独居性的动物，捕食活动也是单干。雌、雄虎可相邻而居，各自觅食，互不干扰。非繁殖期，雌虎和雄虎是不可能在一起的。中国有句俗话，叫做“一山不容二虎”，这是千真万确的。一般情况下，繁殖期中的雌虎和雄虎度过短暂的“蜜月”后就分手了，产下的幼崽是跟随虎妈妈长大的。但也有在交配后尚能成对活动的，甚至由雄虎喂养雌虎和她的孩子（们）一段时间。母兽孕期大约为93～113天不等，每胎可生1～6只幼崽。150～180天断奶，240天后小虎就可外出捕猎，到2～3岁才会离开母亲去独立生活。野生虎3～4岁性成熟，虎的寿命大约20年。在20世纪20年代，全世界虎的数量还超过10万只；到20世纪80年代，已有爪哇虎、巴厘虎和里海虎等3 种虎灭绝了；而到了20世纪末，全世界所有的虎估计就仅仅剩下5 100～7 500只，这个估计还可能偏高。乐观的统计，大约是6 000余只了！ 目前的5个虎种，都是极度濒危或濒危的物种。中国民间有句流传的俗话，叫“虎毒不食子”。说的是虎再凶猛，但也不会吃掉自己的孩子。然而，事实并非如此。在人工饲养中，虎吃子的情况时有发生。当然，动物食子现象，在狮、艾虎（小型食肉兽）、某些猴类中也都存在。这真是“猪八戒啃猪爪——自残骨肉为哪般？”当然，虎具有雄伟的体魄、彪悍的神情、威猛的力量、坚强的獠牙和利爪、斑斓的色彩，它优雅、独立而又神秘。因虎的强悍、雄壮和威严，千万年来，一直处于食物链的最顶层，享有“百兽之王”的美称。

69. 东北虎（阿穆尔虎、西伯利亚虎）
Amur Tiger，Siberian Tiger *Panthera tigris altaica*

食肉目、猫科、豹亚科、豹属。体长160～280 cm，尾长60～106 cm。雄性体重可达360 kg，有的竟达到500 kg。东北虎是世界上最大的猫科动物，同时，其外表的花纹在所有的虎种中又是最为鲜艳和漂亮。东北虎主要分布在中国的东北、俄罗斯的远东地区——西伯利亚一带和朝鲜半岛等地。现存的野生东北虎数量估计仅有150～200只（中国境内近50只）。**IUCN 极度濒危；CITES 附录I；中国 I级。**

70. 华南虎（中国虎、厦门虎）
South China Tiger，Chinese Tiger *Panthera tigris amoyensis*

食肉目、猫科、豹亚科、豹属。体长大约140 cm，尾长约80 cm，体重140～190 kg。华南虎只分布在中国的华南地带，为中国的特有虎种。由于华南虎性情凶猛、反应敏捷、动作迅速、灵活性好，食物缺乏时便会捕食乡民的家畜，并会袭击人类，所以华南虎被大量捕杀。最近的30多年来，已经极少见到野生华南虎了。1996年被国际社会列为极度濒危的十大物种之一的榜首了。在目前，中国所有动物园和自然保护地区内也仅有51只人工饲养的华南虎，野外无种群，室内也不足百只（一个物种至少要上百只的个体才可能维持其种群），如果再保护不好，也许此物种20～30年后将会与人类说“拜拜”了。**IUCN 极危；CITES 附录I；中国 I级。**

图6–108　东北虎
俄罗斯（Russia）
1993年　3卢布
银　35克
特种币
Φ39 mm

图6–109　华南虎
中国（China）
1996年　5元
紫铜
收藏 /特种流通币
6 000 000枚
Φ32 mm

71. 印支虎（东南亚虎） Indo-Chinese Tiger *Panthera tigris corbetti*

食肉目、猫科、豹亚科、豹属。体长145～180 cm。印支虎分布于越南、老挝、柬埔寨、马来西亚、泰国以及中国的云南省南部的边界地区。现存的印支虎估计800～1 400只。IUCN 濒危；CITES 附录I；中国 I级。

图6-110 印支虎
老挝（Laos）
1991年 50基普
银 20克
特种币
Φ40 mm

图6-111 印支虎
老挝（Laos）
1996年 500基普
银 20克
特种币
Φ37 mm

72. 爪哇虎 Javan Tiger *Panthera tigris sondaica*

食肉目、猫科、豹亚科、豹属。已经灭绝。

73. 苏门答腊虎 Sumatran Tiger *Panthera tigris sumatrae*

食肉目、猫科、豹亚科、豹属。体长142～173 cm，仅产在苏门答腊群岛上。20世纪70年代，全世界尚有1 000只左右的苏门答腊虎，而目前，野生种群仅有400多只，而人工饲养的也只有190来只了。IUCN 极度濒危；CITES 附录I。

图6-112 爪哇虎
印度尼西亚（Indonesia）
1974年 2 000卢比
银 28克
CS特种币 18 000枚
Φ38 mm

图6-113 苏门答腊虎
马来西亚（Malaysia）
2003年 25分
金铜 收藏币
Φ30 mm

74. 孟加拉虎（印度虎） Bengal Tiger *Panthera tigris*

食肉目、猫科、豹亚科、豹属。体长158～210 cm，主要分布在印度、尼泊尔、不丹、巴基斯

图6-114 孟加拉虎
印度（India）
1936年 1克朗
铜镍镀金
纪念币 650枚
Φ37 mm

图6-115 孟加拉虎
印度（India）
1947年 1卢比
镍 流通币
Φ25 mm

坦、孟加拉和中国。孟加拉虎也是独居性动物，母兽孕期大约为90～120天，每胎可生2～4只幼崽。孟加拉虎的食量很大，一顿饭就可吃下40 kg的肉。在妈妈外出捕食时，幼崽静静地在家里等候。长到180天大时，小虎就可跟随妈妈外出并学习捕猎技术，长到2岁时就必须离开妈妈独闯世界了。目前，大约有4 500只左右的孟加拉虎，是虎种中数量最多的一个亚种。据报道，孟加拉虎不仅会在陆地上、而且还可以在水中袭击并捕食人类，是真正的两栖捕食动物。据官方统计，在某国每年葬身于孟加拉虎之腹的就多达30余人！IUCN 濒危；CITES 附录I；中国 I级。

75. 中亚虎（林奈虎） Caspian Tiger *Panthera tigris vergata*

食肉目、猫科、豹亚科、豹属。

图6-116　中亚虎
土库曼斯坦（Turkmenistan）
1999年　500马纳特
银　28克
特种币　5 000枚
Φ39 mm

此外，还有巴厘虎，仅仅产于印度尼西亚的巴厘岛上，1940年灭绝；里海虎，分布在里海地区和土耳其东部一带，1970年灭绝。

76. 雪豹（艾叶豹） Snow Leopard *Uncia uncial*

食肉目、猫科、豹亚科、雪豹属。雪豹体长100～130 cm，尾长几乎等于体长，体重25～75 kg。主要分布于亚洲中部一带，栖息在山脉和高山草甸中，最高可生活在海拔5 790 m的地方，其巢穴在山洞或岩石裂缝里。雪豹的食性很广，与豹相似，以大、小哺乳动物和鸟类等为食，食物匮乏时，也会找些节肢动物来充饥。雪豹也是跳跃能手，一跳可达6 m高；也有跳出15 m远的记录。雪豹捕食野猪是一个很有趣的过程。虽然雪豹凶猛，但是也很害怕野猪嘴巴上两根钢刀般

图6-117　雪豹
阿富汗（Afghanistan）
1978年　500阿富汗尼
银　28克
CS特种币　4 387枚
Φ38 mm

图6-118　雪豹
不丹（Bhutan）
1991年　300努尔特海姆
银　31克
特种币
Φ38 mm

图6-119　雪豹
蒙古（Mongolia）
2005年　500图格里克
银镶钯　25克
特种币　2 500枚
35 mm×45 mm

的獠牙，所以雪豹绝对不会贸然进攻，而是智取。每当雪豹看到野猪群时，先不会急于动手，而是悄悄地尾随它们，到了有利的攻击范围内，雪豹冷不防地发出一阵吼叫，犹如地震山摇、阴森可怖，吓得野猪们目瞪口呆惊惶失措，等它们反应过来后便夺路逃窜，雪豹紧追不舍，经过一段时间追逐后，野猪中的“老弱病残”就掉队了，甚至累得吐血，而擅长远距离奔跑的雪豹就会不失时机地猛扑上去，一下子咬断野猪的喉咙，扑倒一只就击毙一只，其动作之快绝对让旁观者叹为观止。雪豹喜欢独居，母兽孕期大约为90～103天，每胎可生1～5只幼崽。雪豹的数量，目前估计在4 500～7 500只。IUCN 濒危；CITES 附录I；中国 I级。

77. 沼泽獴（獴哥） Marsh Mongoose *Herpestes palustris*

食肉目、獴科、獴亚科、獴属。獴又名獴哥，獴是獴科动物的通称，此科包括两个亚科18属的37种獴。其体型大小因品种而异：小品种体长为18～28 cm，尾长为14～19 cm；大品种体长为 60～76 cm，尾长为65～70 cm。獴分布广泛，亚、非、美以及欧洲均有，生活在草原、灌木丛中等，也有生活在沼泽地带的。食物虽杂，但均为荤性食物，比如蛇类、鼠类、蜥蜴类、昆虫和蜗牛类等。獴有的品种为群居，从几十只到几千只；当然也有的品种好独居。雌体獴的怀孕期长短也有不同，短的仅仅45天，长的则为90余天。一般是每胎2～4仔。在獴的社群里，是一个十分和谐的社会，无论是觅食、狩猎、分享食物、照看下一代；还是防御和抵抗外来侵略等等，它们都能互相帮助，团结一致，与入侵之敌浴血战斗，很少见到胆小鬼。

图6-120　沼泽獴
牙买加（Jamaica）
1982年　10元
银　22克
特种币　1 852枚
Φ38 mm

獴身体修长、四肢矫健、身体灵活、动作十分敏捷，而且十分大胆。特别是在獴蛇“pk”大战中，獴所表现出来的战略战术，令人称奇。它一不怕蛇发威，哪怕是特别凶猛、剧毒的眼镜王蛇，面对其咄咄逼人的态势：竖起半截蛇身，将那血红的舌头吐来吐去，嘴巴发出“呼”“呼”的恐怖响声，并不时喷出毒液，獴也毫无惧色；二不怕蛇缠身（蛇边缠獴就边鼓气，蛇以为獴缠死，不再加力了，獴便放气钻出身来）。獴胆大心细，既能与蛇周旋，跳来跳去，消耗蛇的体力，又能把握时机，勇敢而闪电般地扑向蛇头，咬碎它的颌骨或颈部，同时用锋利的爪子按住蛇的身体，既使其无法喷毒，又无反扑之机，连咬带抓直到将毒蛇弄死，美美地吃上一顿。獴是毒蛇的克星，取胜关键就是以快制快。因此，獴并不是传说中说的对蛇毒有免疫力，或者说被毒蛇咬伤后獴会觅食草药等等。有些獴为常见，而沼泽獴就很稀少。IUCN 濒危；CITES 附录III。

78. 斑鬣狗（斑点鬣狗） Spotted Hyena *Crocuta crocuta*

食肉目、鬣狗科、斑鬣狗属。斑鬣狗是本科体型最大的一种，体长130 cm，尾长25 cm，外形像一条大狗。主要分布在非洲的东、南和西部一带，栖息在热带的稀树草原和林地、半荒漠区一带。斑鬣狗以捕食大小型哺乳动物、鸟类和鱼等为食。斑鬣狗是一种非常能干的猎手，可以集体去捕杀比自己大得多的偶蹄类动物。特别是斑鬣狗胆气过人，它们不仅是狮和豹类的天敌，敢于攻击并捕食可能得手的狮和豹类，以及它们的幼崽，是非洲大草原上最成功的捕食者；同时也敢于去干扰并分享狮和豹类正在食用的美餐。它们也常尾随狮和豹，因为它们知道这些“大款”们会为自己的大餐“埋单”。当然，斑鬣狗也不会放弃其他食肉兽所遗留的腐肉，这毕竟省事多了。斑鬣狗是夜行性动物，喜欢群栖，它们生活在以雌性为主导的家族中，雌性的体型比雄性大10%，其群体有几只到几十只不等。母兽孕期大约为110天，每胎可生1～3只幼崽。IUCN 低危。

图6-121　斑鬣狗
坦桑尼亚（Tanzania）
1998年　2 500先令
银　5盎司
特种币
Φ65 mm

79. 鬣狗（条纹鬣狗）　Striped Hyena　*Hyaena hyaena*

图6-122　鬣狗
土耳其（Turkey）
2005年　20新里拉
银　24克
特种币　5 000枚
Φ39 mm

食肉目、鬣狗科、鬣狗属。鬣狗外形很像狗，但血缘却与猫更接近。鬣狗一般体长大约110 cm，尾长20 cm，体型中等与狗相似。主要分布在非洲的东、北和西部，亚洲的西部到南部一带，栖息在热带的稀树草原、并非极端干旱的沙漠等开阔地带。鬣狗自己也会捕食大小型哺乳动物、鸟类和蠕虫等食物，但是，它们是机会主义者，也总爱占便宜，吃现成的更省事。因此，鬣狗主要取食其他食肉动物捕食剩下的新鲜肉或遗留的腐肉。鬣狗的食性很广，也能吃树叶、蔬菜、果实和水果等植物。鬣狗是夜行性动物，它们生活在以雌性为主导的家族中，雌性首领有权选择自己的配偶。不过鬣狗喜欢独居，母兽孕期大约为84天，每胎可生1～5只幼崽。猎狗妈妈每次捕杀到猎物而进餐时，妈妈总是让小鬣狗们先吃，剩下的残羹剩饭，才轮到妈妈进食。很值得一提的是。所有鬣狗科的小鬣狗，都有一个互相残杀的现象，即使是同一母亲生下的兄弟姐妹，只要一有机会，它们就会同室操戈而互相残杀起来，有鉴于此，为了减少孩子们的互相残杀，鬣狗妈妈就要比别的动物妈妈付出更多更艰巨的母爱，既要让它们吃好吃饱，又要阻止它们互相残杀。在动物界中，同类互相残杀的现象，鬣狗科动物也可谓其中一例。IUCN 低危。

鼬科动物的共同特点如下：

（1）细长的身材、丰密的体毛、短短的四肢、凶猛嗜杀的性情、喷射臭气的行家。许多动物都可称得上“凶猛动物”，但是，这些动物常常是为了生存（填饱肚子）才去捕杀其他动物的。而鼬科动物则不然，它们凶猛得令人难以置信，凡是在它们所前进的范围内，若遇到比自己弱小的动物，不管当时自己是否饿着肚子，它们都会“格杀勿论”，然后才继续前进。这就不是为谋生而杀，而是它们有“嗜杀成性”的习性，非要置其他生物于死地才后快。

（2）鼬科动物肛门的两旁，都有红豆般大小的“肛门腺”，此腺体分泌出来的液体或气体，臭不可闻，它们善于利用这些臭液或臭气用作防御或驱敌。

（3）鼬科动物的寿命都约为6年。

80. 海獭　Sea Otter　*Enhydra lutris*

食肉目、鼬科、水獭亚科、海獭属。海獭属只有1种海獭，海獭是海洋中最小的一种哺乳动物，终生生活在海里，很少上岸。其体长为55～130 cm，尾长13～33 cm。主要分布在北太平洋的海岸线附近，栖息在海洋中海带长势繁盛的地方或盛产贝类等多岩石的浅海滩，以鲍鱼、海胆、蛤和螃蟹等为食。海獭是昼行性动物，白天捕食或活动，晚上在海带“床”上睡觉，海带是海獭不可或缺的生活必需品，晚上可用来作床睡觉，敌害来了它便躲在海带丛里、或在乱七八糟的海带丛中与敌周旋、再不对劲，干脆溜之大吉。海獭通常喜欢以小家群栖息，海獭是在水中交尾的，母兽孕期大约为120天，然后会在岸上的临时巢穴中生产。每胎只生1只幼崽，但并不是每年都会生产的。海獭妈妈会抱着孩子仰面朝天浮在海面上给它喂奶，几天后幼崽开始学习游泳了。海獭的肺是陆地上体型大小相似动物的肺的2倍，由于肺活量特别大，它们就可以潜入水下30余米捕食。海獭的寿命大约为6年。

海獭的进食是一个非常有趣的过程。虽然海獭很爱吃鲍鱼、海胆、蛤和螃蟹的肉，但是，对于有坚硬外壳的这些食物来说，海獭的牙齿并不坚硬，海獭无法用嘴巴咬开它们而吃到里面可口的肉。然而，海獭很聪明，当它捕捉到这些猎物时（后），几乎就会在同时，在海底寻找一块大小合适、带有平整面的石块，放进腋下一个特殊的皮囊里，连同猎物一起带至水面，然后，仰面朝天浮在水面，将石块放在肚皮和胸脯上作砧板，而用前爪将鲍鱼、海胆等的硬壳击碎而享用其内美味；而在吃螃蟹时，它会先把螃蟹的脚一只一只地拔下来，以防止螃蟹逃掉。IUCN 极危；CITES 附录I。

图6-123　海獭
英属维尔京群岛
（British Virgin Is.）
1993年　25元
银　22克
特种币
Φ40 mm

图6-124　海獭
安道尔（Andorra）
1996年　10第勒尔
银　28克
特种币　5 000枚
Φ39 mm

81. 长尾獭　La Plata Otter　*Lontra longicaudis*

食肉目、鼬科、水獭亚科、美洲獭属。美洲獭属共有4种獭，包括北美獭、猫獭、长尾獭和南美獭等。其体型大小因品种而异，美洲獭一般体长66～110 cm，尾长32～46 cm。全部分布在美洲，栖息在河流、小溪、湖泊和沿海的湿地中。它们以鱼类、两栖动物、爬行动物、节肢动物和鸟类等为食。美洲獭平时喜欢独居，母兽孕期大约为60～70天，每胎可生数只幼崽。IUCN 低危；CITES 附录I。

图6-125　长尾獭
墨西哥（Mexico）
2000年　5比索
银　31克
特种币　50 000枚
Φ40 mm

82. 水獭（河獭） River Otter *Lutra lutra*

食肉目、鼬科、水獭亚科、水獭属。水獭属共有3种水獭。水獭一般体长57～70 cm，尾长35～40 cm。水獭也被称为欧亚水獭，因为水獭主要分布在欧洲和亚洲大陆。水獭栖息在河岸、溪流、水库、湖泊里，有时也会到海岸线附近“旅游”。它们以鱼类、其他水生动物、节肢动物、鸟类、两栖动物和小型哺乳动物等为食。水獭的巢穴筑在水边的陆地上，进入巢穴里有两个入洞口，陆上一个，水下1～3 m深处一个。水獭在水中交尾，但是在巢穴中的草上生产并哺乳。水獭是夜行性动物，而生活在海岸线附近的水獭则多在白天活动。水獭平时喜欢独居，但在繁殖季节会临时配对生活2～3个月。有时水獭们也会集群活动，特别是当成年鳄类侵入它们的“社区”时，十几只的水獭就敢于奋起抵抗，围攻入侵之鳄，直到把鳄赶走。母兽孕期大约为60～70天，每胎可生2～4只幼崽。长到大约2个月时幼子便会游泳，妈妈会哺乳90天。小水獭和妈妈将共同生活1～2年，或更长一点的时间，然后小水獭就独自闯荡世界去了。IUCN 易危；CITES 附录I。

图6-126　水獭
库克群岛（Cook Is.）
1991年　50元
银　特种币
Φ38 mm

图6-127　水獭（高加索水獭）
亚美尼亚（Armenia）
1997年　100德拉姆
铜镍
WWF-CN纪念币
Φ38 mm

83. 蜜獾 Honey Badger *Mellivora capensis*

食肉目、鼬科、蜜獾亚科、蜜獾属。蜜獾广泛分布于非洲、亚洲西南部、阿拉伯直到前苏联。体长60～77 cm，肩高25～30 cm，尾长20～30 cm。身体粗壮，背部灰色，皮厚重，毛松弛。长相和善，憨态可掬，却是非洲大陆最凶猛的动物之一。非洲蜜獾不仅能战胜体型比自己大两三倍的动物，而且行踪不定，难以捉摸。由于经常夜间出没，单独行动，更增添了神秘感，仿佛生活在神话中，而不是现实中。蜜獾是一种杂食性动物，以捕食蛇、蝎或捣毁蜂窝取食蜂蜜为生。一窝2仔。蜜獾大胆有力，且聪明异常，好嬉戏，前爪向内弯曲，看到养蜂箱，会用爪滚动蜂箱，把它弄破，然后吃光里面的蜂蜜。虽说不怕蜂蜇蛇咬，但也有人发现个别蜜獾被蜇死在蜂洞内，其胆量可见一斑。还有人记录了非洲蜜獾和直锁蛇大战，两败俱伤，但是几个小时后，非洲蜜獾居然又活过来，仿佛酒醒后，醉醺醺地按住死蛇，大快朵颐。IUCN 低危。

图6-128　蜜獾
塞拉利昂（Sierra Leone）
2008年　1利昂
发黑铜镍
特种币
Φ38 mm

84. 大尾臭鼬 Hooded Skunk *Mephitis macroura*

食肉目、鼬科、臭鼬亚科、臭鼬属。此属仅有2种臭鼬，即大尾臭鼬和加拿大臭鼬。大尾臭鼬也被认为是非洲臭鼬（有几个亚种）。大尾臭鼬仅仅是体型比加拿大臭鼬小，但是种种行为相似。大尾臭鼬体长28～38 cm，而尾长竟有27～44 cm。相比之下，其尾巴就显得长而大了。主要分布于非洲的撒哈拉沙漠及其南部一带，栖息在草原、沙漠和热带森林中。大尾臭鼬是夜行性动物，很会挖洞建住所，想偷懒时就借宿其他动物的住房或在人类的闲杂物品底下睡觉。大尾臭鼬以节肢动物、小型哺乳动物、爬行动物、两栖动物和鸟类等为食。它们主要是在陆地上活动，但有时也会爬到树上，以觅果腹之食。大尾臭鼬平时喜欢独居，也有成对生活的。母兽孕期大约为36～45天，每胎可生2～5只幼崽，幼崽大约90天就有资格当爸爸或妈妈了。

图6-129 大尾臭鼬
刚果（金）(D.R. Congo)
2003年 10法郎
银 25克
特种币
Φ37 mm

鼬科动物肛门的两旁，都有红豆大小的“肛门腺”，此腺体分泌出来的液体或气体，臭不可闻。而臭鼬释放出来的有毒液体或雾化的气体，是特别特别的臭，其恶臭又非常的强烈，远在1 000m开外都可以闻到。臭鼬的学名就是来源于意为“毒气”的拉丁文。所有带臭腺的鼬科动物，都有一个共同的护身法宝，那就是当敌害来犯时，即向敌害释放毒液或毒气。在鼬科中，能充分地发挥特殊肛门臭腺的机能并不断地进化的就应该非臭鼬莫属了。当臭鼬受到捕食者的威胁时，就会演奏出“防身三部曲”：一是尖叫或咆哮，以向敌害发出警告：“我是臭鼬，不好惹！”；二是如果警告无效，臭鼬就立即掉转身来，翘起尾巴，露出肛门，“你要是往前再走一步，就别怪我不客气了”！一般的敌害看到此举便会赶快逃开；三是来真格的，对于不知好歹的敌害，臭鼬前腿倒立或弓起背部来，从肛门旁边的臭腺处迅速向敌害的头上喷出有毒液体或雾化的气体。臭鼬的毒液可喷到3 m开外，进入敌害的眼睛后，又痒又痛，导致暂时失明甚至让眼睛溃烂；其臭气则恶臭无比，闻之令人呕吐和头昏。凡是吃过臭鼬苦头的动物们，一般都会终身难忘，速速离去，而不会再找臭鼬的麻烦；而对那些不长记性的或尚未尝过“臭害”的动物们，遭受臭鼬反击后，痛苦难当，那只能怪自己有眼无珠了。正因为臭鼬有这个家传绝招，所以它们有时可大摇大摆地外出而不必过分担心敌害。臭鼬惟一的天敌是鱼斑猫头鹰（长耳鸮），它是世界上惟一以臭鼬为食的动物。这大概与我们人类中有些人喜欢吃臭豆腐、菠萝蜜和榴莲的情况一样。鱼斑猫头鹰认为“臭鼬闻起来很臭，但是吃起来很香”。

85. 狼獾（貂熊） Wolverine *Gulo gulo*

食肉目、鼬科、鼬亚科、狼獾属。此属仅有狼獾一个物种，体长60～105 cm，尾长17～26 cm。狼獾是大型的鼬类动物，其外形矮壮像熊，狼獾以“性凶猛、力气大和胃口好”而出名，胆量也很大，不仅可捕食驼鹿和驯鹿等大型哺乳动物，而且敢于向棕熊、狼和猞猁等猛兽叫板，把它们赶走，夺取它们的猎物。狼獾可以拖走比自己身体大3倍的猎物。故狼獾除人类外几乎没有天敌。狼獾主要分布在加拿大、美国西北

图6-130 狼獾
蒙古 (Mongolia)
2005年 500图格里克
银 1盎司
特殊币（眼睛镶黄宝石）
2 500枚
Φ39 mm

部、欧洲北部以及亚洲的东北部一带，栖息在冻土苔原地带针叶林中、悬崖下或乱石堆中，以大小型哺乳动物和鸟类等为食，也进食鹿类尸体的腐肉，饥饿难忍时连蜗牛也不放过，有时还会以植物的果实来充饥。狼獾是陆栖性鼬类，但是很会爬树，常常埋伏在树上捕捉猎物，可惜行动并不灵活，往往是劳而不获。狼獾是白天和晚上都外出觅食的动物，它们平时喜欢独居，母兽孕期为30～50天，每胎可生1～6只幼崽。IUCN 易危。

86. 紫貂（黑貂） Sable *Martes zibellina*

食肉目、鼬科、鼬亚科、貂属。貂属类共有8种动物，它们大部分时间是在树上捕食、活动、筑巢、哺乳等。基本上紫貂体长32～46 cm，尾长14～18 cm。主要分布在亚洲东北部和日本北部的岛屿一带，栖息在温带针叶林中（特别是在落叶松林和松树中），紫貂以鸟类、小型哺乳动物、节肢动物、爬行动物和植物的果实等为食，它们白天和晚上都外出觅食。紫貂平时喜欢独居，母兽孕期为25～45天，每胎可生3～4只幼崽。紫貂和本科的其他大多数鼬类动物一样，在陆地上的行动快速而敏捷，也颇能爬树。中国有一说法“东北有三宝：人参、貂皮、乌拉草”。貂皮指的就是紫貂皮，是多种动物毛皮中的珍品，深受人们的喜爱，正因为如此，紫貂受到人们的大量捕杀。而在欧洲，紫貂几乎灭绝，可喜的是，近些年又被重新引进到俄罗斯的欧洲地区去繁殖。IUCN 濒危；中国 I级。

87. 欧洲水貂（水貂） European Mink *Mustela lutreola*

哺乳纲、食肉目、鼬科、鼬亚科、鼬属。欧洲水貂体长30～40 cm，尾长12～19 cm。主要分布在西班牙、法国、白俄罗斯和俄罗斯等国，栖息在湖泊和缓流的河流附近，及其森林中的林缘一带，以鱼类、小型哺乳动物、两栖动物、节肢动物和鸟类等为食。雄性的体型比雌性约大85%。欧洲水貂是夜行性动物，喜欢独居。母兽孕期大约为40～43天，每胎可生1～3只幼崽。欧洲水貂的天敌很少，如遇到敌害，它们会从肛门腺中释放出一种有毒的分泌液，向敌害喷去。一般说来，了解欧洲水貂具有可怕杀手锏的动物，是不会自找麻烦的。IUCN 濒危。

图6-131　紫貂
俄罗斯（Russia）
1995年　3卢布
银　35克
特种币　10 000枚
Φ39 mm

图6-132　欧洲水貂
拉脱维亚（Latvia）
1999年　1拉脱
银　31克
特种币
Φ39 mm

88. 黑足鼬（黑足雪貂） Black-footed Ferret *Mustela nigripes*

食肉目、鼬科、鼬亚科、鼬属。黑足鼬是北美的珍稀小兽，其体长38～41 cm，尾长11～13 cm。主要分布在北美的西部和欧亚大陆，栖息在有草原土拨鼠生活的空旷草地、草原和灌木丛中，黑足鼬的主食比较单一，就是草原土拨鼠。黑足鼬和草原土拨鼠一样，也是洞穴动物，平时喜欢独居。母兽孕期大约为42～45天，每胎可生3～6只幼崽。黑足鼬的敌害较多，它一遇到敌害，便会“尖叫”以表示警告；并从肛门腺里放出臭气吓退敌人；如无效，它便主动出击，死死咬住对方，使之疼痛难忍，不知所措，这时黑足鼬便突然松口而逃之夭夭。在20世纪90年代前，由于黑足鼬的主要食物——草原土拨鼠的不断消失，使得黑足鼬在野外几乎濒于灭绝，1986年被列为世界十种濒临灭绝的动物之一。2000年估计黑足鼬的总数大约为450只，到2004年前，人们将190余只人工饲养的黑足鼬放生到美国的怀俄明州，据观察有的已在野外成功繁殖。IUCN 极危；CITES 附录I。

图6-133　黑足鼬
英属维尔京群岛
（British Virgin Is.）
1993年　25元
银　20克
特种币
Φ40 mm

89. 伶鼬（银鼠）　Weasel，Least Weasel　*Mustela nivalis*

食肉目、鼬科、鼬亚科、鼬属。伶鼬体长16～24 cm，尾长3～9 cm。主要分布在北美、欧洲和亚洲的北部、中部和东部一带，栖息在北方苔原、欧亚草原、半沙漠地区、空旷的森林，甚至农田和草地中。伶鼬以小型哺乳动物和鸟类为食，是家鼠和田鼠的专性捕食者。它们白天和晚上都外出觅食，平时过独居生活。母兽孕期大约为34～37天，每胎可生1～7只幼崽，由母兽照看49～63天。伶鼬是一种分布范围广、适应能力强的最小的鼬科动物，但是它们也有较好的防御本领：当伶鼬遇到敌害时，它会发出嘶嘶声和尖叫声，以示警告，若无效，它也和其他所有鼬科动物一样，会从肛门腺中释放出一种强烈难闻的气味，使得敌害闻而却步。敌害都坚信一点：“闻起来这么臭！吃起来决不会香。”就连饥肠辘辘的捕食者，一闻到这股恶臭，就怎么也吊不起食欲的胃口来。IUCN 低危；CITES 附录III。

90. 林鼬（艾鼬）　Polecat　*Mustela putorius*

食肉目、鼬科、鼬亚科、鼬属。林鼬体长35～51 cm，尾长12～19 cm。仅仅分布在欧洲，栖息在森林、林地、农田、耕地、沼泽和河岸边沿一带，以小型哺乳动物、爬行动物、两栖动物和鸟类等为食。林鼬的主食是野兔，它们经常到野兔的巢穴中去捕食野兔。雄性体型比雌性大得多。林鼬是夜行性动物，但视力差，捕食靠的是嗅觉和听觉。林鼬能敏捷地奔跑、攀缘和游泳，平时喜欢独居。母兽孕期大约为40～43天，每胎可生5～8只幼崽。当林鼬遇到敌害时，会从肛门腺中释放出一种强烈难闻的气味，使得不少敌害闻而却步，无奈地悻悻离去。

图6-134　伶鼬
马耳他（Malta）
1986年　1分
铜锌　流通币
Φ18 mm

图6-135　林鼬
圣马力诺（San Marino）
1993年　500里拉
银　11克
特种币　35 000枚
Φ29 mm

91. 海象　Walrus　*Odobenus rosmarus*

食肉目、海象科、海象属。海象、海狮和海豹这三个种类曾被作为一个独立的目——鳍脚目（包括3个科30多个物种）；近些年，不少动物学家将此目归到食肉目中列为一个亚目，称为鳍脚亚目，其内仍然包含原来鳍脚目的3个科；有的则未列亚目而直接将原来的3个科并入食肉目中，本书采用的就是这一种分类方法。海象是单科单属单一种动物，体长3～3.6m，体重1.2～2t。雄性体型比雌性的更大，有的甚至大一倍。它们仅仅分布在北冰洋地区，栖息在浅的大陆架或海岸线区域，以海里的节肢动物和软体动物（多为双壳贝类）等为食，也会捕食某些海鸟。海象喜欢群栖，大部分时间生活在陆地或冰上，其群体可上百只，而在海里，则分散成十余只的小分队。母兽孕期大约为12～15个月，每胎仅生1只幼崽，每2～3年生产1胎，在海中进行生产，寿命可达40年。海象可潜水达100m，且长达25分钟。尽管海象身材魁梧，不过生性胆小，看见人类拔腿就跑。但是，如果遇到北极熊来袭击，海象要是来不及下海逃走的话，它就会奋不顾身地与之战斗。海象的天敌是逆戟鲸和人类。雌、雄海象都有一副长长的牙齿，但雄海象的牙齿更长一些，可达1m，突出口外，形成獠牙，这样长的牙齿，的确好似象的牙齿，海象之名也由此而来。因此海象是牙齿最长的鳍脚类动物，同时也是海洋中牙齿最长的动物。海象的牙齿具有多种用途：首先，这副长牙是战斗的武器，对同类或猎物都管用。其次，长牙是多功能的工具。在海底，海象可用长牙把泥土中的蛤蜊挖出来，嗜吃其肉；当海象要攀登浮冰或山崖时，牙齿便成为攀登工具，可用牙齿作杠杆，将庞大的身体向上移；海象还可用牙齿在冰层上开洞以便呼吸；当然海象的长牙，还是家族中“长者”的象征，这和我们人类中的“嘴上没毛，办事不牢”，比胡子长而论资排辈是一样的道理。IUCN 易危；中国 I级。

图6-136　海象
俄罗斯（Russia）
1998年　1卢布
银　16克
特种币　50 000枚
Φ33 mm

图6-137　海象
斯匹茨卑根群岛
(Spitsbergen)
1998年　50戈比
铝　流通币
Φ24 mm

海狮科动物都可以在陆地上走路甚至“跑步”，因为海狮的后脚能向前弯曲（而海豹则不能）；同时，海狮有一对手指头般的耳朵（而海豹则没有）。海狮一般是过着一夫多妻制的生活，多达十几二十多位的妻妾，再包括它们的孩子们，一个家庭的成员多达几百只。

92. 南海狮　South American Fur Seal　*Arctocephalus australis*

食肉目、海狮科、南海狮属。南海狮体长2.3～2.8m，体重300～350 kg。主要分布于南美洲的西南、东南部一带，栖息在浅的大陆架或海岸线区域一带，在深海和河流中也有分布。南海狮以鱼类、头足类动物、海里虾类等甲壳类动物、节肢动物、水生哺乳动物以及某些海鸟等为食。南海狮的居住方式不稳定，独居或成对。母

图6-138　南海狮
福克兰群岛（Falkland Is.）
1992年　10便士
铜镍　流通币
Φ27 mm

兽孕期接近360天，每胎仅仅生1只幼崽，幼崽出生后妈妈会喂养60天，6岁性成熟。IUCN 低危；CITES 附录II。

93. 胡氏海狮（新西兰海狮）
New Zealand Sea Lion *Phocarctos hookeri*

食肉目、海狮科、胡氏海狮属。胡氏海狮体长2～3.3 m，体重300～450 kg。胡氏海狮仅仅分布在新西兰南部的一些岛屿的周围，栖息在开阔的海洋和海岸线一带，胡氏海狮的食谱几乎同南海狮一样，有时还会捕食小海狮。胡氏海狮的居住方式不稳定，在大海中属于独居型。母兽孕期接近360天，每胎也仅仅生1只幼崽。胡氏海狮可潜水达150 m深处觅食。IUCN 易危。

图6-139 胡氏海狮
法国（France）
1992年 100法郎
银 22克
纪念币 15 000枚
Φ37 mm

图6-140 胡氏海狮
新西兰（New Zealand）
1993年 5元
银 31克
特种币 18 000枚
Φ38 mm

海豹科动物有一个共同的特点：由于它们的后肢（后鳍）只能向后而不能向前弯曲，特别是两只后肢（后鳍）又不能分开，基本上有点“合二为一”的态势，所以它们不能行走而只能靠身体弯曲向前爬行，但是在水中行动却十分利索，能用像鳍一样的后肢（脚）划水前进。海豹可潜入水中100米左右深处，每次可在水下超过10多分钟。母海豹对幼崽的保护有加，无论是对于人类的捕杀还是北极熊的猎食，只要“敌人”一到，它即抱上幼崽逃入水中；如果来不及，母海豹就会拼命，为保护孩子而献身，当然，可怜的孩子有时也会惨遭杀害。

94. 灰海豹（斑纹海豹）
Grey Seal *Halichoerus grypus*

食肉目、海豹科、灰海豹属。灰海豹背部为灰黑色，并布有不规则的棕灰色或棕黑色斑点。灰海豹体长2～2.5 m，体重170～310 kg。主要分布于大西洋北部和波罗的海中，栖息在海洋或海岸线附近一带。灰海豹有3个亚种或称为3个种群：大西洋西北部种群（个体较大）、大西洋东北部种群和波罗的海种群，这3个种群的繁殖期也不同。灰海豹以鱼类、头足类动物、节肢动物和某些海鸟等为食。灰海豹的居住方式不稳定，有时独居或成对。灰海豹3～5岁性成熟，母兽孕期275～335天，每胎仅仅生1只幼崽。中国II级。

图6-141 灰海豹
马恩岛（Isle of Man）
1994 1克朗
铜镍 PPE特种币
Φ38 mm

95. 豹形海豹　Leopard Seal　*Halichoerus leptonyx*

食肉目、海豹科、豹形海豹属。豹形海豹是本属的单一品种。体长2.5～3.2 m，体重200～455 kg。分布于大西洋和大西洋附近的南极海域中，栖息在沿海、粗糙的冰面上或岛屿上。豹形海豹以鱼类、头足类动物、海里虾类等甲壳类动物、水生哺乳动物以及企鹅等为食，有时甚至会捕食小海豹。豹形海豹是一种性情凶暴的海豹，还敢于袭击人类。豹形海豹平时喜欢独居，母兽孕期大约为335天，每胎仅生1只幼崽。

图6-142　豹形海豹
澳大利亚（Australia）
2005年　1元
银　1盎司
纪念币　7 500枚
Φ41 mm

96. 象海豹　Southern Elephant Seal　*Mirounga leonine*

图6-143　象海豹
南乔治亚岛和南桑德韦奇群岛
（S. Georgia and The S. Sandwich Is.）
2006年　2镑
铜镍　特种币
Φ38 mm

食肉目、海豹科、象海豹属。本属共有2种象海豹（北象海豹和南象海豹）。其体长4.2～6.5 m，体重2.2～5 t，雄性象海豹的体重要比雌象海豹重4～5倍。可以说，象海豹不仅是世界上最大的海豹，而且还是世界上鳍脚类动物中的体重冠军。同时，雄性象海豹具有一个与象一样又大又长而且能膨胀的鼻子（有的长达50余 cm），鼻子随着年龄增长而增长，在繁殖期则向下垂吊。顾名思义，象海豹正是因为体重、鼻长而得名。象海豹仅仅分布在南半球（季节性移动冰块的北部——北美西岸的温暖海域和南极附近岛屿周围的海域），以头足类动物和鱼类等为食。据20世纪90年代研究资料表明，南象海豹一次潜水的时间可达2个小时，入水深度达1 500 m，从而获得了海上兽类的潜水亚军。象海豹的栖息与居住方式不稳定，在繁殖期间，雄象海豹之间会大打出手争夺统治权，一旦成为“海滩霸主”的雄象海豹，就可以拥有10位以上，甚至上百的“后宫佳丽”。不过，雄象海豹的称王时间也仅仅能维持2年，往往第3年就被其他年富力强者赶下台了。更有甚者，在争夺王位战斗中，许多象海豹往往被咬得遍体鳞伤，甚至连自以为傲的大鼻子也被对方咬得所剩无几！母兽孕期为330天，每胎仅生1只幼崽，在生产后的19～23天内喂养幼崽，有的也可能多喂养几天，这些时间妈妈从不离开海岸。断奶后，有的孩子会跟随妈妈2个来月再独立，而有的孩子就与妈妈各分东西，自谋生计去了。雄性4岁、雌体2岁性成熟。**IUCN 低危；CITES 附录II。**

僧海豹（地中海僧海豹）、西印度僧海豹 、夏威夷僧海豹都是僧海豹属动物（此属也就这3种海豹）。僧海豹分布于地中海、黑海和非洲的西北部一带；夏威夷僧海豹分布于夏威夷群岛附近海域一带，而西印度僧海豹则分布于加勒比地区的海域一带。这3种僧海豹都栖息在靠近海岸线的温暖浅海区域。动物学家们为什么将这一类海豹起名为僧海豹？是因为这3种海豹都有褐色的外表，如同僧侣的袍子，故名。僧

海豹属的3种僧海豹的体型和特性大致相同，一般体长2.4～2.8 m，体重250～400 kg，雄性体型稍大。僧海豹以鱼类、头足类动物和节肢动物等为食。僧海豹栖息与居住方式不稳定，在陆地，它们可群居，多以母子在一起组成一些大群体，而在海里雌、雄就各顾各了。母兽孕期大约为330天，每胎仅生1只幼崽。

97. 僧海豹（地中海僧海豹）
Mediterranean Monk Seal *Monachus monachus*

食肉目、海豹科、海豹属。目前估计大约有几百只。IUCN 极危；CITES 附录Ⅰ。

图6-144 僧海豹
土耳其（Turkey）
1996年 1 000 000里拉
银 32克
特种币
Φ39 mm

图6-145 僧海豹
保加利亚（Bulgaria）
1999年 10列瓦
银 35克
特种币 10 000枚
Φ39 mm

98. 夏威夷僧海豹 Hawaiian Monk Seal *Monachus schauinslandi*

食肉目、海豹科、海豹属。目前估计大约有1 500只。IUCN 濒危；CITES 附录Ⅰ。

99. 西印度僧海豹 Carribean Monk Seal *Monachus tropicalis*

食肉目、海豹科、海豹属。已于1952年绝灭（另一资料说1970年是人类最后一次见到）。

100. 格陵兰海豹（鞍纹海豹、竖琴海豹） Harp Seal *Phoca groenlandica*

食肉目、海豹科、海豹属。格陵兰海豹体长大约1.7 m，体重130 kg。分布在大西洋的北部和北极一带，栖息在极地的开阔海洋和海岸线的边缘地带，以鱼类和海里的节肢动物为食。格陵兰海豹栖息与居住方式不稳定，通常会以集群方式大规模迁移，母兽孕期大约为350天，每胎仅生1只幼崽。雌性一般会在粗糙圆丘状的冰上生产，并可以此来保护孩子的安全。

图6-146 夏威夷僧海豹
美国（夏威夷莫伊岛）
［USA（Moi Island）］
2003年 1元
铜镍 旅游币
Φ39 mm

图6-147 西印度僧海豹
巴哈马（Bahamas）
1995年 2元
银 31克
特种币 10 000枚
Φ39 mm

图6-148 格陵兰海豹
英属维尔京群岛
（British Virgin Is.）
1993年 25元
银 20克
特种币
Φ40 mm

101. 环斑海豹（北欧海豹、圈海豹）
Ringed Seal，Saimma Seal *Phoca hispida*

食肉目、海豹科、海豹属。环斑海豹因浅灰或浅黄色皮毛上有灰白色环纹而得名，腹部白色。体长1～1.5 m，体重45～107 kg。身体肥壮浑圆，呈纺锤形。分布于北冰洋、白令海、波罗的海、北海及芬兰内湖，栖息于沿海、岛屿及附近海域，以各种类鱼虾和软体动物为食。雌兽每年会在雪里挖穴，产1白色幼豹，孕期约为270天。塞马湖环斑海豹仅栖息于芬兰南部、靠近俄罗斯边界的塞马湖里，是世界少数几种淡水海豹之一。IUCN 濒危；CITES 附录I；中国II级。

图6-149 环斑海豹（塞马湖环斑海豹）
芬兰（Finland）
1992年 5马克
铜铝镍 流通币
Φ25 mm

102. 大熊猫（大猫熊、竹熊） Giant Panda *Ailuropoda melanoleuca*

食肉目、熊科、熊猫亚科、大熊猫属。体长1.6～1.9 m，尾长13～20 cm，肩高60～70 cm，体重70～125 kg。大熊猫为中国特产，是国宝级的珍稀动物。主要分布在四川、陕西和甘肃等3 个省的25个隔离种群中，栖息在温带和热带的高山竹林内，其海拔为2 000～3 500 m。大熊猫的食物最为简单，仅仅以箭竹等30余种竹类为食，是哺乳动物中最受食物限制的物种之一了，有时也吃些鼠类、蛇类和昆虫等小动物。当然大熊猫一般不会刻意去攻击它们，而只是偶然遇到可以轻易抓到的时候才顺手牵羊，以换换口味；而在箭竹不够吃时，还会去农民家与猪争吃或偷吃羊。大熊猫多在黎明和黄昏时分取食，不同的季节它们会食用竹子的不同部位：春天，吃新生的幼芽；夏天，就吃竹叶；到了冬天，它们则吃竹根了。大熊猫平时喜欢独居，只有每年春季的繁殖期才会在一起，母兽孕期大约为97～181天，秋季生产，每胎可生1～2只幼崽。但是一般只能成活1只。使人难以理解的是，大熊猫刚出世的幼崽小得很，体长只有10～17 cm，体重才90～150 g重，要 40多天才会睁眼。成都保护区内一只名字叫“五十一克”的大熊猫，出生时体重仅51克重。大熊猫5～7岁性成熟（早的可能4年左右），寿命大约25～30岁。与熊科中的其他动物不同的是，大熊猫不实行“冬眠”作息制度。

大熊猫性情温和，很少主动攻击别人。它的视觉和听觉相当迟钝，嗅觉稍微好一点。大熊猫天真、活泼、可爱、行为举止憨态可掬，真是人见人爱。大熊猫看似笨重却很善于爬树和游泳。大熊猫还是中国的活化石，它的老祖先叫“始熊猫”，已经有820多万岁了。大约距今100多万年前，在中国的大部分地区，它们还是个大家族，到1万年前，其栖息地大为缩小。到1869年，法国人戴维在中国四川的宝兴县发现并向世人披露了他的发现，这个新物种，就被命名为“大熊猫”。1961年，世界野生动物基金会成立时，就选用了大熊猫的形象作为该会的会徽，从此，大熊猫作为珍稀动物，就广为全世界所关注了。几十年来，大熊猫还多次担任中国的“友谊信使”，到许多国家“访问”或者就扎根在那里，以表示中国人民愿意和这些国家的人民世世代代地友好下去。

大熊猫逮竹鼠吃是一个很有趣的过程，在大熊猫的保护区内，有一种也以竹类为食的竹鼠，

图6-150　大熊猫
中国(China)
1986年　5元
银　22克
WWF纪念币　20 000枚
Φ36 mm

图6-151　大熊猫
中国(China)
1991年　3元
金　1克
特种币
Φ10 mm

图6-152　大熊猫
英属维尔京群岛
(British Virgin Is.)
1993年　25元
银　20克
特种币
Φ40 mm

图6-153　大熊猫
直布罗陀(Gibraltar)
1993年　1克朗
铜镍　纪念币
Φ38 mm

图6-154　大熊猫
中国(China)
1996年　10元
金芯银圈(0.1盎司金、0.036盎司银)
特种币　2 000枚
Φ23 mm

图6-155　大熊猫
朝鲜(D.P.R. Korea)
1997年　10元
银　31克
纪念币
Φ39 mm

图6-156　大熊猫
中国(China)
1999年　10元
银　1盎司
特种币　20 000枚
Φ40 mm

图6-157　大熊猫
中国(China)
1999年　10元
银贴金　1盎司
纪念币
Φ40 mm

图6-158　大熊猫
中国(China)
2001年　50元
金　0.1盎司
特种币
Φ18 mm

因为总是与大熊猫争夺“口粮”，大熊猫气不过，就经常想收拾它们。大熊猫不但可在地面上逮住竹鼠，而且还能想出办法对付它们。当竹鼠躲进洞里时，大熊猫一是等，它知道竹鼠在洞中呆不长；二是吹，大熊猫用嘴对洞口吹气，殊不知，竹鼠还真受不了大熊猫嘴里的怪味，就会赶紧往洞外跑，那就正中大熊猫的下怀了；三是拍，要是前两招不行，大熊猫就会用前掌在洞口使劲地拍，竹鼠在里面受不了强烈的震动，必然会跑出来，成了大熊猫的点心。IUCN 濒危；CITES 附录I；中国 I级。

103. 小熊猫（红熊猫、小猫熊、九节狼） Lesser Panda *Ailurus fulgens*

食肉目、熊科、熊猫亚科、小熊猫属。小熊猫长相既像熊又像猫，与大熊猫相对，被称为小熊猫，其体色为红棕色或深栗色，体长50 ~ 64 cm，尾长28 ~ 50 cm。体重3 ~ 10 kg。主要分布于亚洲的南部和东南部一带，栖息在偏僻的竹林中。小熊猫主要是地栖动物，很灵活、机警、善攀爬。小熊猫是杂食性动物，偏重植物性，喜欢食用竹子，并以草、植物的叶、根和果实，以及节肢动物、小型哺乳动物和鸟蛋等为食。多在清晨和黄昏时分下地觅食，而白天和晚上，则躲在高高的树枝上睡觉。小熊猫的栖息和生活不稳定，有的会成对或以几只为单位一起活动，有的平时则喜欢独居。母兽孕期大约为114 ~ 145天，每胎可生1 ~ 5只幼崽，多为2 ~ 3只。小熊猫刚出世的幼崽很小，体长大约只有6 cm，体重才100 g重左右，要 21天才睁眼。孩子们可随妈妈生活1年才离开，2岁性成熟，寿命大约为10年。小熊猫性情温顺，可当宠物饲养。IUCN 濒危；CITES 附录I；中国II级。

图6−159　小熊猫
尼泊尔（Nepal）
1974年　50卢比
银　35克
CS特种币　3 869枚
Φ42 mm

图6−160　小熊猫
尼泊尔（Nepal）
1992年　500卢比
银　35克
特种币　10 000枚
Φ42 mm

104. 眼镜熊（安第斯熊） Spectacled Bear *Tremarctos ornatus*

食肉目、熊科、熊亚科、眼镜熊属。眼镜熊的体色是黑到暗红褐色。眼镜熊以眼睛周围有环绕的苍白斑块或淡黄色眼圈而得此雅名，其体长1.5 ~ 2 m，尾长约7 cm，体重140 ~ 175 kg。主要分布在安第斯山脉，栖息在海岸边缘、草地或森林一带，善于攀爬。眼镜熊是完全的杂食性动物，但是以植物性食物为主。它们的食谱包括：叶类、果实、谷类、节肢动物、小型哺乳动物和鸟类等等。眼镜熊为夜行性动物，平时喜欢独居。母兽孕期大约为213 ~ 244天，每胎可生1 ~ 4只幼崽。眼镜熊的幼崽在180 ~ 244天后可独立生活。眼镜熊是南美洲惟一的熊种，又是南美洲仅次于貘的第二大的陆生哺乳动物。在饲养条件下，目前最长寿命已达36岁。IUCN 易危；CITES 附录I。

图6−161　眼镜熊
英属维尔京群岛
（British Virgin Is.）
1993年　25元
银　22克
特种币
Φ40 mm

105. 美洲黑熊 American Black Bear *Ursus americanus*

食肉目、熊科、熊亚科、棕熊属。美洲黑熊的大部分体色为黑色，但是有的体色会随栖息地的不同而有所变化。美洲黑熊体长1.3～1.9 m，体重55～300 kg。主要分布在阿拉斯加、加拿大、美国和墨西哥等地方，栖息在温带的针叶林和山脉中。美洲黑熊是完全的杂食性动物，但以植物性食物为主。它们的食谱包括：叶类、果实、浆果、根类、节肢动物、大型哺乳动物和鱼类等。外形看似笨重的美洲黑熊，其实它跑得快、会爬树、还善于游泳，动作非常敏捷。美洲黑熊比北美灰熊的性情要温和得多，既不轻易袭击人类，也可接受人类的训练。奇怪的是，许多食肉动物都害怕豪猪，而美洲黑熊却不吃它那一套，它会想办法把豪猪翻过身来，袭击其腹部而致其死亡，品尝到一顿难得的豪猪大餐；当然，有些美洲黑熊一不小心也因此被刺伤甚至死亡，付出惨重的代价。每年的秋天，美洲黑熊就会到河里捕食鲑鱼，这是它们入冬前的重要食物。美洲黑熊平时喜欢独居，母兽孕期大约为180天，每胎可生1～5只幼崽。IUCN 易危；CITES 附录I。

图6-162 美洲黑熊
墨西哥（Mexico）
2001年 5元
银 31克
特种币 50 000枚
Φ40 mm

106. 棕熊（马熊） Brown Bear，Grizzly Bear *Ursus arctos*

食肉目、熊科、熊亚科、棕熊属。棕熊属包括美洲黑熊、棕熊（又有多个亚种）、白熊和黑熊等4种熊。棕熊是熊类中分布最广的物种，根据栖息地的不同，棕熊又有北美灰熊、阿拉斯加棕熊、科迪亚克棕熊、欧洲棕熊、叙利亚棕熊、西伯利亚棕熊和北海道棕熊等7个比较公认的亚种，此外还有穴棕熊等品种。其生活习性大体相同，只是其体色有所差别，棕熊最常见的体色为深棕色，但是也能在金色到黑色之间发生变化。棕熊的体型大小也因品种而异，一般体长2～3 m，体重100～1 000 kg不等，

图6-163 棕熊
安道尔（Andorra）
1992年 10第勒尔
银 31克
特种币 15 000枚
Φ39 mm

图6-164 棕熊（北美灰熊）
库克群岛（Cook Is.）
1996年 25元
银 5盎司
特种币 1 000枚
Φ65 mm

越靠近北极的品种体型就越大。北美品种的棕熊，其长针毛的末梢带白色，因此，看上去毛色发灰，人们就将北美的棕熊称为北美灰熊，另作为一个亚种，其体长为2.5～2.8m。北美灰熊是美国最强壮勇猛的动物，在棕熊中数它的脾气最为凶暴，有时它敢于抢夺狼捕到的猎物，甚至敢去捕食美洲野牛，也不怕人类，甚至敢于攻击人。棕熊主要分布在北美、北欧和亚洲，栖息在草地、沙漠、密集的温带针叶林和山脉一带。棕熊是完全的杂食性动物，以植物性食物为主。它们的食谱包括：叶类、果实、坚果、根类、节肢动物、大小型哺乳动物等。棕熊还爱吃蜂蜜，所以经常去找蜜蜂的麻烦，捣碎蜂巢品尝蜂蜜。每年的秋天，棕熊就会到河里捕食鲑鱼，这是它们入冬前的重要食物。每年10月至次年3月，棕熊进入冬眠。雄性棕熊的体重比雌性约大一倍。棕熊平时喜欢独居，繁殖期的2个多月中可成对生活，母兽孕期大约为245天，每胎可生1～4只幼崽，通常是一次生2只幼崽。带有幼崽的妈妈，为了保护孩子，就连孩子的亲爸爸也不让靠近。2年后小棕熊可离开妈妈独立生活。棕熊类动物的寿命为25～30年。IUCN 低危；CITES 附录I；中国II级。

107. 白熊（北极熊） Polar Bear *Ursus maritimus*

食肉目、熊科、熊亚科、棕熊属。白熊体长2.1～3.4m，尾长8～10cm，体重400～700kg，仅仅分布在北极的极地附近和北极圈一带，栖息在极地冰川和洋流附近。白熊是熊类中的大个子、看似很温顺，实际是凶猛之兽，享有“冰原霸主”的美称，因为在北极地带，除了人类，它们没有任何天敌。白熊主要以格陵兰海豹、环斑海豹等在北极圈附近生活的几种海豹为食，而且它们是最爱吃海豹。它经常耐心地等候在海豹出来换气的冰洞口，甚至可以非常耐心的地等上几个小时，只要海豹从冰洞口探出头来呼吸，它就迅速地用前掌猛击海豹的头部，将其杀死并拖出水面。许多海豹往往还没有好好喘口气，就成为白熊饭桌上的“美餐”了。白熊有时也会下到冰水里去捕鱼，还敢于捕食海象和一些小型鲸类动物，因此，白熊是北极冰原上最凶猛的动物。除大型哺乳动物外，白熊也会寻找些小型哺乳动物、鸟类和蛋来充饥。当食物缺乏或者海水融化而被迫上岸时，白熊则变成素食主义者了，它们会吃海藻、苔藓、草类、菌类和浆果等来填饱肚子，就这样，白熊也能存活达5个月之久

图6-165 白熊
格陵兰(Greenland)
1926年 25欧尔
铜镍 流通币
Φ24 mm

图6-166 白熊
格陵兰(Greenland)
1987年 5皮阿斯特
银 4盎司
特种币
Φ63 mm

图6-167 白熊
库克群岛(Cook Is.)
1996年 5元
银 28克
特种币
Φ38 mm

呢。白熊平时喜欢独居，母兽孕期大约为275天，每胎可生1～4只幼崽，通常为2只，其体长大约有30 cm。哺乳20～24个月之后，母熊就会赶走小熊，让其自食其力。白熊在3.5～5岁性成熟，它的寿命为25～30年。IUCN 易危；CITES 附录II。

108. 黑熊（亚洲黑熊、喜马拉雅熊、狗熊、熊瞎子）
Black Bear *Ursus thibetanus*

食肉目、熊科、熊亚科、棕熊属。棕熊属中的黑熊物种，主要是分布在东南亚一带、中国的东北部、俄罗斯的远东地区以及日本等地带，栖息在覆盖有森林的山上。黑熊全身黑色，但胸脯上却长着一撮类似弯新月形的白毛，非常醒目和漂亮，所以，人们又叫黑熊为白喉熊或月亮熊。黑熊一般体长1.3～1.9 m。体重100～200 kg。黑熊基本上是素食主义者，以树叶、果实、水果和坚果等为食，当然，它们也会顺手牵羊，抓些兔子或节肢动物品尝品尝，或者到河中捕些鱼儿吃吃。根据地域的不同，有不冬眠和进行冬眠的两个亚种。黑熊性情较棕熊温和，也能与人类接触，而且直立行走的能力比其他熊类都强。可正因为这样而给它带来不幸，许多马戏团会捕捉小黑熊去进行训练并参加表演，尽管黑熊们成了“明星”，但它们失去自由，马戏团成为它们终生的牢笼。黑熊平时喜欢独居，母兽孕期大约为180～240天，每胎可生1～3只幼崽。3岁性成熟，寿命15～20年。IUCN 易危；CITES 附录I；中国II级。

图6-168 黑熊
俄罗斯（Russia）
1993年 50卢布
铝青铜芯铜镍圈 流通币
Φ25 mm

图6-169 黑熊
尼泊尔（Nepal）
1993年 500卢比
银 31克
特种币 10 000枚
Φ38 mm

图6-170 黑熊
波斯尼亚和黑塞哥维那
（Bosnia and Herzegovina）
1994 500第纳尔
铜镍 PPE特种币
Φ38 mm

图6-171 黑熊
蒙古（Mongolia）
2001年 500图格里克
银 25克
特种币 5 000枚
Φ38 mm

109. 北极露脊鲸（格陵兰鲸、大头鲸、弓头鲸）
Bowhead，Greenland Right Whale *Balaena mysticetus*

鲸目、须鲸亚目、露脊鲸科、北极（露脊）鲸属。北极露脊鲸这个物种很奇特，头部几乎占了全身33%的重量，而头部的长度是全部体长的25%。所以动物学家又称它们为大头鲸。同时，北极露脊鲸的上颌极度弯曲并成“弓形”，故此它又得名弓头鲸。北极露脊鲸成体表面为黑色，其体长

14 ~ 18 m。体重50 ~ 80 t。最重的竟达100 t。主要分布在北极圈一带，栖息在北冰洋和亚北极地区的水域一带，以磷虾等海里的甲壳动物和海洋中的无脊椎动物为食。北极露脊鲸喜欢群栖。雌鲸5 ~ 10岁才可以当妈妈，以后每3 ~ 4年又会再生育。母兽孕期大约为12 ~ 14个月，每胎仅生1只幼崽。北极露脊鲸的寿命大约50年。在19世纪，此鲸几近灭绝，1937年开始才受到保护。 由于人类的捕杀和石油开采，北极露脊鲸是当前世界上最珍稀的大型鲸类动物，目前大约只剩下300余头了！其现状令世人担忧。北大西洋的北极露脊鲸已灭绝了！IUCN 极度濒危；CITES 附录 I。

图6–172　北极露脊鲸
加拿大（Canada）
1988年　100元
金　13克
特种币　52 594枚
Φ27 mm

图6–173　北极露脊鲸
朝鲜（D.P.R. Korea）
2001年　5元
银　20克
特种币　5 000枚
Φ35 mm

110. 南露脊鲸（真鲸、瘤头鲸）　Southern Right Whale　*Eubalaena australis*

鲸目、须鲸亚目、露脊鲸科、（真）露脊鲸属。南露脊鲸是和北极露脊鲸大体相对应的另外一个物种。这两者的头部与身体所占的比例、头部覆盖着古怪而坚硬的斑块、黑色的体色以及没有脊鳍的圆圆的身体，非常相似，让人很容易混淆。南露脊鲸的许多生理特性和和北极露脊鲸大致相同。南露脊鲸体长12 ~ 18 m。体重30 ~ 60 t。主要分布在南美洲、南非和澳大利亚一带的海域，以海洋中的无脊椎动物和磷虾等海里的甲壳动物为食。每到夏季，它们会到接近南极的冰冷的水域里觅食。和北极露脊鲸一样，南露脊鲸的食量也很大，每天要吃掉3 ~ 4 t的磷虾。从11世纪以来，南极露脊鲸也遭到人类大量捕杀。因为这种鲸的游动速度慢，而且经常生活在海滨一带，人类易于接近。经过几个世纪人类毁灭性的“商业捕杀”之后，到19世纪，南露脊鲸也几近灭绝，1937年才开始受到保护。经过几十年的努力，数量有所复苏。但是，生存状况仍然难以乐观。IUCN 濒危；CITES 附录I。

图6–174　南露脊鲸
澳大利亚（Australia）
1996年　10元
银　22克
加厚币（厚度5 mm）　15 000枚
Φ34 mm

图6–175　南露脊鲸
南非（South Africa）
2002年　2兰特
银　34克
特种币　3 000枚
Φ39 mm

111. 小鳁鲸（缟鳁鲸）
Minke Whale，Lesser Rorqual　*Balaenoptera borealis*

鲸目、须鲸亚目、鳁鲸科、鳁鲸属。小鳁鲸是须鲸亚目中个体最小的一种鲸，其体长8 ~ 10 m。体重8 ~ 13 t。除南北极外，广布世界各大洋、海域中，常常出没在沿着海岸线的近海或大陆架地带，以磷虾等海里的甲壳动物和鱼类为食。小鳁鲸平时喜欢独居，母兽孕期大约为300天，每胎仅生1只幼崽。小鳁鲸仍然是数量最多的、同时也是最常见的一个鲸种。而且还是“国际捕鲸委员会”认可的惟一一种可以进行商业捕捞的须鲸类动物。但是有的资料已经出现了保护级别。IUCN 濒危；CITES 附录I；中国II级。

112. 鳁鲸（塞鲸、鳕鲸、黑板须鲸） Sei Whale *Balaenoptera borealis*

鲸目、须鲸亚目、鳁鲸科、鳁鲸属。鳁鲸体长12 ~ 16 m。体重20 ~ 30 t。主要分布在世界各大海洋里温度适中的深水中，它们也会客串到亚热带和热带水域中走一走。它们一般栖息在深水中，在浅水或滨海一带很少见到它们，所以，人们对鳁鲸也是很陌生的。甚至在很长一段时间内，人们一直把它和与它很相像的长褶须鲸搞混。鳁鲸喜欢吃磷虾等小型甲壳动物，也食用成群的鱼类。雌性鳁鲸的体型比雄性的要大，而且南半球鳁鲸的体型要比北半球鳁鲸更大。由于人类的过度捕杀，鳁鲸的数量估计已经从原来的25万头下降到目前不足6万头了。IUCN 濒危；CITES 附录I。

图6-176　小鳁鲸
马绍尔群岛（Marshall Is.）
1993年　10元
黄铜
特种币　25 000枚
Φ35 mm

图6-177　鳁鲸
俄罗斯（Russia）
2001年　1卢布
银　16克
特种币　50 000枚
Φ33 mm

113. 蓝鲸（磺底鲸、巨北方须鲸） Blue Whale *Balaenoptera musculus*

鲸目、须鲸亚目、鳁鲸科、鳁鲸属。蓝鲸因其是蓝色（带灰）的体色而得名。蓝鲸不仅是世界上最大的鲸类动物，而且也是世界上最大的动物，还是地球上曾经存活到现在的最大动物。有些动物学家认为，蓝鲸可以分为三个亚种：生活在南极洲的最大的品种、生活在北半球体型稍小的品种及生活在南北半球热带水域并被人们称作小蓝鲸的最小的一个品种。蓝鲸一般体长20 ~ 30 m，体重100 ~ 160 t重。据报道，曾经有过记录，最长最大的蓝鲸超过33.5 m，重约195 t。蓝鲸的头部大约占体长的25%。除南北极、内陆海以及港湾外，广布世界各大海洋，栖息在深而开阔的，特别是冷水的水域一带。蓝鲸通常单独活动，或母兽与幼儿一块活动，而在取食时它们又能成群活动，繁殖时雌、雄体接触就更多了。母兽孕期大约为300 ~ 330天，每胎仅生1只幼崽，每2 ~ 3年怀一胎。蓝鲸一出世的“宝宝”就有6 ~ 8 t重，8 ~ 9个月断奶，此时它已长到16 m了。据报道，蓝鲸的寿命可达90 ~ 100年。

实在有趣的是，蓝鲸的“捕食方法”。包括蓝鲸在内的须鲸亚目的所有鲸类，即须鲸一族的动物都是没有牙齿的，它们的捕食和进食方法很奇特，它们的嘴巴里有一个名叫“鲸须”（或叫鲸须板）的板状物器官，“鲸须”的形状类似一个筛网（也称为“须状的帘子”），位置就像“挂”在前腭的上方。它可以过滤嘴巴里的海水而留下磷虾以及小鱼等食物，从而将食物一口吞下。所有须鲸一族的动物进食方式主要就是“大口吞没”。像蓝鲸这样的庞大动物，它的食物不仅非常单调，而且还是地球上最小的动物之一——磷虾。蓝鲸一天要吃掉6 ~ 8 t的磷虾，实际上它一口就可吞下成群的磷虾。吞咽时，蓝鲸的咽喉竟可胀大为平时的4倍！像蓝鲸这样大的动物，应该说是没有什么敌害了吧？其实不然，蓝鲸的天敌竟然是比它小得多的虎鲸！

蓝鲸发出的声音，比世界上所有动物发出的声音都大，有时超过180分贝，灵敏的仪器曾在离蓝鲸80 km处的地方监测到它发出的声音。蓝鲸多在100～500 m深水处生活，在水中持续的时间为10～20分钟，随后是5～15次的喷气，喷出的气水柱高达9 m多。IUCN 濒危；CITES 附录I。

图6-178　蓝鲸
马绍尔群岛（Marshall Is.）
1993年　10 元
黄铜
特种币　25 000枚
Φ35 mm

图6-179　蓝鲸
利比里亚（Liberia）
1998年　10元
银　31克
特种币
Φ39 mm

图6-180　蓝鲸
加拿大（Canada）
1998年　50分
银　12克
特种币
Φ27 mm

图6-181　蓝鲸
圣赫勒拿岛
（St. Helena Island）
1998年　50便士
铜镍　WWF-CN纪念币
Φ38 mm

114. 座头鲸（驼背鲸、大翅鲸）
Humpback Whale　*Megaptera novaeangliae*

鲸目、须鲸亚目、鳁鲸科、座头鲸属。座头鲸体长13～14 m，体重25～30 t，最大的超过40 t。除南北极外，广布世界各大海洋。栖息在浅海和深海中，以鱼类和磷虾等海里的甲壳动物为食。座头鲸的一个显著的特点是，它们的胸鳍为体长的30%左右，有的达5 m长，犹如一对大翅膀，所以早期人们曾称这鲸为“大翅膀”。实际上，这个物种的拉丁文学名就是“大翅膀新英格兰动物”，因为1781年被正式记载的第一个标本，来自美国东部的新英格兰。后来人们才改称为“大翅鲸”和“巨臂鲸”。大翅膀加上多突瘤的头部、独特的尾鳍，人们在海上很容易识别这个物种。

同时，座头鲸又有一套行之有效的捕食技巧：它善于使用大尾巴拍打水面，或用大而长的胸鳍驱赶鱼群，将鱼或虾类动物搅得晕头转向，甚至昏死过去，而且还会不知不觉地聚拢起来，殊不知，昏迷之间让座头鲸大口大口地吞食了。然而，更令人叫绝的是座头鲸的绝技——气泡网捕鱼法。捕食时，座头鲸先潜到鱼群或磷虾群的底下，从它的喷气孔向上喷出气泡，然后，它慢慢地采用螺旋形方向向水面游去，这样就会沿着鱼群或磷虾群形成一个“环形的壁垒”——气泡网，或者叫“泡沫状水帘”。一旦此网织成，气泡网的顶端会完全出现在水面上，而气泡网的中心压力比环壁处压力更低，这使得鱼群或磷虾群纷纷向气泡网的中心聚拢起来。此时，座头鲸就沿着网的中心线张开大嘴巴向上游动，鱼和虾便源源不断地进入它的嘴巴，而海水则通过鲸须板被过滤掉，当座头鲸游升到水面时，留在嘴巴里的食物就被它一口吞到肚子里了。

座头鲸是海洋深处的著名歌唱家，听其所唱歌的录音，许多歌曲竟如林间的百鸟歌鸣，清脆动人，足可让听众心旷神怡。每唱一首歌的时间可长达6～30分钟，有一对专家夫妇，研究它们近20年的歌，发现座头鲸年年哼新曲、唱新歌，无论是独唱、重唱还是大合唱，每年从来不重复，这在动物界是绝无仅有的。座头鲸虽然平时喜欢独居，但是捕食时它们又能成群合作。母兽孕期大约为330～365天，每胎仅生1只幼崽。座头鲸大概5岁开始性成熟，每2～3年生产一次，幼鲸的哺乳期长达300天。在哺乳期间，妈妈和小宝宝形影不离。座头鲸的寿命大约为60～70年。IUCN 濒危；CITES 附录I。

图6-182　座头鲸
福克兰群岛（Falkland Is.）
1970年　5镑
银　28克
CS特种币　3 432枚
Φ38 mm

图6-183　座头鲸
汤加（Tonga）
1979年　2潘加
铜镍　纪念币
Φ45 mm

图6-184　座头鲸
牙买加（Jamaica）
1985年　25元
银　4盎司
特种币
Φ63 mm

图6-185　座头鲸
汤加（Tonga）
1986年　2潘加
银　28克
WWF纪念币　25 000枚
Φ38 mm

图6-186　座头鲸
马绍尔群岛（Marshall Is.）
1993年　50元
银　31克
特种币　25 000枚
Φ38 mm

海豚科是海豚类动物的总称。此科大约有17属30多种的海豚。说到海豚，人们都知道或听说海豚是聪明、可爱、欢乐、友善、温顺、忠实、灵气和容易与人类接近并相处等优点。人们似乎将所有美好的词语都放在海豚上了，能够获得人类这么多美好称赞的动物，大概也就包括海豚和犬等少数动物。比如说海豚聪明，训练人员谈到，有些技艺，猴类要经过几百次才能学会，而海豚学习二十多次就学会了。自古以来，人类就与海豚建立了和谐的关系，早在公元前70年，古罗马学者老普林尼在他的《自然史》著作中就有记载：有一个贫困的少年和一条海豚建立了深厚的友谊，它天天载着少年过河上学，后来少年不幸死去，海豚非常悲伤，终因郁郁寡欢，最后也随少年而去。实际上，千百年来，海豚为人类的船只导航、海里救人等事情，的的确确经常发生，不胜枚举。海豚和犬一样，的确是人类忠实和可靠的伙伴与朋友。

115. 海豚 Dolphin *Delpphinus*

鲸目、齿鲸亚目、海豚科、海豚属（也有称真海豚属的）。海豚属有两个物种，即海豚和真海豚，它们一般体长2.3～2.6 m，体重大约80 kg。除南北极外，海豚广布世界各大海洋的近陆海域中，也包括热带和温带的深水中，因为，虽然它们常常在浅水中活动，但是这两种海豚也经常客串到300 m深水处捕食。海豚主要以鱼类和头足类动物（指乌贼、章鱼和鱿鱼等大型的软体动物）等为食。海豚们很喜欢吃乌贼等头足类动物，本书前面已经谈到，乌贼有一套防身或御敌的方法，即喷出墨汁把海水搞黑而乘机逃走，这一招对许多猎食者奏效，但是到海豚这里就不管用了，因为海豚具有极为精密的声呐系统，能够凭听觉准确地识别目标的位置，正是凭借这个声呐系统，海豚甚至可分辨出3 km内外哪一种食物是自己爱吃的；加之海豚又是出色的游水健将，它的平均时速为40～48 km，然而，当它捕食全速前进时就能够达到每小时80 km的速度，正因为如此，海豚、素有“海洋中的飞毛腿”的美称，是海上兽类的游泳亚军。所以许多乌贼等头足类动物遇到海豚时往往难逃厄运，也就是这个原因。海豚是群栖型动物，母兽孕期大约为300～330天，每胎仅生1只幼崽。海豚的寿命据说可达50年。**中国II级**。

图6-187　海豚
色雷斯（Thrace）
公元前3世纪
青铜　海豚象形币
流通币
20 mm×5 mm

图6-188　海豚
冰岛（Iceland）
1981年　5克朗
铜镍　流通币
Φ25 mm

图6-189　海豚
直布罗陀（Gibraltar）
1996年　50便士
铜镍　流通币
Φ30 mm

图6-190　海豚（里海海豚）
俄罗斯（Russia）
2001　1卢布
银　16克
特种币　50 000枚
Φ33 mm

图6-191　海豚
帕劳（Palau）
2004年　1元
铜镍　特种币
Φ37 mm

图6-192（地中海海豚）
马耳他（Malta）
2004年　5欧元
铜　特种币
Φ36 mm

图6-193　海豚
英属维尔京群岛
（British Virgin Is.）
2005年　1元
铜镍　特种币
Φ38 mm

116. 真海豚（普通海豚、白腹小海豚）
Common Dolphin *Delpphinus delphis*

鲸目、齿鲸亚目、海豚科、海豚属（也有称真海豚属的）。

图6-194 真海豚
马绍尔群岛（Marshall Is.）
1993年 5元
铜镍 特种币
Φ38 mm

图6-195 真海豚
南非（South Africa）
2001年 2兰特
银 34克
特种币 3 000枚
Φ39 mm

117. 赫氏海豚（大西洋黑白海豚、新西兰海豚）
Hector's Dolphin *Cephalorhynchus hectori*

鲸目、齿鲸亚目、海豚科、黑白海豚属。赫氏海豚（赫克托氏海豚）体长1.2 ~ 1.5 m，体重大约57 kg。仅仅分布在新西兰海域，栖息在近海岸线的浅水域一带，主要以鱼类、头足类动物（乌贼、章鱼和鱿鱼等软体动物）和磷虾等海里的甲壳动物等为食。赫氏海豚喜欢群栖，常常几头在一起活动。母兽孕期不详，尚知每胎仅生1只幼崽。由于此物种体型不大，加上靠近海岸线活动，越来越受到污染、捕杀以及各种陷阱的威胁，目前估计尚存数量为3 000 ~ 4 000头。因此，赫氏海豚的处境已经面临非常危险的地步。IUCN 濒危；CITES 附录II。

118. 赫维赛德氏海豚（南非海豚）
Heaviside's Dolphin *Cephalorhynchus heavisidii*

鲸目、齿鲸亚目、海豚科、黑白海豚属。赫维赛德氏海豚是20世纪90年代才发现的物种，是鲸目中最少见和最鲜为人知的动物之一。 它的体长1.6 ~ 1.7 m，体重40 ~ 75 kg。仅仅分布在南非和纳米比亚海滨的浅水水域中，在南非的兰伯特海滨可经常看到它们。资料表明，赫维赛德氏海豚仅吃几种鱼类和乌贼，喜欢群栖，在南非的一些海滨能经常看到它们的身影。而在一些地区，赫维赛德氏海豚遭到捕杀。CITES 附录II。

图6-196 赫氏海豚
马绍尔群岛（Marshall Is.）
1993年 10元
黄铜
特种币 25 000枚
Φ35 mm

图6-197 赫维赛德氏海豚
库克群岛（Cook Is.）
1990年 50元
银 19克
特种币 25 000枚
Φ39 mm

119. 灰海豚（花纹海豚、里氏海豚） Risso's Dolphin *Grampus griseus*

鲸目、齿鲸亚目、海豚科、灰海豚属。灰海豚体长大约3.8 m，体重大约400 kg。除南北极外，广布世界各大海洋，栖息在温带和热带深水水域中，主要以鱼类和乌贼、章鱼和鱿鱼等头足类动物以及磷虾等海里的甲壳动物为食。灰海豚有时在夜间活动。喜欢群栖，还加入其他海豚和巨头鲸群中活动。母兽孕期大约为395～430天，每胎仅生1只幼崽。中国II级。

120. 皮氏斑纹海豚（南方海豚、黑颊海豚）
Peale's Dolphin *Lagenorhynchus australis*

鲸目、齿鲸亚目、海豚科、斑纹海豚属。皮氏斑纹海豚一般体长2～2.2 m，体重大约115 kg。主要分布在南美洲南部的沿海水域中，在火地岛一带常能看到它们的身影。皮氏斑纹海豚栖息于近海长满巨藻的海底附近，海峡湾、海湾和港口也常能发现它们，然而，人们在大陆架以外的深水处也发现它们的存在。皮氏斑纹海豚的食物目前尚不太清楚，但是，分析起来，相信它们的食物也包括多种鱼类和章鱼等头足类动物。可悲的是，尽管人们至今还不了解这个物种，但是，种种迹象表明，相当数量的皮氏斑纹海豚正在消失！

图6-198　灰海豚
马绍尔群岛（Marshall Is.）
1993年　50元
银　31克
特种币　25 000枚
Φ38 mm

图6-199　皮氏斑纹海豚
福克兰群岛（Falkland Is.）
1998年　1克朗
铜镍　WWF-CN纪念币
Φ38 mm

121. 暗黑斑纹海豚（菲茨罗伊氏海豚）
Dusky Dophin *Lagenorhynchus obscurus*

鲸目、齿鲸亚目、海豚科、斑纹海豚属。暗黑斑纹海豚共有3个亚种，它们明显的特点是黑色的背部上有一副高而弯曲的背鳍。其体型大小因品种而有小异，一般体长1.7～2.1 m，体重70～85 kg。这3个亚种分别分布在南美洲的西部和南部、南非和新西兰等地区，栖息在近海海岸一带的大陆架水域中。它们以鱼类、头足类动物（乌贼、章鱼和鱿鱼等软体动物）和磷虾等海里的甲壳动物等为食。暗黑斑纹海豚是日夜均会捕食和活动的动物，一般喜欢小群体生活。母兽孕期大约为395天，每胎仅生1只幼崽。

图6-200　暗黑斑纹海豚
南非（South Africa）
2001年　$2\frac{1}{2}$分
银　1.414克
特种币　500枚
Φ16 mm

122. 北鲸豚 Northern Right Whale Dolphin *Lissodelphis borealis*

鲸目、齿鲸亚目、海豚科、鲸豚属。北鲸豚体型修长，而且完全缺少背鳍或背脊，是惟一没有背鳍而且是生活在北太平洋的海豚，其体长可达3 m，体重达115 kg。北鲸豚主要分布在太平洋的北部一带，栖息在深水水域中，它们以头足类动物（乌贼、章鱼和鱿鱼等软体动物）、磷虾等海里的甲壳动物和鱼类等为食。北鲸豚很喜欢群栖，开始可形成100多头的小群体，然后再形成上千头的大群体，在一起嬉戏和玩耍，以跳跃的方式游泳，形成一个极有观赏性的漂亮而壮观的景观。它还是一名快速的游泳健将，北鲸豚母兽孕期的时间目前尚不清楚，但是已知每胎仅生1只幼崽。CITES 附录II。

123. 伊豚 Irrawaddy (river)Dolphin *Orcaella brevirostris*

鲸目、齿鲸亚目、海豚科、伊豚属。伊豚是一种既可以生活在淡水河流中又能够栖息在近海的江豚类动物。其体长2.1～2.8 m，体重90～150 kg。伊豚主要分布在亚洲的东南部和澳大利亚的北部一带，栖息在河流及其入海口的近海浅水中，以鱼类、头足类动物和虾等甲壳动物为食。伊豚的栖息与居住方式不稳定，有独居、成对或群栖等多种形式，母兽孕期大约为420天，每胎仅生1只幼崽。中国 II级。

图6-201 北鲸豚
纽埃（Niue Island）
1992年 5元
银 10克
特种币
Φ30 mm

图6-202 伊豚
马来西亚（Malaysia）
2006年 25分
金铜 收藏币
Φ30 mm

124. 逆戟鲸（虎鲸、杀人鲸、海狼） Killer Whale *Orcinus orca*

鲸目、齿鲸亚目、海豚科、逆戟鲸属。逆戟鲸是本属的单一种。逆戟鲸的名字让人迷惑，因为实际上它并不是“鲸”而是海豚家族中最大的一个成员。逆戟鲸体长5.5～9.8 m，体重2.6～10 t。它们广布世界各大海洋。栖息地点也非常广泛，可从河口到广阔的大洋，甚至冰原海域，也常见于海岸线附近和水生动物丰富的地方。逆戟鲸的游泳时速达40 km。它绝对是肉食性动物，食物包括：各种鲸类、海豹、海豚、海狮和海狗等海洋哺乳动物；企鹅等海鸟；鲱鱼、大白鲨等鱼类；乌贼、章鱼和鱿鱼等头足类软体动物；还有海龟等爬行动物；等等。尤其令人不解的是，逆戟鲸竟酷爱吃鲸类的舌头！

逆戟鲸天生牙齿锐利、胃口很大，在海洋中没有它所怕的动物，也没有什么它不敢吃的动物。就连鱼中之霸的大白鲨，见了逆戟鲸都要逃之夭夭，否则也会命送黄泉。在海洋中，对逆戟鲸来说，没有什么对付不了的动物，甚至连成年的蓝鲸都难逃它们的袭击。逆戟鲸的确是海洋中的霸王。科学家们解剖逆戟鲸的胃中发现：其中一头的胃里有13条海豚、14只海豹；另一头的胃里有14只海豹；还有一头的胃里则有4条小鳁鲸的尾鳍。

从逆戟鲸的别名来看，简直让人毛骨悚然，对许多海兽来说，逆戟鲸的确是凶残动物，和狮、虎、狼和北极熊等凶猛食肉兽没有什么区别。然而，对人类却并非如此，也难与“杀人”两字联系在一起，因为逆戟鲸从来不猎食人类。仅有一例“袭击人类”的个案：它吞食过一个冲浪运动员，可在逆戟鲸意识到自己的鲁莽行为后，便将他吐了出来，这位运动员幸运地活了下来。多年来，有许多人和野生的逆戟鲸在一起游水或划皮艇，非常奇怪的是，从来也没有发生逆戟鲸袭击和食人的情况！科学家们至今还无法解释为什么逆戟鲸不捕食人类？

逆戟鲸是高度集群的动物，同时是母系社会，一般是以母权制小群体或家族群体的方式生活，但是，它们的后代会围绕着母权制建立起一个多世代的“大家庭”。常常是大大小小三十几头为一个小群体，4 ~ 5个小群体又可形成一个“超级小群体”。群体大活动时，会密集编队，雌性和幼崽居于队伍中心，而雄性则环绕在队伍的边缘。母兽孕期大约为个365 ~ 520天，每胎仅仅生1只幼崽，每3 ~ 5年生1胎。逆戟鲸的寿命估计为35年。

图6–203　逆戟鲸
马绍尔群岛（Marshall Is.）
1993年　10元
黄铜　特种币
Φ34 mm

图6–204　逆戟鲸
西兰岛（Zealand）
1994年　1元
紫铜　试模币
Φ39 mm

图6–205　逆戟鲸
马恩岛（Isle of Man）
1996年　1克朗
铜镍　PPE特种币
Φ38 mm

图6–206　逆戟鲸
帕劳（Palau）
2002年　1元
铜镍　特种币
Φ37 mm

图6–207　逆戟鲸
刚果（金）（D.R.Congo）
2003年　10法郎
铜镍　特种币　棱镜幻彩
Φ40 mm

125. 中华白海豚

Chinese White Dolphin，Indo–Pacific Humpbacked Dolphin　*Sousa chinensis*

鲸目、齿鲸亚目、海豚科、弓背海豚属。中华白海豚是世界上仅有的两种白海豚之一。一般体长2 ~ 2.5 m。体重250 kg。主要分布在印度洋和太平洋一带，栖息在多处的大陆架附近沿海海域海湾等地，特别是在江海交汇的水域，常常因为追食鱼类而误入内河。在中国的广东省、福建省和台湾省沿海、香港地区西面水域一带，都可以见到它们的倩影。中华白海豚性格活泼、反应敏捷、灵巧聪明，深得人们喜爱。它的别名或俗称很多，广东的珠江三角洲一带称之为“白豚”、“白忌”、“白牛”；福建渔民称之为“镇海鱼”、“妈祖鱼”；香港人简称为“华白豚”；而在国外，中华白海豚则被一些专家称之为“印太驼背海豚”等等。但是中国的专家们认为，中国广东省和福建省水域的白海豚并不“驼背”，因此建议中文名称统一用“中华白海豚”。

中华白海豚具有强烈的家族依恋性，而且，每年都会回到珠江三角洲等地繁殖后代。1997年香港回归祖国的时候，中华白海豚就被选为“香港回归吉祥物”，就是表达了香港重归祖国怀抱、永不分离的寓意。在中国的鲸类动物中，仅仅有白鳍豚和中华白海豚这两种“豚类”动物被列为国家一级重点保护动物。CITES 附录I；中国 I级。

图6–208　中华白海豚
马绍尔群岛（Marshall Is.）
1993年　50元
银　31克
特种币　25 000枚
Φ38 mm

图6–209　中华白海豚
联合王国（UK）
1997年　20欧元
银　28克
纪念币
Φ38 mm

126. 蓝白海豚（条纹海豚）　Striped Dolphin　*Stenella coeruleoalba*

鲸目、齿鲸亚目、海豚科、原海豚属。蓝白海豚体长1.8～2.5 m，体重110～165 kg。除南北极外，广布世界各地，主要栖息在热带和温带水域中，以鱼类、头足类动物（乌贼、章鱼和鱿鱼等软体动物）和磷虾等海里的甲壳动物为食。蓝白海豚是高度群栖的海豚类动物，可以十几头，几十头、几百头，甚至上千头在一起活动，玩耍或追波戏浪。母兽孕期大约为365～395天，每胎仅生1只幼崽。IUCN 低危；CITES 附录II。

127. 长嘴海豚（长喙海豚、旋滚海豚）
Spinner Dolphin，Long–Beaked Dolphin　*Stenella longirostris*

鲸目、齿鲸亚目、海豚科、原海豚属。长嘴海豚共有4个亚种，一般体长1.3～2 m，体重45～75 kg。除南北极外，广布世界各地，主要栖息于热带海洋中。长嘴海豚以鱼类、头足类动物（乌贼、章鱼和鱿鱼等软体动物）和磷虾等海里的甲壳动物为食。长嘴海豚是夜行性动物，在夜间捕食和活动。长嘴海豚还是高度群居性动物，可以几十头甚至几千头的规模活动，场景实在壮观。母兽孕期大约为个300～360天，每胎仅生1只幼崽。由于长嘴海豚有和金枪鱼一起活动的习性，渔民就常常用它们来定位金枪鱼鱼群，于是乎，几个世纪以来，人类在工业性捕捞金枪鱼的同时，数以百万计的长嘴海豚便成了可悲的陪葬品。IUCN 低危。

图6–210　蓝白海豚
直布罗陀（Gibraltar）
1994年　1克朗
铜镍　PPE特种币
Φ38 mm

图6–211　长嘴海豚
马绍尔群岛（Marshall Is.）
1993年　10元
黄铜　特种币
Φ34 mm

128. 宽吻海豚（瓶鼻海豚、灰小海豚）
Bottlenosed Dolphin *Tursiops truncates*

鲸目、齿鲸亚目、海豚科、宽吻海豚属。宽吻海豚是本属的单一种海豚，也是一种原型海豚。它的体长1.9～4m，体重大约500 kg，最大的可达650 kg。除南北极外，广布世界各地，主要栖息于温带和热带海洋中。宽吻海豚以鱼类、头足类动物（乌贼、章鱼和鱿鱼等软体动物）和磷虾等海里的甲壳动物为食。宽吻海豚栖息与居住方式不稳定，或独居、或临时成对。母兽孕期大约为360天，每胎仅生1只幼崽，而每隔2～3年才可怀下一胎。宽吻海豚非常温顺，既可与人类共泳，也可以被人类触摸，是人们在各种电视节目、电影、海洋动物中心和动物园的出色杂技“表演者”；在军事上，还能为人类进行排雷、布雷、打捞、警卫、援救和运送物资等等多种活动。在第二次世界大战中，“海豚特种部队”就为人类的反法西斯斗争胜利立下过汗马功劳。CITES 附录I；中国II级。

图6-212 宽吻海豚
古巴（Cuba）
1994年 1比索
铜镍 特种币
Φ33 mm

图6-213 宽吻海豚
帕劳（Palau）
2004年 1元
铜镍 特种币
Φ37 mm

129. 白鲸（海上金丝雀） White Whale，Beluga *Delphinapterus leucas*

鲸目、齿鲸亚目、独角鲸科、白鲸属。白鲸体长4～5.5m，体重1～1.5t。白鲸主要分布在北半球的极地一带，栖息在北冰洋的水域中，一般都在沿岸的浅水区域生活，但是也会进入河流入海口甚至江河中。白鲸的食物与海豚类的食物大体上相同，也以鱼类、头足类动物（乌贼、章鱼和鱿鱼等软体动物）和磷虾等海里的甲壳动物为食。白鲸喜欢群栖。母兽孕期大约为425天，每胎仅生1只幼崽。白鲸是鲸类动物中惟一全身为白色的一种鲸。它以能够发出多变的声音而出名，包括有尖叫声、嘶叫声、口哨声、滴答声，甚至还有打嗝声等。而由颤音、咩音、吱吱音和鸟鸣音等等组合起来的一支支“美妙的歌曲”，则甚是娓娓动听。难怪古代航海者和捕鲸者们把白鲸昵称为“海上金丝雀”。估计目前世界尚有5万～7万头白鲸。IUCN 易危；CITES 附录I。

图6-214 白鲸
纽埃（Niue）
1992年 10元
银 31克
特种币
Φ39 mm

图6-215 白鲸
马绍尔群岛（Marshall Is.）
1993年 10元
黄铜 特种币
Φ34 mm

图6-216 白鲸
加 拿 大（Canada）
1998年 50分
银 12克
特种币
Φ27 mm

鼠海豚属共有5种以上。它们都是体型较小而短粗的豚类，看起来就像小海豚。当然，其体型大小也因品种而有些差别，一般体长1.4～2.4 m，体重50～200 kg。除南北极外，主要分布于太平洋、大西洋和印度洋中，一般栖息在公海内沿海岸线一带的浅水水域，有时也会游到码头或港口，个别品种则会到深海活动或捕食。所有鼠海豚都是肉食性动物，基本上是以各种鱼类和头足类动物（如乌贼、章鱼和鱿鱼等大型的软体动物）等为食，有的品种也吃虾等海里的甲壳动物。鼠海豚的栖息与居住方式不稳定，或独居或成对，个别品种则喜欢群栖。母兽孕期大约为210～365天，每胎仅生1只幼崽。

130. 大西洋鼠海豚（鼠海豚、胖猪海豚）
Harbour Porpoise　*Phocoena phocoena*

鲸目、齿鲸亚目、鼠海豚科、鼠海豚属。IUCN 易危；CITES 附录 I。

131. 亚速尔鼠海豚
Azores Harbour Porpoise　*Phocoena phocoena relicta Abel*

鲸目、齿鲸亚目、鼠海豚科、鼠海豚属。IUCN 极危；CITES 附录I。

132. 海湾鼠海豚　Gulf Porpoise　*Phocoena sinus*

鲸目、齿鲸亚目、鼠海豚科、鼠海豚属。IUCN 极危；CITES 附录I；中国II级。

图6-217　大西洋鼠海豚
墨西哥（Mexico）
1992年　100比索
银　1盎司
特种币
Φ39 mm

图6-218　亚速尔鼠海豚
乌克兰（Ukraine）
2004年　10格里夫纳
银　31克
特种币　8 000枚
Φ39 mm

图6-219　海湾鼠海豚
波兰（Poland）
2004年　20兹罗提
银　31克
特种币　56 000枚
Φ39 mm

133. 抹香鲸（卡切拉特鲸）　Sperm Whale　*Physeter catodon*

鲸目、齿鲸亚目、抹香鲸科、抹香鲸属。抹香鲸的肠道里有一种称之为“龙涎香”的物质，是一种名贵的香料，故得此“香名”抹香鲸。抹香鲸一般体长11～20 m，体重20～57 t，雄性抹香鲸的体重是雌性的2倍。除南北极外，广布世界各地，主要栖息在深水水域，有时也活动在大陆架附近的水域中。抹香鲸不仅是鲸类动物，而且是世界上最大的食肉兽，性情凶猛。它们的主要食物是头足类动物（乌贼、章鱼和鱿鱼等软体动物）和鱼类，抹香鲸每天要吃下几吨的食物。抹香鲸最爱吃乌贼，还特别喜欢吃一种10多米长、100公斤左右的深海里的大王乌贼。人们曾看到一头抹香鲸捕捉一条长达14.5 m（包括触角在内）的巨大乌贼；而在另一头抹香鲸的胃里竟发现了28 000余条的小乌贼。抹香鲸的栖息与居住方式不稳定，年轻时它们可形成包括有雄性、雌性和幼体在内的小群体，随着年龄的增加，抹香鲸就逐渐成为独居型的生活态势了。母兽孕期大约为420～450天，每胎仅生1只幼崽。在3～15年中雌体才会生产下一胎。其寿命据说可活到80多岁（据报道，曾有一条80岁的抹香鲸因搁浅而身亡）。

图6-220　抹香鲸
马绍尔群岛（Marshall Is.）
1993年　10元
黄铜　特种币
Φ34 mm

图6-221　抹香鲸
直布罗陀（Gibraltar）
1996年　1克朗
银　PPE特种币
Φ38 mm

抹香鲸有着一个奇异的体型，并有不同凡响的非常明显的特点：以硕大而且像一刀切开的圆桶一样的头部而闻名，该头部大约占全身的25%～33%。此外，抹香鲸的嘴巴很小，下颌几乎看不见（突出于下颌之外长达1.5 m的口鼻部完全挡住了下颌）、实在不明显的眼睛还长在与头部口鼻器官甚不相称的部位，实际上它的视觉很不发达。不过，抹香鲸不仅是一名著名的深水游泳健将，而且是一名哺乳动物的潜水冠军。因为，为了获得大王乌贼这种美味，抹香鲸就得潜入2 000 m以下的深海里去。经过一代又一代的进化，使得它可连续潜水达2个小时之久（1983年，有5头抹香鲸创建的潜水最长纪录达138分钟），1991年，曾经有一头雄鲸创建了潜入2 000 m深处的新纪录；另外，有资料表明，在抹香鲸的胃里曾发现生活于3 000 m深的底栖鱼类，推断此君入水深度大约为3 000 m。CITES 附录I；中国II级。

134. 白鳍豚（白鱀豚、白旗豚、长江河豚）
Chinese River Dolphin，Baiji Dolphin，Yangtze River Dolphin *Liotes vexillifer*

鲸目、齿鲸亚目、喙豚科、鳍豚属。白鳍豚为鳍豚属的单一物种，是中国的特产动物。正如第一个英文名称表明的意思，叫中华江（河）豚，还有长江河豚等别名，现代中国一般称白鳍豚。白鳍豚体长2.2～2.5 m，体重125～200 kg。据记载，雄性最大的达到237 kg。白鳍豚仅仅分布在长江中下游一带，栖息在河流及其毗邻的洞庭湖、鄱阳湖和钱塘江等几个河流湖泊中。白鳍豚的食物主要是鲶鱼和其他小鱼类。雄性比雌性约大33%。基本上是夜行性动物，常常是在夜间和清晨活动。它们喜欢群栖，一般是2～6头的小家群居方式，母兽孕期大约为300天，每胎仅生1只幼崽，偶生2只。

白鳍豚是中国的“活化石”，还是极为珍贵的一个物种，因为白鳍豚的现状已经处于极危状态。以前曾经有几次调查资料，估计白鳍豚的数量分别是：1980年为400头，1986年为300头，1990年不足200头，1993年已经不足150头。为此，1996世界自然保护联盟（IUCN）已经将白鳍豚列为第二批最濒危的20种动物名单内。而在1998年，罗浩和熊远辉的调查报告中表明：长江仅发现21头白鳍豚！可见其濒危程度远远大于国宝大熊猫了。科学家认为，如果再不切实控制致危因素并加以有效地保护，预计在21世纪20年代内，白鳍豚就难逃野外灭绝的厄运了！IUCN 极危；CITES 附录I；中国 I级。

图6–222　白鳍豚
中国（China）
1988年　10元
银　27克
特种币　35 000枚
Φ38 mm

图6–223　白鳍豚
马绍尔群岛（Marshall Is.）
1993年　10元
黄铜　特种币
Φ34 mm

135. 儒艮（美人鱼）　Dugong　*Dugong dugong*

海牛目、儒艮科、儒艮属。海牛目包括儒艮科和海牛科2个科。儒艮科则包括儒艮属和巨儒艮属2个属。每个属仅有一个物种。儒艮属动物一般体长2.5 ~ 4 m，体重250 ~ 900 kg。主要分布在印度洋中，在非洲东部，亚洲的西部、南部和东南部、澳大利亚和太平洋岛屿一带，栖息在这些地区的热带浅海区生活。儒艮和海牛科中的3种海牛一样，在外形上与海豹很相似，体型呈纺锤形。前肢变成鳍状，这两副鳍肢可用于行走，后肢退化，尾巴则变成桨状的鳍且呈扇形。 儒艮属动物绝对是完全的素食主义者，仅仅以海草、海藻和水生植物为食。儒艮属动物平时喜欢群栖，是昼行性动物。当受到肉食性鲸类、鲨鱼类和鳄类的侵害时，群体中的儒艮就会聚集起来胁迫敌害退走，或者用头去猛顶入侵者，迫使其离开。母兽孕期为395 ~ 425天，每胎仅生1只幼崽。

图6–224　儒艮
图瓦卢（Tuvalu）
1994年　20元
银　31克
特种币　10 000枚
Φ39 mm

全世界都有一个古老的“美人鱼”的传说，说是大海中有一种像美人一样的鱼。现在人们已经搞清楚了，传说中的美人鱼，实际上就是儒艮。因为它们是兽类，需要经常到水面上来呼吸。儒艮的头呈圆形，远看很像人头；它的前肢（胸鳍）长达几十厘米，远看很像人的一双手，而雌性胸前有一对大乳房，常常直立身体而露出上半身在水面，儒艮体表无鳞且呈灰色，远看很像一裸女在踩水游泳，姿势优美；而当它给幼崽哺乳时，也是露出上半身并用两只胸鳍抱崽，远看更像一裸女在给孩子喂奶。古人见了，称其为“人鱼”。这些情况还经常出现在皓月当空的夜晚，更使长年累月远航在海上的船员，产生美丽而温情的遐想，加上文人笔下的描绘，就又给了她一个“美人鱼”这样的美妙名称。比如安徒生在童话《海的女儿》里，就有美丽、善良和可爱的美人鱼的艺术形象。IUCN 易危；CITES 附录I；中国 I级。

136. 美洲海牛
American Manatee，West Indian Manatee　*Trichechus manatus*

海牛目、海牛科、海牛属。海牛科仅有一个海牛属，共3种海牛，它们是亚马逊海牛、美洲海牛和非洲海牛。这3种海牛，在生理特点、食物品种和栖息习性等基本上大同小异，而美洲海牛却是名气最大一种海牛。美洲海牛一般体长2.5 ~ 4.5 m，体重200 ~ 600 kg。主要分布于美国的东南到南美洲的东北一带，栖息在热带浅海岸、沿海河流和河口一带，也可进入淡水中活动。美洲海牛和儒艮一样，在外形上与海豹很相似。海牛类动物绝对是完全的素食主义者，仅仅以海草和水生植物为食。平时喜欢群栖，可多至100来只，但是，美洲海牛的群体并不固定，随时随地都可以自由加入或自由退出。栖息与居住方式也不稳定，有的喜欢独居，而有的则可成对生活。母兽孕期大约为360～390天，每胎仅生1只幼崽，主要由妈妈照顾幼崽，较大的后代和雌性亲属也可能会帮忙照应。IUCN 濒危；CITES 附录 I。

图6-225　美洲海牛
哥斯达黎加（Costa Rica）
1974年　100克朗
银　28克
CS特种币　11 000枚
Φ38 mm

图6-226　美洲海牛
圭亚那（Guyana）
1976年　1分
青铜　流通币
Φ16 mm

137. 亚马逊海牛　Amazon Manatee　*Trichechus inunigis*

海牛目、海牛科、海牛属。值得一提的是，亚马逊海牛仅仅生活在亚马逊河流里。IUCN 濒危；CITES 附录 I。

图6-227　亚马逊海牛
巴西（Brazil）
1992年　100克鲁赛罗
不锈钢　流通币
Φ18 mm

138. 亚洲象（野象、印度象）　Asiatic Elephant　*Elephas maximus*

长鼻目、象科、象属。亚洲象身高2.5～3 m，体长可达3.5 m，体重3～5 t，亚洲象是陆地上仅次于非洲象的第二大的动物。主要分布在亚洲的南部和东南部，生活在森林中靠近水源的地方。亚洲象是素食性动物，以草类、叶类、树皮、水果、根类和谷类等等为食。象群体系是母系社会结构。IUCN 濒危；CITES 附录 I；中国II级。

图6-228　亚洲象
锡兰（Ceylon）
1802年　$\frac{1}{24}$里克
青铜　流通币
Φ21.5 mm

139. 非洲象 African Elephant *Loxodonta africana*

长鼻目、象科、非洲象属。非洲象高3 m以上，有的超过3.7 m，体长4～5 m，体重4～8 t，雄性腿的直径就超过50 cm，因此，非洲象是陆地上最大的动物！分布于非洲广大的草原、沙漠、热带雨林和湿地等。非洲象也是素食性动物，其食物与亚洲象完全相同，每天差不多要进食20个小时左右。雄性的体重大约是雌性的2倍。平时喜欢群栖，和亚洲象一样，也是母系社会结构。IUCN 濒危；CITES 附录I。

图6-229 非洲象
原扎伊尔（Zaire）
1943年 2法郎
黄铜 流通币
对角线长39 mm

140. 马 Horse *Equus*

奇蹄目、马科、马属。所谓奇蹄目，指的是此目动物的每只脚上只有一个趾，被包着坚硬的角质蹄。马科动物就是该目的典型代表。马科仅有一个属即马属，马属共有9种动物。马出现在地球上已经有5 000万年以上的历史了。5 000万年前，马还是森林动物，以树叶为食，其大小如狗，经过不断的进化，才变成现在奔走于草原的大型动物。家马是野马的后裔。家马高大、英俊、善于奔跑。千百年来，马一直是人类最得力、最有义气的忠实助手，马为人类担任坐骑、拉车、供奶、耕地、作战和娱乐（马术表演和赛马）。特别是战马，非常忠心于主人，有的战马在主人战死后，拒绝进食，直至饿死，陪伴死去的主人。由于“马类”各个物种都已经被驯服和圈养，并能在圈养中杂交繁殖，不断地培育出许多新品种，也可以被广泛地引进到世界各地，所以目前全世界已经培育和改良出200多个品种。马以禾本科植物的草类为食。马

图6-230 马
德国（Germany）
1923年 5 000万马克
铝 流通币
Φ43 mm

图6-231 马
挪威（Norway）
1971年 1克朗
镍铜 流通币
Φ24 mm

图6-232 马
蒙古（Mongolia） 蒙古马
2002年 5 000图格里克
银 5盎司
特种币 2 000枚
40 mm×90 mm

喜欢群居生活，由一头强健的雄马领导。到了繁殖期，所有的雄马之间都会发生激斗。母兽孕期大约为335天，每胎仅生1只幼崽，5 ~ 6个月可断奶，4岁性成熟。马的寿命大约为40年。

图6–233　马（中国马）
波斯尼亚和黑塞哥维那
（Bosnia and Herzegovina）
1994年　500第纳尔
铜镍　特种币
Φ38 mm

图6–234　马（利比扎种马）
波斯尼亚和黑塞哥维那
（Bosnia and Herzegovina）
1994年　500第纳尔
铜镍　特种币
Φ38 mm

图6–235　马（阿拉伯马）
波斯尼亚和黑塞哥维那
（Bosnia and Herzegovina）
1994年　500第纳尔
铜镍　特种币
Φ38 mm

图6–236　马（汉诺威马）
波斯尼亚和黑塞哥维那
（Bosnia and Herzegovina）
1994年　500第纳尔
铜镍　特种币
Φ38 mm

图6–237　马（英国马）
波斯尼亚和黑塞哥维那
（Bosnia and Herzegovina）
1994年　500第纳尔
铜镍　特种币
Φ38 mm

141. 普通斑马（斑马）
Common Zebra，Burchell's Zebra　*Equus burchelli*

奇蹄目、马科、马属。在马属的9种动物中，属于斑马类的只有3种：即普通斑马、狭纹斑马和山斑马。所有斑马的显著特点是：全身上下都有黑白相间的条纹。普通斑马一般体长2.2 ~ 2.5 m，肩高1.05 ~ 1.40 m，体重175 ~ 385 kg。分布在非洲的东部和南部一带，栖息在热带和亚热带的稀树大草

图6–238　普通斑马
坦桑尼亚（Tanzania）
1980年　10分
黄铜　流通币
Φ23 mm

图6–239　普通斑马
乌干达（Uganda）
1996年　1 000先令
铜镍　特种币
Φ38 mm

原、稀树林地、树丛、开阔的草地或平原一带。普通斑马在非洲分布最为广泛。普通斑马是完全的素食性动物，以禾本科植物的草类、叶类（包括茎、花和嫩枝）等为食。平时喜欢群栖，常常由一只雄性斑马首领和它的10余位妻妾以及它们的幼驹进行小家群活动。当它们遇到敌害时，头头会指挥大家把小斑马围在中间，成年斑马个个屁股朝外，然后向对方后退猛踢，进行集体防御。另外，斑马的奔跑速度很快，特别是被迫逃跑时，其奔跑时速可达80 km，加之它可长距离奔跑，所以，也经常把敌害甩掉。母兽孕期大约为360 ~ 396天，每胎仅生1只幼崽，通常是3年生产1次，寿命为20多年。

142. 狭纹斑马（格氏斑马、细纹斑马） Grevy's Zebra *Equus grevyi*

奇蹄目、马科、马属。狭纹斑马是体型最大的斑马，也是最大的野生马科动物。狭纹斑马的条纹最细（故在斑马名字之前冠以“狭纹”二字），形态也最优美。狭纹斑马一般体长2.5 ~ 3 m，肩高1.50 ~ 1.55 m，体重 350 ~ 430 kg。主要分布于非洲东部的几个国家，栖息在干旱沙漠、半荒漠、开阔的草地或平原一带。狭纹斑马也是完全的素食性动物，其食物同普通斑马的一样。狭纹斑马平时也喜欢群栖，但是群体多为小而分散，也经常和普通斑马一起活动或吃草。母兽孕期大约为390天，每胎仅生1幼崽，由母马独自照顾幼崽，它经常带着幼驹和较大的后代散步或吃草。IUCN 濒危；CITES 附录I。

143. 山斑马（开普斑马） Mountain Zebra，Cape Zebra *Equus zebra*

奇蹄目、马科、马属。山斑马，顾名思义，就是居住在山岳地带的斑马。实际上这3种斑马，它们的外貌形态、生理特性、生活方式以及多种习性都相同或者很相似，只是由于它们栖息地点的差异，而使这些品种在体型大小、具体食物等方面就有些差别。比如山斑马的肩高为1.20 ~ 1.25 m，其个头、体重都比普通斑马要大些，却比狭纹斑马要小些。山斑马仅分布于非洲南部最南端海岸和最南端西海岸的一些山岳地带。IUCN 濒危；CITES 附录I。

图6-240　狭纹斑马
马拉维（Malawi）
1978年　5克瓦查
银　28克
CS特种币　7 670枚
Φ38 mm

图6-241　山斑马
英属维尔京群岛
（British Virgin Is.）
1993年　25元
银　20克
特种币
Φ40 mm

144. 野马（普氏野马、蒙古野马）
Przewalski's Zild Horse *Equus caballus*

奇蹄目、马科、马属。野马被认为是家马的祖先。野马一般体长2.2 ~ 2.6 m，身高1.20 ~ 1.46 m，体重200 ~ 300 kg。野马原来产于中亚、中国的新疆、蒙古和西伯利亚，1968年以后野外分布的情况就不清楚了。野马生活在宽阔的草原、丘陵或沙漠地带，是完全的素食性动物，以草类、叶类（包括茎、花和嫩枝）和树皮等为食。野马白天出没于草原，夜晚在水边或草丛等地休息。野马为群居性动物，通常是由一匹年长的母马为“大佬”，带领2 ~ 4匹母马和它们的幼崽再加上一匹公马，组成一个

“小家群”（比较喜欢10～20只游牧生活）。公马性情凶猛，难以驯化。当然，这匹公马除繁殖任务外，它还要负责马群的警卫，所以它总是留守在马群的边缘。母兽孕期大约为333～345天，每胎仅生1只幼崽。野马的特点是脖粗、头大、腿较短，体格健壮，能形成马群并进行长距离的游荡。野马的忍受饥渴能力强，可两三天才喝一次水。冬天，可以雪解渴、吃枯草和雪下的苔藓充饥。可惜人们已经不能在“野外”看到野马了！现在人们看到的放牧马或半野生化的马，都属于家马。我们仅仅能在野生动物保护区看到它们的尊容了。目前，全世界人工饲养和放牧的野马1 300匹，其中中国有野马300多匹（在新疆，其中广州市有关人士认领54匹）。全世界野马总数比大熊猫还要少。IUCN 野生灭绝；中国 I级。

图6-242　野马
蒙古（Mongolia）
1992年　250图格里克
银　31克
特种币　20 000枚
Φ39 mm

145. 野驴（塞驴）　Asiatic Wild Ass，Gulan　*Equus hemionus*

奇蹄目、马科、马属。野驴共有4个品种，野驴是其中之一。野驴一般体长2～2.5 m，肩高1.1～1.5 m，体重200～260 kg。主要分布于亚洲的西、中和南部一带，栖息在半荒漠地带或多石沙漠中。野驴是完全的素食性动物，以草类、叶类等为食。野驴是一种能够长期吃粗糙食物和在缺水的恶劣环境生活的动物。与家驴不同的是，野驴还能够快速而长距离地奔跑。别看野驴貌不惊人，但是奔跑速度却让人刮目相看，它们的时速竟可达60～70 km，连狼都赶不上！野驴喜欢群栖，但是，一般是雌性和幼驹们组成一个松散的游牧群体；有时可加入一只雄性，组成一个小家群。有时许多这样的游牧群体和小家群可以扩大到200来只的大群体。而尚未性成熟的雄性则组成一个“乐天派”的单身一族。成年后的雄性野驴则开始互相争斗，以夺取繁殖的资格和取食的领域。母兽孕期大约为330～365天，通常2年生产1胎，每胎仅生1只幼崽。野驴2～3年成熟，寿命为20～40年。IUCN 易危；CITES 附录I；中国 I级。

图6-243　野驴
土库曼斯坦（Turkmenistan）
1996年　500马纳特
银　28克
特种币　5 000枚
Φ39 mm

146. 印度貘（马来貘）
Malayan Tapir，Asiatic Tapir　*Tapirus indicus*

奇蹄目、貘科、貘属。貘科仅有一个貘属的4种貘，貘类动物的鼻骨退化变短，鼻部变成吻状，是特化的一个动物种群。印度貘是其中之一，同时也是貘类中最大的貘。一般体长1.8～2.5 m，肩高0.73～1.20 m左右，体重250～540 kg。印度貘仅仅分布在东南亚地区（马来西亚、缅甸、泰国和印度尼西亚的苏门答腊等地），主要栖息在森林的水边（包括潮湿的地方、热带森林、沼泽地和草地等靠近水源的地方）。印度貘是完全的素食性动物，以叶类、细树枝、嫩植物、水生植物和掉落的水果、果实类为食。印度貘生性胆小，一般都是晚上出来活动。成年貘大多喜欢独栖，少有成对活动，雌体和幼崽组成一个小群体共同

图6-244　印度貘
马来西亚（Malaysia）
2003年　25分
金铜　收藏币
Φ30 mm

生活。母兽孕期大约为390～407天，每胎仅生1只幼崽，2年后成熟。貘科动物（其他3种分别在中、南美洲）被认为是“活化石”，因为在3 000万年前就出现了貘这种动物了，而根据现在貘的解剖结构资料看来，与它们的老祖宗几乎没有什么改变。貘科动物虽然属于奇蹄目，但是有一些特别之处：每只前脚有1个额外的趾，而每只后脚上却有3个趾，寿命大约30岁。IUCN 易危；CITES 附录I。

147. 双角犀（亚洲双角犀、苏门答腊犀）Sumatran Rhinoceros *Dicerorhinus sumatrensis*

奇蹄目、犀科、双角犀属。犀科共有4个属的5个物种，目前，除了非洲产的白犀外，其他4种犀都出现在世界硬币上了。体型大小因品种而异，如白犀是5种犀中体型最大，体长3.7～5 m，重量可达3.5 t，前角最长可达1.3 m，而且是数量最多的一种犀。所有犀的皮肤是兽类王国中最坚韧的一种（皮肤厚度就达2～3 cm）。犀类不是反刍动物，但是，它们的食相很好，都有细嚼慢咽的好习惯。双角犀则是体型最小而体毛最多的一种犀（确切地说是体表长毛的一种犀，因为其他4种犀的身体上不长毛），其一般体长2.5～3.2 m，肩高1.1～1.5 m，体重大约800 kg。主要分布在东南亚一带（苏门答腊、马来西亚、缅甸和泰国），栖息在山区的雨林，特别是坡地的原始森林中近水源地带。双角犀是完全的素食性动物，以叶类等嫩植物、竹笋、芦苇和水果为食。双角犀是夜行性动物，白天多浸于泥浆中纳凉以降温。双角犀喜欢独居，繁殖期雌雄可以在一起共同生活约4个月。母兽孕期大约为210～240天，每胎仅生1只幼崽。幼崽一直跟随在妈妈身边，直到下一只“BB”出生为止。雌犀每3年生产1次。双角犀寿命可超过40岁。IUCN 极危；CITES 附录I。

图6-245　双角犀
马来西亚（Malaysia）
2003年　25分
金铜　收藏币
Φ30 mm

148. 黑犀（非洲双角犀） Black Rhinoceros *Diceros bicornis*

奇蹄目、犀科、非洲双角犀属。黑犀的体型长为2.9～3.1 m，肩高1.4～2.25 m，体重900～1000 kg。主要分布于非洲的中部和南部一带，栖息地域很广泛，从沙漠、草原、灌木丛、树林、森林到高山都可

图6-246　黑犀
坦桑尼亚（Tanzania）
1974年　50先令
银　35克
CS特种币　12 000枚
Φ42 mm

图6-247　黑犀
博茨瓦纳（Botswana）
1994年　2普拉
黄铜　流通币
Φ26 mm

图6-248　黑犀
索马里（Somalia）
2000年　250先令
银　25克
特种币
Φ38 mm

找到它们，但是主要还是生活在热带大草原的林地上。黑犀的上嘴向前突出，而且非常灵活。黑犀是完全的素食性动物，以豆科植物和树叶类等嫩植物、草类和水果为食，当然也可进食灌木和矮树枝。黑犀是夜行性动物，多在晚上和清晨活动和取食，而白天多沉浸于泥水里纳凉以降温。黑犀生性好斗，脾气厉害，它遇到敌害后不是逃走，而是直接冲向敌害，敢决一死战，并所向无敌，所以黑犀的天敌只有人类了。 黑犀绝对是独居性动物，不仅平时喜欢独来独往，单身生活，就是在一年一度的繁殖期，也都是些“露水夫妻”，仅仅相处片刻，“完事”后走人。母兽孕期大约为515天，每胎仅生1只幼崽，每3年生产1次。显而易见，幼犀是完完全全由母犀一手带大的，直到母犀到下次生产为止。1970 年，非洲尚有65 000只黑犀，但是到了20世纪的90年代，就只剩下2 500只了。IUCN 极危；CITES 附录I。

149. 小独角犀（爪哇犀） Jacan Rhinoceros *Rhinoceros sondaicus*

奇蹄目、犀科、独角犀属。顾名思义，小独角犀有双重含义：一是这种犀只有一个角，二是这个角比较小。小独角犀体长3 ~ 3.5 m，肩高1.4 ~ 1.75 m， 体重1.4 t。主要分布在爪哇岛最西端的库隆半岛上的帕奈坦自然保护区里，目前仅仅残留有50多只，是犀类中最稀少的犀种，它们栖息在热带森林、红森林、沼泽地和竹林中。小独角犀是完全的素食性动物，仅仅以树叶类和竹叶（竹子）等为食。小独角犀营独居生活方式。母兽孕期大约为550天，每胎仅生1只幼崽，每3年生产1次。IUCN 极危；CITES 附录I。

图6–249 小独角犀
英属维尔京群岛
（British Virgin Is.）
1993年 25元
银 20克 特种币
Φ40 mm

图6–250 小独角犀
印度尼西亚（Indonesia）
1987年 200 000卢比
金 10克
WWF纪念币 5 000枚
Φ27 mm

150. 独角犀（印度大角犀）
Indian Rhinoceros，Greater Indian Rhinoceros *Rhinoceros unicornis*

奇蹄目、犀科、独角犀属。相对说来，主要产于印度的独角犀属中的另一种独角犀，其角虽独，但却比小独角犀的角更大，故把这种独角犀又取名为印度大角犀。独角犀一般体长可达2.8 ~ 4 m，肩高1.1 ~ 2 m，尾长60 ~ 75 cm，一般体重为2.2 t，最大的可达近4 t，是亚洲最大的犀。虽然独角犀身体庞大，但长得结实，奔跑时速可达40 ~ 50 km。独角犀主要分布在印度和尼泊尔，栖息在喜马拉雅山脚下的恒河、雅鲁藏布江以及布拉马普得拉河等保护区内河谷及草原地带。独角犀是完全的素食性动物，以叶类等嫩植物和草类为食，独角犀是夜行性动物，多在黄昏、晚上和清晨活动或取食，而白天则会找个地方凉快去。独角犀也是独居性动物，母兽孕期大约为520天，每胎仅生1只幼崽，每3年生产1次。现存的独角犀估计仅为1 000 ~ 1 500只。IUCN 濒危；CITES 附录I。

图6–251 独角犀
尼泊尔（Nepal）
1998年 100卢比
铜镍 特种币
Φ39 mm

151. 土豚（非洲食蚁兽、非洲蚁熊、蚁猪） Aardvark *Orycteropus afer*

管齿目、土豚科、土豚属。土豚是本目的单1科、单1属的单1物种。土豚的体长可达100～160 cm，尾长大约为45～60 cm。主要分布在非洲的中部和南部一带，栖息在开阔的森林和草原地带。土豚以蚂蚁为食物，当蚂蚁不够时则会取食白蚁。土豚是夜行性动物，但是喜欢独居，母兽孕期大约为243天，每胎仅生1只幼崽。土豚的长相十分奇特，头长似驴，又长又尖还能直立的耳朵更像驴耳；吻长像猪；舌头长达45 cm，而且能伸能缩，上面有发达的黏液腺；身后好像装上了袋鼠的尾巴；四肢又粗又短，与全身很不协调。土豚的最早化石为2 500万年，故土豚有“活化石”之称。土豚是兽类中的挖掘高手，它具有强壮的臂，其前端则有如同铁锨一样长而直的爪子，可以用来快速而高效地挖掘。它挖的洞穴可达10 m深、2～5 m^2大。土豚的牙齿已经退化，无门齿和犬齿，只在颚的后面长有20个颊齿，但是这些牙齿没有坚硬的白色珐琅保护层，牙齿内部有许多圆柱状的孔。土豚很少用这些牙齿，因为土豚经常是将食物囫囵吞下。土豚的牙齿从不脱落，还会不停地生长。动物学家们正是根据土豚牙齿的奇特性，就专门为土豚另辟一个目，称之为管齿目。CITES 附录II。

图6-252 土豚
冈比亚（Gambia.）
1977年 40达拉西
银 35克
CS特种币 8 487枚
Φ42 mm

152. 猪（家猪） Pig，Hog *Sus domestica*

偶蹄目、猪科、猪亚科、猪属。所谓偶蹄目，指的是此目的动物的每只脚上都有2个主要的蹄，每边还有一个较小的“附加后蹄”，猪科动物就是该目的典型代表。猪，通常指的就是家猪，家猪的祖先是野猪，包括有欧洲野猪、中国的华北野猪……由于几千年前，野猪不仅自己觅食，而且还喜欢寻找人类吃剩下的食物，从而野猪与人类接触甚多，加上野猪具有食性杂、繁殖快、产量高、肉多、油脂多和容易饲养等特性，于是，人类就开始驯化野猪为家猪。千百年来，经人类改良的家猪品种繁多，除南北极外，广布世界各地。体型与重量差别也较大。从几十公斤到几百公斤不等。母猪孕期大约为115天，每胎可生3～12只幼崽。根据2008年6月24日报道，在中国四川省汶川特大地震中，有一只成体家猪，竟创造了一个生命的奇迹：36天未被饿死、渴死！被称之为“猪坚强”。此猪地震前150多 kg，被挖救出来后体重仅仅50多 kg了。

图6-253 猪
汤加（Tonga）
1975年 1分
紫铜 FAO流通币
Φ18 mm

图6-254 猪
百慕大（Bermuda）
1990年 1分
青铜 流通币
Φ19 mm

153. 印尼野猪（苏拉维西野猪） Boar *Sus celebensis*

偶蹄目、猪科、猪亚科、猪属。猪属中大约有10种野猪，广泛地分布于欧洲、亚洲和非洲北部。野猪是家猪的祖先，其体型大小因品种而异。而印尼野猪的一般体长90～180 cm，身高55～110 cm，尾长30 cm。分布在印度尼西亚，栖息在热带森林、平原和湿地中，它们擅长奔跑和游泳。印尼野猪是完全的杂食性动物，它们的食物包括真菌类植物、植物的根、类、叶类、草类、果实、蠕虫、蛙类、鱼类、蛇类和各种鼠类等等，几乎什么都吃。雄性的体型比雌性的要大，而且有较大的獠牙。印尼野猪的栖息与居住方式不稳定，有的喜欢独居，而有的则可成对生活，但常常是雌性会联合20余只进行群体活动，雌猪们对幼崽的保护也很严密。母兽孕期大约为100～120天，通常每胎可生4～6只幼崽，多的可能达到12只。小崽出生1年后体重可增加100倍，这样快的生长速度，在脊椎动物中是绝无仅有的！IUCN 濒危。

图6-255　印尼野猪
印度尼西亚（Indonesia）
1987年　10 000卢比
银　19克
WWF纪念币　25 000枚
Φ36 mm

154. 倭河马　Pygmy Hippopotamus　*Hexaprotodon liberiensis*

偶蹄目、河马科、倭河马属。河马科仅2个属4个物种，倭河马属有倭河马和马岛倭河马2种倭河马。倭河马是河马中较为原始的种类，与河马的最大区别就在于：倭河马是陆地动物，而河马则基本上是生活在水中的，至少是水陆两栖动物。受到惊吓时，在陆地活动的河马会本能地往水里躲；与此相反的是，在水里的倭河马就会本能地往陆地上逃。倭河马体长140～160 cm，肩高70～83 cm，体重245～275 kg。仅仅分布在非洲的西部，栖息在热带森林和湿地中，是完全的素食性动物，以草类、叶类和果实类等为食。倭河马是夜行性动物，白天沿着原来的踪迹行走，随后躲在沼泽里或河边的洞穴中休息。倭河马喜欢独居，也有成对生活的。母兽孕期大约为196～210天，每胎仅生1只幼崽。倭河马是与大熊猫等10余种并同的世界级珍兽之一。IUCN 极危；CITES 附录II。

图6-256　倭河马
塞拉利昂（Sierra Leone）
1987年　10利昂
银　28克
WWF纪念币　25 000枚
Φ38 mm

图6-257　倭河马
利比里亚（Liberia）
1994年　10元
银　31克
PPE特种币　25 000枚
Φ38 mm

155. 河马　Hippopotamus　*Hippopotamus amphibious*

偶蹄目、河马科、河马属。河马属包括河马和勒氏河马2种河马。一般体长大约为2.7～4 m，肩高1.4～1.65 m，体重为1.4～1.5 t。主要分布在非洲的东部和南部地区，栖息在草地和湿地附近的河流、湖泊和沼泽中。河马基本上是素食性动物，主要以草为食，但是，也观察到它们吃小型有蹄类动物、鼠类等哺乳动物腐肉。河马是天生的夜行性动物，晚上才到岸上来觅食，白天整天呆在水中休息。河马是哺乳动物，但是它们倒像真正的两栖动物，因为在水中和在陆地上是一样的灵活自如，一次可潜水长达5分钟。河马喜欢独居，但是雌河马经常适当集群，而雄河马爱东游西逛，但也经常看到它们暂时性地集群在水中。河马中也有“家规”：雌性和幼崽占据水域的中心地带，年长的雄性在她们的周围，而年轻的雄河马则更要远离中心。河马是陆地水域中的“霸王”，就连水中的“杀手”鳄，见了河马也会“退避三舍”，绝对不会去找不自在。但是，为了争夺领地和配偶，雄河马个个当仁不让，经常斗得伤痕累累。优势的雄性在它的领域内与雌性交配，母兽孕期大约为240天，每胎仅生1只幼崽，是在水中出生的，而且也是在水中授奶的。幼崽会受到妈妈的精心呵护（妈妈只让小宝宝在自己看得见的视线范围内活动），并和妈妈一起生活到有弟弟或妹妹为止。一般说来雌河马大概是在7 ~ 17岁进入发育期，然而，十分有趣的是，雌河马真正进入生儿育女的发育期，并不是完全取决于年龄，而是和体重有非常重要的关系。经研究后认为：即使雌河马的年龄到了“发育期”，但是如果其体重还不到900 kg，那它照样还没有资格做妈妈。河马的寿命为40 ~ 50岁。河马头大嘴巴大，它们的嘴巴足以张开到90°，犬牙长度就大约有8 cm，可以说，河马是陆地动物的大嘴巴冠军。IUCN 易危；CITES 附录II。

图6-258　河马
冈比亚（Gambia）
1970年　8先令
银　32克
特种币
Φ40 mm

156. 双峰驼（野骆驼、大夏骆驼）　Bactrian Camel　*Camelus bactrianus*

偶蹄目、骆驼科、骆驼属。骆驼属包括双峰驼和单峰驼这2种骆驼，而双峰驼是目前发现的惟一的旧大陆野生骆驼。双峰驼一般体长2.5 ~ 3 m，体高1.6 ~ 2.0 m，体重450 ~ 690 kg。野生种群主要分布在戈壁沙漠中；家养种群则分布在亚洲中部，栖息在寒冷草原、沙漠或灌木丛一带。双峰驼是完全的素食性动物，以各种叶类和草类等为食，也可以吃沙漠中的一切植物，包括其他食草动物几乎不吃的含盐的植物，双峰驼也照吃不误。双峰驼属于群栖动物，占优势的雄性，往往拥有6 ~ 30来头雌性及其后代，但是，这样的小家群（比一夫一妻制度的家庭模式更大的群体）并没有什么领域性，因为它们都要为寻找食物和水源而长途跋涉。双峰驼既可耐热（38℃以上），又可耐寒（直到零下29℃），它们可忍受沙漠中千里无水、冷热突变的恶劣环境。据报道，骆驼在缺水的情况下，可以行走45天！试验中表明：在7月的酷暑沙漠里，在滴水不进的情况下，骆驼经过16天还活着。故骆驼被人们誉为“沙漠之舟”。双峰驼比单峰驼更温顺，便于骑乘，更适合载重。双峰驼在负载250 kg的情况下，其行进速度一般为每小时4 km，可日行40 km。无载或轻载的最快速度，可达每小时15 km。母兽孕期大约为406天，每胎仅生1幼崽。2 ~ 3年生产1次，5年性成熟，双峰驼的寿命为30 ~ 35年。人类大约在4 000年前就驯服这种动物，它们供人类以驼力、奶和肉等，成为人类的好助手和朋友。中国的野生双峰驼数量已非常稀少了，大约为600只左右。全世界的野生双峰驼数量也才1 000余只了。IUCN 极危；中国 I级。

图6-259　双峰驼
蒙古（Mongolia）
1976年　50图格里克
银　35克
CS特种币　11 228枚
Φ42 mm

图6-260　双峰驼
中国（China）
1994年　10元
银　27克
特种币　35 000枚
Φ38 mm

157. 单峰驼　Dromedary，Arabian Camel　*Camelus dromedaries*

偶蹄目、骆驼科、骆驼属。单峰驼一般体长2.2 ~ 3.4 m，体高1.8 ~ 2.1 m（比双峰驼稍高，但是腿更长，所以比双峰驼要轻），体重450 ~ 600 kg。主要分布于非洲的北部和东部、亚洲的西部和南部一带，栖息在沙漠中。野生的单峰驼已经灭绝（6 000年以来，已经没有任何野生个体的记载）！现在人们看到的单峰驼都是家养的。这个物种的生命力和适应能力都很强，它们以各种方式适应沙漠环境并顽强地生存下来，在沙漠中，甚至可以几天不吃任何东西，不饮水。单峰驼的行进速度能保持每小时13 ~ 16 km，而且可连续行进18个小时。但是它的负载能力不如双峰驼。单峰驼是素食性动物，主要以各种叶类、草类和果实类等为食，也能吃碱性植物和多刺的植物，无植物类食物时，它们还可取食干燥的动物尸体。在无水的情况下，单峰驼的存活的时间，比任何家养的动物都要命长（特别是在冷天能存活6 ~ 7个月）！单峰驼喜欢群栖，一般是由一头雄性首领和几头雌性再加上它们的子女组成一个小家群，这位家长会尽量保护自己的小群体。母兽孕期大约为370天，每胎仅生1只幼崽。寿命可达40年。

图6-261　单峰驼
吉布提（Djibouti）
1970年　100法郎
铜镍　流通币
Φ30 mm

图6-262　单峰驼
索马里（Somalia）
2000年　1先令
铝
FAO流通纪念币
Φ20 mm

158. 骆马　Viscus　*Lama glama*

偶蹄目、骆驼科、骆马属。骆马是本属的单一物种。一般体长大约1.5 m，身高0.7 ~ 1.1 m，体重40 ~ 55 kg。主要分布在南美洲的安第斯山脉，栖息在高山苔原地带或干燥的高原草地上。与骆驼科其他动物不同的是，骆马每天都必须喝水。骆马是完全的素食性动物，以多年生草类以及各种叶类等为食。骆马喜欢群栖，由一头雄性和5 ~ 10头雌性再加上它们的后代组成一个小家群。当然，骆马的小家群是有领域性的，和许多动物一样，骆马也是以自己的粪便或尿液来划分领地的。骆马能敏捷地行进在崎岖不平的地带。人们饲养骆马，目的是为了使役它们或获得珍贵的毛皮（因为毛质非常好）。但是骆马性情急躁，很难饲养。母兽孕期大约为342 ~ 345天，每胎仅生1幼崽。在500年前，秘鲁有数以百万计的骆马，自从西班牙殖民主义者进入后，骆马数量锐减，到20世纪50年代，秘鲁境内的骆马已不足10 000头了！CITES 附录I。

图6-263　骆马
秘鲁（Peru）
1966年　1索尔
黄铜　流通币
Φ28 mm

图6-264　骆马
秘鲁（Peru）
1994年　1新索尔
银　20克
UNEP纪念币　30 000枚
Φ35 mm

159. 水鼷鹿　Water Chevrotain　*Hyemoschus aquaticus*

偶蹄目、鼷鹿科、水鼷鹿属。鼷鹿科共有3属4种鼷鹿，鼷鹿的体型如同兔子，祖先血缘与鹿、牛相近。2 500万年至今，鼷鹿的样子依旧，所以它们也是“活化石”。水鼷鹿就是水鼷鹿属的单一种动物，而水鼷鹿是4种鼷鹿中体型最大的一种。水鼷鹿体长79～90 cm，身高35～45 cm，主要分布于非洲的西部和近西部的中部一带，栖息在近水的森林、灌木丛、多岩石的草丛中等。水鼷鹿生性胆小，加之在水边生活，所以它们一遇到危险就潜入水里。它们是完全的杂食性动物，以花、草类、昆虫、虾类等为食，还吃动物的腐肉。雄性和雌性都没有角，它们是夜行性动物，白天一般在岩石或草丛里睡觉，或泡在水中。水鼷鹿喜欢独居，只有在繁殖期雌雄才会成对生活，母兽孕期大约为4个月，每胎仅生1只幼崽，出生大约30分钟后即可站立起来。哺乳期为3个月。CITES 附录III。

图6-265　水鼷鹿
马拉维（Malawi）
2005年　10克瓦查
银　28克
特种币
Φ39 mm

160. 长颈鹿　Giraffe　*Giraffa camelopardalis*

偶蹄目、长颈鹿科、长颈鹿属。长颈鹿是本属的单一物种。一般体长3.8～4.7 m，肩高2.7～3.3 m，体重600～4 900 kg。长颈鹿是陆地上现存最高的动物，雄性身高达5.5 m（最高的达5.8 m），雌性身高为4.3～4.6 m；长颈鹿的脖子长达2 m左右，也是全世界脖子最长的动物。长颈鹿主要分布于非洲的中部和南部部分地区，栖息在干旱的稀树草原和长有金合欢树的开阔林地中。长颈鹿因为栖息地点的不同而大约有12个亚种。长颈鹿是绝对素食性动物，以树叶和草类为食，它们最喜欢的食物是金合欢树叶，也很中意含羞草属植物和野生的杏树叶。长颈鹿的舌头有45～50 cm长，适合于它们取食。长颈鹿是昼行性动物，白天进食、喝水或活动，晚上站着休息。长颈鹿的奔跑时速可达50 km。长颈鹿的栖息与居住方式不稳定，有的喜欢独居，而有的则可成对生活。雄性长颈鹿常常会争取或确立自己的等级地位，而雌性长颈鹿则会选择与当地的占优势地位的雄性进行交配。母兽孕期为420～460天，每胎仅生1只幼崽。刚出世的婴儿就有2 m高呢，20分钟便可站起来，13个月后断奶，小长颈鹿会继续跟随妈妈2～5个月甚至更长一些时间才会离开妈妈独立生活。3～4岁成熟，寿命达20～30年。成年长颈鹿几乎没有什么天敌，即使狮、豹也不会去自找麻烦，如狮、豹斗胆袭击成年长颈鹿，长颈鹿就会用长腿猛踢敌害，让其受伤败下阵去。IUCN 低危。

图6-266　长颈鹿
利比里亚（Liberia）
1997年　5元
铜镍　特种币
Φ38 mm

图6-267　长颈鹿
塞拉利昂（Sierra Leone）
2005年　1利昂
铜镍　特种币
Φ38 mm

161. 霍加狓　Okapi　*Okapia johnstoni*

偶蹄目、长颈鹿科、霍加狓属。霍加狓是长颈鹿科的另一种动物，霍加狓这一物种早在1 000万年前就出现在地球上了，至今还是“老样子”，故也被称为“活化石”。一般体长2～2.2 m，体重

200～350 kg。此物是原扎伊尔的特产，仅仅分布在该国的北部和中东部一带，栖息在浓密而潮湿的赤道雨林中。霍加狓是素食性动物，以树叶类、水果类、花类及种子等为食。舌头长达35 cm，可灵活地用舌头取食。雌性霍加狓比雄性更高更重，而它们的栖息与居住方式不稳定，有的喜欢独居，而有的则成对生活，母兽孕期大约为425～491天，每胎仅生1只幼崽，不过，霍加狓的母子关系没有其他有蹄类动物那么密切。IUCN 低危。

图6-268　霍加狓
原扎伊尔（Zaire）
1975年　5扎伊尔
银　35克
CS特种币　12 165枚
Φ42 mm

162. 马鹿（赤鹿、红鹿）
Red Deer，Macneilly's deer，North American Wapiti *Cervus elaphus*

偶蹄目、鹿科、鹿亚科、鹿属。马鹿因体色呈红色而得名红鹿。马鹿大约有28个亚种，其体型大小因品种而异，一般体长1.5～2 m，身高可达1.5 m，尾长12 cm。体重可达400 kg，仅次于驼鹿。主要分布在欧亚大陆一带，栖息在草地、温带森林和针叶林中。已经逐渐被引进到澳大利亚、新西兰、美国和南美洲等。马鹿是完全的素食性动物，仅以各种草类和叶类为食。雄性的体型比雌性的要大而重。只有雄性马鹿才有鹿角，鹿角的主角段越往末端就变得越大，特别是其角具有典型的叉状或杯状末端。一般为6叉，最多为8叉，故又名8叉鹿，鹿角越大就越能吸引更多的雌鹿，鹿角随年龄的增长而增大。但是，当马鹿长到12岁时鹿角便会停止生长了。马鹿日夜都可取食，夏天多在早晚活动，冬天则在白天活动。马鹿平时喜欢群栖，雌鹿会组成一个群体，由优势的雌鹿负责领导；雄鹿则另外形成零星或松散的群体。雄马鹿生性好斗，特别是到了繁殖期，雄鹿们个个跃跃欲试，大打出手以显自己的实力，几乎整天整夜都在猛烈地格斗，获胜者就可以占有一个雌鹿群。母兽孕期大约为225～245天，每胎仅生1只幼崽，2年后成熟。IUCN 低危；中国II级。

图6-269　马鹿
梵蒂冈（Vatican）
1974年　20里拉
黄铜　流通币
Φ20 mm

图6-270　马鹿
以色列（Israel）
1993年　2新谢克尔
银　28克
特种币　5 382枚
Φ38 mm

163. 梅花鹿（花鹿）　Sika Deer *Cervus Nippon*

偶蹄目、鹿科、鹿亚科、鹿属。梅花鹿大约有14个亚种，它们的外貌和肤色不尽相同，然而，到了夏天，所有的梅花鹿的皮毛都是鲜艳的棕红色，而且具有白色的斑点。每枝雄鹿角最多分为4个叉。梅花鹿的体型大小因品种而异，一般体长1.5～2 m，尾长12～20 cm，主要分布在中国（东至台湾）、越南和日本一带，栖息在草地和森林中，包括针叶林和阔叶林混交的山地、草原和森林边缘等。梅花鹿绝对是素食性动物，仅仅以各种草类为食，喜欢在早晚觅食和活动。梅花鹿平时有的喜欢群栖，而有的则爱单独活动，到了繁殖期就归群，雄性之间为争夺地盘和配偶会进行激烈的争斗。母兽孕期大约为220天，每胎仅生1只幼崽。目前，梅花鹿已经逐渐被引进到新西兰和欧洲等许多国家了。中国人工饲养的梅花鹿数量已达几十万只。IUCN 极危（有些地方濒危）；CITES 附录I；中国 I级。

164. 水鹿（黑鹿） Sambar Deer *Cervus unicolor*

偶蹄目、鹿科、鹿亚科、鹿属。水鹿又称为黑鹿，实际上，除了下颌、腿内侧和端部以及尾巴为黑色外，身体的其他部分却是深棕色。水鹿一般体长2～2.5 m，尾长15～20 cm，肩高1.2～1.4 m，体重100～200 kg。主要分布在亚洲的南部和东南部一带，栖息在能见阳光的林地、雨林、稀树草原和高原草地等地方。水鹿是完全的素食性动物，以各种树叶、嫩枝、草类和果实为食，是夜行性动物，都是夜间取食或活动。水鹿的水性好，擅长游泳，可以游过2～3 km宽的河流，它们喜欢到水边觅食，也爱在水里泡泡，故得此名称。雄鹿的角为三叉状，到了繁殖期，雄鹿颈部的两边都会长出一块无毛的疮疤，在地上跺脚，在泥浆中打滚，还会去啃树皮。水鹿喜欢独居，母兽孕期大约为240天，每胎仅生1只幼崽，完全由妈妈负责抚养。水鹿的鹿茸品质次于梅花鹿和马鹿的鹿茸，但是却优于驼鹿和驯鹿的鹿茸。有的地方水鹿已近濒危，中国目前估计尚存2万多只。中国II级。

图6-271 梅花鹿
孟加拉(Bangladesh)
1993年 1塔卡
银 31克
特种币 40 000枚
Φ39 mm

图6-272 水鹿
马来西亚(Malaysia)
2003年 25分
金铜 收藏币
Φ30 mm

165. 黇鹿（小鹿） Fallow Deer *Dama dama*

偶蹄目、鹿科、鹿亚科、黇鹿属。黇鹿有多个亚种，美索不达米亚鹿，以前就是黇鹿的一个亚种，现在，有的学者已经将美索不达米亚鹿升为独立物种了。黇鹿的体长1.4～1.9 m，尾长14～25 cm，主要分布于欧洲和亚洲的西部一带，栖息在草地和森林中。黇鹿是素食性动物，以各种草、叶、树芽、水果和果实等为食，它们多在早上和黄昏时段取食。黇鹿雌性平时喜欢群栖，而雄性则独居或成“雄性单身一族”。在繁殖期间，雄鹿会建立一小块用于“欢度蜜月”的领地，当然，雄鹿也会为领地和争得交配权而战斗。母兽孕期大约为229天，每胎仅生1只幼崽，偶尔2只，2年生产一次。颇让人们困惑的是，黇鹿为什么被称为“小鹿”？而且，在一些很权威的资料中的中文学名也称之为小鹿而未叫黇鹿？实际上，小鹿体型并不小，用这昵称还真好。黇鹿的毛皮通常为棕色，鹿角扁而宽阔，外形优雅美观，肉可食，易驯养。现在，黇鹿已被引进到美洲、非洲和大洋洲等地区了。IUCN 濒危；CITES 附录。

图6-273 黇鹿
马恩岛(Isle of Man)
1995年 1克朗
银 28克
PPE特种币 30 000枚
Φ38 mm

166. 麋鹿（四不像） Pere David's Deer，Milu *Elaphurus davidianus*

偶蹄目、鹿科、鹿亚科、麋鹿属。麋鹿的长相非常奇特：它们的角像鹿、头像马、身像驴、蹄像牛，所以人们才称它们为“四不像”，性喜玩水。麋鹿一般体长大约为2.2 m，尾长大约为66 cm，肩高平均1.15 m。麋鹿原为中国特产，2 000多年前中国常见。在一二百年前，野生的麋鹿灭绝，仅在北京的“南海子皇家猎苑”里还饲养着100 ~ 200来头的麋鹿。1894年的水灾，特别是1900年，这些麋鹿被八国联军抢劫一空，在中国麋鹿灭绝了。被外国人掠夺走的麋鹿，大都陆续死亡，英国的11世贝福特公爵，一位热心保护濒危物种的人士，出高价陆续向世界各地购买了仅幸存的18只麋鹿，饲养在他的私人庄园中，到第二次世界大战前，已经发展为250只，才没有使这个物种绝种。二战期间，为了保护这些麋鹿不被战火毁灭，贝福特公爵的后代又将许多麋鹿向世界上一些较安全的地区疏散。实际上，贝福特公爵及其后代一直有一个心愿：将麋鹿送回它们的故乡——中国。1985年8月24日，22只麋鹿终于回到了它们的故乡。1986年8月，中国再次受世界野生生物基金会和英国的5家动物园所赠，又有39只麋鹿回到了它们的故乡。如今它们正栖息在保护区内，目前已经有麋鹿1 100多只。全世界共有麋鹿大约4 000余只。麋鹿是完全的素食性动物，以各种草、叶类和水生植物等为食。麋鹿好水，而且善于游泳。麋鹿平时喜欢群栖，母兽孕期大约为283天，每胎仅生1只幼崽，偶尔生2只。寿命约20年。IUCN 极危；CITES 附录Ⅰ；中国 Ⅰ级。

图6-274 麋鹿
中国（China）
1994年 10元
银 27克
特种币 35 000枚
Φ38 mm

167. 棕角鹿（坡鹿、泽鹿）
Brown-antlered deer，Eld's Deer *Cervus eldii*

哺乳纲、偶蹄目、鹿科、鹿亚科、鹿属。IUCN 极危。

168. 美索不达米亚鹿 Mesopotamian Fallow Deer *Dama Mesopotamica*

偶蹄目、鹿科、鹿亚科、黇鹿属。IUCN 濒危；CITES 附录Ⅰ。

图6-275 棕角鹿
泰国（Thailand）
1974年 100铢
银 35克
CS特种币 9 294枚
Φ42 mm

图6-276 美索不达米亚鹿
库克群岛（Cook Is.）
1991年 1元
铜镍 特种币
Φ38 mm

169. 赤鹿 Barking Deer，Muntjac *Muntiacus muntjak*

偶蹄目、鹿科、麂亚科、麂属。IUCN 低危。

图6-277　赤麂
马来西亚（Malaysia）
2003年　25分
金铜　收藏币
Φ30 mm

170. 驼鹿（堪达罕、犴）　Moose， Elk　*Alces alces*

偶蹄目、鹿科、空齿鹿亚科、驼鹿属。驼鹿是鹿类中的“最大个子”。驼鹿有许多亚种（根据不同的地区划分），其体型大小因品种而异，一般体长2.5～3.5 m，身高1.70～2.35 m，体重500～700 kg。驼鹿肩峰高出、体型似驼。主要分布于加拿大、阿拉斯加、欧洲北部到亚洲北部一带，栖息在接近水域（如洼地和湖泊）的潮湿森林和泰加林中，是典型的亚寒带针叶林动物，也生活在包括针叶林和阔叶林的混交林中，从不远离森林。雄驼鹿的角宽阔且呈掌状分枝，两角的横向跨度可达2 m，同时，每个角都约有20个角叉！驼鹿是素食性动物，以多种植物（包括水生植物）的草、叶、嫩枝和根类等等为食，通常是清晨和黄昏取食，吃饱喝足后，它们还喜欢到盐碱地舔食碱土。驼鹿生性好水，善于游泳，特别是在夏天，经常泡在水中凉快，也可在水中觅食。驼鹿的栖息与居住方式不稳定，有的喜欢独居，而有的则可成对生活，或以“小家群”方式生活，到了冬天，雄性又会结合成单身群体。但是，进入发情期，雄鹿们便一反常态，打破了平时的友好和沉闷，个个大打出手进行拼命搏斗，以确定自己的地位。有时两对角互相纠缠在一起，如扯不开，时间一长就会致死。母兽孕期大约为242～250天，每胎可生1～2只幼崽。哺乳期达1年以上，3年半后成熟。目前，驼鹿的数量超过1万头。中国II级。

图6-278　驼鹿（欧洲驼鹿）
挪威（Norway）
1961年　5欧尔
青铜　流通币
Φ26 mm

图6-279　驼鹿（北美驼鹿）
加拿大（Canada）
1985年　1元
银　23克
纪念币　733354枚
Φ36 mm

171. 维基尼亚鹿（白尾鹿）
White-tailed Deer， Virginia Deer　*Odocoileus virginianus*

偶蹄目、鹿科、空齿鹿亚科、空齿鹿属。维基尼亚鹿一般体长0.85～2.1 m，尾长10～35 cm，主要分布于北美洲的西部一带，栖息在草地、农田、林地边缘，甚至出现在城市的郊区等地方。维基尼亚鹿绝对是素食性动物，以数百种的植物的叶类为食。雄性的鹿角大而长，特别是有许多（至少6个以上）的分叉。维基尼亚鹿喜欢群栖，母兽孕期大约为203天，每胎可生1～2只幼崽。

图6-280　维基尼亚鹿
荷属安的列斯
（Netherlands Antilles）
1998年　25古尔
银　25克
WWF-CN纪念币　2 700枚
Φ38 mm

172. 驯鹿　Reindeer，Caribou　*Rangifer tarandus*

偶蹄目、鹿科、空齿鹿亚科、驯鹿属。驯鹿是较大型的鹿种，而且，是惟一一种雌雄都有又长又大鹿角的鹿种。驯鹿的名称，起自于加拿大的米克麦克族的印第安人，原意为“用铲工作的人”，因为驯鹿可用如铲子似的扁宽前蹄进行挖掘觅食；同时驯鹿角的前侧面还有一个独特的铲状鹿角叉，也可帮助它们挖掘食物。驯鹿的主鹿角是先向后生长，以后几度分叉的角再弯向前方，角的分叉可超过30个，当然，雄性的角比雌性的角要大些，分叉要更复杂些。驯鹿一般体长1.2 ~ 2.2 m，身高0.8 ~ 1.5 m，体重120 ~ 300 kg。驯鹿主要分布于北美洲、格陵兰岛、欧洲北部到亚洲的北部与东北部一带，栖息在北极附近山地和针叶林中。驯鹿有2个亚种：一是生活在冻原地带，每年会迁移长达1 500 ~ 2 000 km的冻原驯鹿；二是住在较南的森林里迁移性甚小的森林驯鹿。驯鹿的四肢长而有力，很适合在深雪中行走和长途迁移。驯鹿是素食性动物，以各种真菌、地衣、草、芦苇和叶等为食。驯鹿平时喜欢群栖，以雌、雄两性各为群体。在冬季食物缺乏时，身怀六甲的雌鹿会用鹿角攻击雄鹿。母兽孕期为210 ~ 240天，雌鹿每胎仅生1只幼崽。小崽出生几分钟后就可站立，30分钟后就可跑动。3岁半即可繁殖下一代了，寿命大约20年。雌鹿在产下幼鹿后，会吃掉自己的胎盘，因为胎盘中含有多种的营养成分，而且还有止血作用。雌鹿的此举是自我保养，又有利于哺育幼崽。驯鹿本性温和善良，人类饲养驯鹿已经有8 000年历史了，特别是欧洲北部拉布兰地区，先民们吃（驯鹿的肉）、喝（奶）、穿（皮）、用（拉雪橇），几乎一切都依赖驯鹿而生活。IUCN 低危；中国 I级。

图6-281　驯鹿
毛里求斯(Mauritius)
1987年　0.5卢比
镍覆钢　流通币
Φ24 mm

图6-282　驯鹿
爱尔兰(Ireland)
1990年　10埃居
银　28克
纪念币　20 000枚
Φ38 mm

图6-283　驯鹿
芬兰(Finland)
1998年　10欧元
银　28克
纪念币
Φ38 mm

173. 草原鹿（南美草原鹿）　Pampas Deer　*Ozotoceros bezoarticus*

偶蹄目、鹿科、空齿鹿亚科、草原鹿属。IUCN 濒危；CITES 附录I。

图6-284　草原鹿
乌拉圭(Uruguay)
1994年　5元
银　27克
特种币　20 000枚
Φ40 mm

174. 叉角羚（草原幽灵） Americana Pronghorn *Antilocapra*

偶蹄目、叉角羚科、叉角羚属。叉角羚是本科的单一属中的单一物种。一般体长1～1.5 m， 体重36～70 kg。主要分布于加拿大南部到美国西部和中部一带，栖息生活在草原和沙漠中。叉角羚是素食性动物，以各种草类和树叶类等为食。栖息与居住方式不稳定，有的喜欢独居，有的则成对生活。冬天，它们可以集成数以百计甚至上千只的大群体，但是到了夏天，它们又可分散成较小的小家群。母兽孕期大约为252天，每胎可生1～2只幼崽。叉角羚雌体15～16个月、雄性2年就分别性成熟，寿命大约15年。

叉角羚是以每个角上都有朝前的“分叉”来命名的。叉角羚也是一种奇怪的动物：外表酷似羚羊，并且，与羚羊一样，叉角羚的角是在骨骼的外面长有角状的鞘。但是，叉角羚的角却又像鹿角一样地分叉，并且每年都会脱落而重新长出，因此，动物学家们在鹿科和牛科中的羚羊类亚科之间另辟一个科即叉角羚科。 当地人称叉角羚为“草原幽灵”，这是因为，它们的奔跑速度非常快，时速超过90 km，一跃能达6 m，仅仅次于非洲的猎豹！在几秒钟内就会消失得无影无踪。叉角羚的这一优势，常使它们能摆脱各种敌害的捕杀。IUCN 濒危；CITES 附录I。

图6-284 叉角羚
库克群岛（Cook Is.）
1998年 2元
银 20克
特种币
Φ23 mm

图6-286 叉角羚
墨西哥（Mexico）
2000年 5元
银 31克
特种币 50 000枚
Φ40 mm

175. 黑斑羚（飞羚） Impala *Aepyceros melampus*

偶蹄目、牛科、高角羚亚科、黑斑羚属。黑斑羚体长1.1～1.5 m，体重40～65 kg。主要分布于肯尼亚和安哥拉南部到南非的北部一带，栖息在开阔的林地以及有金合欢树的热带稀树草原上。黑斑羚是素食性动物，仅以草类和树叶等为食。水是它们生活中不可或缺的东西，它们每天要喝两次水。黑斑羚具有惊人的跳跃能力，一跃可跳过2～3 m的高度，而有时一跳甚至可越过大约10 m的距离。雄性长有角，长可达1 m多。黑斑羚平时喜欢群栖，雌性和幼崽可形成10～100余只的群体生活，雄性则另成群生活。到了干旱季节，就形成更大的混合群体活动。到了繁殖期，雄羚则会分散活动，各自妄图形成领地，组织交尾群。它们经常为建立自己的领地而争斗，当然，只有最高级别的胜利者才能接管一个领地，才有娶妻纳妾的资格。母兽孕期大约为210天，每胎仅生1只幼崽。IUCN 低危。

图6-287 黑斑羚
赤道几内亚
（Equatorial Guinea）
1980年 2 000埃奎勒
银 31克
特种币 1 000枚
Φ40 mm

176. 斑纹角马（牛羚、蓝角马）Blue Wildebeest， Brindled Gnu *Connochaetes taurinus*

偶蹄目、牛科、猸羚亚科、角马属。角马属共有2种角马，即斑纹角马（有一些亚种）和白尾角马。角马的体型及颈部的鬃毛和马类似，而角马颈的形状和角的形状却和牛相似。所以，被叫成“角马、长牛角的马”，叫法虽然偏颇，但却是几分实情，同时也好记。实际上，角马是羚羊类动物，因为体型巨大，加之它又是在非洲惟一像牛的动物，故又名牛羚。斑纹角马体长1.5 ~ 2.4 m，体重120 ~ 275 kg。主要分布在于肯尼亚和安哥拉南部到南非的北部一带，栖息在开阔的多草平原，以及有金合欢树的热带稀树大草原上，通常是在靠近水源的地方。斑纹角马是素食性动物，仅以草类和树叶等为食。无论雄性还是雌性都有角，形状类似于母牛角。两角先水平向旁边长，然后向上并向内弯，雄性的角可长达80 cm。它们多在黎明和黄昏觅食。斑纹角马平时喜欢群栖，雌性和幼崽可形成10 ~ 1 000余只的大群体生活，雄性则形成光棍群体。 母兽孕期为180 ~ 270天，每胎仅生1只幼崽，刚出生在4 ~ 5分钟后即可随便走路了。

角马有大群迁徙的习性，每年旱季的时候，它们会形成庞大的群体，几万头、几十万头、甚至一百多万头的角马，浩浩荡荡，行进几百 km甚至1000多 km去寻找草场。旱季期间，它们就在河边的稀树草原上生活；当雨季再来时，它们又回到原来的草原，并分成许多的雌、雄“各自为阵”的群体生活。十分令人遗憾的是，每当角马们穿越大河时，许多角马就成为河中杀手老“鳄”们的腹中大餐；或者在上下岸的时候，被同伴们活活踩死。IUCN 低危。

图6-288 斑纹角马
坦桑尼亚（Tanzania）
1998年 2 500先令
银 5盎司 纪念币
Φ65 mm

177. 白尾角马 Black Wildebeest， White-tailed Gnu *Connochaetes gnou*

偶蹄目、牛科、猸羚亚科、角马属。

图6-289 白尾角马
南非（South Africa）
1978年 2分
青铜 流通币
Φ23 mm

图6-290 白尾角马
南非（South Africa）
2005年 5兰特
铝青铜芯铜镍圈 流通币
Φ26 mm

178. 南非大羚羊（南非直角剑羚） Tsessebi Topi *Damaliscus lunatus*

牛科、狷羚亚科、南非大羚羊属。南非大羚羊属共有3种南非大羚羊，其体型大小因品种而异。南非大羚羊一般体长1.2 ~ 2.1 m，体重68 ~ 155 kg。主要分布于非洲的东部、西部和南部一带，栖息在开阔的田野和稀疏的林地中，喜欢齐肋腿深的草地，或者生活在季节性水淹的草原。南非大羚羊常常与角马、斑马和鸵鸟结伴。南非大羚羊是完全的素食性动物，以植物的草类和叶类等为食。雄性的角比雌性的要大。南非大羚羊平时喜欢群栖，但是，根据栖息地和生态环境的不同，有两种模式：由性成熟而且具有优势的雄性占有领域，并控制其内留居种群中的许多雌性们及其幼崽；或者在游牧的种群之间开辟小一些的领地或“繁殖场地”。母兽孕期为个225 ~ 240天，每胎仅生1只幼崽。IUCN 低危。

图6-291 南非大羚羊
博茨瓦纳（Botswana）
1978年 5普拉
银 28克
CS特种币 8 198枚
Φ38 mm

图6-292 南非大羚羊
博茨瓦纳（Botswana）
1978年 10希比
铜镍 流通币
Φ22 mm

179. 白臀大羚羊 Blesbok *Damaliscus pygargus*

偶蹄目、牛科、狷羚亚科、南非大羚羊属。IUCN 低危；CITES 附录II。

图6-293 白臀大羚羊
纳米比亚（Namibia）
1995年 1元
铜镍 特种币
Φ36 mm

180. 跳羚 Springbok *Antidorcas marsupialis*

偶蹄目、牛科、羚羊亚科、跳羚属。跳羚是跳羚属的单一物种，一般体长1.2 ~ 1.4 m，体重30 ~ 48 kg。主要分布于非洲的南部一带，栖息在沙漠地区的灌木丛、灌丛林地或半荒漠地带中。跳羚是素食性动物，主要以草类为食，也会取食植物的叶和根等。雄性和雌性跳羚都有一对带环纹的黑色

图6-294 跳羚
南非（South Africa）
1958年 5先令
银 28克
流通币
Φ37 mm

图6-295 跳羚
南非（South Africa）
1988年 1兰德
镍 流通币
Φ31 mm

角。跳羚是高度集群的动物，过去，一个群体可以达到数以百万计的个体，而现在，就算一个“大”的迁移群体，大约也只有1 500只左右的个体了。母兽孕期大约为165天，每胎仅生1只幼崽。

跳羚不仅是兽类、而且也是牛科动物中很能跳的物种之一。有趣的是，跳羚的跳，是一种颇具特色的像皮球一样的“弹簧跳”，而不是一般动物的那种跳。它们有反复“弹簧跳”3.5 m高的习性，跳羚的腿坚实有力，且非常富有爆发力，可一下子跳过2.5 m高、5 m宽的距离。或者一跳就跳出10 m远的距离。这样的“弹簧跳”常常能赛过敌害的追杀速度。此外，跳羚的奔跑速度也很快，时速可达80 km。对跳羚来说，“弹簧跳”以及奔跑速度，都是有力的御敌本事。IUCN 低危。

羚羊属共有16种羚羊。实际上，“羚羊”两个字，并非特定分类群的名称，它是综合属于牛科中的数群动物的俗称。“羚羊”，既可指羚羊属中的各种羚羊，又可泛指其他属中的羚羊，然而，当谈到“羚羊属”时，指的就是包括阿拉伯羚在内的16种羚羊动物的总称了。羚羊属动物主要分布于亚洲和非洲一带，但是后者居多。羚羊属中的这些羚羊，大致有以下的一些特点：

（1）它们是一些体态优美、机警灵活和招人喜爱的中小型羚类。其体型大小因品种而异，一般体长0.8 ~ 1.5 m，身高0.55 ~ 0.95 m，体重15 ~ 45 kg。雄性和雌性均有一对前后弯曲的角。

（2）它们的奔跑速度都很快，其时速可达到80 ~ 100 km，因而常常可以甩掉猎豹、狮和鬣狗等的捕食。

（3）栖息在干燥的多种环境中，包括开阔的田野、草地、平原、矮灌木丛里，甚至可以生活在半荒漠地区。它们的适应能力很强，平时都不需要喝水，仅靠食物中所含的水分即可维持生命。它们都是素食性动物，以各种草类和叶类等为食。羚羊属动物是夜行性动物，主要在晚上觅食和活动。

（4）羚羊属动物平时喜欢群栖，可以几十只甚至上百只一大群，但是，到了繁殖期就会分成小得多的小家群生活。此外，在动物界的求偶行为中，羚羊属动物表现得是很有“修养”的，雄性先在雌性旁边徘徊走动，围绕着对方表示出“友好”，然后雄羚用前脚踢踢雌羚的后腿（此种行为在动物学上称为“踢妻行为”），在得到了对方的“默许”和“好感”后，它们才会进入实质性的“欢度蜜月”活动。然而，在繁殖期里，对于所有的雄羚来说，那就不是这样了，为了争夺领地和配偶，它们是经常进行决斗的，失败的一方只能带着伤势一走了之。等到体能恢复和斗争技巧长进后，伺机东山再起。母兽孕期为150 ~ 180天，每胎仅生1只幼崽，出生60分钟后便可走路了，而不到1年就可发育成熟。需要特别提出的是，有些品种一年可以繁殖2胎！

181. 苍羚（鹿羚、白长角羚） Addra Gazelle *Gazella dama*

偶蹄目、牛科、羚羊亚科、羚羊属。IUCN 濒危；CITES 附录I。

图6-296 苍羚
库克群岛（Cook Is.）
1990年 50元
银 19克
特种币 25 000枚
Φ39 mm

182. 阿拉伯羚（阿拉伯瞪羚） Arabian Gazelle *Gazella arabica*

偶蹄目、牛科、羚羊亚科、羚羊属。IUCN 濒危。

图6–297 阿拉伯羚
卡塔尔和迪拜（Qatar & Dubai）
1966年 10迪拉姆
青铜 流通币
Φ27 mm

图6–298 阿拉伯羚
阿联酋（United Arab Emirates）
1970年 $7\frac{1}{2}$里亚尔
银 23克
特种币 4 350枚
Φ36 mm

图6–299 阿拉伯羚
巴林（Bahrain）
1986年 5第纳尔
银 19克
WWF纪念币 25 000枚
Φ36 mm

183. 细角羚（细角瞪羚） Sand Gazelle，Rhim *Gazella leptoceros*

偶蹄目、牛科、羚羊亚科、羚羊属。IUCN 濒危；CITES 附录III。

184. 红额羚 Red–fronted Gazelle *Gazella rufifrons*

偶蹄目、牛科、羚羊亚科、羚羊属。

185. 鹅喉羚 Goitred Gazelle *Gazella subgutturosa*

偶蹄目、牛科、羚羊亚科、羚羊属。IUCN 低危。

图6–300 细角羚
约旦（Jordan）
1977年 $2\frac{1}{2}$第纳尔
银 28克
CS特种币 11 276枚
Φ38 mm

图6–301 红额羚
厄立特里亚（Eritrea）
1997年 1分
铜镍 流通币
Φ17 mm

图6–302 鹅喉羚
土库曼斯坦（Turkmenistan）
1996年 500马纳特
银 28克
特种币 5 000枚
Φ39 mm

186. 山羚 Klipspringer *Oreotragus oreotragus*

偶蹄目、牛科、羚羊亚科、山羚属。山羚是山羚属的单一物种。体长0.8 ~ 1.2 m，体重8 ~ 18 kg。

主要分布于非洲的东部、中部和南部一带，栖息在险峻的悬崖峭壁和山区里，多在大河峡谷中。山羚是素食性动物，以叶类、草类和真菌等为食。山羚的天敌很多，除肉食性动物外，就连狒狒也会捕食山羚。雄性山羚自卫时用角顶，而雌性则用嘴巴咬。由于山羚具有敏捷的身手，使得它们能够快速地飞跃于多岩的山地，所以山羚也常常能够把敌害甩掉而化险为夷。山羚喜欢成对生活，或包括它们的孩子（们）组成小家庭生活。母兽孕期大约为214～225天，每胎生1～2只幼崽。IUCN 低危。

187. 高鼻羚羊（大鼻羚、塞加羚羊） Saiga Antelope *Saiga tatarica*

偶蹄目、牛科、羚羊亚科、高鼻羚羊（塞加羚羊）属。高鼻羚羊是高鼻羚羊属的单一物种。高鼻羚羊以其具有“罗马式”的大鼻子和向下的鼻尖而得此名。高鼻羚羊的体长1～1.4 m，体重26～69 kg，主要分布于俄罗斯的亚洲部分、里海西部、哈萨克斯坦和蒙古一带，栖息在多草的平原（常包括干旱地区）上。只有雄性的高鼻羚羊有角，它们是素食性动物，以各种草类和叶类等为食。高鼻羚羊喜欢群栖，但是，雄性和雌性（包括幼崽）各成群体，冬季可集结到2 000余只个体，迁移到食物丰富的地方，常常是雄性群体在前面开路，拖儿带女的雌性群体紧跟其后。在繁殖期，雄羚会招引数只雌羚组成它的交尾群，之后又再度分离。母兽孕期为139～152天，每胎可生1～2只幼崽。雄性寿命5～7年；雌性寿命11～12年。IUCN 濒危；CITES 附录II；中国 I级。

图6-303 山羚
博茨瓦纳（Botswana）
1978年 10普拉
银 35克
CS特种币 8 077枚
Φ42 mm

图6-304 高鼻羚羊
哈萨克斯坦（Kazakhstan）
2001年 500坚戈
银 25克
特种币
Φ37 mm

188. 美洲野牛 American Bison *Bison bison*

偶蹄目、牛科、牛亚科、美洲野牛属。美洲野牛是美洲野牛属中的两物种之一（另一种是欧洲野牛）。从前，美洲野牛也曾经被叫做美洲水牛。美洲野牛大部分体色为棕黑色，其他则为黄色或深黄色。体长2.1～3.5 m，体重350～1 000 kg。美洲野牛雌、雄性都有角，不长也不大。雄性的体型明显比雌性的要大。美洲野牛的肩峰发达，这使得它的肩高可达2 m。美洲野牛主要分布于北美洲，包括美国的黄石国家公园和加拿大的水牛国家公园，栖息在草地、高山和开阔的森林中，它们绝对是素食性动物，都以草类为食。美洲野牛喜欢群栖，但是，仅仅是一些松散的群体，雌性及幼崽形成具有等级的群体，而雄性则另外形成“光棍群体”，平时倒也相安无事。可是，到了每年的繁殖期，雄牛们就会死皮赖脸地“加入”到雌性群体中去。为了争得交配权，雄牛们个个摩拳擦掌，斗得你死我活。母兽孕期大约为283～287天，每胎仅生1只幼崽。3年后成熟。别看美洲野牛躯体庞大，但它们的奔跑速度竟能达到60 km的时速。美洲野牛天生没有

图6-305 美洲野牛
库克群岛（Cook Is.）
1990年 50元
银 19克
特种币 25 000枚
Φ39 mm

领地观念，冬季为了寻找食物，它们就会向南迁移。它们从美国到加拿大或从加拿大到美国，不用办理护照，而可以随意走动或进出。IUCN 低危；CITES 附录Ⅰ。

189. 欧洲野牛（波兰野牛） European Bison，Wise *Bison bonasus*

偶蹄目、牛科、牛亚科、美洲野牛属。最新的研究成果表明，欧洲野牛和美洲野牛是同一物种，在栖息地点、生活习惯和社会行为等都与美洲野牛相似。欧洲野牛已经在野外灭绝，现在也仅仅在公园里才可以见到它们，并且被引进到比亚沃扎韦森林（在波兰和白俄罗斯边界）。欧洲野牛体长2.1～3.4 m，体重300～920 kg。仅仅分布在欧洲的东部，栖息在林地、草地和针叶林中。无论雌雄，都有短而向上（或者说向上翻转）的角。欧洲野牛是素食性动物，以嫩叶、树皮和草类等为食。它们也是群栖性动物，母兽孕期为260～270天，每胎仅生1只幼崽。IUCN 野生已经灭绝；CITES 附录Ⅰ。

图6-306 欧洲野牛
库克群岛（Cook Is.）
1990年 50元
银 19克
特种币 25 000枚
Φ39 mm

190. 牛（家牛） True Cattle，Oxen *Bos*

偶蹄目、牛科。牛科是哺乳纲动物的一个大类群，物种丰富、数量颇多、也是经常让人们搞不清和困惑的一个科。牛科中有各种各样的“牛”、“羊”、“羚”和“羚类动物”，它们具有同一的祖先，称为“始羚”，后来就慢慢地进化为野牛、牛；野羊、家绵羊、家山羊以及各种的羚和羚羊类动物。 牛科包括9个亚科、45属的138个左右的物种（这还不包括各地方改良或杂交的许多品种。比方说牛科、羊亚科、山羊属我们仅仅计有9个物种，实际上山羊属中的亚种或改良品种就有许多种）。牛科动物最主要的共同特点如下：

（1）每只足上都有两个大蹄，分别盖在两趾上，一般情况下，大蹄后有一个小趾，每足一个。

（2）大多数牛科动物雌雄都有角，角的中心为骨质。

（3）无论牛科动物的角是长是短、呈大呈小、显直显弯、或粗糙或光滑等等的不同，但所有的角是不开叉的。

图6-307 牛
冈比亚（Gambia.）
1971年 50布托
铜镍 流通币
Φ27 mm

现在所有的家牛，都是由几千年前的野生牛——原牛驯化而来的，原牛曾经广布亚洲和欧洲，到1627年，原牛就灭绝了。家牛，中国习称黄牛（中国牧养最多的一种牛），还有瑞士黄牛等，因为它们的体色是黄色的，而西班牙的斗牛是黑色的体色。家牛大约有500个品种，牛角有大有小、有长有短；有用于耕地的、拉车的、娱乐的；有肉用的、奶用的或肉、奶均可的；不一而足。家牛没有特定的繁殖期，一般孕期为280～290天，每胎1崽，授奶期为3～6个月，寿命为15～20年，有的可达25年。

191. 牦牛（野牦牛） Wild Yak *Bos grunniens*

偶蹄目、牛科、牛亚科、牛属。牦牛一般体长大约为3.3 m，体重525 kg上下。主要分布于中国的西藏和青海的东部，还有印度的克什米尔一带，栖息在海拔为4 000 ~ 6 000 m的荒凉的干旱草原中。牦牛分为家养牦牛和野牦牛。野牦牛是素食性动物，以草类、真菌、叶类甚至地衣等为食。全身为棕黑色，身体两侧的毛长、粗而杂乱，几乎要接触到地面。雄性和雌性牦牛都有短而向上、然后稍微向后弯的角。人类驯化牦牛已经几千年，以获得它们的毛皮、毛、肉和奶，同时也用作高原上的交通工具。野生的牦牛个体较大，但是已经较少。野牦牛平时喜欢群栖，一般是雌性牦牛和幼体牦牛为一个群体，单身雄牦牛另成为一个群体，许多刚刚成年的雄牦牛则单独行动或流浪，或加盟的到雄牦牛群体中。在繁殖季节，雄牦牛们就极力去接近雌牦牛，为了争夺配偶，雄牦牛之间就经常发生打斗行为，头破血流，那是家常便饭的事。母兽孕期大约为258天，每胎仅生1只幼崽，每年可生产一胎。幼崽完全由妈妈独自抚养，1岁大时即可离开妈妈出去独立生活了。IUCN 易危；CITES 附录I；中国 I级。

图6-308 牦牛
不丹（Bhutan）
1981年 50努尔特鲁姆
银 31克
WFD纪念币 5 000枚
Φ39 mm

192. 白肢野牛（印度野牛、野黄牛） Gaur *Bos Gaurus*

偶蹄目、牛科、牛亚科、牛属。白肢野牛是野牛中的“大个子”，雄牛的肩高可超过1.9 m。有3个亚种。一般体长2.5 ~ 3.3 m，体重650 ~ 1 000 kg。白肢野牛主要分布于亚洲的南部到东南部一带，中国的云南省也有一个亚种。栖息在常绿或落叶森林覆盖的小山上，白肢野牛是素食性动物，以草类、叶、嫩枝、嫩芽等为食，还特别爱吃竹笋和嫩竹。雄性和雌性都有向上然后向内弯的角，角的长度可达1.1 m，两角之间的宽度可达90余 cm。白肢野牛平时喜欢群栖，但是群体不大，一般是几只、十几二十只。群体主要是由雌性、幼崽和未成年的牛组成。成年雄牛则多为独居或两三只同栖。到了每年的繁殖期，它们便会不请自来，挤入雌牛群。母兽孕期为270 ~ 280天，每胎仅生1只幼崽。白肢野牛身体强壮，惟一天敌是孟加拉虎，但其也只能捕食缺乏照料的幼牛。因为，孟加拉虎不敢贸然袭击成年的白肢野牛，否则会自讨苦吃或小命难保；孟加拉虎更不敢袭击白肢野牛群中的小牛，因为一旦小牛受到侵害，成牛就会群起而攻之，敌害必死无疑。IUCN 濒危；CITES 附录I；中国 I级。

图6-309 白肢野牛
马来西亚（Malaysia）
1976年 15林吉特
银 28克
CS特种币
Φ39 mm

193. 棉兰老水牛（菲律宾水牛） Tamaraw *Bubalus mindorensis*

偶蹄目、牛科、牛亚科、水牛属。水牛，也被称作亚洲水牛，水牛属也就是亚洲水牛属。水牛属包括有5种水牛，棉兰老水牛（又叫菲律宾水牛）就是其中的一种野生水牛（产于菲律宾的民都乐岛）。此属包括了被人类驯化已经超过5 000年历史的家养水牛和至今为野生的野生水牛。家养水牛已经广布世界各地，而野生的水牛则没有几个种群了。野生水牛比家养水牛要大些，警惕性更高。为了让读者更好地区别对比亚洲水牛属和非洲水牛属，这里简单介绍一下亚洲水牛属概况。亚洲水牛的体型大小因品种而异，一般体长2.4 ~ 3 m，身高1.4 ~ 1.8 m，体重可达1.2 t。主要分布于亚洲的南部到东南部一带，栖息在湿地中，特别爱在水边、池塘或泥沼中生活。它们酷爱玩水，喜欢水浴和泥浴。亚洲水牛是素食性动物，以各种草类和叶类等为食，一般多在中午时分进食。每天要花许多时间在水中泡澡或休息。亚洲水牛喜欢群栖，由优势的雌性个体控制雌性群体。到了繁殖期，占优势的雄牛则会进入雌性群体中进行交配。母兽孕期为300 ~ 340天，每胎仅生1只幼崽，也有生2只的。亚洲水牛的寿命大约为18年。亚洲水牛的角特别大，长度可以超过2 m，它的角绝对是牛科动物之最。虎、豹都不敢接近公水牛，那些袭击有成牛照料的小牛的豹，往往被成牛的角刺死。IUCN 极危；CITES 附录I。

图6-310　棉兰老水牛
菲律宾（Philippines）
1987年　200比索
银　25克
WWF纪念币　5 000枚
Φ38 mm

194. 非洲水牛（非洲野牛）　African Buffalo　*Syncerus caffer*

偶蹄目、牛科、牛亚科、非洲水牛属。非洲水牛是非洲水牛属的单一物种（有2 个亚种：生活在热带草原上的黑水牛和生活在热带森林中的红水牛）。体长2.1 ~ 2.6 m，身高1.4 ~ 1.65 m，体重685 kg。主要分布于非洲东、西和最南部的地区，栖息在离水不远的原生或次生森林、稀树草原、多草草原、沼泽和山地中。非洲水牛酷爱玩水，喜欢水浴和泥浴。非洲水牛是素食性动物，以各种草类和叶类等为食，雄性个体比雌性要大，角也更大更重些。非洲水牛是夜行性动物，平时喜欢群栖，一般是母牛和小牛为一个群体，单身的公牛为另外一个群体，各自活动，而较老的公牛则是单独行动。但是，有些不安分的公牛会强行加入母牛群中，组成一个小家群方式过日子。当食物丰富时，非洲水牛可以形成多达2 000头的大群体，到了干旱季节，它们就又会“化整为零”分成许多个小群体。母兽孕期大约为340天，每胎仅生1只幼崽，半年后断奶。非洲水牛的角先斜向下长，然后再向上弯曲。在额头上两角的根部基本上快相碰了。非洲水牛是非洲猛兽中最危险的动物之一了，就是狮、豹等猛兽看到非洲水牛，特别是公牛，也要退避三舍，因为公牛可以把狮撕得粉碎！诚然，对一些母牛和所有的小牛而言，狮、豹就是它们的敌害了。IUCN 低危。

图6-311　非洲水牛
塞拉利昂（Sierra Leone）
2001年　10利昂
银　28克
特种币
Φ39 mm

195. 大羚羊（伊兰羚、旋角大羚羊、大角斑羚）　Eland　*Tragelaphus oryx*

偶蹄目、牛科、牛亚科、旋角大羚羊属。旋角大羚羊属共有2种大羚羊，即大羚羊和德氏大羚羊。大羚羊是最大的羚羊，其体长2.1 ~ 3.5 m，体重300 ~ 1 000 kg。大羚羊两性均有角，它们的明显特征是高度螺旋的角。主要分布于非洲的东部、中部和南部一带，栖息在开阔的草原、干旱的稀树草原、山地森林中的草原、常绿灌木处的荒野以及高地森林中。大羚羊是素食性动物，以各种草、叶和根类等为食。大羚羊的栖息与居住方式不稳定，有的喜欢独居，有的可成对或以小家群生活。母兽孕期为254 ~ 277天，每胎仅生1只幼崽。雌性大羚羊和牛类动物一样，总是非常精心地照顾好自己的小

BB，她们常常将孩子们围在一起，以防止敌害的突然捕食，确保它们的绝对完全。

图6-312　大羚羊
索马里（Somalia）
1998年　25先令
铜镍　特种币
Φ39 mm

196. 山地羚（白斑羚）　Mountain Nyala　*Tragelaphus buxtoni*

图6-313　山地羚
埃塞俄比亚（Ethiopia）
1970年　25比尔
银　35克
CS特种币　3 295枚
Φ42 mm

偶蹄目、牛科、牛亚科、林羚属。林羚属共有7种林羚类动物，山地羚是其中的一种。林羚属动物体型大小因品种而异，差别也较大。一般体长1.1～2.5 m不等，体重可从25～405 kg。林羚属动物主要分布于非洲的不同地区，栖息在包括热带雨林、稀树草原以及近水的灌木丛等地方。林羚属动物都是素食性动物，以草类、嫩枝、各种水果、浆果、果实和开花的植物等为食。好些品种的林羚，能适应水边生活，白天它们泡在浅水中，黄昏时就上岸吃草。当然水生植物也是它们的食物。林羚属动物的角差别也很大，有的品种雌性没有角、而雄性有角也很短；有的品种的角却很长（如扭角林羚）。有的品种雄性体型比雌性要大。林羚属动物的进食和活动时间也不尽相同，有的是夜行性动物，有的则在上午和黄昏才觅食。林羚属动物栖息与居住方式不稳定，有的品种喜欢独居；有的品种可成对或临时带幼崽组成小家庭生活；有的可由一只雄的带上几只雌羚以及它们的孩子们组成小家群过日子；有的仅仅雌体和幼崽组成一个小群体一起过日子，成年雄性则单独活动；等等。母兽孕期的差别很大，有的品种大约为180天；而有的品种大约需要280多天！不过，每胎都是仅生1只幼崽。大多数林羚属动物的保护级别为低危；而山地羚则为：IUCN 濒危。

197. 扭角林羚（大扭角羚）　Greater Kudu　*Tragelaphus strepsiceros*

偶蹄目、牛科、牛亚科、林羚属。扭角林羚是林羚属的7种动物之一，也是最高最大型的羚羊之一，雄扭角林羚的一般体长2～2.5 m，雌体1.85～2.35 m，身高1.2～1.5 m，体重120～315 kg。主要分布于非洲的东部和南部一带，栖息在透光的森林中或近水的浓密的灌木丛中，也经常在多石或多山地

图6-314　扭角林羚
斯威士兰（Swaziland）
1975年　50里兰吉尼
金　4克
纪念币　3 262枚
Φ20 mm

图6-315　扭角林羚
赤道几内亚
（Equatorial Guinea）
1993年　7 000法郎
银　11克
特种币　25 000枚
Φ35 mm

区的草丛中。扭角林羚是素食性动物，以叶类 、草本植物、根类、花和水果类等为食。只有雄性扭角林羚才有角，角有多次的扭来扭去（拐了几道弯），角长可达1.7 m，是所有羚羊中最长的角。扭角林羚是日夜都可活动和觅食的动物，但往往多在早晚出来，白天躲在草丛中休息。它们平时喜欢群栖，大约5～6头雌性扭角林羚形成一个小群体，其内并没有等级制度；而2～10余头的雄性，则形成另外的单身汉群体；有的会组成小家群；当然，有些雄性也很喜欢过单身生活，觉得很自由。到了繁殖期，雄羚们都会炫耀自己的双角，并用角互相绞在一起，使劲推挤对方以决胜负。母兽孕期210～240天，每胎仅生1只幼崽。IUCN 低危。

198. 鬣羊（蛮羊、北非髯羊）
Barbary Sheep；Aoudad *Ammotragus lervia*

偶蹄目、牛科、羊亚科、鬣羊属（或髯羊属）。鬣羊是鬣羊属的单一物种，它的特征介于绵羊与山羊之间。雄性和雌性鬣羊都长有新月形的角。在它们的颈部和肩部长有短而直立的鬃毛，在喉部、胸部和前腿的上部，则长有柔软而较长的鬃毛，特别是喉部的鬃毛几乎接近地面了。但是，雌性的鬃毛和角不发达。鬣羊体长1.3～1.7 m，体重40～145 kg。仅仅分布在北非地区，栖息在半沙漠和沙漠高地的岩石地区一带，是素食性动物，以草类和叶类等为食，有时也会取食草本植物和矮灌木，多在黎明和黄昏进食。鬣羊的生命力很顽强，在缺水的季节，它们可依靠食物中的水和吮吸夜晚的露水来解渴。鬣羊栖息与居住方式不稳定，有的喜欢独居，而有的则可成对生活。母兽孕期为154～161天，每胎可生1～2只幼崽，寿命约为15年。IUCN 易危；CITES 附录II。

图6-316　鬣羊
尼日尔（Niger）
1968年　25法郎
金　8克
特种币　1 000枚
Φ25 mm

199. 羚牛（扭角羚） Takin *Budorcas taxicolor*

偶蹄目、牛科、羊亚科、羚牛属。羚牛是羚牛属的单一物种，有4个亚种。羚牛这名字，是根据此物种的分类关系而起的；而扭角羚则是在1922年编订《动物学大词典》时根据它的角形特征而起的。羚牛的体型粗壮，两性都有角，但是雌性的角较短较细。幼崽半岁长角，1岁为直角，3岁开始，角就先弯向两侧，再向后上方扭转，曲如弯弓，角尖向内，故又得名扭角羚。羚牛体长1.7～2.2 m，身高1.2～1.36 m，体重可达300～500 kg，雌性的体型要小。羚牛的头和身体都像牛，而它的角和蹄却像羊，而且成年羚牛的下颌还有一撮山羊胡子，它们到底是牛还是羊？后来才统一认识：亚洲的羚牛和北美的麝牛都是介于牛和羊之间的动物。羚牛主要分布于中国（最大的拥有国）、不丹、印度阿萨姆以及缅甸的北部一带，栖息在海

图6-317　羚牛
不丹（Bhutan）
1993年　300努扎姆
银　31克
特种币　10 000枚
Φ39 mm

图6-318　羚牛（四川羚牛）
库克群岛（Cook Is.）
1992年　50元
银　19克
特种币　25 000枚
Φ39 mm

拔为2 600～4 400 m高的山地一带，它们都是是素食性动物，以草类、嫩枝、细灌木、树皮、柳枝和竹类等为食。羚牛是夜行性动物，它们的栖息与居住方式不稳定，雄的多喜欢独居，雌的和幼崽则组成小群体生活，不过，到了夏天，它们就可集结数十成百的大群体。母兽孕期为200～220天，每胎仅生1只幼崽。羚牛的4个亚种都产于中国，而其中的2个亚种是特有亚种。IUCN 易危；CITES 附录II；中国 I级。

山羊，是山羊属动物的通称。山羊属动物的最大的一个特征，就是无论雌雄，从小就有“颌须”，中国习惯称之为“山羊胡子”。 山羊属有9种山羊（但是不包括一些亚种以及各地培育出来的许多家山羊品种），其体型大小因品种而异，一般体长可从1.2～1.8 m不等，体重可从25～150 kg不等。山羊属动物主要分布于亚洲、欧洲和非洲一带，它们的栖息和生活地点多样和广泛，可从旱地灌丛到海拔为4 200 m的高山牧场，人们还在海拔为6 700 m的地方看到北山羊。所有品种绝对是素食性动物，以各种草类和叶类等为食。它们多是在黎明和黄昏觅食与活动，但是，到了夏天会改成夜间活动。雌雄两性山羊都有角，但是大小各有差别。比如雄性北山羊的巨角长达1.4 m，但雌性角大约只有雄性的25%；又比如雄性捻角山羊的螺旋形巨大的角长达1.6 m，但雌性的角却只有0.25 m。山羊属动物有的平时喜欢群栖，如家山羊，雌性经常组成5～25只左右（包括一些幼崽）的小群体一起生活；而有的品种，如捻角山羊和北山羊的栖息与居住方式就不稳定，有的喜欢独居，而有的则可成对生活，或组成小家群一同过日子。人类饲养山羊，目的是为了取其毛、毛皮、奶和肉，有的品种所产的毛质量就非常好，世界上最有名气之一的白色山羊毛“产主”就是安哥拉山羊。母兽孕期为135～180天不等，有的每胎仅生1只幼崽；而有的则可生2～3只。幼崽100天断奶，2岁半成熟，寿命约15年。

野山羊生活在土耳其、伊朗的山岳地带以及地中海的一些岛屿。它们的活动范围可从海边到海拔4 200多 m的高山地，行动十分敏捷。而家山羊是野山羊的后裔（家山羊的英文单词就是Wild goar，也就是野山羊），人类在6 000年前就开始将野山羊当成家畜饲养了，因而保留了许多野山羊的生理特性和生活习性，比如家山羊也可从低地到海拔为4 200m的高山上，适应能力很强，特别是很会爬山。为逃避捕食者的追杀，这些家山羊（野山羊）可以跳到敌害几乎不可到达的绝壁上。由于家山羊与野山羊竞争“口粮”和杂交，已经对野山羊造成了威胁。

200. 安哥拉山羊　Angora Goat　*Capra aegagrus hircus*

偶蹄目、牛科、羊亚科、山羊属。

201. 捻角山羊　Markhor　*Capra falconeri*

偶蹄目、牛科、羊亚科、山羊属。IUCN 濒危；CITES 附录I。

图6-319　安哥拉山羊
土耳其（Turkey）
2005年　20新里拉
银　24克
特种币　5 000枚
Φ39 mm

图6-320　捻角山羊
俄罗斯（Russia）
1990年　1卢布
银　16克
特种币　50 000枚
Φ33 mm

202. 家山羊（山羊、野山羊） Wild Goar，Bezoar *Capra hircus*

偶蹄目、牛科、羊亚科、山羊属。

图6-321　家山羊
伯克岛　（Buck Island）
1958年　半伯克
黄铜　旅游币
Φ29 mm

203. 北山羊（猴羊、高地山羊） Ibex *Capra ibex*

偶蹄目、牛科、羊亚科、山羊属。IUCN 低危；中国II级。

图6-322　北山羊
库克群岛（Cook Is.）
1990年　50元
银　19克
特种币　25 000枚
Φ39 mm

图6-323　北山羊
以色列（Israel）
2000年　2新谢克尔
银　29克
特种币　2 000枚
Φ39 mm

204. 鬣羚（苏门答腊鬣羚） Serow *Naemorhedus sumatraensis*

偶蹄目、牛科、羊亚科、鬣羚属。鬣羚属共有6种鬣羚，鬣羚是其中之一（鬣羚也有多个亚种）。鬣羚是介于羚羊和山羊之间的动物：其鼻尖露出的特征和羚羊相似，但是四腿强健以及能生活在高山或山岳地带等特征则又和山羊相仿。鬣羚体长1.40～1.90 m，身高0.85～1.05 m，体重100～140 kg，雄性和雌性的体型大小差不多，角不长，一般为22～25 cm，尾也不长，大约12～16 cm。主要分布于喜马拉雅山地区、中国（西南和东南部）、苏门答腊岛一带，栖息在多岩石的而且较寒冷的高山地带，或在浓密的树林（也包括灌木丛）；或在山势非常险峻的地方，它们都是山栖动物。鬣羚是素食性动物，以各种树叶和草类等为食，往往在黎明和黄昏时分进行觅食和活动。鬣羚性情比较孤独，栖息与居住方式不稳定，雄性喜欢独居，而雌性和它们的幼崽则可几只组成一个小群体一起生活，但是从来不见大的鬣羚群。母兽孕期为200～220天，每胎仅生1只幼崽。 成年雄鬣羚性情凶猛，敢于与敌害斗争，曾经有过这位“仁兄”发怒用角将猎犬刺死的事。IUCN 低危；CITES 附录I；中国II级。

图6-324　鬣羚
马来西亚（Malaysia）
2003年　25分
金铜　收藏币
Φ30 mm

205. 阿穆尔鬣羚　Amur Goral　*Naemorhedus caudatus raddeanus*

偶蹄目、牛科、羊亚科、鬣羚属。IUCN 易危；CITES 附录I。

图6-325　阿穆尔鬣羚
朝鲜（D.P.R.Korea）
2001年　1元
银　17克
特种币　5 000枚
Φ35 mm

206. 麝牛　Muskox Bull　*Ovibos moschatus*

偶蹄目、牛科、羊亚科、麝牛属。麝牛是麝牛属的单一物种。羊亚科中的这个物种，其雄性在繁殖季节的发情期期间，会散发出一种强烈的麝香香味，所以，将此物种起名为麝牛，并另辟一属。麝牛体长1.9 ~ 2.3 m，体重200 ~ 410 kg。主要分布于加拿大和格陵兰一带，栖息在北极圈冻土或苔原地带。麝牛是素食性动物，夏天以各种草类、叶类等为食，冬天则吃雪下的植被。雄性、雌性麝牛都有宽阔的角，两角在头部中央的隆起处几乎相碰，然后下弯，并在角尖处又向上翘。麝牛皮及毛发很厚，它们极能耐寒。 麝牛喜欢群栖，但是通常是雌性10 ~ 25只为一群体，而雄性则为独居或成小群生活。母兽孕期为240 ~ 270天，每胎仅生1幼崽。2年生产1次，3 ~ 6年后成熟，麝牛的寿命为20 ~ 25年。

图6-326　麝牛
挪威（Norway）
1997年　40欧元
银　2盎司
加厚币（厚度5 mm）
Φ39 mm

麝牛都很关爱群体中的幼崽，它们经常会在幼崽们的周围形成一个“防御圈”，以保护孩子们的安全。对于那些在牛群旁边转悠并且不怀好意的“参观者”，麝牛会主动出击赶走它们。IUCN 低危；CITES 附录I。

207. 土耳其盘羊（绵羊）　Hair Sheep　*Ovis aries*

偶蹄目、牛科、羊亚科、盘羊属。盘羊属共有土耳其盘羊、盘羊、加拿大盘羊等6种盘羊，土耳其盘羊（绵羊）也叫欧洲盘羊，是一种最小的野生绵羊，角也比盘羊小些。一般认为，家畜绵羊的祖先可能是欧洲盘羊，也就是最早生活在地中海的科西嘉岛的盘羊。早在8 000年前，人类就开始饲养欧洲盘羊为家畜绵羊。后来，欧洲盘羊已经被引进到许多地方。目前，全世界所培育的绵羊品种已经有1 000来种了。土耳其盘羊体长1.1 ~ 1.3 m，体重25 ~ 55 kg。主要分布于亚洲的西部一带，栖息在开阔的林地或低山地的斜坡中。它们是素食性动物，以各种草类和叶类等为食。土耳其盘羊和多数野生绵羊一样，栖息与居住方式不稳定，虽然多数喜欢群栖，但是，基本上是雌、雄分开，各成群体。在雄性群体中，完全依靠年龄、力气和角的大小，划分严格的等级。当然，有的雄性喜欢独居，怎么方便怎么来，或游荡在未交配个体的小群体中，也很方便占些小便宜。而雌性和幼崽、亚成羊等则会组成小群体生活，以便有个照应。母兽孕期大约为个150天，每胎可生1～3只幼崽，3年生产1胎。土耳其盘羊1岁半就有繁殖能力，寿命约为15年。

图6-327　土耳其盘羊
福克兰群岛（Falkland Is.）
1992年　20便士
铜镍　流通币
Φ20 mm

图6-328　土耳其盘羊
索马里（Somalia）
2002年　5先令
黄铜　特种币
Φ16 mm

208. 盘羊（大角羊、大头羊、马可·波罗羊）
Marco Polo Sheep，Argali　*Ovis Ammon*

偶蹄目、牛科、羊亚科、盘羊属。盘羊也是盘羊属中的一个羊种（盘羊中还有十几个亚种，中国就有几个）。盘羊是一种生活在中亚细亚山岳地带的野生绵羊，是当今世界上最大的野生羊类，也是羊类中最大的一种。虽说盘羊就是野生的绵羊，但它们并不都是家畜绵羊的祖先。盘羊的躯体粗壮、四肢较短、尾巴短小。而最大的特点是头上的角硕大，几乎弯曲成一个圆圈，甚至超过360°。雄性的角全长超过1.5 m，世界纪录为1.905 m！雌性的角较短而细，弯曲度也小，一般不超过40 cm。盘羊，中国古书上称作蟠羊，两个名字读音相同、意思也一样，即弯曲盘旋之意，指的就是这种羊角的形态特征。当然因为住地或种类的不同，其角也有区别。盘羊体长1.1～2.2 m，肩高0.65～1.25 m，体重可达80～150 kg。难怪外文资料中称盘羊为“亚洲巨野羊”，但是，中国的内蒙古叫“大角羊或大头羊”；青海地区则叫“马可·波罗羊”（因为最早见于《马可·波罗游记》）。盘羊主要分布于欧洲和亚洲一带（在北美洲的是另一品种加拿大盘羊），栖息在高山草甸、近山草坡甚至开阔的林地等，但是多在较干燥的地区。它们是素食性动物，以各种草类和叶类等为食，通常是黎明和黄昏出来觅食。栖息与居住方式不稳定，有的喜欢群栖，特别是雌性和幼崽（有时包括亚成羊）组成十几二十几只小群体；有的雄性喜欢独居，有的雄体和未交配个体会另成一个小群体。繁殖期则会“合并”，

图6-329　盘羊（蒙古盘羊）
蒙古（Mongolia）
1976年　25 图格里克
银　28克
CS特种币　11 444枚
Φ38 mm

图6-330　盘羊
阿富汗（Afghanistan）
1998年　500阿富汗尼
银　17克
特种币　100枚
Φ35 mm

图6-331　盘羊　（阿尔泰盘羊）
俄罗斯（Russia）
2002年　1卢布
银　16克
特种币　50 000枚
Φ33 mm

但是，此时雄性将产生非常激烈的“配偶争夺”战，两雄挺立，两对巨角互相猛烈撞击，真是声震山谷，败者有时跌落山崖，命送黄泉，惨不忍睹。盘羊母兽孕期大约为150天，每胎可生1～2只幼崽，出生2～3天方可走路，3岁性成熟。IUCN 易危；CITES 附录I；中国II级。

209. 岩羚（岩羚羊、臆羚） Chamois *Rupicapra rupicapra*

偶蹄目、牛科、羊亚科、岩羚羊属。岩羚羊属仅包括2种岩羚，即岩羚和西班牙岩羚。岩羚的体长0.9～1.3 m，体重24～50 kg。分布于欧洲和亚洲，主要在阿尔卑斯山和欧洲的南部与中部的山脉、巴尔干半岛、小亚细亚和高加索山脉一带，栖息在多岩石地区和高山草甸中。岩羚是素食性动物，夏天吃草本科植物或叶类；冬天则以地衣、苔藓和松树的根等为食。雄性和雌性都有角，但又都较短和细小，大约为25 cm左右，而且两角挨得很近，角先为垂直生长，后来在尖部弯曲成钩状。岩羚的栖息与居住方式不稳定，有的喜欢独居，而有的则可成对生活。但是较多的是，由雌性和幼崽组成15～30只的群体一起生活，内有一“哨兵”，如有敌情，它便会使劲跺脚和高声嘶叫以报警。母兽孕期大约为170天，每胎仅生1只幼崽，偶有2～3只。令我们称道的是，岩羚不仅是跳跃的高手（可跳至2 m高、跃至6 m远），而且还是敏捷的登山运动名将，在陡峭多石的山坡上的奔跑速度竟可达到50 km的时速！CITES 附录I。

图6-332 岩羚
波兰（Poland）
1979年 100兹罗提
银 17克
特种币 20 000枚
Φ32 mm

图6-333 岩羚
安道尔（Andorra）
1992年 10第勒尔
银 31克
特种币 15 000枚
Φ39 mm

210. 旋角羚 Addax *Addax nasomaculatus*

偶蹄目、牛科、短角羚亚科、旋角羚属。旋角羚是旋角羚属的单一物种，其体长1.5～1.7 m，体重60～125 kg。旋角羚的角是螺旋形的，角还有几处旋转（弯曲）。旋角羚主要分布于非洲的西北部一带，栖息在沙漠和半沙漠地区，它们绝对是素食性动物，以各种叶类为食，当然也吃沙漠中的植被。旋角羚很能适合沙漠地区的生活，它们极少喝水，可以从食物中获取足够生存的水分。旋角羚在黎明、晚上和前半夜活动与觅食。旋角羚的栖息与居住方式不稳定，有的喜欢独居，而有的则可进行几只或二十几只的小家群生活，由一只年长的雄性“大佬”掌管家庭。母兽孕期为257～264天，每胎仅生1只幼崽。IUCN 极危；CITES 附录I。

图6-334 旋角羚
库克群岛（Cook Is.）
1990年 50元
银 19克
特种币 25 000枚
Φ39 mm

211. 貂羚（褐马羚） Sable Antelope *Hippotragus niger*

偶蹄目、牛科、短角羚亚科、弯角羚属。貂羚是弯角羚属的3个品种之一。貂羚的体长1.9～2.7 m，体重150～300 kg。主要分布于非洲的东部到南部一带，栖息在树木较多的草原上，它们绝对是素食性动物，仅仅以各种草类为食，不过在旱季，它们也吃嫩枝叶。雄性和雌性都有一对粗大、厚重、带环而且向后弯的弯月形角。貂羚喜欢群栖，在雨季，它们多以几只、十几二十多只的小家群方式生活；而到了旱季，它们就可以结集成100来只的大群体。有的群体多在黎明和下午觅食与活动；而有的群体则在夜间活动。在貂羚的社会中，两性都会遵守等级制度和游戏规则：年轻的雄体会形成2～12只左右的一个未交配过的群体，其内的优势者即是头头，它会有力地保卫自己的领地，当然，它同时又取得了与居住在那里的雌貂羚的交配权利，其他雄体则自觉靠边站。母兽孕期为261～281天，每胎仅生1只幼崽。IUCN 低危；CITES 附录I。

图6-335 貂羚
南罗得西亚（S. Rhodesia）
1936年 1克朗
铜镍
纪念币 1 500枚
Φ37 mm

图6-336 貂羚
马拉维（Malawi）
1978年 10克瓦查
银 35克
CS特种币 3 416枚
Φ42 mm

图6-337 貂羚
赞比亚（Zambia）
1992年 5克瓦查
黄铜 流通币
Φ21 mm

212. 弯角大羚羊（施密特剑羚、弯角剑羚、白长角羚）Scimitar-horned Oryx，White Oryx *Oryx dammah*

哺乳纲、偶蹄目、牛科、短角羚亚科、大羚羊属。大羚羊属包括弯角大羚羊、阿拉伯大羚羊以及长角羚这3种大羚羊。弯角大羚羊的体长1.5～2.4 m，体重100～210 kg。主要分布于非洲中部一带，栖息在干燥、多岩石的平原上。雌雄弯角大羚羊都有细长而向后弯成宽弧形的长角。弯角大羚羊是素食性动物，主要以草类、叶类和水果类等为食，也喜欢吃豆科植物的荚果、金合欢树的荚果及其他多汁的植物。弯角大羚羊在黎明、傍晚和有月亮的夜晚进行活动。弯角大羚羊喜欢群栖，繁殖期间，

图6-338 弯角大羚羊
索马里（Somalia）
2002年 2先令
铜镍 特种币
Φ25 mm

图6-339 弯角大羚羊
索马里（Somalia）
1998年 10 000先令
银 15克
特种币
Φ36 mm

雄性为了争夺配偶往往会发生激烈的搏斗，既炫耀自己的长角，又以此尖角顶刺对方。母兽孕期为222～253天，每胎仅生1只幼崽。IUCN 极危；CITES 附录I。

大羚羊属这3种大羚羊有着很多共同特性。比如，它们很适应在干燥地区或沙漠地区生活；个体的大小都差不多；它们都是素食性动物，主要以草类、叶类和水果类等为食，进食与活动时间大体相同；母兽生产的幼崽都是1只等等，当然也有区别的地方，如阿拉伯大羚羊及长角羚的角比较直。

213. 阿拉伯大羚羊（阿拉伯直角羚、直角剑羚）Arabian Oryx *Oryx leucoryx*

IUCN 濒危；CITES 附录I。

图6-340　阿拉伯大羚羊
英属维尔京群岛
（British Virgin Is.）
1993年　25元
银　20克
特种币
Φ40 mm

图6-341　阿拉伯大羚羊
索马里（Somalia）
2002年　1先令
黄铜　特种币
Φ24 mm

214. 水羚　Waterbuck　*Kobus ellipsiprymnus*

偶蹄目、牛科、小苇羚亚科、水羚属。水羚属（水羚类）共有5个物种。其体型大小因品种而异，一般体长1.3～2.4 m，体重50～300 kg。主要分布于非洲的西部到东部一带，栖息在潮湿的热带稀树草原、近沼泽或河边、或有持久性水源的森林边缘等等。水羚属中的各种水羚都是素食性动物，以草类、叶类和水生植物等为食。它们常常在河里喝水或觅食。一旦遇到敌害，它们就马上潜入水中逃跑。有些品种的雄性体型比雌性的要大，而且只有雄性有角。有的是上午和晚上都可觅食或活动。水羚属动物平时喜欢群栖，有时几十只雌性及幼崽在一起；有时又会加入雄性，一般是几只或十几只的小家群方式，当然也是实行“一夫多妻”制度，家长会制止幼崽离开出走；有的雄性却另外单独划定领地生活。各品种的母兽孕期为240～270天不等，每胎也都是仅生1只幼崽。IUCN 低危。

215. 驴羚（短鼻水羚、非洲卡弗驴羚）　Kafue Lechwe　*Kobus leche*

偶蹄目、牛科、小苇羚亚科、水羚属。IUCN 低危；CITES 附录II。

图6-342　水羚
索马里（Somalia）
2002年　25先令
黄铜　特种币
Φ26 mm

图6-343　驴羚
赞比亚（Zambia）
1979年　5克瓦查
银　28克
CS特种币　3 407枚
Φ38 mm

216. 塞内加尔小苇羚 Bohar Reedbuck *Redunca redunca*

偶蹄目、牛科、小苇羚亚科、小苇羚属。塞内加尔小苇羚是本属3种动物之一。塞内加尔小苇羚体长1.1～1.6 m，体重19～95 kg，体型娇小。主要分布在非洲的东部到西部一带，栖息在热带稀树草原，通常喜欢在宽阔的漫滩中，它们都是素食性动物，以草类和树叶等为食，也吃嫩芦苇和芦苇根。多在上午与晚上觅食或活动，有时则是在午夜觅食。塞内加尔小苇羚雄性的个头比雌性大。但是，它们的角都不长，而且几乎都是在尖部形成弯钩。塞内加尔小苇羚的栖息与居住方式不稳定，成年的雄性喜欢独居；未成年的则会三、五只自成一个毫无拘束的“流荡派”小群体；而雌性及不到1岁的幼崽们会成为一个大群体。母兽孕期为210～225天，每胎仅生1只幼崽。IUCN 低危。

图6-344 塞内加尔小苇羚
赞比亚(Zambia)
1988年 20恩韦
铜镍 流通币
Φ28 mm

217. 大穿山甲（穿山甲、鲮鲤、山甲）
Giant Ground Pangolin *Manis gigantean*

鳞甲目、单科穿山甲科、单属穿山甲属。穿山甲属共有7个物种，它们分别是穿山甲、印度穿山甲、马来穿山甲、大穿山甲、南非穿山甲、长尾穿山甲和树穿山甲等。 其体型大小因品种而异，体长在50～80 cm，体重为2～18 kg。主要分布在亚洲和非洲，栖息生活在草原和森林中。有些穿山甲的品种生活在地面，有的则为树栖（称为树穿山甲），有的虽为地栖，但是也很会爬树，绝对不会放过树上的美味佳肴。所有穿山甲都仅仅以蚂蚁和白蚁为食。穿山甲都喜欢独居，只有到了繁殖期，雌、雄才会在一起。母兽孕期为120～150天，每胎可生1～2只幼崽，当然小穿山甲是跟着妈妈长大的。 穿山甲的保护级别各有不同，有的为低危或易危，而有的则已经进入濒危。

穿山甲属动物最突出的特点是：它们都有由角质构成的、边缘锋利的鳞片覆盖着身体的背部，并

图6-345 大穿山甲
津巴布韦(Zimbabwe)
1997年 2元
黄铜 流通币
Φ25 mm

图6-346 大穿山甲
刚果(金)(D.R.Congo)
2003年 10法郎
银 25克
特种币
Φ37 mm

图6-347 大穿山甲
朝鲜(D.P.R.Korea)
2003年 10元
银 31克
特种币
Φ40 mm

呈瓦状排列，这样的鳞片为它们提供了重要的保护层，即使是小口径步枪向它射击，也无法击穿这种鳞片。根据这个特点，动物学家就专门给穿山甲另列为一个目，称为鳞甲目。由于穿山甲有强有力的前腿和前爪，加之还有强健而适于抓握的尾巴，因此，它们是挖洞和爬树的能手。国人就是因为这类动物很能挖墙打洞，其犹如“穿山”之术，加之全身上下还有护身铠甲，故将其称之为穿山甲。

所有穿山甲都没有牙齿，它们用特别长而又非常灵活的舌头去舔食蚁类。穿山甲上树很快，特别是树穿山甲，更是爬树高手。不过它们下树则因工夫不到家而难于爬下树来，但是，它们却会善用绝招，将身体蜷缩作一团，自行掉下或滚下地来，倒也毫无痛苦可言。 当穿山甲遇到敌害时，如果来得及，穿山甲就掘土而逃，或爬树而溜；如来不及时，穿山甲就会蜷缩起来成一个球体，把头裹在腹部下面，而让体表覆盖着的鳞片保护身体。面对这一团紧闭的铠甲，许多敌害是一筹莫展，咬又咬不动，扯也扯不开，真拿它没办法，只好“无可奈何花落去”了。当然穿山甲的这一御敌法宝，有时也不奏效。比如，有经验的黄鼠狼（与伶鼬相似的鼬类动物），就知道很难用牙齿制服穿山甲，便耐心地观察穿山甲，找准部位向穿山甲撒一泡又腥又臊的臭尿。而有的穿山甲实在忍受不了这种味道，便会松开铠甲来换一换新鲜空气，可怜的穿山甲啊，终没躲过这一难，成了黄鼠狼的美味佳肴。IUCN 低危；CITES 附录III；中国II级。

218. 树穿山甲　Tree Pangolin　*Manis tricuspis*

鳞甲目、穿山甲科、穿山甲属。CITES 附录III。

图6-348　树穿山甲
马拉维（Malawi）
2005年　10克瓦查
银　28克
特种币
Φ39 mm

219. 黑尾草原犬鼠（草原犬鼠或墨西哥草原犬鼠）Black-tailed Prairie Dog　*Cynomys ludovicianus*

啮齿目、松鼠亚目、松鼠科、松鼠亚科、草原犬鼠属。黑尾草原犬鼠有一个特点是，其叫声如狗，所以此“鼠名”中含有犬字，又叫草原狗。黑尾草原犬鼠实际上是一种地面生活、地下建巢的松鼠，一般体长28 ~ 30 cm，尾长7 ~ 12 cm。主要分布在于北美大平原特别是在草原地带，以禾本科植物的叶、根，以及草类和仙人掌等为食。平时喜欢群栖，一般是由1只雄鼠、几只雌鼠和它们的幼崽组成一个小家群单位生活。它们的繁殖速度极快，1 200 m^2的领地，很快就会被一个小家群所占据。母兽孕期为33 ~ 38天，每胎可生1 ~ 8只幼崽。黑尾草原犬鼠在争夺领地时，会进攻性地张开尾部并吠叫（动物学上称之为“吠跳式炫耀”）。由于该鼠大量毁灭农田作物，自然受到人类捕灭，有些地区已经绝种了。IUCN 濒危；CITES 附录I。

图6-349　黑尾草原犬鼠
墨西哥（Mexico）
2001年　5比索
银　31克
特种币　50 000枚
Φ40 mm

220. 旱獭（土拨鼠） Alpine Marmot *Marmota marmota*

啮齿目、松鼠亚目、松鼠科、松鼠亚科、旱獭属。早在300万～1 000万年前，旱獭就出现在地球上了。旱獭属共有14种旱獭，其体型大小因品种而异，一般体长30～55 cm，尾长7～22 cm，主要分布在北美洲、欧洲和亚洲一带，栖息在林地、山地、采伐地、农田，甚至半沙漠地带等多种环境中。旱獭的食性，依品种而别，有的是素食性的，以多种草类、叶类、花朵、果实和种子为食；有的则是杂食性动物，除前面的一些植物性食物外，还喜欢吃蜗牛、昆虫和蚱蜢等小动物。大多在清晨和黄昏外出觅食。早饭后，它们通常会整理整理毛发，进行“日光浴”。旱獭的栖息与居住方式不稳定，有的喜欢独居，而有的则可成对生活，或由一只雄性和几只雌性再加上它们的后代组成小家群生活，母兽孕期大约为30天，每胎可生1～8只幼崽。

图6-350 旱獭
圣马利诺（San Marino）
1975年 10里拉
铝 收藏/流通纪念币
Φ23 mm

图6-351 旱獭
波兰（Poland）
2007年 2兹罗提
铜镍 流通币
Φ28 mm

221. 松鼠 Eurasian Red Squirrel *Sciurus vulgaris*

啮齿目、松鼠亚目、松鼠科、松鼠亚科、松鼠属。松鼠亚科中的松鼠属动物就通称为松鼠。松鼠有许多种，体色也多样。其体型大小因品种而异，一般体长20～25 cm，尾长15～20 cm，几乎与身体等长（当然个别品种，比如印度巨松鼠，它的体长才40 cm，而尾长能达到60 cm）。广布于北美洲、欧洲和亚洲一带，栖息在森林、公园和花园，甚至农田的林木地带。松鼠是完全的素食性动物，食物多以松子、浆果、水果、树叶、嫩芽、真菌和树皮等为食，在育幼期，还会吃鸟蛋补养补养。松鼠是

图6-352 松鼠
挪威（Norway）
1965年 1欧尔
青铜 流通币
Φ15 mm

图6-353 松鼠
安道尔（Andorra）
1992年 10第勒尔
银 31克
特种币 15 000枚
Φ39 mm

图6-354 松鼠
爱尔兰（Ireland）
1996年 25欧元
银 28克
特种币
Φ38 mm

图6-355 松鼠
爱尔兰（Ireland）
1997年 25欧元
黄铜 特种币
Φ38 mm

树栖动物，多在黎明和黄昏时节出来活动和觅食，此时它们会从树上爬到地面来。松鼠喜欢独居，母兽孕期大约为38天，每胎可生3～5只幼崽。松鼠每年可以怀胎2次、生产2次。

松鼠是人们很熟悉并非常喜欢的小动物，它们的攀缘和跳跃的能力是很强的。特别是它们小巧玲珑，大大的眼睛，直立的耳朵，又长又大的毛茸茸尾巴，在树上时，灵活地跳来跳去。坐下来吃东西时，用两只前手指抓送食物，吃完后麻利扔掉果壳、果皮，其动作和神情，既滑稽，又可爱；还有它们坐着吃东西的神情与姿态，更让人十分喜欢这些小家伙。松鼠会在树上用小树枝搭建窝（巢），里面垫上干草和树皮树叶。而雌松鼠所搭建的窝（巢）则更大，这是为将来准备的“育婴室”，巢内为幼崽们垫上更为柔软的材料。松鼠还有存储食物的习惯，它们会把一时吃不完的食物，找树洞或自己挖洞，将食物收藏好，并用泥土或树叶把洞口堵塞起来，以防不速之客也来分一杯羹。

222. 花鼠（金花鼠） Siberian Chipmunk *Tamias sibiricus*

啮齿目、松鼠科、松鼠亚科、花鼠属。花鼠实际上就是大部分时间都在地面活动的松鼠。花鼠属共有25种，其体型大小因品种而异，一般体长15～20 cm，尾长7～13 cm，广布在北美洲、欧洲和亚洲一带，大多栖息在落叶林地区和具有大量石隙植物的灌木林地区。花鼠是杂食性动物，以多种植物的种子、谷物、菌类、果实和坚果等为食，同时也好吃鸟蛋、昆虫、蜗牛甚至小蛇等。花鼠是昼行性动物，在上午的10点左右和下午3点前后，觅食活动达到高潮。花鼠平时喜欢独栖，但是多个花鼠个体或小家庭又可以共享在一个单独的洞道系统里。在野外，母兽孕期大约为30天，每胎可生4～5只幼崽。在“BB”出生不几天，花鼠妈妈就不再疼爱并容留孩子们，到了15天时，妈妈就会驱使小花鼠们出去建造属于自己的窝。花鼠身材细长苗条，这使得它们很易穿过狭小的孔洞。花鼠的攀缘和跳跃能力是很强的，然而它们却是实用主义者，是人类野餐时的大胆访问者。君不见，在野外，它们经常在地上取食人们遗弃的各种水果、坚果、谷类食品等现成食物，这比它们自己去上上下下爬树去采摘食物要省事多了，而且味道很好。它们边吃边把食物藏到嘴里的颊囊中，带回家中储藏起来，以备将来不时之需。在松鼠类动物中，花鼠最会储藏食物，而且它们储藏的是那些不容易坏掉的坚果和谷物一类食物。

图6-356　花鼠
朝鲜（D.P.R.Korea）
2005年　5元
银　16克
特种币　5 000枚
Φ35 mm

223. 飞鼠（亚洲飞鼠、鼯鼠） Asiatic Flying Squirrel *Pteromys volans*

啮齿目、松鼠科、鼯鼠亚科、飞鼠属。飞鼠属仅有2种飞鼠。飞鼠一般体长30～45 cm，尾长32～61 cm，多分布在亚洲的东南部、阿富汗东部、印度北部、中国的西部等地方，栖息在针叶林中。飞鼠是素食性动物，以各类种子、树皮、水果和叶类等为食。飞鼠平时喜欢成对生活，母兽孕期目前尚不清楚，仅知道每胎可生3～4只幼崽，1年可以生产2次。说飞鼠会飞，也对也不对。说对吧，它真

图6-357　飞鼠
朝鲜（D.P.R.Korea）
2000年　5元
银　20克
特种币　5 000枚
Φ40 mm

的可在空中“飞行”400多 m呢！“飞行”距离大约是下落高度的3倍；说不对吧，是因为它并不是真正意义上的飞行，而只是在树间滑翔。这是因为，在飞鼠的前肢和后肢之间，有一层覆盖着绒毛的薄膜、薄膜边缘则富有弹性，在空中一张开四肢，就好像长了“双翼”，它还可以用前肢来控制飞行方向。飞鼠滑翔，往往是为了躲避危险。实际上，飞鼠都是攀缘和跳跃能力很强的动物，许多时候，它们并不需要“飞行”。它们也是夜行性动物，在树洞中或树枝上安家落户。

224. 北美河狸 American Beaver *Castor Canadensis*

啮齿目、河狸科、河狸属。河狸科仅有单一河狸属的2种河狸：北美河狸和河狸。北美河狸体长74～88 cm，体重11～26 kg。主要分布于北美洲的大部分地区和北极冻土地带的部分地区，栖息在溪流、池塘以及湖泊中，它们是素食性动物，以地表周围的叶类、草类和水生植物等为食。北美河狸是夜行性动物，平时喜欢群栖，通常以4～8只彼此有亲缘关系的个体组成一个小群体生活，母兽孕期大约为107天，每胎可生3～4只幼崽。北美河狸的身体特性非常适合于水中活动与取食。特别是长蹼的脚和那条长、扁平、宽大而且表皮为鳞而不是毛（发）的尾巴，非常适合它们在水中游泳，真是行动自如。

图6-358　北美河狸
加拿大(Canada)
1985年　5分
镍　流通币
Φ20 mm

225. 河狸（海狸、水狸、欧洲河狸） Beaver *Castor fiber*

啮齿目、河狸科、河狸属。河狸的体长83～100 cm，尾长30～38 cm，体重12～28 kg。主要分布于欧亚大陆一带，在中国和蒙古也有隔离种群。河狸栖息在溪流、池塘以及湖泊中，它们是素食性动物，以地表周围的叶类、草类和水生植物等为食。河狸是夜行性动物。有的平时喜欢群栖，有的则一夫一妻加上它们的幼崽为小家庭方式生活。母兽孕期为105～107天，每胎可生1～8只幼崽。幼崽2岁便成熟独立，多是以成对的方式另建新巢。实际上，河狸和北美河狸是“表亲”关系，它们的外貌形态、生理特性、生活方式以及多种习性都很相似，只是河狸的体型大些，体重更重了些而已。河狸和北美河狸都是高明的“建筑专家”，会建造窝巢、水坝和洞道。河狸对洞穴非常讲究，洞穴的一半深入到水下，另外一半在陆地上，水下部分和陆地部分都有通往洞穴的进出口。河狸的“卧室”设在巢穴的中间，里面垫有干草和树叶，既宽大又舒适。如陆地上的敌害来犯，河狸就可从巢穴中逃向水中；反之，对于水里来的不速之客，河狸就可从巢穴中的陆地洞口跑掉，实在安全和方便。问题是，当秋天来了，河水减少了，水下的洞口就要暴露了，聪明的河狸实在有办法，它们会精心修筑堤坝，让河水水位提高；或者直接将洞穴周围的水围拢起来，封垒好，防止河水流失。河狸可以潜入水下近20分钟。它们

图6-359　河狸
俄罗斯(Russia)
2001年　1卢布
银　16克
特种币　50 000枚
Φ33 mm

的门牙锋利、有一对大而有力的腭，可轻易地咬开树皮、啃断树枝和树干，然后用强壮而有力的腭部将倒下的原木拖去修建窝巢，建筑水坝或洞道。如果由于种种原因，水坝坏了，影响到它们的窝巢安全，河狸们决不会泄气，会抓紧时间寻找、挑选、加工并搬运材料修补水坝，不达目的，决不罢休。IUCN 低危；中国 I级。

226. 五趾心颅跳鼠（跳兔、驴跳、硬跳儿）Five-toed Dwarf Jerboa *Cardiocranius paradoxus*

啮齿目、跳鼠科、心颅跳鼠亚科、心颅跳鼠属。跳鼠科也是一个比较复杂的科别，它包括7亚科、15属、大约51种的跳鼠。跳鼠主要分布于非洲和欧亚大陆一带，广泛地栖息在多种的环境中。多为独居方式的洞穴鼠，每胎可生产几只、多至十几只的幼崽。跳鼠科“鼠辈”们的外貌形态、生理特性、生活方式以及多种习性相似，其体型大小也相近。对这些“鼠辈”的命名也是多种多样的。比如根据后脚上的脚趾数目的多少来分，就可以分为带有“三趾”、“四趾”和“五趾”字眼的名称，如五趾心颅跳鼠的后脚上的脚趾就是五个。又比如，有的是根据该鼠的一些器官来命名的，如长耳跳鼠，就是因为该种鼠的耳朵又长又大，像兔子的耳朵。跳鼠科的鼠类们，名字上都冠有一个“跳”字。跳鼠，望文生义，会跳的鼠？哪种鼠不会跳？可以说绝大多数的鼠都会跳的。这不假。但是，跳鼠科鼠辈们的跳，可不是一般的跳。因为它们好像袋鼠一样，其两只前肢很短、而两只后肢却很修长，有力，非常适合高速跳跃运动，再加上跳鼠也有一条长长的尾巴，使之能在高速跳跃运动时起到平衡作用。因此，所有跳鼠的前进，并不是和其他啮齿动物那样靠四肢行进，而是好像袋鼠和跳羚一样，完全靠两只后肢跳跃式的前进。IUCN 易危。

图6-360　五趾心颅跳鼠
土耳其（Turkey）
2005年　20新里拉
银　24克
特种币　5 000枚
Φ39 mm

227. 长耳跳鼠　Long-eared Jerboa　*Euchoreutes naso*

啮齿目、跳鼠科、长耳跳鼠亚科、长耳跳鼠属。长耳跳鼠是此属的单一物种。其体长10～12 cm，尾长16～18 cm。主要分布于非洲北部一带，栖息在盐碱湿地、海滨沿岸、土质沙漠以及大麦田地一带等。长耳跳鼠是素食性动物，以各种草类、叶类和种子等为食。它们是夜行性动物，晚上出外觅食，白天则在家中睡觉，以躲过沙漠中的烈日。长耳跳鼠是一种行动敏捷的穴居鼠种，它们喜欢独居，母兽孕期为25～42天，每胎可生2～6只幼崽。IUCN 濒危。

图6-361　长耳跳鼠
蒙古（Mongolia）
2006年　500图格里克
银　25克
特殊币（眼睛镶嵌宝石）
Φ38 mm

228. 水鼠　Beaver Rat，Water Rat　*Hydromys chrysogaster*

啮齿目、鼠科、鼠亚科、水鼠属。顾名思义，水鼠就是水中生活的老鼠。水鼠属共有5种水鼠，主要分布于欧洲、澳洲和亚洲的某些地区，栖息在河流、湖泊和海滨沿岸一带，因为它们离不开水。水鼠的体型大小因品种而异。现以东方水鼠为例予以介绍。东方水鼠，又称澳大利亚水鼠，体长29～39 cm，尾长23～33 cm。主要分布于澳大利亚、新几内亚、塔斯马尼亚岛一带，是澳大利亚本土的最大的啮齿类动物。东方水鼠是完全的肉食性动物，以软体动物、节肢动物、鱼类、蛙类、小型哺乳动物、鸟类、乌龟、其他鼠类、鸟及爬行动物的卵等为食，甚至可以捕食蝙蝠。它们多在黎明和黄昏时节捕食。东方水鼠喜欢独居。母兽孕期大约为35天，每胎可生1～2只幼崽。IUCN 低危。

229. 俄罗斯鼹形鼠（俄罗斯沙鼹）
Russian Mole Rat，Great Mole Rat　*Spalax microphthalmus*

啮齿目、鼠科、鼹形鼠亚科、鼹形鼠属。鼹形鼠亚科共有2属8种鼹形鼠，俄罗斯鼹形鼠是其中的一种鼹形鼠。鼹形鼠的体型大小因品种而异，一般体长21～31 cm，尾长2～4 cm，主要分布于欧洲西部和非洲东部一带，栖息在温度稳定的干旱地区。鼹形鼠绝对是素食性动物，基本上是以植物的根为食（包括植物所有在地下的部分，如鳞茎、球茎和块茎等）。鼹形鼠是喜欢群栖的动物，母兽孕期大约为66～74天，每胎可生2～7只幼崽。鼹形鼠是一个非常奇特的哺乳动物种群。鼹形鼠基本上是终身生活在地下的动物，除了作群体的迁移外，它们是不会到地面上来的。鼹形鼠的巢穴是一种高级的巢穴，根据不同的用途，可分为：进出口通道、卧室、起居室、厕所、产房、储藏室等。这种“多功能”式的巢穴，不知还有哪种动物可以相比？鼹形鼠的社群制度也很特别，一般是以70～80只为一群体生活。在每一个群体中，鼠辈们有明确的分工。其中有一位处于支配地位并且专司生育的“皇后”掌管群体，她由若干只不参加挖掘建巢和觅食活动的鼹形鼠来照顾。而那些非皇后身边“侍卫”的成年鼹形鼠，当然就要负责挖掘建巢和觅食活动。鼹形鼠的寿命为3～5年。

图6-362　水鼠
俄罗斯（Russia）
2000年　1卢布
银　16克
特种币　50 000枚
Φ33 mm

图6-363　俄罗斯鼹形鼠
俄罗斯（Russia）
1994年　50卢布
流通币　铝青铜芯铜镍圈
Φ25 mm

睡鼠科分为3个亚科5属共有26种睡鼠。睡鼠名称来源由于拉丁语“睡觉”之意。顾名思义，睡鼠就是很能睡觉的鼠类，“冬眠”时间要几个月，比许多哺乳动物的冬眠时间要长。睡鼠不像其他动物那样会储藏食物度过冬天。而是尽量靠多吃东西以存储脂肪过冬。冬眠期间，睡鼠的体重会减轻50%，体温下降，呼吸也非常缓慢。 睡鼠中，有一种叫肥睡鼠的，早在古罗马时代就被人类作为可食用的动物而饲养了，因此这种睡鼠又被称为“可食用睡鼠”。 睡鼠的体型大小因品种而异。体长从3～30 cm不等，尾长几近体长，而且非常像松鼠那种又长又大又松蓬的尾巴。

分布在非洲、亚洲和欧洲，生活在森林里，擅长爬树。有的为群居，有的是独居。孕期为20～30天，幼体数从几只到十几二十只，幼鼠出生40天后即可独立谋食。睡鼠以植物的叶类、水果、果实、种子、树皮和坚果为食；同时，它们又吃节肢动物和鸟蛋等动物性食物，它们一般是天黑后才出来觅食和活动。

230. 榛睡鼠（褐睡鼠） Hazel Dormouse *Muscardinus avellanarius*

啮齿目、睡鼠科、睡鼠亚科、榛睡鼠属。榛睡鼠也叫普通睡鼠，它的体长6.5～8.5 cm，尾长5.5～8 cm，其体型大小与小家鼠相似。榛睡鼠是攀缘和跳跃的能手，主要分布在于地中海地区（伊比利亚除外）到瑞典南部；向东则延伸到俄罗斯一带，栖息地较为广泛。榛睡鼠是完全的杂食性动物，除植物外，它还爱吃节肢动物和鸟蛋等食物。而且，榛睡鼠可称得上是季节性的美食专家：春天它们享用花朵、昆虫的幼虫以及鸟蛋；夏天它们享用植物的种子和多汁的果实；秋天它们则爱啃十分有嚼劲滋味的坚果。榛睡鼠喜欢独居，母兽孕期为22～24天，每胎可生2～7只幼崽。IUCN 低危。

231. 园睡鼠 Garden Dormouse *Eliomys quercinus*

啮齿目、睡鼠科、林睡鼠亚科、园睡鼠属。IUCN 易危。

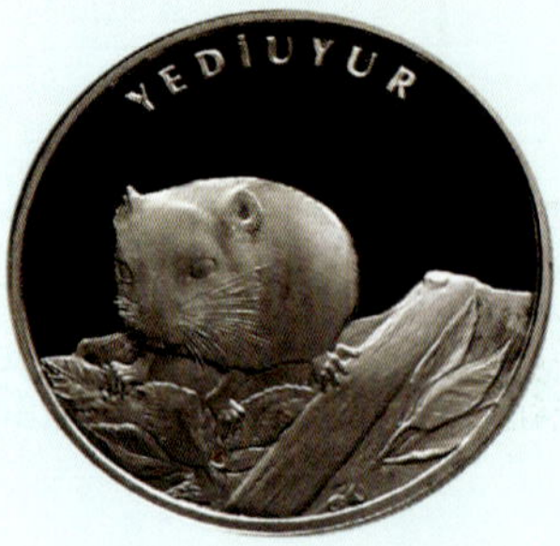

图6-364　榛睡鼠
土耳其（Turkey）
2005年　20新里拉
银　24克
特种币　5 000枚
Φ39 mm

图6-365　园睡鼠
乌克兰（Ukraine）
1999年　10格里夫纳
银　31克
特种币　5 000枚
Φ38 mm

232. 非洲豪猪 African Porcupine *Hystrix cristata*

啮齿目、豪猪亚目、豪猪科、豪猪属。非洲豪猪是豪猪属中的8种豪猪之一。能与豪猪沾亲带故的品种较多，比如与豪猪科并列的美洲豪猪科中就有12种豪猪。更不用说豪猪亚目中的其他亲戚了。仅仅以非洲豪猪而言，其体长为63～80 cm，尾长10～13 cm，它们是非洲最大的啮齿动物。主要分布在于非洲的中部、西部和南部一带，栖息在各种环境中，特别是生活在森林、山地、耕地、有灌木丛覆盖的岩石地带、丘陵和沙丘等。非洲豪猪基本上是素食性动物，以植物的根、芽、谷物、果实、浆果和树皮等为食，也啃食骨头。它们是夜行性动物，多在晚上外出觅食。非洲豪猪的栖息与居住方式不稳定，有的喜欢独居，而有的则可成对生活，或以小家群方式过日子，母兽孕期大约为42～56天，每胎可生1～4 只幼崽。非独居的豪猪，雄性会帮助雌性照顾幼崽。

图6-366　非洲豪猪
刚果（金）（D.R.Congo）
2003年　10法郎
银　25克
特种币
Φ37 mm

非洲豪猪是一种体表为“毛发两型”的动物，在其背部，有着大量的粗而长的圆柱状刺毛（或叫刚毛）间生在普通毛发之中。刚毛非常尖利，每根长达30多 cm，中间直径粗达0.6 cm，末端有倒刺（倒向钩子），密生而向后倾排。当非洲豪猪遇到敌害时，它便会将刚毛直立起来，并将背部朝向敌人，当对手跑到前面来攻击时，它便会迅速地转过身来，用背部的刚毛始终对着敌害。有些不知好歹的敌害，包括狮和豹类，硬要强攻的话，这些刚毛就会毫不留情刺入对方，面对强敌，非洲豪猪豪气冲天地说：“你想要我的命，就请先品尝品尝它们的滋味”。刺入对方的刚毛，不仅让对方剧痛无比，拔又不好拔（对方越动越挣扎，倒向钩子就钻的越深），有些敌害还因此命送黄泉。民间有一种说法，说豪猪遇到敌害时，会将刚毛向对方发射以御敌，实际上并不是如此，那是豪猪与对方斗争中敌害所遭的刺。非洲豪猪凭借这些刚毛，能够有效地防御狮、豹和鬣狗的捕食，但是，却很难逃脱人类的捕猎。IUCN 濒危。

233. 兔（兔子） Rabbit *Lepus*

兔形目、兔科、兔属。兔，是兔形目动物的总称。包括少部分饲养兔（但是不包括许多各地区人工培育的杂交品种）和大部分的野兔在内，兔形目共有2科13属计80个品种，其体型大小因品种而异，小品种体长16 ~ 22 cm，体重121 ~ 176 g；大品种的体长43 cm ~ 66 cm，体重3 ~ 7 kg。兔类动物广布世界各大洲，包括北极地带。栖息或生活在多种的生态环境中（从北极的苔原到热带的沙漠）。所有的兔都是素食性动物，它们的食谱包括各种植物的草类、叶类、树皮或水生植物等等。兔的尾巴有长有短，而有的则没有“可见的”尾巴。兔的栖息与居住方式不稳定，有的喜欢独居，而有的则可成对或小家群生活。母兽孕期21天 ~ 47天，每胎生1 ~ 12只幼崽。有的兔类动物并没有作为“居住的洞”，1年可以怀胎3 ~ 4次。雌兔都是在一些浅而隐蔽的窝里生产儿窝小宝宝，它们一出生几个小时就可以奔跑了。兔类的保护级别，差别也很大，有优势品种，地方常见的；而有的品种则已经达到濒危级别了。兔类动物的寿命大约为10年，也有超过10年。

图6-367 兔
朝鲜（D.P.R.Korea）
2005年 20元
银 31克
特种币
Φ39 mm

中国有句成语，叫“狡兔三窟”。此成语的意思众所周知。这里要提一下的是，这是人类对兔的贬称，很不公平，是凭少数人的好恶或习惯，去贬褒一些事物。此成语虽然贬称兔，殊不知，这还真反映了兔的聪明才智。须明白，兔类是一个非常弱势的群体，它们的天敌实在是太多了，水、陆、空到处都充斥着兔类们的天敌，特别是人类。在“弱肉强食”和“险象丛生”的社会中，由于兔类从来就吃草不吃肉，兔类天生就用不着去侵略或杀戮他人以裹己腹，相反，它们就只有被肉食动物宰割的份了。在这些情况下，兔类为了自身的安全与繁衍后代，在进化中不断地完善自己相应的器官（长耳朵、聪明的脑子、大眼睛、强而有力的腿——奔跑时速可达50 km）；繁殖周期快，以维持种群数量；还想尽了许多办法，怎样躲避敌害的捕杀，比如，有的野兔为了对付空中猛禽的追杀，使用了“之字路线”逃跑法、“悬崖明斗”法、无洞情况下的“快速钻丛”法和“往山上奔跑”法等等，也常常奏效。当然，面对强大的敌害，兔类还挖掘了数量较多而且还能连通的栖身洞穴以求安全，我们人类真应该称赞兔类“智兔三窟”才对！

234. 蓝野兔　Hare　*Lepus*

兔形目、兔科、兔属。

235. 火山兔（墨西哥兔）　Volcano Rabbit　*Romerolagus diazi*

兔形目、兔科、火山兔属。火山兔是火山兔属的单一种动物。其体长23 ~ 32 cm，尾巴又小又短，几乎看不出来，体重375 ~ 600 g。火山兔为墨西哥特产，仅仅分布在墨西哥城周围的火山地区一带，栖息在有萨卡通（Zacaton）草并且覆盖有森林的火山坡上。火山兔是绝对的素食性动物，仅仅以萨卡通草为食。火山兔常常在黎明和黄昏时分觅食和活动。 火山兔平时喜欢群栖，但是基本上是几只十几只为一个群体的小家群生活。母兽孕期为38 ~ 40天，一般是每胎可生2只幼崽。IUCN 濒危；CITES 附录I。

图6–368　蓝野兔
爱尔兰（Ireland）
1968年　3便士
镍　流通币
Φ18 mm

图6–369　火山兔
墨西哥（Mexico）
2001年　5比索
银　31克
特种币　50 000枚
Φ40 mm

236. 黑象鼩　Black and Rufous Elephant–shrew　*Rhynchocyon petersi*

象鼩目、象鼩科、东非象鼩属。本目仅仅有象鼩科4属共15种的象鼩。象鼩这一类物种，外貌很像老鼠，因为有较长的好似象的长鼻子而得名象鼩，而且象鼩的鼻子对触觉和嗅觉都极其灵敏。而不同象鼩的具体名称各有不同：有的起名于身体器官的大小或长短；有的起名于产地或地域；有的起名于该物种发现者的姓氏；有的起名于栖息地的特点；还有的则起名于身体的颜色（比如本书中的黑象鼩就是因为该象鼩的体色为黑色而得名）；等等，不一而足。 其体型大小因品种而异，小品种的体长仅仅10余 cm，体重50余 g；大品种的体长25 ~ 30 cm，体重500 ~ 550 g。所以象鼩才有资格跻身于“世界五小动物”的行列。象鼩为非洲特产，仅仅分布于非洲的东部和北部一带，栖息地点十分广泛。在小山、草地、干旱森林下的地面、海边珊瑚礁灌木丛等，它们都可生活。实际上，象鼩对住房没有什么要求，甚至有的品种既不动手挖掘巢穴，也不注意修补住所。但是，它们却会修建逃避捕食者追捕的小路。象鼩的食性，根据品种的不同而有些差异，有的品种仅仅以昆虫等节肢动物为生；而有的品种则除此之外还可以植物的叶类、芽类、水果和浆果等为食。象鼩是昼行性动物，但是它们的栖息与居住方式不稳定，有的喜欢独居，而有的则可成对生活。母兽孕期为40 ~ 60天，有的品种每胎仅生1只、而有的则可产2只幼崽。值得注意的是，它们的保护级别也有所区别，有的属低危，而有的则是濒危。

图6–370　黑象鼩
帕劳（Palau）
2006年　1元
金　0.5克
特种币
Φ11 mm

第七章　古生动物

在我们这个地球上，早在人类出现的200多万年之前，就曾经生活过许多奇形怪状的各种古生动物，包括多细胞动物、无硬壳动物、硬壳动物、昆虫、鱼类、兽形类、爬行类、鸟类、哺乳类，还包括本书出现的史前水牛、恐象、猛犸、始祖马、剑齿虎、始祖鸟以及各种各样的恐龙等等。古生物，没有人见过，这些动物给人类留下的痕迹仅仅是化石。古生物学家根据多方面研究，将它们绘成“复原图”。仅本书出现的这些古生动物的复原图，就足以把我们的思绪带进到几千万年甚至几亿年前……

有关这些古生动物生活的参考地质年代是：

新生代的始新世，大约6 000万～4 000万年前。

白垩纪晚期，大约9 700万～6 500万年前。

白垩纪中期，大约1亿年前后。

白垩纪早期，大约1亿4 600万～1亿年前后。

侏罗纪晚期，大约1亿5 700万～1亿4 600万年前。

侏罗纪中期，大约1亿8 000万～1亿5 700万年前。

侏罗纪早期，大约2亿800万～1亿8 000万年前。

1. 史前水牛　Prehistoric Buffalobrdw

哺乳纲、偶蹄目、牛科。

图7-1　史前水牛
阿尔及利亚（Algeria）
1994年　1第纳尔
钢　流通币
Φ20 mm

2. 恐象　Deinorherium

哺乳纲、长鼻目、真象科。新生代始新世是地球上哺乳动物空前繁荣发展的时代。始祖象就是这个星球上的一个成员。望文生义，始祖象就是现代象的祖先。它分布在埃及、苏丹和利比亚一带，栖息在沼泽地带。始祖象肩高才60 cm，身体较长，脚端阔大，尾短头长，眼靠前面，没有长鼻子，也没有象牙，像河马那样生活在水里，以水草为生。可以说，始祖象完全没有现代象的模样。大约到3 000多万年前，始祖象开始分化为两大支：一支是恐象，无论个头和大鼻子，它已经和现代象差不多了；而另一支是乳齿象（后又分为两大类）。大约在1 600万年前，又从长颌乳齿象一类中进化出近代的真象，当时有剑齿象、猛犸等多个品种，现在仅仅留下了非洲象和亚洲象这两种长鼻类动物了。

图7-2　恐象
阿富汗（Afghanistan）
1993年　50阿富汗尼
青铜　特种币
Φ38 mm

3. 猛犸（猛犸象）　Mammoths

哺乳纲、长鼻目、真象科。猛犸一词，是鞑靼语“巨大”的译音。猛犸是一种全身披毛的象，从化石可知，猛犸的老祖宗是始祖象（后进化为分支之一的乳齿象）。猛犸大约生活在距今8 000年到25 000年前的历史时代，分布于美洲和欧亚大陆。猛犸有许多品种，到新生代的更新世末，全部灭绝了。生活在北美洲南部的猛犸是最大的品种之一，肩高超过4.6 m。1980年在中国内蒙古自治区发现的猛犸化石骨架全长9 m，高4.7 m，门齿长3.1 m，推测该猛犸活着的时候体重可达9～10 t，大约45岁，粪便化石中为树枝、草茎等植物食物。到目前为止，此猛犸仍然是中国和世界上已知个体最大的古象化石。

图7-3　猛犸
马恩岛（Isle of Man）
1994年　1克朗
铜镍　PPE特种币
Φ38 mm

4. 始祖马　Eohippus

哺乳纲、奇蹄目、马科。始祖马，顾名思义，就是马的老祖宗，生活在新生代始新世。谁都看过现代马又高又大，强壮彪悍。可是，马和现代的象、犀、骆驼、长颈鹿等大型动物一样，却分别都有它们的小祖宗。马的小祖宗始祖马，体型如同现代的狗、狐差不多，脖子很短。始祖马开始是生活在森林里，为多足趾兽类，适合在森林里潮湿柔软的地上行走，由于其臼齿小而齿冠低，只能以鲜嫩的树枝叶为食。后来因森林演变成空旷的草原，始祖马就逐渐进化为能适应环境的、以草本植物为食、而且能奔走在辽阔草原上的单足趾兽类了。到大约距今200万年的更新世，始祖马才由小到大进化成现代的高头大马了。

图7-4　始祖马
波斯尼亚和黑塞哥维那
（Bosnia and Herzegovina）
1994年　500第纳尔
铜镍　PPE特种币
Φ38 mm

5. 剑齿虎 Sabre Toothed Tiger

哺乳纲、食肉目、猫科。剑齿虎出现于新生代中期（在距今1万～200万年的更新世时进化到顶峰），其体型大小和现代狮差不多，但是凶猛程度却赛过现代虎。剑齿虎最突出的特点是两枚上犬齿发达得犹如两把锋利的短剑。研究表明，剑齿虎的嘴巴能够张得很大，这有利于它巨大的剑齿发挥作用，对于捕食那些大型但行动却相对较笨的动物来说，是很有效的。但是，后来由于种种原因，剑齿虎所捕食的大型动物开始灭绝，剑齿虎又不善于捕食那些小型而灵巧的动物，由于失去了食物链，剑齿虎也就悲惨地退出了历史舞台。相反，猫形类（即后来的猫科）中的许多动物，即猫、虎、狮和豹等，由于本身的灵活，尽管没有短剑似的锋利犬齿，可是它们却能够捕食小型而灵巧的动物，它们就没有被历史淘汰，并一直生存到现在。

图7-5　剑齿虎
直布罗陀（Gibraltar）
1994年　1克朗
铜镍　PPE特种币
Φ38 mm

6. 始祖鸟 Archaeopteryx

鸟纲、始祖鸟目、始祖鸟科、始祖鸟属。鸟类是如何来到地球上的？这个问题一直长期让众多的科学家感到困惑。1861年，人类首次在德国发现了“始祖鸟”化石；1877年后又发现第二个始祖鸟标本，1956年发现第三个，到现在为止，总共才发现五个始祖鸟标本。始祖鸟大约出现于侏罗纪晚期，大小如同现在的家鸡，有丰满的羽，飞行能力不太强，但善疾走，有锥形的牙齿，可能以昆虫和鱼类等动物为食，由于始祖鸟的上下颌内有牙齿、前肢有爪、尾巴长等爬行动物的特征，又有羽和翅膀等鸟纲动物的特征。这样，始祖鸟既像爬行动物，又像鸟类，是一种“美化了的爬行动物”，是介于爬行动物和鸟类动物之间的中间类型动物。始祖鸟上羽的进化，证明它已经从爬行类的冷血动物变成了鸟类的温血动物。特别与爬行动物不同的是，始祖鸟已经有了建筑巢窝的习性。人类发现了大量从距今1亿4千万年到大约6 500万年的鸟类化石，说明鸟类在不断地进化，许多品种的结构已经与现代鸟类基本相似。始祖鸟，揭示了鸟类是从爬行动物进化而来的证据和事实。

图7-6　始祖鸟
利比里亚（Liberia）
1993年　1元
铜镍　PPE特种币
Φ38 mm

7. 雷龙 Brontonsaurus

恐龙、蜥臀目、蜥脚亚目、雷龙科。雷龙生活在侏罗纪晚期，分布在美国等地。雷龙是前所未有的最巨大的动物之一。主要特点是，其体型大而显得笨重，但是头小而脖子长，可以灵活地取食；此外尾巴很长，以四肢行走。雷龙一般身长21 m，身高（至髋部，未计长脖子）4.5 m，体重达35 t。最大的雷龙体长达

图7-7　雷龙
波斯尼亚和黑塞哥维那
（Bosnia and Herzegovina）
1993年　500第纳尔
银贴金　28克
PPE特种币　30 000枚
Φ38 mm

70 m，体重为50～60 t，真是恐龙中的“巨人”。 雷龙生活在沼泽地带，而每天大部分时间都泡在水中，以利用水的浮力来减轻体重给它们带来的麻烦。雷龙是食植性恐龙，可能主要是树顶的叶子和针叶。从雷龙的胃里发现有一堆鹅卵石，分析是为雷龙时不时地吞食的，以帮助磨碎食物。雷龙喜欢群居。

8. 霸王龙（暴龙） Tyrannosaurus Rex

恐龙、蜥臀目、蜥脚亚目、霸王龙科。霸王龙生活在白垩纪晚期，它们也仅仅生活到恐龙时代的结束年代。分布在美国和加拿大等地（在蒙古有同科品种）。 霸王龙体长12～14 m，身高（直立至头部）5～6 m，体重达6～8 t，据推断，最大的可能有10 t。 霸王龙是肉食性恐龙，而且是肉食恐龙中最大最重的一个品种，而且是恐龙中最强大、最恐怖的猎食者之一（恐龙中最强大、最恐怖的猎食者是恐爪龙），当然也是恐龙之霸！霸王龙的食物是其他恐龙，可能大多数是猎食两脚行走的素食恐龙。霸王龙有着锯刀似的、长达15 cm、多达60余颗的锋利牙齿，以及肌肉强壮的两颌，一咬一个准。霸王龙用强壮的两只后肢行走和活动，而两只前臂又短又小，只用于帮助抓食食物。

图7-8　霸王龙
波斯尼亚和黑塞哥维那
（Bosnia and Herzegovina）
1993年　500第纳尔
铜镍　PPE特种币
Φ38 mm

图7-9　霸王龙
贝宁（Benin）
1994年　200法郎
铜　特种币
Φ38 mm

9. 鲸龙 Cetiosaurus

恐龙、蜥臀目、蜥脚亚目、鲸龙科。鲸龙是最早发现的恐龙之一，生存于侏罗纪中晚期的非洲北部和英格兰的海滨低地。1841年得名，1870年，在英国牛津发现一具不完整的骨骼，1979年在摩洛哥发掘出一根长达2 m的鲸龙股骨，但至今未发现完整的鲸龙头骨化石。鲸龙的前后肢长短差不多，体高约2 m，背部基本呈水平状。鲸龙的牙齿好像耙子，能扯下植物的叶子。根据牙齿化石推测，它的头部较小，颈部也不太灵活，只能在3 m的弧线范围内左右摇摆。所以，鲸龙只可以低头喝水，或是啃食蕨类叶片和小型的多叶树木。

图7-10　鲸龙
直布罗陀（Gibraltar）
1993年　1克朗
铜镍　PPE特种币
Φ38 mm

10. 梁龙 Diplodocus

恐龙、蜥臀目、蜥脚亚目、梁龙科。梁龙生活在侏罗纪早、中期，广泛地分布在美国和世界上多个国家。梁龙是世界上迄今发现的最长的恐龙之一，体长大约27～28 m，体重为10～12 t，其体长也称得上是恐龙中的“巨人”。其主要特点是脖子特别长而细，犹如蛇身，而尾巴则占体长的75%以上，四肢像四根圆柱形大柱子，如果让它垂头直尾地站着，那就实在像一座拱立的桥梁，故此种恐龙得名为梁龙。梁龙是食植性恐龙，可能主要是在沼泽地区生活，而每天大部分时间也都泡在水中，这样就可以利用水的浮力来减轻体重给它们带来的麻烦。

图7-11　梁龙
马恩岛（Isle of Man）
1993年　1克朗
铜镍　PPE特种币
Φ38 mm

11. 速龙　Bonaparte

蜥臀目、兽脚亚目、西北阿根廷龙科、速龙属。

12. 特暴龙（巴氏特暴龙）　Maleev

蜥臀目、兽脚亚目、暴龙科、特暴龙属。

图7-12　速龙
塞拉利昂（Sierra Leone）
1997年　1利昂
铜镍　特种币
Φ38 mm

图7-13　特暴龙
西撒哈拉
（Western Sahara）
1993年　100比塞塔
铜　特种币
Φ38 mm

13. 甲龙　Ankylosaurus

恐龙、鸟臀目、甲龙亚目、甲龙科。甲龙类恐龙最早出现于白垩纪早期。甲龙分布于亚洲、欧洲和南美洲等地。甲龙中的“大个子”背甲龙体长为6 m。它们都是食植性恐龙，以植物的嫩枝叶和多汁的根茎为食。甲龙的主要特点是，其头部和身体几乎全部被多角形的坚硬的骨甲所包裹，活像一辆坦克（甲龙的一个别名就是叫“爬行坦克”龙），体型扁平，腹部贴地，体态笨重，四肢爬行。论防御装备的完善程度，在恐龙家族里，非甲龙莫属了。此外，甲龙尾端还有一个隆起的“骨槌”，遇敌时，甩出此“铁槌”，就能给敌害以致命的打击。

图7-14　甲龙
厄立特里亚（Eritrea）
1993年　1元
铜镍　PPE特种币
Φ38 mm

14. 剑龙　Stegosaurus

恐龙、鸟臀目、剑龙亚目、剑龙科。剑龙生活在侏罗纪晚期至白垩纪早期，它们是世界上最早灭绝一种（类）恐龙（大约在9 700万年时就消失了）。分布在美国、中国、蒙古、坦桑尼亚和保加利亚等地。剑龙的主要特点是其背脊负有双排三角形的骨板块（故又称骨板龙），头细小，还有嘴喙，尾上有角质覆盖的利刺。剑龙身长6～7.6 m，身高（包括板块）3.5 m，体重达2 t。剑龙用四肢行走，但是前肢短而后肢长，所以总是弓着背。是食植性恐龙，可能是以苏铁等一类的嫩芽为食。中国发现的四川沱江剑龙，体长7 m，但是头长只有40 cm，生活于湖边坡地丛林中，以植物的嫩枝和叶类为食。

图7-15　剑龙
直布罗陀（Gibraltar）
1993年　1克朗
银贴金　28克
PPE特种币　30 000枚
Φ38 mm

15. 原角龙　Protoceratops

恐龙、鸟臀目、角龙亚目、原角龙科。角龙亚目中的角龙类恐龙是地球上最后出现的一类恐龙。角龙类只见于白垩纪晚期，原始的角龙就叫原角龙。分布在蒙古、中国和俄罗斯的西伯利亚等地，体长不到2 m。据研究，原角龙是由鹦鹉（嘴）龙进化而来的。而鹦鹉（嘴）龙生活在白垩纪中期，体长为1.8 m左右，身高（至头部）1 m左右，体重约25 kg，以果子和树叶等为食。鹦鹉（嘴）龙的头窄呈方形，有着一个巨大的嘴缘（喙），看上去实在像鹦鹉的嘴、脸和头部，故得名为鹦鹉（嘴）恐龙。多种化石表明，鹦鹉（嘴）龙是属于白垩纪晚期进化成有角恐龙的恐龙群属，实际上所有角龙的嘴巴都像鹦鹉嘴。最早的原角龙就生活在白垩纪晚期的蒙古，也就是鹦鹉（嘴）龙的故乡。后来角龙迁徙到了北美洲，并使那儿成了白垩纪末各种角龙的巨大家园。在动物的分类上，鹦鹉（嘴）龙就属于鸟臀目的角龙亚目。鹦鹉（嘴）龙进化为原角龙、继而分别进化为独角龙、三角龙、五角龙、秀角龙等多种角龙。它们都是食植性恐龙。

图7-16　原角龙
利比里亚（Liberia）
1993年　1元
银　28克
PPE特种币　30 000枚
Φ38 mm

16. 三角龙　Triceratops

恐龙、鸟臀目、角龙亚目、角龙科。三角龙的意思是“长三只角的头”，两只眉角（如同牛角），一只鼻角（像小独角犀的角）。三角龙主要特点是其盔甲武器齐全，一片骨披肩，保护着它的脖子和肩膀，能使敌害望而生畏。三角龙分布在美洲、亚洲和非洲等地。三角龙体长可达9 m，身高

图7-17　三角龙
厄立特里亚（Eritrea）
1993年　1元
银贴金　28克
PPE特种币　30 000枚
Φ38 mm

（至髋部）3 m，体重达6～8 t，头和颈盾长达2 m左右。是食植性恐龙，尤其爱吃苏铁和棕榈树叶。三角龙是角龙科中最后进化出来的一种恐龙，仅仅生活在白垩纪晚期，这正好就是恐龙时代结束年代。三角龙好群居。

17. 禽龙　Iguanodon

恐龙、鸟臀目、鸟脚亚目、禽龙科。禽龙是在1822年世界上最早被发现的恐龙（化石），它们是白垩纪早期食植性恐龙的典型，身长10 m，身高（后脚站立至头高）4.5 m，体重大约6 t。禽龙分布在中国、英格兰、比利时和德国等多个国家（在美国和蒙古有同属品种），栖息在温暖而潮湿的森林里或灌木林中。主要特点是其舌头可能有40 cm长。幼年禽龙用后肢行走和活动，可以快速逃脱敌害；成年禽龙大多数以四肢着地行走，行动缓慢得多，但是它们健壮的身体已足以抵御大多数敌害的捕食了。禽龙的牙齿已较发达，能够充分咬烂食物，特别喜欢吃马尾草和苏铁等植物。禽龙喜欢群居。

图7-18　禽龙
马恩岛（Isle of Man）
1993年　1克朗
铜镍　PPE特种币
Φ38 mm

18. 鸭嘴龙　Anatosaurus

恐龙、鸟臀目、鸟脚亚目、鸭嘴龙科。鸭嘴龙，嘴巴长得像鸭子，此科恐龙的头骨前部和下颚骨向前延长而形成了扁阔的嘴巴，嘴前有角质的喙，很像鸭子的嘴巴，故名。鸭嘴龙的另一个特征是牙齿非常多，上下牙床上都重重叠叠地长着几排牙齿，每排有牙几十颗，一口就有几百颗牙齿，最多竟可达2 000颗的牙齿！鸭嘴龙是素食性动物，食物多为石松类植物和被子类植物。中国的鸭嘴龙品种很多，1902年在黑龙江省发现的鸭嘴龙化石是中国最早发现的恐龙化石（全长8 m），而1964年在山东省发现的鸭嘴龙化石，长15 m，高达8 m，是世界上最长最高的鸭嘴龙化石。山东省的另一种鸭嘴龙，体长6.5 m，高近5 m，生活在沼泽地带，有时在水中，有时上岸觅食嫩枝叶。世界第一只鸭嘴龙化石是在加拿大艾伯特省发现的，那里的恐龙公园中大部分是鸭嘴龙化石，公园占地80 km^2，在1955年建立此公园时就已经发掘出30多种恐龙化石达350余个标本！

图7-19　鸭嘴恐龙
加拿大（Canada）
2007年　4元
银　16克
特种币　20 000枚
Φ34 mm

19. 冠角龙　Corythosaurus

恐龙、鸟臀目、鸟脚亚目、鸭嘴龙科。冠角龙也是鸭嘴龙科的一种，大约生存于白垩纪晚期，头上长有冠状突起，故又叫盔蜥蜴，好像头上戴着一顶头盔。冠角龙身长约10 m，重达4 t。冠角龙跟其他鸭嘴龙一样，扁平的嘴里没有牙齿，但牙床后部有无数相互交错的牙齿，用以咀嚼食物，牙齿磨损后，会不断长出来。冠角龙的鼻骨延伸到冠状骨，经过数个鼻腔，直通呼吸系统，因此能发出低沉而巨大的吼声， 用以联络和防卫。

图7-20 冠角龙
利比里亚（Liberia）
1993年 1元
铜镍 PPE特种币
Φ38 mm

20. 无齿翼龙 Pteranodon

蜥形纲、翼龙目、翼手龙亚目、无齿翼龙科。生活在侏罗纪早期的爬行动物中，有一部分向空中发展，成为会飞翔的爬行动物，翼龙目动物就是这样的一类动物。翼龙分为三大类：长尾短颈的喙嘴龙类、短尾（或尾退化）长颈的翼指龙类和中间类型。无齿翼龙是翼指龙类中最进化的类型，主要生活在侏罗纪晚期到白垩纪。它们的牙齿已经退化，头部后方有一个极长的冠状突出。无齿翼龙是翼龙目动物中的“巨人”，有记录的最大的个体，其两翼张开竟达15 m，体重估计有80 ~ 100 kg。无齿翼龙分布在美洲和非洲等地（而翼龙目动物则广泛地分布在世界各大洲）。无齿翼龙是肉食性恐龙，主要以鱼类和昆虫等为食，科学家分析认为，它们也吃其他恐龙的尸体。无齿翼龙喜群居。

图7-21 无齿翼龙
厄立特里亚（Eritrea）
1993年 1元
铜镍 PPE特种币
Φ38 mm

第八章　蝴蝶鱼、猫、狮、象等动物币的欣赏

集币有不少好处，其中之一就是快乐。快乐的人未必都集币，但集币的人却一定是快乐的人。虽然，集币者会尝遍酸、甜、苦、辣、咸、淡、麻、臭等诸味，然而甜味却永远是主味。集币人的快乐表现在许多方面，据笔者的体会，集币的各种快乐中，最常见且最有生命力的快乐乃是对硬币欣赏的快乐。

人们看待一件物品，常有3种情况：观赏、玩赏和欣赏，这是3个既有关联又有区别的3种状态。观赏常指一般性的观看；玩赏是因某种爱好而细心观看和把玩；而欣赏则是指带着浓厚的兴趣和喜爱的心情去领会物品的韵味和意境。

欣赏是一种美的创造，是人们把喜好的事或物经过自己的思维活动将它们与美好想象联系起来，使之产生一种来源于生活却高于生活的美。以集币为例，硬币本是一种货币，是人们在经济活动中的“通行证”，但千百年来，由于人们的喜爱，欣赏甚至寄情于怀，且在不断的欣赏中将美感融注于它们，从它们的形状、材质、图案、颜色、书法艺术、文化内涵、历史尘封、设计创意等等方面，无不在欣赏中被发掘并创造出各种诗情画意来，人们就在这七彩斑斓的胜境中徜徉并在欣赏中获得高雅的情趣与美的享受，成为集币人的一种精神寄托。硬币就在这不断变化的演绎中从货币的单一实用功能形成了源远流长、博大精深的钱币文化。

欣赏是我们人类特有的精神现象，是一种以美为价值取向的人文哲学，是用审美观念来看待事物的前提。欣赏又是人们生活中的调色板，是剔除个性压抑的灵丹妙药，是走向平淡的平衡剂，是获得快乐的钥匙，从而诱发人们通达睿智、取得灵感和意境升华。

当然，由于每位集币者的喜好、情趣、心态、地域、境界、审美观念及欣赏角度的差异，因而对硬币的欣赏也会因人而异乃至得到不尽相同的欣赏效果，但这些都无关紧要，重要的是我们都在用心去欣赏，获得好心情。

欣赏之道在于心，浮想联翩入意境，快乐总伴感觉在，物我两忘悟真谛。

本文将笔者收藏品种较多的几种“同类”动物列上，并在第九章、第十章介绍各类动物币，与读者们共同欣赏。我们仅仅是抛砖引玉，更多的是希望大家在欣赏中增加些遐想，给自己以美的享受和心灵的感悟，领略我们人类与这些动物和谐相处的意境。

1. 海的动画

在美丽的珊瑚礁附近，游弋着形形色色的海洋生物，其中最引人注目的是一群群活泼可爱的蝴蝶鱼。它们身披五光十色的锦衣，不知疲倦地穿梭在珊瑚礁之间，与绚丽多彩的珊瑚礁浑然一体，构成一幅幅令人叹为观止的海洋动画。

蝴蝶鱼，简称蝶鱼，它们在动物分类上属于辐鳍鱼纲、鲈形目、蝴蝶鱼科、蝴蝶鱼属中的一类

群鱼。全世界大约有150种蝴蝶鱼，其体型大小因品种而异，一般体长12～40 cm不等，但多为20 cm左右。蝴蝶鱼主要分布于印度洋和太平洋的热带海域，栖息在珊瑚礁中，以珊瑚虫、珊瑚枝、水母、海葵、软体动物、蠕虫以及珊瑚礁和岩石上的其他一些小动物为食，也捕捉小鱼小虾吃。蝴蝶鱼的身体大多扁而宽，呈椭圆形、卵圆形或菱形等，它们的头小、嘴短小而尖突，但是，短小的嘴巴能伸能缩，便于从珊瑚礁和岩石上的狭窄裂缝或小孔洞里啄取食物。最令人称奇的是蝴蝶鱼身体上绚丽的颜色和奇特的图案。根据鱼类学专家介绍，蝴蝶鱼的色彩和花纹，足以和世界上最漂亮的鸟类羽毛和最多色彩的蝴蝶翅膀相媲美！因为蝴蝶鱼体色美丽、体态盈人、体型优美、举止文雅，犹如蝴蝶在水中翩翩起舞，所以它们都成为人们所喜欢的观赏鱼类。蝴蝶鱼的体表有大量的色素细胞，在神经系统的控制下，这些细胞可以收缩或展开，使身体的外表改变成与环境相匹配的颜色。令人叹为观止的是，一条蝴蝶鱼改变一次体色仅仅需要几秒钟，长的也就几分钟。 蝴蝶鱼体型扁瘦，头小嘴小，几乎没有什么攻击能力，再加上它们生性胆小，绝对是鱼类中的弱势群体。所以尽管蝴蝶鱼有五光十色的华丽外表，但是，为了生存，它们总是低调对待自己，也不喜欢炫耀自己，它们总是将自己置身于七彩缤纷的珊瑚礁中，使自己的体色和环境的颜色融为一体，这样生活就非常安全了。因为对许多掠食者来说，在珊瑚礁中捕食挺麻烦，发挥不了速度的作用，所以光顾珊瑚礁中进行捕食的入侵者就比较有限。即便是这样，蝴蝶鱼的警惕性还是很强，每当遇到什么风吹草动的，它们就急忙地躲藏起来。颇有意思的是，它们的躲避速度非常神速。此外，它们还会使用变色的绝招以躲避敌害。

图8-1　蝴蝶鱼类
伯利兹（Belize）
1979年　100元
金　6.21克
特种币　4 465枚
Φ24 mm

图8-2　蝴蝶鱼类
英属维尔京群岛
（British Virgin Is.）
1985年　1元
银　25克
旅游币　1 372枚
Φ40 mm

图8-3　蝴蝶鱼类
库克群岛（Cook Is.）
1999年　1元
银　1盎司
特种币　5 000枚
Φ41 mm

图8-4　蝴蝶鱼类
帕劳（Palau）
2001年　1元
铜镍　特种币
Φ37 mm

图8-5　蝴蝶鱼类
帕劳（Palau）
2006年　1元
铜镍　特种币
Φ37 mm

图8-6 海洋环境欣赏
帕劳(Palau)
1993年 20元
银 4盎司
特种币 3 000枚
Φ63 mm

图8-7 海洋环境欣赏
帕劳(Palau)
1992年 1元
铜镍 纪念币
Φ37 mm

图8-8 海洋环境欣赏
帕劳(Palau)
1995年 1元
铜镍 特种币
Φ37 mm

图8-9 海洋环境欣赏
帕劳(Palau)
2004年 1元
铜镍 特种币
Φ37 mm

2. 群猫嬉戏

猫是人类的宠物之一，有的温文尔雅、举止大方、善解人意、反应灵敏；有的表现得安详、恬静，给人以高贵华丽的感觉。

我们藏品中的猫币，大部分是马恩岛在不同年份发行的“世界名猫品种系列”，这些硬币每年发行一枚。现将这些猫币组合构成群猫嬉戏，请读者欣赏它们的不同姿势与神态，它们有着与人类一样的喜怒哀乐等表情。部分编文或是币上猫儿们的“自白”，或是旁白，权作助兴。

图8-10 野猫
土库曼斯坦
(Turkmenistan)
1996年 500马纳特
银 28克
特种币 5 000枚
Φ39 mm

“我是野猫，是所有家猫的老祖宗。”

图8-11 家猫
埃及(Egypt)
1994年 5镑
银 22克
特种币 50 000枚
Φ38 mm

“我是古埃及的家猫，是埃及人民心中推崇的偶像”。“当然，我是野猫的后裔，因我们家族为人类保护粮食立下了汗马功劳，成为古埃及人民心中推崇的偶像，这是几千年前我的相貌，您看我有多威风！”。

早在6 000年前，古埃及人将野猫驯化成了家猫。那时，古埃及人一年到头辛苦劳作，收割了许多粮食，每年都会把剩下的粮食存储起来，但是，这些粮食却不断地被老鼠吃掉。古埃及人对这些老鼠痛恨至极，一筹莫展，抓又抓不完，赶也赶不绝，每年粮食损失严重。后来古埃及人发现，野猫特别爱吃老鼠，就抓来野猫喂养并加驯化，让它们专职抓老鼠。殊不知，老鼠的天敌就是猫，这个办法实在是妙。古埃及人驯化了野猫，并让它们“看守”粮食仓库，之后，发现仓库中的粮食果然颗粒无损。为此，古埃及人就非常崇拜猫，把猫视为特别的动物，甚至认为它是神灵。在埃及的许多艺术品上都以猫为题材，并以此作为象征。在古埃及，杀了猫可能被判处死刑。人们认为，猫象征女神伊希斯，人们需要她的保护才能对抗邪恶。

所有的家猫或宠物猫，与它们的祖先一样，都是哺乳纲、食肉目、猫科、猫亚科、猫属里的一员。 其体型大小因品种而异，一般体长40 ~ 60 cm，体重2 ~ 5 kg。除南北极外，广布世界各地。家猫一般喜欢独居，也有成对饲养的，这取决于主人。家猫出生后7 ~ 13个月就性成熟，孕期大约为60天，每胎可生1 ~ 6只幼崽，多的可达8只。罕见的也有，如广州增城一居民家的一只母猫产下了11只猫崽，而且，每只猫的颜色各不相同，五颜六色。而猫妈咪只有8个奶头，在无人工帮忙喂养的情况下，猫妈咪竟将它们抚养得只只膘肥体壮，抚养了孩子们40多天后，此位高产妈妈的事迹才见报。家猫的寿命一般为10年，少数的更长些。

家猫有些习性不错，比如，有灵性、能捕鼠、比较讲卫生、好喜怒、不怕高处跌下等等。当然，家猫也有不好的地方，尤其是“好吃懒做”的坏习惯，所以家猫就养成了“养尊处优”和“嫌穷爱富”的毛病。这与狗相比起来，的确是“穷人可以养住狗、富人才能养住猫”。

在人工饲养的家猫世界中，最重的猫是澳大利亚的一条阉公猫，死时（10岁）为21.3 kg；最轻的猫是一条美国人饲养的暹罗猫，长到2岁时，才只有0.75 kg；最老的猫是一条名叫“普斯”的猫，过完36岁的生日后离开猫世；子女最多的是一名年届17岁的母猫，1952年6月12日，在美国生下了它的第420只小猫。

每年5月的第2个星期日，比利时的猫城伊纳耳都要举行“猫儿节”。此时群猫聚会，热闹非凡。

图8-12 无尾猫
马恩岛（Isle of Man）
1970年 1克朗
铜镍 特种币
Φ38 mm

“我是一只无尾猫。”“人类以为猫都有尾巴，但我却例外。我生于英国西北部的马恩岛上。我是1853年被动物学家发现的。没有尾巴，臀部却很奇怪，跑起来屁股一扭一扭的。因为无尾，人们看起来总觉得很别扭，有人还以为我的尾巴是被割掉了似的。实际上不是被割掉的，我真的一生下来就没有尾巴，我就叫无尾猫，但我并不是怪胎，而是猫的一个品种”。

图8-13 无尾猫
马恩岛（Isle of Man）
1975年 25便士（1克朗）
铜镍 特种币
Φ38 mm

“不信，你再看这边，真的没有尾巴耶。”

图8–14　日本短尾猫
马恩岛（Isle of Man）
1994年　1克朗
铜镍　特种币
Φ38 mm

“我有尾巴，太短了，只有一小截，真没劲。”

图8–15　挪威森林猫
马恩岛（Isle of Man）
1991年　1克朗
铜镍　特种币
Φ38 mm

“我的尾巴就好长。”

图8–16　泰国(暹罗)长尾猫
马恩岛（Isle of Man）
1992年　1克郎
铜镍　特种币
Φ38 mm

“你们看清了我的尾巴吗？我的尾巴很长而柔软，可以打一个结呢，在我们猫类中，这项绝技有谁可比？”

图8–17　英国蓝猫
马恩岛（Isle of Man）
1999年　1克朗
铜镍　特种币
Φ38 mm

“人类担心计算机会不会出现千年虫，我们猫类也要检查一下身上有没有像计算机那样的千年虫什么的，可得警惕染病呢。”

猫也有童年时期。童年，这是天真无邪、活泼可爱，充满好奇的年龄阶段。

图8–18　缅甸猫
马恩岛（Isle of Man）
1996年　1克朗
铜镍　特种币
Φ38 mm

“好像有险情？”

图8–19　波曼猫
马恩岛（Isle of Man）
1998年　1克朗
铜镍　特种币
Φ38 mm

“让我站起来看看。”

图8–20　街猫
马恩岛（Isle of Man）
1990年　1克朗
铜镍　特种币
Φ38 mm

“啊，没有什么事的，我坐下来就可以看清楚了。”“不过我却不像泰国(暹罗)长尾猫那样坐有坐相。”

图8-21　波斯猫
马恩岛（Isle of Man）
1989年　1克朗
铜镍　特种币
Φ38 mm

“气，我生气时的表情是这个样子的。”

图8-22　挪威猫
挪威（Norway）
1996年　25欧元
黄铜　特种币
Φ38 mm

“喜，我高兴时是这个样子的，喜上眉梢，还有点偷着乐。”

图8-23　土耳其安卡拉猫
马恩岛（Isle of Man）
1995年　1克朗
铜镍　特种币
Φ38 mm

“怒，怒目而视。”

图8-24　长毛烟灰猫
马恩岛（Isle of Man）
1997年　1克朗
铜镍　特种币
Φ38 mm

“哀，痛苦的表情。”

图8-25　缅因库恩猫
马恩岛（Isle of Man）
1993年　1克朗
铜镍　特种币
Φ38 mm

“乐，我高兴的时候就是这副得意样，兴高采烈的，真讨主人欢心。”

在猫崽崽离开妈妈独闯世界前的1～3年时间内，妈妈还要让它们完成一系列必须的课程：如何觅食、追捕、冲杀；在强敌面前又如何自卫。一句话它们要学会觅食、防身与生存之道。这不，猫宝宝和妈妈正对话呢。

图8-26　孟加拉猫
马恩岛（Isle of Man）
2002年　1克朗
铜镍　特种币
Φ38 mm

“妈妈，今天我学什么？”“妈妈今天教你学钓鱼。”

图8-27　索马里猫
马恩岛（Isle of Man）
2001年　1克朗
铜镍　特种币
Φ38 mm

“孩子，你看好了，上鱼饵要挂紧，鱼儿咬钩后不易逃脱，我们再提竿，就能钓到鱼。”

图8–28 日本东京猫
马恩岛(Isle of Man)
1997年 1克朗
铜镍 特种币
Φ38 mm

图8–29 苏格兰叠耳猫
马恩岛(Isle of Man)
2000年 1克朗
铜镍 特种币
Φ38 mm

“我告诉你呀，我妈妈今天教我钓鱼啦。”

“我就不信踢不进这个球！”

你看，小猫儿由于有妈妈的庇护，它们玩的多么开心、多么惬意。像它们这样，谁的童年不幸福！哪个童年有悲伤？有妈的孩子是个宝。

图8–30 喜马拉雅猫
马恩岛(Isle of Man)
2005年 1克朗
铜镍 特种币
Φ38 mm

“我俩在妈妈身边多幸福啊！”

你看那没妈的孩子，一个个瞪着一双惊恐的大眼，饥肠辘辘，多可怜。没妈的孩子是棵草。

图8–31 印度尼西亚巴厘猫
马恩岛(Isle of Man)
1993年 1克朗
铜镍 特种币
Φ38 mm

图8–32 短毛猫
马恩岛(Isle of Man)
2006年 1克朗
铜镍 特种币
Φ38 mm

“妈妈上哪呢？我好饿啊！”

“唉，谁的童年有幸福？哪个童年不悲伤？”

图8–33 缅因库恩猫(原猫)
索马里(Somalia)
1998年 25先令
银 47.2克
加厚币(厚度4.34 mm)
Φ38.2 mm

“我喜欢趴下或躺着休息，人们说我是安静的宠儿。而索马里人还说，我是世界上最受欢迎的猫。你看我很漂亮吧！是帅哥还是美女，大伙猜猜？”

图8-34　爱尔兰猫
爱尔兰(Ireland)
1995年　1ECU
铜　特种币
Φ39 mm

图8-35　爱尔兰猫
爱尔兰(Ireland)
1995年　10ECU
银　31克　特种币
Φ39 mm

“我们是爱尔兰猫，爱尔兰人喜欢我的安静与文雅。我们还是一对孪生姐妹，谁是姐姐？哪个是妹妹？能猜到吗？”“使劲猜，猜对了，100万的奖金就等着您去拿了，这可是当今世界最保值的猫元啊！”“呵呵。”

3. 狮的王国

狮和虎一样，是很威严的猫科动物，历来都有“兽中之王”的美称。特别是成熟的非洲雄狮，由于其头上和颈脖上长有长而明显的鬃毛，看上去显得更加高大和威严，使见到它的动物们都望而生畏。

图8-36　狮
英属东非(British East Africa)
1936年　1克朗
黄铜　1 000枚
纪念币
Φ37 mm

图8-37　狮
尼日尔(Niger)
1968年　10法郎
银　25克
特种币
Φ38 mm

图8-38　亚洲狮
也门(Yemen)
1969年　50里亚尔
银　50克
特种币
Φ50 mm

图8-39　狮
多哥(Togo)
2000年　1 000法郎
银　15克
特种币
Φ35 mm

狮是一种高度集群的动物，这在猫科动物乃至其他动物中是独一无二的。一般是由雌性狮和它的孩子们在一起组成一个家群，并形成长期的社群纽带关系，这种关系往往可以维持几代；有时则是由一头雄狮和几头配偶连同它们的子女组成一个家群。每个家群中狮的数量从几只到十几只不等，非洲狮常常会形成几十只的更大家群。

母狮几乎每年可生产一胎，不会超过两年一胎。母兽孕期为110～119天，每胎可生1～6只幼崽。小狮3个月后可跟随妈妈外出，到11个月大时就可参加捕猎（当然，刚参加捕猎的幼狮常常因为没有经验而影响妈妈的捕食计划，或者在后面弄出声响，或者过早发起攻击而让猎物逃之夭夭）。大约也

图8-40 狮
索马里（Somalia）
1950年 1索马罗
银 0.061盎司
流通币
Φ27 mm

图8-41 狮
罗得西亚和尼亚萨兰
（Rhodesia and Nyasaland）
1962年 6便士
铜镍 流通币
Φ20 mm

图8-42 狮
以色列（Israel）
1980年 5谢克尔
镍 流通币
Φ30 mm

就在这个时候，妈妈又将准备生育并哺养下一胎的弟弟和妹妹们了。幼狮在1年半到2年后便可独立生活，3～4岁性成熟，狮的寿命大约为15年，动物园中的狮则可活到30岁左右。

有或没有亲缘关系的几只雄狮常常会组成一个紧密的“光棍”联盟，去占领一些家群的领地及食物来源。而最有能力的雄狮会占有领地内的雌狮为伴侣，成为这个家群的新首领，直到2～3年后又被其他外来的年富力强的雄狮或群体赶下台来，老狮王的妻妾被霸占，自己则被“驱逐出境”。

新的雄狮首领一上台，要做的第一件事情，就是把老首领的所有血脉——幼狮们统统杀尽，一只不留！新雄狮首领决不允许在它的领地内留下他人的血脉和骨肉。在狮的家族中，大约有25%的幼狮惨遭新首领的杀害。这就是狮家族改朝换代所带来的痛苦代价。只有在雌狮奋力保护下，少数幼狮才能幸免于难。这就是为什么带有幼狮的雌狮，总是千方百计地阻止雄狮接近的原因。

带有幼狮的雌狮除了要防止雄狮的“残子现象”外，还要防止鬣狗和猎豹等极少数肉食动物的捕食。除了鬣狗等几种动物外，狮是没有什么天敌的。其他动物见了狮，都唯恐避之不及。但是鬣狗，就敢于攻击和捕食有成年狮保护的幼狮！这顿美餐是绝对不愿放弃的，它总是在狮的母子跟前转来转去，伺机去叼走幼狮。带有幼仔的母狮，哪敢有任何的松懈？母爱的天性，使它悉心照料孩子，真正是寸步不离。当然，雄狮对于自己的亲生孩子，还存有一定的父爱，因为它们希望亲生孩子延续自己的“香火”。

一般情况下，狮是群体捕猎的，它们的主食是长颈鹿、角马、斑马、各种羚羊、野牛和野猪等。它们的捕食方式是：悄悄跟踪、匍匐爬进，靠近猎物后，突然发起猛扑。非常奇怪的是：在狮的社会中，承担捕猎主力的是雌性而不是雄性（这与其他社群动物有很大的不同），常常是雌狮一马当先、

图8-43 狮
厄立特里亚（Eritrea）
1995年 10元
铜镍 PPE特种币
Φ38 mm

图8-44 狮
津巴布韦（Zimbabwe）
1996年 10元
银 1盎司
纪念币 5 000枚
Φ40 mm

奋力去捕捉猎物。雌狮们往往采用围攻方式，在30 m开外时突然以60～80 km的时速发起攻击。雌狮主要任务是繁殖并哺育后代、捕食猎物。但是雌狮捕食时速才60 km左右，比黑斑羚（时速100 km）和角马（时速80 km）都要慢，并且，狮用最大速度时仅仅能奔跑200 m，也不及那些善于奔跑的动物。如果猎物能跑出200 m之后，狮就无法追上了。单只狮的捕食成功率仅达20%，集体狩猎时也才30%，比猎豹要低。而雄狮自己却因胆怯或懒惰，常常是跟在后面尽量少出力，或者和它的孩子们在一起，或先在一旁观望，等待时机，当雌狮把猎物扑倒后，雄狮才会赶过去帮雌狮杀死猎物。当然也有一些雄狮会提前参与追捕的。

图8-45　狮
危地马拉（Guatemala）
1888年　0.25里亚尔
银　0.77克　流通币
Φ11 mm

图8-46　狮
比利时（Belgium）
1939年　1法郎
铜镍　流通币
Φ22 mm

图8-47　狮
卢旺达和布隆迪
（Rwanda and Burundi）
1961年　1法郎
黄铜　流通币
Φ22 mm

图8-48　狮
利比里亚（Liberia.）
1998年　5元
铜镍　特种币
Φ38 mm

图8-49　狮
刚果（Congo）
2001年　10法郎
银　特种币
腰边31 mm、
底边45 mm、
高23 mm

图8-50　狮
刚果（Congo）
2002年　50分
铝　流通币
Φ27 mm

然而，在享用猎物大餐时，狮王必须优先享用，随后是其他雄狮，从不让幼狮（哪怕是自己的亲生儿女）和雌狮们（哪怕是自己的三妻六妾）先吃，劳苦功高的雌狮以及幼狮们只能在旁干瞪眼。只有在食物充足的情况下，狮王和雄狮们吃得差不多了，才让雌狮和幼狮吃，十分霸道，此时，雌狮又会主动地让幼狮们先吃，或者先喂食幼狮们，最后才轮到自己进食那些剩余的烂肉碎骨。和非洲狮不同的是，亚洲狮在捕到猎物后，能与全族分享。在狮群社会中的这些奇怪现象也是动物界中独一无二的。君知否？在狮的家族中，大约有30%的幼狮就是这样被活活饿死的。

在狮王国的词典里，是找不到“友谊”两字的。特别是雄狮，从它们的就餐的顺序，“残子”行为，食物短缺时就虐待甚至咬吃幼狮，还撕食其他成年狮的这些行为等现象表明，它是狮王国的暴君。在食肉动物中是罕见的。

在每个狮群中，已经独立生活的雌狮被允许留下和母亲一起生活；而雄狮则会被狮王赶出狮群，或者“自觉”主动地离开这个家族，自己去谋生，或去当流浪汉。失去家群的雄狮，在最初的20天里，这些流浪汉由于没有太多的经验，常常捕杀不到猎物，只能靠捡一些腐尸度日。出于生存的需要，流浪汉们就常常会结成数量不等的“光棍汉联盟”，等到它们势力强大时便去袭击狮群，并争夺那个狮群的首领桂冠（偶有两个流浪汉并列成为这个狮群的新首领）。

雄狮的主要任务除了当爸爸外，另一个任务就是领地的保卫者，要负责本狮群的安全。一旦有入侵者闯入狮群，或是有敌害袭击本狮群的成员，雄狮们就会群起而攻之。

狮一般在清晨或黄昏进行活动，剩下的20来个小时睡觉或休息。特别是雄狮，每天也仅用1～2个小时找吃的。只有在饥饿和保卫领地时才会进入战斗状态。美国动物学家沙勒在非洲进行了3年的实地观察，发现雄狮的确很懒，它们常常宁可从别的动物那里硬夺食物或偷取食物，也不想主动去捕猎。他认为，雄狮的一半食物竟来自于其他动物杀死的猎物或病死动物的腐尸。雄狮甚至知道鹫类有超一流找食物本领，往往会在鹫类聚餐时不请自来，“搭伙”吃些“现成饭”。所以，非洲人称雄师为“懒骨头”、“自私自利者”。难怪在“世界十大最懒的动物”的排行榜上，雄狮就被排在第二位。

民间有句俗语，叫“狮子口大开”，来比喻人的贪婪和强烈的占有欲。有趣的是，这种情况也出现在硬币上。这两只狮子的口开得大不大（图8–51、图8–52）？露出血盆大口，自然吓坏许多动物。当然，狮就是把嘴闭上，甚至眯上眼睛，也仍然会让许多动物一见即逃的（图8–53）。

图8–51　狮
也门（Yemen）
1969年　2里亚尔
银
特种币　4 200枚
Φ36 mm

图8–52　狮
埃塞俄比亚（Ethiopia）
1982年　2比尔
铜镍　纪念币
Φ38 mm

图8–53　狮
马里（Mali）
1961年　25法郎
铝　流通币
Φ27 mm

狮的领地观念非常强，和其他许多兽类一样，也是用尿液或体味做记号，是它们确定领地范围的重要方法之一，也是狮日常生活中的一项重要内容。这不仅可以警告其他肉食动物不要入侵，也可以告诉其他狮群“非请莫入，否则后果自负”。但是，鬣狗和猎豹等常常不吃这一套，不仅经常盯上美味的幼狮，更有甚者，鬣狗常常敢于“狮口夺食”。面对鬣狗的勇敢、特别是面对集群的鬣狗，狮有时也只好放弃美食而悻悻离开。所以狮一直把鬣狗当作恶梦。

在狮的家族里，幼狮的死亡率竟高达80%！ 从上可知，有雄狮的“残子现象”（比其他动物要严重得多）；雄狮不让幼狮吃食（动物界中罕见）；被成年狮当作充饥之物（也是动物界中罕见）；被抛弃或过早地被驱逐出群（在动物界中也是不多的），使这些小雄狮大多会成为其他掠食者（鬣狗和猎豹）的可口点心；等等。所以，狮的成活率并不高，大约只有20%。

由于狮的雄壮、力量和勇敢，使它也享受有“百兽之王”的美称。千百年来，特别是在西方世

图8-54 狮
缅甸（Burma）
1950年 8缅分
镍 流通币
Φ25 mm

图8-55 狮
澳大利亚（Australia）
1954年 1福林
银 0.18盎司
流通币
Φ30 mm

图8-56 狮
新加坡（Singapore）
1975年 1元
铜镍 流通币
Φ35 mm

图8-57 狮
英国（Great Britain）
1992年 $\frac{1}{2}$ ECU
镍 流通币
Φ20 mm

界，人们无限地看好狮，认为它是“威严的代表”、“驱邪的灵兽”、“帝王的象征”、“崇拜的对象”、“权利的标志”和“尊贵的显露”，乃至有43个国家把其形象搬到了国徽上，在其他许多场合下也都有狮的形象。狮除了一直是马戏团的明星演员外，现在它又被派上了新用场——为人类看门。在南非，买卖狮是不犯法的。在许多拍卖会上，有钱人会买回不同年龄段的狮来看门，在一些别墅的门口或栅栏处挂上一个写着“怒狮会咬人、闲人勿靠近”的牌子，倒是真管用，因为任何小偷的都明白：这样的地方还是不来为好，别去找不自在，小命要紧！

“兽中之王”的狮，实际上也“王”不了。无论从动物学家们的观察中，还是从我们观看电视上动物世界一类的节目中，可以看到，当狮迎面遇到象和犀时，往往会主动相让。对于那些不知进退的狮来说，一旦触犯了象和犀，“教训”狮的就是象的那条大鼻子，或者犀的那尖硬而长的角。凡是被打败过、受过伤的或捡条命回来的，只要长点记性，就一定会对象和犀退避三舍。此外，数量不多的狮遇到鬣狗群时，狮也是“王”不起来的。狮与山魈单挑，也往往是山魈得胜。

前面谈到虎是“兽中之王”，现在又说狮也是“兽中之王”，那么到底谁是“兽中之王”呢？还是它们都是“兽中之王”？在欧洲，素有“狮中心”说，但在亚洲，则素有“虎中心”说。说狮和虎都是“兽中之王”可能为大多数人所接受。不过，现在狮在非洲、虎在亚洲，它们没有机会相遇并比试高低。在性别、年龄、体重和健康状况基本相同的情况下，如果这两位仁兄相遇，就必然大打出手了，一旦打起来，的确是场惊心动魄的厮杀了。然而，究竟是谁胜谁败呢？读者朋友们，您能根据它

图8-58 狮
乌干达（Uganda）
2002年 5 000先令
银 特种币
Φ39 mm

图8-59 狮
阿尔及利亚（Algeria）
1992年 20第纳尔
铜芯钢环 流通币
Φ28 mm

们的生活条件、成长过程、个性和捕食方式等特点分析出来吗？如果说虎的生命力、战斗力、忍耐力比狮要强些，虎比狮更勇猛些，虎很可能技高一筹占尽上风而取胜，您会同意吗？实际上，国外曾有好事者故意安排过雄狮和雄虎争吃美食相斗的试验，结果是雄狮受伤、无法再斗而败下阵去，而雄虎也筋疲力尽、难以咬死雄狮，但最后还是雄虎独享那份美食。

4. 与象同行

非洲象是世界上最大的陆生动物，具有高智慧并高度集群。千百年来，人类与象的关系非常密切，象也为人类进行过多项服务。目前，全世界至少有24个国家或地区分别发行过40余种不同形态的象币（包含不同材质而图案相同的硬币），除前面2种外，我们再选出36种，以飨读者。

象分为亚洲象和非洲象，形态各有不同。

亚洲象具有一些明显的特点：一是身材较小；二是雌象没有象牙（或有一点但也不突出于嘴外），而雄象的象牙则较短小；三是耳朵较小；四是鼻子前端仅有一个手指状外翻的吸盘；五是背部中央略隆起等等。

人们也许不曾想到，早在3 000年前，中国山东、河南等省的森林里还有许多亚洲象，随着人口的增加，森林面积减小，到距今2 477 ~ 2 770年间，这些象群就被迫从黄河流域迁到了淮河流域；又过了千余年，它们又被迫南迁到长江以南，东到浙江省南部至福建省北部；距今约1 000年时，它们再次被迫南退到广东、广西及云南等省（区）。目前，中国的亚洲象只生活在云南省的西双版纳南部狭小地区了，而且也只剩下200余头了！

图8-60　亚洲象
原锡兰(Ceylon)
1802年　$\frac{1}{192}$里克
铜　流通币
Φ19 mm

图8-61　亚洲象
老挝(Laos)
1993年　50基普
银　20克　流通币
Φ38 mm

图8-62　亚洲象
马来西亚(Malaysia)
2003年　25分
金铜　收藏币
Φ30 mm

非洲象较亚洲象身材魁梧，无论雌雄都有前突的象牙（雄性象牙长达2.5 ~ 3 m，最长的达3.47 m），雌性象牙长约1 m；耳朵很大，最大的超过1 m；鼻子前端有两个手指状的突起（外翻的吸盘）；背部中央稍凹等等。它们魁梧的身躯，足以让最凶猛的狮、豹和鬣狗等肉食动物望而生畏，硕大而有力的象腿可将狮子一脚踩毙！

无论亚洲象还是非洲象，它们都是一种高度集群的动物，平时喜欢群栖，营家族式的群居生活，通常是几十头甚至100多头象结成大群，每群都有一位“首领”（即族长），首领必须由象群中一头年长的、颇有经验而又体格强壮的雌象担任，由她统领着一个严格有序、结构紧密的母系社会。象群行动时，这位女族长总是走在队伍的最前面，其他母象和幼仔居中，雄象则在后压阵和保卫。首领的警惕性高，分析能力强，善于带领象群去觅食、饮水、休息或纳凉。一旦遇到危险，首领会临危不惧、

图8-63　非洲象
科特迪瓦（Ivory Coast）
1966年　10法郎
银　25克
特种币
Φ33 mm

图8-64　非洲象
斯威士兰（Swaziland）
1986年　20分
铜镍　流通币
Φ25 mm

图8-65　非洲象
库克群岛（Cook Is.）
1990年　25元
金　1.24克
特种币　720枚
Φ13 mm

图8-66　非洲象
赤道几内亚
（Equatorial Guinea）
1995年　7 000法郎
银　5盎司
特种币
Φ65 mm

图8-67　非洲象
阿尔及利亚（Algeria）
1998年　5第纳尔
不锈钢　流通币
Φ24 mm

图8-68　非洲象
贝宁（Benin）
1993年　1 000法郎
银　20克
特种币
Φ38 mm

图8-69　非洲象
几内亚比绍（Guinea-Bissau）
1993年　20 000比索
银　20克
特种币
Φ38 mm

图8-70　非洲象
西撒哈拉（Western Sahara）
1993年　500比塞塔
银　20克
特种币
Φ38 mm

挺身而出；雄象则闻风而动、誓死保卫象群。可以说，象群是大自然中最有抵抗力的坚强组织，除人类以外，象群不怕任何动物的袭击。

与人类一样，象也要经过呱呱落地、吃奶、玩耍、学习求生之道以至自立为生等许多过程。在非洲，狮经常捕食母子单独在一起时的幼象；至于鬣狗和豹类，当然也会把落单幼象作为“盘中美餐”的，这比从“狮口夺食”要省力得多。而在亚洲，成年象也无敌害，幼象则常常是虎的“桌上佳肴”。象的母子感情相当深，母象很爱它们的后代。为避免大型食肉动物对幼象的攻击和猎杀，母象会千方百计保护小象，总是不让幼象离开自己。在敌害面前从来没有发生过母象放弃孩子而自己逃生的情况。有的母象还会尽量延长哺乳期，甚至允许幼仔跟自己一起生活长达3～4年之久，然后，才让小象自行觅食。母象死了，有的幼象会找一个雌象作为继母。当然，象群中的其他哺乳母象也会帮忙照顾哺乳期的幼象（也有例外，个别母象就不给别的幼象喂乳）。此外，象群中所有的成年象都会帮忙照应未成年小象。

图8–71 非洲象
乌干达（Uganda）
1981年 500先令
银 4盎司
特种币 700枚
Φ63 mm

图8–72 非洲象
坦桑尼亚（Tanzania）
1986年 100先令
银 19克
WWF纪念币 25 000枚
Φ35 mm

图8–73 非洲象
金牛城（Gold Beef City）
1988年 2分
黄铜 收藏币
Φ18 mm

图8–74 非洲象
库克群岛（Cook Is.）
1996年 1元
银
特种币
Φ29 mm

图8–75 非洲象
津巴布韦（Zimbabwe）
1996年 10元
银 1盎司
纪念币 5 000枚
Φ40 mm

亚洲象的雌象孕期大约为22个月，每胎仅生1只幼崽，大约15～20岁才性成熟，寿命一般为50～60年。亚洲象的脾气比较温和。等级较高的性成熟的雄象可与成年母象幽会，但是有的成熟雄象则会离开集体外出生活，有时雄象们还会组成小群体生活。非洲雌象孕期大约为22～23个月，每胎也仅生1只幼崽，两次生产的间隔期大约为4 年。非洲象也是晚熟动物，15岁后才性成熟，成熟的雄象有的也会离开集体自由谋生。非洲象的平均寿命为70岁左右，有的高达80岁，甚至有超过100岁的象寿星。据报道，在长寿的哺乳动物中，犀可以超过40岁，河马可以超过50岁（某动物园的一只河马已经活了51岁了），毫无疑问，非洲象是哺乳动物中的“长寿冠军”。

象的鼻子有多种感官细胞，具有多样的功能，包括嗅觉、味觉、触觉和力量。它能伸缩、弯曲自

图8–76　非洲象
马拉维（Malawi）
1964年　1弗罗林
铜镍锌　流通币
Φ27 mm

图8–77　非洲象
英属维尔京群岛（British Virgin Is.）
1993年　25元
银　20克
特种币
Φ40 mm

图8–78　非洲象
刚果（Congo）
1993年　1 000法郎
银　20克
特种币
Φ38 mm

图8–79　非洲象
直布罗陀（Gibraltar）
1994　1克朗
铜镍　PPE特种币
Φ38 mm

图8–80　非洲象
赤道几内亚（Equatorial Guinea）
1995年　7 000法郎
银　5盎司
Φ65 mm

图8–81　非洲象
库克群岛（Cook Is.）
1996年　25元
银　5盎司
特种币
Φ65 mm

图8–82　非洲象
厄立特里亚（Eritrea）
1997年　100分
不锈钢　流通币
Φ26 mm

图8-83　非洲象
比属刚果（Belgian Congo）
1946年　2法郎
黄铜　流通币
Φ22 mm

图8-84　非洲象
利比里亚（Liberia.）
1973年　25元
银　34克
特种币　28 000枚
Φ42 mm

图8-85　非洲象
利比里亚（Liberia.）
1975年　5分
铜镍　流通币
Φ20 mm

图8-86　非洲象
赤道几内亚
（Equatorial Guinea）
1993年　7 000法郎
银　11克
特种币
Φ35 mm

图8-87　非洲象
几内亚比绍（Guinea-Bissau）
1993年　20 000比索
银　20克
特种币
Φ38 mm

图8-88　非洲象
利比里亚（Liberia.）
1998年　5元
镍　特种币
Φ38 mm

如，能拿、能吸、能卷、采食、驱赶蚊虫和汲水（喝用或冲凉）。令人称奇的是，象鼻子还能拾起地上的缝衣针呢。特别是象鼻子可以作为防卫和攻击的武器，象鼻的力气更是大得令人惊奇，竟能连根拔起6～10 m高的大树，可将进犯它们的野兽卷起抛出10 m之外。如果是象母子俩两遇到了狮群，寡不敌众，象就用鼻子卷起小象逃跑。驯化的象可用鼻子搬运重达1 000 kg的木材！

象是智慧型动物，它们和人类一样，具有各种各样的信息交流方式、情感行为及其表达方法，它们有喜怒哀乐、它们爱憎分明。动物学专家们声称，人类已经可以听懂象的30多种语言，包括哞叫声、鼻息声、呼哧声、呻吟声、吼叫声和咆哮声等等，这些是象的不同“语言或对话”，用以表示它们的不同情感、心态和要求，譬如饥饿觅食、发情求偶、遇险警告和勇退敌害等等。

对于曾爱护或帮助过它们的人们，象会对他们表示出有善的“谢意”。而对于侵犯过它们的人或野兽，象就会视为“仇人”而进行报复：或用腿踩踏；或用象牙猛戳；或用鼻子将他（或它）们卷起抛向空中以掷死（曾有几个猎人去捕捉着幼象，被母象发现，母象赶到出事地点，用鼻子将其中的一个猎人卷起抛向空中）；或将仇敌的房屋挤垮踏坏。让人难以置信的是，非洲象甚至明白，人类中偷猎者的目的是要得到象牙，对此，被围捕过的大象们找到同伴的尸体后，会将它的象牙撬下，并将象牙藏到猎人难以找到的地方，或者干脆在石头上将象牙砸碎，使偷猎者无法达到他们想要的！

象每天都要喝150～250 kg的水，它们也特别喜欢玩水，遇到有水的地方就要下去玩个痛苦，尤其喜欢以鼻子汲水洗澡。令人迷惑的是，这种陆地上最大的庞然大物，身体虽臃肿笨重，却擅长游泳。津巴布韦每年都会举行一次别开生面的“马拉松象游泳赛”，要求大象游到终点后再游回原地。有一年的比赛中，有3头象参赛，它们花了30多个小时安全地游完了35 km的赛程。

在非洲，有一个动人的传说，老象临死前，自知寿期将至，便会独自走到森林中的某个地方，等待死神的召唤。久而久之，那个神秘的地方就堆积了大量的大象尸骨，乃至形成了“大象墓地”。这个传说虽然扑朔迷离，也许事出有因，但难查实据。尽管如此，“大象葬礼”之说则确实是人类见过的事实。1970年12月，动物学家们意外地看到了象的葬礼场面：几十头象群聚在一起，围绕着中间的一头年老病重、生命垂危的雌象，它们用鼻子将草叶送到病象嘴边，但是病象已经无力进食，只能在那里低头喘着粗气、痛苦呻吟、苟延残喘。最后，病象终于倒地“升天”，象群发出一阵哀嚎。随后，象群中的首领用象牙弄松泥土，并将其推到死象尸体上，其他象也纷纷跟着仿效，不停地把土块、石块、树枝和枯草等堆到死象身上，使地上隆起了一个高墩。首领认为已将同伴掩埋好后，便带着象群踩踏土墩，使之形成一个“象墓”，直到首领撕心裂肺地一声嚎叫后，象们才停止踩踏。然后，首领便带着象群围着“象墓”缓缓而行，向遗体告别。夕阳西下时，首领才带领大家依依不舍地离开“象墓”。类似这样的“大象葬礼”，后来还有人看见过。这些使我们了解到，象确实是一个和睦、互助与重感情的动物。在动物界，也存在着其他动物处理同伴尸体的情况，但是，像象这样处理同伴遗体的情况，就连我们人类也不得不称道三分！

由于象和人类关系密切，它为人类作过多方面的贡献，因此，人类就将象的形象设计成各种各样的图案，甚至作为该国的特有标志而广为宣传。下面四幅象图腾就是一些实例。

图8-89　亚洲象
泰国（Thailand）
1915年　1铢
银　流通币
Φ30 mm

图8-90　亚洲象
老挝（Laos）
1952年　20分
铝　流通币
Φ25 mm

图8-91　非洲象
罗得西亚和尼亚萨兰
（Rhodesia and Nyasaland）
1961年　1便士
青铜　流通币
Φ28 mm

图8-92　亚洲象
越南（Viet Nam）
1993年　100盾
银　16克
特种币
Φ38 mm

长期以来，动物学家认为象科仅分为两个属，即象属和非洲象属，而每个属又仅仅只有一种动物，即亚洲象和非洲象。后来，分布于非洲中西部地区热带雨林深处森林里的非洲象曾经因为其形体较小体重较轻而被认为是非洲象的一个亚种，目前已经被一些动物学家命名为一个独立于非洲象的新物种——“非洲森林象”，这尚待动物学家们统一认识及相关部门的最后确认。

实际上大象被大量捕杀仅仅是因为有人想拥有象牙或用其制成的工艺品。早在40 000年前，古

图8-93 非洲象
索马里（Somalia）
1950年 10分
紫铜 流通币
Φ30 mm

图8-94 非洲象
库克群岛（Cook Is.）
1990年 50元
银 19克
特种币
Φ38 mm

图8-95 非洲象
索马里（Somalia）
2000年 5先令
铝 FAO纪念币
Φ20 mm

人类就会用象牙制造工具和工艺品了，薄象牙片上的魔法符号也有10 000年的历史了。几千年来，在工艺品的原材料中，象牙远比珍珠、珊瑚和琥珀等更受人们的欢迎。目前，仅在非洲每年就有80 000头象被捕杀，而其中80%为偷猎者所为。非法的象牙市场和偷猎者的继续滥杀，使得保护象仍然是人类十分艰巨的任务。为了打击并禁止买卖象牙，肯尼亚总统亲自监督焚烧了多达3 000条、总重12 t、价值300多万美元的全部库存的象牙。意在抵制象牙制品，保护大象。没有买卖，就没有杀戮。保护野生动物，是我们人类义不容辞的责任。保护它们，就是保护我们人类自己，我们人类应该具有这个共识。

第九章　十二生肖动物币及其中国独有的生肖文化

十二生肖动物是中国古代人民喜闻乐见的12种动物，是与人们日常生产、生活和文化密切相关的12种动物。而以十二生肖动物为题材所设计的硬币，就是十二生肖动物币。这是区别于纪念币一类的特种币，是世界硬币大花园中的一簇奇葩，是中国人民情有独钟的一个币种，也是20多年来世界广为关注的一个币种和硬币题材。

图9–1　猪年
马恩岛（Isle of Man）
1995年　1克朗
铜镍　生肖币
Φ38 mm

图9–2　虎年
中国（China）
1998年　10元
银　15克
生肖币　15 000枚
Φ33 mm

图9–3　龙年
中国（China）
2000年　10元
银　1盎司
生肖币　66 000枚
上弧边长40 mm

图9–4　龙年
塞拉利昂（Sierra Leone）
2000年　1利昂
铜镍　生肖币
Φ38 mm

十二生肖是记年和计算年龄的方法，是中华民族独特而浪漫的人文传统和民俗，是华夏文化发展进程中的宝贵产物。它体现了人类的智慧，表达了人类认知和征服宇宙的愿望。谈及十二生肖，我们不得不从中国古代传统记年历法中使用到的天干和地支的源头谈起。中国古人将甲、乙、丙、丁、戊、己、庚、辛、壬和癸，称为十干，也称作天干（出现于夏朝）；而将子、丑、寅、卯、辰、巳、午、未、申、酉、戌和亥，称为十二支，也称作地支。顺次以天干配以地支，合称为干支，得甲子、乙丑……共计60组，俗称“六十花甲子”，并用以做序，作为记月（夏朝）、记日（商代）、和记年（始于西汉而盛行于东汉）。

在中国古代，人们将一个昼夜（一天）分为12个时辰（一个时辰相当于近现代的2小时）。对于每一个时辰，古人便选了12种动物（鼠、牛、虎、兔、龙、蛇、马、羊、猴、鸡、狗和猪），并且根据这12种动物出没活动的时间特点或规律，给这12个时辰（地支）配上相应的一种动物。从而形成了十二生肖。子为鼠、丑为牛、寅为虎、卯为兔、辰为龙、巳为蛇、午为马、未为羊、申为猴、酉为鸡、戌为狗和亥为猪。人们认为，子时（即深夜11点到凌晨1点），夜深人静，老鼠怕人，害怕其他敌害，故选择此时出来觅食，它们也最敢为所欲为，或偷粮食，或登香台吃油。丑时（凌晨1点到3点），牛在这段时间常常反刍，准备天亮后好耕田。寅时（凌晨3点到5点），老虎外出觅食最为频繁并且最为凶猛。依此类推：兔胆小，一般是等虎归山后方敢出来吃草；辰时正是龙行云播雨的好时候；蛇在巳时会返巢……酉时天将黑，家鸡不需人赶自归窝；戌时天已黑，狗要为主人看家护院了；最后，亥时夜已深，猪适宜此时酣睡和长膘。从上简述，能将十二生肖动物如此认识入微，对它们的定位和排法又如此贴切，足见中国古人的哲理和睿智。

图9-5　虎年
利比里亚（Liberia）
1998年　20元
银　25克
生肖币
Φ40 mm

图9-6　龙年
马恩岛（Isle of Man）
2000年　1克朗
铜镍　生肖币
Φ38 mm

当然，在民间也流传着脍炙人口的神话和传说。在十二生肖出现之前，天上的玉皇大帝为排定生肖，决定在天庭里召开一个“上肖”大会。圣旨传到动物界，动物们都跃跃欲试，纷纷表示愿意应召。猫因为爱睡懒觉，事先叫老鼠准时叫醒自己一块赴天庭开会，老鼠满口答应。但是，那天老鼠并没有叫醒猫，而是独自捷足先登上天庭去了。在天庭的“上肖”大会上从众多的动物中确定了上述的12种动物作为入选的生肖（老鼠也幸运地“入围”了十二生肖之内）。但还有一个棘手的问题是如何确定这十二生肖（动物）的顺序。大家争论不休，莫衷一是。玉帝便说：“你们当中牛最大，就让牛领头做第一肖吧”，大家都同意，就是老鼠反对。老鼠说：“报告玉帝，我比牛大。我听人们说我老鼠大的，就没有人说牛大的”。老鼠这一说，大家都指责老鼠睁着眼睛说瞎话，也把玉帝搞糊涂了：“你比牛还大？”老鼠说：“你们不相信，我可以和牛比试一下”。玉帝为了体现民主，便亲自带领了这十二生肖，下到凡界看个究竟。当大水牛在人们面前走过时，人们都说“这头牛长得好壮呀”，还真没有听见有人说“牛长得真大啊”。老鼠得意地跳到牛背上，站立起来，果然就有不少人惊呼起来：“好大的一只老鼠啊！”尽管玉帝觉得牛就是比老鼠大，但是又亲耳听到人们说老鼠“好大”，只好违心地让老鼠做第一肖，牛便成了第二肖了。于是，就这样排定生肖顺序的了。至于猫，因贪睡，连“上肖”大会都没参加上，更别说入围十二生肖了。从此，猫恨透了老鼠，结下了不解的世代冤仇，难怪猫见了老鼠就要抓来吃，老鼠见了猫就会拼命跑。

图9-7　鼠年
利比里亚（Liberia）
1997年　5元
铜镍　生肖币
Φ32 mm

究竟十二生肖起源于何时？有的资料认为，十二生肖起源于夏商时期（约前2070—前1046）。

因为那时已经出现了以天干作为人名的做法，比如有孔甲、报乙、报丙、报丁和履癸等等。此外，商时还以干支记日：也有资料表明，十二生肖的起源的时间还可以追溯到黄帝时期。因为可以查到古志“黄帝立子、丑十二辰以名月，以名兽配十二辰属之”。当然，由于对十二生肖的说法也有所不同，有阴阳说、性情说、星宿说、愿望说、图腾说、克命说，云云；因而对十二生肖起源时期也各有差异。但是，有两点是可以肯定的：一是都认为这是中国古代人民自己的创造，是先人留下的一份珍贵的文化遗产；二是起源于中国的远古时代。

千百年来，在民间对十二生肖还流传着许多丰富多彩的传说，比如星宿说，说的是中国古人是按照天上的二十八星宿来定位十二生肖的。中国的古天文学家对天上的日月星辰的称谓包括有太阳（日）、太阴（月亮）和其他二十八个星宿，这二十八个星宿布于周天，行值十二个时辰，每个时辰由两个星宿值班，而子、卯、午、酉则有三个星宿值班。古代对每个星宿都是以一种动物命名的，人们就从每个时辰里能代表该星宿的二种或三种动物中，选一个常见的动物作代表，成为某一年的代称。子时辰是女土蝠、虚日鼠和危月燕三个星宿当班，人们就取鼠，以配十二地支中的“子”，得子为鼠；而丑时辰是斗木獬和斗金牛值班，人们就取牛配十二地支中的“丑”，得丑为牛……，合计并总称为“十二生肖”。

在推算年份的时候，凡是带有“申”字的年份，比如甲申、丙申、庚申等，就是猴年。在猴年出生的人，就是属猴的，以此类推。古人还认为，在某年出生的人就像（肖）某种动物，如在猴年出生的人就像（肖）猴；在狗年出生的人就像（肖）狗……归结起来，十二生肖中的“生”指“出生”；“肖”指的是“相像”、“相似”、“类似”。生肖，称为相属或属相，简称为“属”。它使我们从一降生到人间之时，就有了一个代表自己出生年份的生肖动物（或象征动物），并且一辈子地拥有它。这些就是十二生肖的概念和基本含义。正是它，又对中国世世代代的人民产生了永久的魅力和终身的影响。十二生肖只有12个，但是每个人都有一个，而且也只有一个。在中国，即使不识字的老人，都可以此来推算自己或他人出生的年份和属相。也许你属猴，有着猴的灵性与机敏；也许你属羊，渗透了羊的温顺和老实；也许你属鸡，集自信与拼搏于一身；也许你属兔，显得那么聪明与可爱……我们的每一个家庭，都是一个可心的小小动物园！

图9-8　虎年
利比里亚(Liberia)
1998年　20元
银　31克
生肖币
Φ40 mm

图9-9　兔年
马恩岛(Isle of Man)
1999年　1克朗
铜镍　生肖币
Φ38 mm

图9-10　猴年
澳大利亚(Australia)
2004年　8元
银　5盎司
生肖币　10 000枚
Φ65 mm

至于十二生肖的钱币，又起源于何时？根据现有的考古资料研究表明：十二生肖钱币萌芽并起源于战国时期，完善而普及于东汉年代，到了宋朝，则盛行天下了。在汉代的五铢钱币上采用十二生肖动物铸造的钱币，每枚币上铸有一种生肖动物，并配有该动物所相应的那个地支。在宋代的十二生肖钱币中，也有一种是在其正面都铸上12种生肖动物，并配有相应的12地支。在钱币界，一般指铭刻十二生肖图案的钱币都可称为十二生肖钱，也称为“十二支钱”或“十二属钱”。总的说来，十二生肖钱就是每个人的“本命钱”或“命钱”。因为古时候，人们普遍认为：佩带十二生肖钱能够避邪护身，特别是在本命年佩上此钱，就可以逢凶化吉、去灾除祸。因此，在中国，向来腰缠身怀此钱者众矣。就是在现代，好多地方仍有此风俗，婴儿一出生，家人就会给他（或她）系上一枚十二生肖钱，目的是希望上天保佑孩子一生平安吉利、消灾免祸。当然，一方面这反映出人们对大自然和人类关系的一种理解；另一方面也折射出人类祈求平安、向往幸福的美好愿望。千百年来，十二生肖钱的形制、品种、大小、图案、内涵、演变和发展，无不反映了中国人民在不同历史时期的政治、经济、文化、民俗及美学上的思想及心理。我们觉得，透过十二生肖广角，有许多家喻户晓的传说；有引人入胜的趣味故事；有12种动物的形态、神态和灵性；有属相和人的性格与命运的描绘；有你、我和他出生时辰的融洽交流；有赏心悦目的文艺作品；等等，直到现在，十二生肖仍然玄奥有韵、妙趣横生。不仅中国，就是在世界上的许多地方，人们对中国的十二生肖钱十分喜爱，而且许多国家发行了十二生肖硬币，还引申出十二生肖吉祥物和十二生肖装饰品等等，可谓品种繁多。

图9-11　虎年
利比里亚（Liberia）
1998年　5元
铜镍　生肖币
Φ40 mm

与十二生肖及所配生肖动物相类似的，是世界上一些国家的星座。他们将一年的时间分为12个星座（也称为12个宫），对应于12个月；而将每个星座配上星座人物、动物和器物（如双子座、处女座、白羊座、狮子座、天秤座等）。诸如古罗马和古印度，都有12星座之说。正如中国古代就铸有十二生肖钱币一样，古罗马和古印度也曾经铸有12星座钱币。近几年俄罗斯和白俄罗斯等也都铸有星座钱币。当然，星座中配以动物的，其钱币就称为星座动物币。这一点与十二生肖动物币有点类似。即使这样，国外的12星座与中国的十二生肖却有着极大差别的：12星座仅仅用于记月，而且有的星座配的是人或器物；而中国的十二生肖是用来记年和计算我们每个中国人的年龄，所配的全部都是动物。毋庸置疑，中国的十二生肖及其钱币文化，在世界上是独一无二的。

图9-12　狗年
直布罗陀（Gibraltar）
1994年　1克朗
铜镍　生肖币
Φ38 mm

根据我们所收藏的藏品及了解的资料，纵观全世界十二生肖动物币的发行情况，我们觉得有以下5个特点：

1. 发行的速度和规模令人振奋

中国的香港在1976年率先发行了金质的龙年生肖系列的特种币，面值为1 000港元。之后，每年发行1种，到1987年发行完全套系列。中国的澳门在1979年发行面值为100澳门元的银质羊年生肖系列特

图9–13　羊年
澳门（Macao）
1979年　100澳门元
银　28克
生肖币　5 500枚
Φ38 mm

图9–14　牛年
香港（Hong Kong）
1997年　50分
黄铜　生肖币
Φ24 mm

种币，之后，也是每年发行1种，到1990年发行完整个系列。随后，澳门从1991年开始又继续发行第二轮十二生肖币，每年发行4种，而面值则分别为100澳门元的银质币和250、500、1000澳门元的金质币。在1981年（确切地说是1980年12月），中国开始发行了多种面值的银质和金质的鸡年生肖系列特种币。1981年，新加坡也分别发行了镍、银和金质的鸡年生肖系列特种币。

随着中国改革开放和国际地位的提高，中国对世界的影响力也不断加强，中华民族文化也越来越被世界人民所接受。比如十二生肖文化，就已经不再是中国的独有遗产，而是全世界人民共同享有的财富。随着十二生肖文化不断地传播到世界各地，以十二生肖文化为题材的世界硬币，也获得了广泛

图9–15　鸡年
蒙古（Mongolia）
1993年　250图格里克
银　5盎司
生肖币　300枚
Φ60 mm

图9–16　虎年
利比里亚（Liberia）
1998年　20元
银　25克
生肖币
Φ40 mm

的重视，世界上发行十二生肖动物币的势头，犹如雨后春笋，势不可挡。从1993年起，分别有蒙古、马恩岛、直布罗陀和索马里等国家和地区开始发行了鸡年生肖币。利比里亚从1997年牛年开始发行十二生肖币，之后，又有塞拉里昂、索马里兰、加拿大、澳大利亚和乌干达等国家和地区也陆续发行了十二生肖币。

2. 中国发行的生肖币独占鳌头

中国作为十二生肖的起源之邦， 20多年来已发行了多达几百个品种的不同面值、材质和形状的生肖币，包括有普制圆形系列、精制圆形系列、波纹形系列、彩色系列和扇形系列等等。而生肖币上动物形态的题材，基本上是取自中国古今著名画家的力作。据不完全的统计，至少有22名画家笔下的动

物形象被搬上了硬币，譬如韩滉、刘继卣、齐白石、徐悲鸿、何香凝和张大千等等。当我们观币赏画时，看到币中之物竟如此形态逼真、神韵可人，真可谓“虽云智惠生灵府，要且功夫在笔端”。特别值得一提的是，中国在1982年发行的面值为10元的狗年生肖银币，在1984年美国《世界硬币新闻》杂志和克劳斯出版公司联合举办的“美国世界硬币大奖赛（COTY）”中，获得了1982年度的“最佳银

图9-17　鸡年
中国（China）
2005年　300元
银　1 000克
生肖币　3 800枚
Φ100 mm

币”奖，正是这种十二生肖币，使中国的硬币跻入了世界硬币之林，并成为一名排头兵！到1988年，中国发行的龙年生肖银币，又获得了该年度该奖项的“最佳银币”奖。在国内，1985年的十二生肖系列特种币，荣获中华人民共和国质量奖评审委员会第五届“中国工艺美术百花奖”。当然，中国早期发行的十二生肖系列特种币，基本上都是贵金属币。毫无疑问，中国发行的十二生肖系列特种币的品种和款式都是名列世界第一的。

3. 品种和款式多样化

从世界发行的十二生肖币中可以看到，有的是每年只发行一种生肖币，12年才发行完一套系列币（集币者得花12年才能集齐一套生肖币）；有的则是同年就发行一套完整的十二生肖币。就材质而论，有的是一种材质（金、银、镍或铜），而有的同年就有好几种材质；有的是本色金属币，有的则为各种各样的彩色币，或者是贴金币、嵌金币；等等，品种和花样之多，不一而足。

4. 形式生动活泼　内容丰富多彩

好些国家和地区发行的十二生肖币，其图案素材都取自于中国的著名国画题材，甚至标上了齐白

石、徐悲鸿等画家们的名字。如马恩岛的生肖币，似乎让人们在欣赏中国的名画。此外，生肖币中还有那讨人喜爱的宠物狗、淘猪拱地、小童牧牛、玉兔待嫦娥等等，画面都各具特色。

图9-18　狗年
马恩岛（Isle of Man）
1994年　1克朗
铜镍　生肖币
Φ38 mm

图9-19　猪年
蒙古（Mongolia）
1995年　50图格里克
铜镍　生肖币
Φ38 mm

图9-20　鼠年
马恩岛（Isle of Man）
1996年　1克朗
铜镍　生肖币
Φ38 mm

图9-21　牛年
马恩岛（Isle of Man）
1997年　1克朗
铜镍　生肖币
Φ38 mm

图9-22　牛年
蒙古（Mongolia）
1997年　50图格里克
铜镍　生肖币
Φ38 mm

图9-23　虎年
马恩岛（Isle of Man）
1998年　1克朗
铜镍　生肖币
Φ38 mm

图9-24　兔年
中国（China）
1999年　10元
银　1盎司
生肖币　100 000枚
Φ40 mm

图9-25　蛇年
马恩岛（Isle of Man）
2001年　1克朗
铜镍　生肖币
Φ38 mm

图9-26　马年
马恩岛（Isle of Man）
2002年　1克朗
铜镍　生肖币
Φ38 mm

图9–27　羊年
马恩岛（Isle of Man）
2003年　1克朗
铜镍　生肖币
Φ38 mm

图9–28　猴年
马恩岛Isle of Man
2004年　1克朗
铜镍　生肖币
Φ38 mm

即使在同一个国家（或地区），也即使是同样的一种生肖币，而在不同的“套别”，动物形态和神情的表达也是有区别的。比如新加坡从1993年开始发行的第二套十二生肖币，硬币上的图案设计就采用了中国传统的民间剪纸艺术和技巧，把那位好吃耐脏，不爱活动的“八戒”兄，精心修饰成膘肥体壮、眉清目秀、白白胖胖、活灵活现的帅哥，真是人看人爱（图9–29）。两套十二生肖币的画面风格的变化，使我们多了一种欣赏的愉悦。

图9–29　猪年
新加坡（Singapore）
1995年　10元
银　生肖币
Φ40 mm

5. 币面设计极富创意

中国以及好些国家或地区发行十二生肖币时，一般都是1年发行1种生肖币，要花12年才可集全一套。也就是说，我们要等12年才能看到这套生肖币的“庐山真面目”。1997年利比里亚发行生肖币时，就发行过“套装的十二生肖币”，集币者一下子就集到了一套生肖币。可以同时欣赏到这12 种动物的形态和神态，也是很过瘾的。这12种生肖动物被“和盘托出”，栩栩如生地跃然于硬币上，使欣赏者目不暇接，别有一番乐趣。后来还有两个国家也发行过“套装的十二生肖币”。

这里特别值得一提的是，利比里亚发行的套装的十二生肖币，在其封壳和每一枚币上都标有十二生肖的定位年轮（有72年的年份可查），方便了每个人查询或推算自己或他人的生肖年份。从硬币上可看到，1952年龙年出生的朋友们，5个本命年都已经给你们一一列出（图9–30）。

图9–30　龙年
利比里亚（Liberia）
1997年　5元
铜镍　生肖币
Φ32 mm

图9–31　羊年
利比里亚（Liberia）
1997年　5元
铜镍　生肖币
Φ32 mm

图9-32　猴年
利比里亚（Liberia）
1997年　5元
铜镍　生肖币
Φ32 mm

图9-33　鸡年
利比里亚（Liberia）
1997年　5元
铜镍　生肖币
Φ32 mm

无独有偶，2000年索马里兰在发行龙年生肖币时，也在币上标出了有十二生肖的5个定位年轮，但龙图却有异（图9-34）。

图9-34　龙年
索马里兰（Somaliland）
2000年
铜镍　生肖币
Φ38 mm

在中国宋代的许多版别的十二生肖钱中，就有一种是在同一枚币上同时铸上12种生肖动物的情况。而在现代，在一枚硬币上布齐12种动物的，见于新加坡1981年始发行的鸡年生肖币（图9-35）和1992年开始发行的猴年生肖币（图9-36）。当我们在欣赏这两枚币里的12种动物时，看到这两枚币的版式设计特点是相同的。但你们是否发现这两枚币上的同一种动物的形态却是不同的？原来在1989年蛇年时，设计人员就开始改变了前面8年已发行的币边上的动物形态，直到1992年猴年完成了第一轮十二生肖币的发行。在同一枚币上，都铭刻12种生肖动物的国家还有加拿大（图9-37）。

图9-35　鸡年
新加坡（Singapore）
1981年　10元
铜镍
生肖币　180 000枚
Φ41 mm

图9-36　猴年
新加坡（Singapore）
1992年　10元
铜镍
生肖币　300 000枚
Φ41 mm

图9-37　蛇年
加拿大（Canada）
2001年　15元
银贴金　1盎司
生肖币
Φ40 mm

中国从2003年开始发行了铜质圆形1元的羊年生肖特种流通币，使生肖币的材质从以往的贵金属变成普通金属，从而让生肖币也飞入寻常百姓家。特别是，这一轮的生肖币的设计与以前设计理念不同，颇具创意。以2006年发行的狗年生肖币为例，是小男孩跑着逗小狗狗玩耍（图9–38）。而2007年发行的猪年生肖币，是小女孩荡着秋千回眸小猪娃乐（图9–39）……我们不仅在某个生肖年欣赏到了该种生肖动物，同时还获得了种种的童年回忆或与小孩子同乐的情趣。

图9–38　狗年
中国（China）
2006年　1元
黄铜　生肖币
Φ25 mm

图9–39　猪年
中国（China）
2007年　1元
黄铜　生肖币
Φ25 mm

第十章　动物硬币面面观

一个国家（或地区）在其硬币上每设计一种动物，都有一定的目的或原因，并用某种艺术手法把它们表现出来，让各具神韵的动物形态出现在七彩缤纷的动物硬币上。面对如此众多的硬币，如不整理，势必杂乱无章，既影响后续的收集、也影响对硬币的欣赏，还影响对收藏成果的研究。

根据我们收藏、整理乃至探讨的经验，认为可将动物硬币分成纯动物币、准动物币、象形动物币、国徽（或盾徽）动物币、虚拟动物币、寓意动物币和生肖动物币等七类。由于生肖动物币可自成体系，我们已在第九章予以介绍。本章扼要介绍前面六类动物币。

1. 纯动物币

正如读者们在前面看到的第一至第八章的所有动物币以及本章本文再展示的动物币，都是纯动物币，其共同特点是币面上的主图是动物形体，硬币设计者非常明确地将所要反映的动物安排在硬币的中心或明显的位置，或者硬币本身就是动物的形态（图10–13）。当我们欣赏这类纯动物币上的动物时它们栩栩如生、活灵活现、就好像在参观一个动物园。如果您能观察并想象硬币上的这些动物，我们就可以“看到”、在动物界里、也存在有各种神情、亲情，恋情、友情、团结和协作等诸多情感或活动。参观硬币上的动物园，同样会让我们留连忘返。

这类纯动物币是动物硬币的主体，是动物硬币设计者宣传动物的基本载体；是动物硬币爱好者刻意寻觅并购买的对象，是人们了解并认识动物的重要资料，是人们欣赏动物形态和神情的最佳图谱。

图10–1　亚洲狮、象、兔
斯里兰卡（Sri lanka）
1991年　100卢比
银　特种币
22 mm×22 mm

图10–2　狮
库克群岛（Cook Is.）
1991年　50元
银　0.58盎司
C特种币
Φ38 mm

图10–3　长颈鹿
坦桑尼亚（Tanzania）
1974年　25先令
银　28克
CS特种币　13 000枚
Φ38 mm

图10–4　亚洲象
柬埔寨（Cambodia）
1993年　20瑞尔
银　20克
Φ38 mm

图10-5　河马
苏丹(Sudan)
1976年　5镑
银　35克
CS特种币　10 480枚
Φ42 mm

图10-6　双角犀
泰国(Thailand)
1974年　50铢
银　28克
特种币　9 885枚
Φ38 mm

图10-7　鸟
加拉帕戈斯群岛
(Galapagos Islands)
2008年　1分
紫铜　流通币
Φ20 mm

图10-8　海鸟
加拉帕戈斯群岛
(Galapagos Islands)
2008年　2元
黄铜芯镍圈　流通币
Φ28 mm

图10-9　鸟
加拉帕戈斯群岛
(Galapagos Islands)
2008年　50分
镍　流通币
Φ30 mm

图10-10　海马
基林科科斯
(Keeling-Cocos)
2004年　5分
镍　流通币
Φ19 mm

图10-11　袋熊、树袋熊、鹦鹉
澳大利亚(Australia)
2004年　50分
银　18克
收藏/流通币　12 500枚
Φ32 mm

图10-12　鲨
加拉帕戈斯群岛
(Galapagos Islands)
2008年　25分
黄铜芯镍圈　流通币
Φ28 mm

图10-13　铜贝
中国(China)
公元前770至256年
(东周时期)
青铜
流通币
长×宽×厚(23×16×4) mm

图10-14　大猩猩
乌干达(Uganda)
2002年　1 000先令
银　31克
特种币
Φ39 mm

图10-15　大猩猩
乌干达(Uganda)
2002年　1 000先令
银　31克
特种币
Φ39 mm

图10-16　低地大猩猩
库克群岛(Cook Is.)
1991年　1元
铜镍　特种币
Φ38 mm

2. 准动物币

这类动物币，在硬币上虽然有动物，并且也是真实的实体动物，但是与纯动物币相比，准动物币有以下3个特点。

（1）最根本的区别就在于币上的动物图案很小或比较小，有的小到仅仅占币幅的一角或一边。在硬币设计上，这些动物本身并不是一个主体，往往是与其他事物共同构成某一个“画面”，或者作为某种说明的。设计者将这些动物放在币上，往往是作为一种陪衬，或反映某种设计理念……

图10-17 海豚
丹麦（Denmark）
1883年 2欧尔
青铜 流通币
Φ26 mm

图10-18 高卢鸡
法国（France）
1953年 50法郎
铝青铜 流通币
Φ25 mm

图10-19 鸟
新赫布里底（New Hebrides）
1970年 2法郎
黄铜 流通币
Φ20 mm

图10-20 鱼
科摩罗（Comoros）
1977年 100法郎
镍 流通币
Φ28 mm

图10-21 海鸟
特里斯坦-达库尼亚群岛（Tristan da Cunha）
1977年 25便士
铜镍 纪念币
Φ38 mm

图10-22 鱼
孟加拉（Bangladesh）
1978年 25分
钢 流通币
Φ18 mm

图10-23 鸟
圭亚那（Guyana）
1990年 25分
铜镍 流通币
Φ22 mm

图10-24 海豚与鸟
意大利（Italy）
1993年 100里拉
铜镍 流通币
Φ22 mm

图10-25 鼬类
克罗地亚（Croatia）
1993年 2库纳
铜镍 流通币
Φ26 mm

图10-26 海鸟
葡萄牙（Portugal）
1997年 100埃斯库多
铝青铜芯铜镍圈 流通币
Φ25 mm

（2）在世界硬币权威的出版物《克劳斯目录》上根本就查不到这类动物硬币上动物的确切名称，当然也就弄不清楚这些动物在分类上的位置，收藏者只能根据其形态或自己的学识去分析，给它们大致的分类了。如图10–27，很可能是无尾猕猴，因为这种猴是发行该币国家的主要物种。

图10-27 无尾猕猴
直布罗陀（Gibraltar）
1977年 25便士
铜镍 纪念币
Φ38 mm

（3）相比之下，持币者会感觉到欣赏这类动物币的动物效果要比纯粹动物币差得多。

不过在这类币中也有一些令人喜爱的币图的构思，如图10–28，币幅画面简洁清新，明显地铭刻有5马克的面值（芬兰货币单位）和3片荷叶。在左上方的一片叶片上，歇息着一只蜻蜓。看到这样的一幅图画，难免让我们联想翩翩：在夏日宁静的荷花池里，既有成群追逐的蜻蜓，也有行“蜻蜓点水”之实的蜻蜓，还有停伫于荷叶上歇息的单只蜻蜓。虽然池塘里众多荷叶已经让我们感到静态的美景，但是设计者又增加一只蜻蜓予以陪衬，顿时就使这幅画面不仅增加了动态感觉，而且还让这幅画面平添一种灵气。正是：行到池边数花朵，喜见蜻蜓落叶头。

图10-28 蜻蜓
芬兰（Finland）
1996年 5马克
铜铝镍合金 流通币
Φ25 mm

3. 象形动物币

象形动物币上的动物，并不是动物的真实形态，而只是一种象形（或形象）性的动物，装饰画性动物，示意性动物，甚至剪纸动物。但是这类硬币上的动物，却是硬币设计者刻意要宣传的动物，仅仅采用了不同的表达方式而已。因此，这类动物也能非常“饱满地”呈现于币面上。

象形动物币从欣赏动物的角度来说，在某些方面，不如第一类但是胜过第二类的动物币。然而，由于象形动物币的设计者采用了不同的夸张画法，突出动物形象和提炼艺术等方法，去表达某种动物的特性与灵性，因而硬币上的动物形象还是比较逼真、可爱的。

图10-29　鸟
柬埔寨（Cambodia）
1847年　1富昂
银　流通币
Φ15 mm

图10-30　绢羚
吉布提（Djibouti）
1959年　5法郎
铝　流通币
Φ30 mm

图10-31　公鸡
圣马力诺（San Marino）
1974年　50里拉
不锈钢　收藏/流通纪念币
Φ25 mm

图10-32　琴鸟
爱尔兰（Ireland）
1971年　1便士
青铜　流通币
Φ21 mm

图10-33　双鱼
澳门（Macao）
1984年　1澳门元
铜镍　流通币
Φ25 mm

图10-34　鸟
马来西亚（malaysia）
1992年　5林吉特
铜镍　WWF纪念币
Φ25 mm

4. 国徽（或盾徽）　动物币

这类动物币的动物只出现在一些国家（或地区）的国徽（地区的则是盾徽）上，或在其上面或在其旁边的动物币。

我们知道，一个国家（或某些非主权的行政地区），都有能代表该国家（或地区）特征的国徽（或盾徽）。有趣的是，据笔者对242个国家（或地区）的不完全统计，全世界竟有近130余个国家（或地区）的国徽（或盾徽）上有着100来种的动物。

我们还知道，每个国家（或地区）在发行硬币的时候，基本上都会铭刻上它们的国徽（或盾徽）的。这就是说，即使这130余个国家（换地区）不专门发行动物硬币，但是，由于它们发行的硬币上有国徽（或盾徽），那么，硬币上也就间接地出现了这些动物。

特别是国徽（或盾徽）上所出现的动物，都是有一定“来头”的，或者来自该国（或地区）典故；或者是珍稀动物；或者象征了这个国家（或地区）、民族和部落的英雄、人民、民权、农业、畜牧业；或者象征了和平、民主、独立和自由；或者代表该国的宗教信仰；或是殖民主义者给该国留下的历史痕迹等等；不一而足。

斯里兰卡原名锡兰，是从其主要民族僧伽罗的译音演变而来，在梵文里僧伽罗是“狮子”的意思。传说在2 500年前，僧伽罗人在此建立了辛哈勒王朝，辛哈勒就是“狮族”，因为他们认为自己是南印度的狮子和南印度国王的公主婚配所生的后代，所以锡兰人认为他们的国度就是“狮子国”（图10–35）。千百年来，斯里兰卡就自称为狮的传人，在中国的古书和佛经中也都称锡兰为“狮子国”。

图10–35　狮
斯里兰卡（Sri Lanka）
1978年　1卢比
铜镍　流通币
Φ25 mm

塞舌尔的国徽上部有一只蜂鸟，下部有一只龟，两侧各有一条旗鱼（图10–36）。在塞舌尔群岛，这3种动物都有相当大的产量，该国以盛产旗鱼而闻名。

图10–36　旗鱼
塞舌尔（Seychelles）
1982年　1卢比
铜镍　流通币
Φ24 mm

塞拉利昂的国徽两侧各有一头金狮。1462年，葡萄牙某探险队为寻找宝物，到达非洲塞拉利昂岸边时，大西洋的巨浪发出了雷鸣般的波涛声，岸边的崇山峻岭仿佛像一头凶猛的狮子，他们猜测刚才的声音就是岸边的狮子发出的吼声。上岸后，突然又电闪雷鸣，瓢泼大雨。心惊胆战中有人喊叫“山谷里好像有许多狮子在吼叫”，其他受惊者吓得连忙大叫“塞拉—利奥！塞拉—利奥！”在葡语中，“塞拉”是“山”的意思，“利奥”则是“狮子”的意思，这两者合起来就“狮子山”的意思了。探险队将此地绘成地图，回国公布时又将“塞拉—利奥”简化为“塞拉利昂”（即现在的国名）。实际上塞拉利昂既没有什么狮子山，也没有狮子。塞拉利昂在1821年沦为英国的殖民地，后来又成为英联邦的一个成员，为了表示和英国的友好关系，所以在国徽上仍然保留有金狮（图10–37）。

图10–37　狮
塞拉利昂（Sierra Leone）
1972 年　50分
铜镍　流通币
Φ31 mm

澳大利亚的国徽是本国特产袋鼠和鸸鹋。全世界只有澳大利亚有袋鼠，其品种达几十种，故该国被称为袋鼠之国。澳大利亚人很喜欢袋鼠，任由它们在田野、乡村和畜牧场等许多地方出没。后来其数量多达2 000万只，比全国人口还多。大批的草原被破坏，畜牧业的发展受到影响，成为该国的一大麻烦。为此，政府下令捕杀，加工成肉类出口，此举还为国家增加了外汇收入。鸸鹋也是澳大利亚的一宝，其毛可供纺织业应用（图10–38）。相比之下，鸸鹋的命运就比袋鼠的要好得多。

图10–38　袋鼠和鸸鹋
澳大利亚（Australia）
1979年　50分
铜镍　流通币
Φ33 mm

墨西哥的国徽是一只嘴里叼着一条毒蛇的雄鹰（在动物分类学上应为蛇雕）（图10–39、图10–40）。传说很久以前，墨西哥北部的阿兹特克人因为居住地经常闹灾害，酋长便带领部族人南迁。太阳神告诉酋长：在行进中，如果看到一只雄鹰站在仙人掌上吃一条毒蛇的话，你们就可以在那里定居下来，你们一定会兴旺发达。于是，酋长的儿子打头阵，也受太阳神指点说：如果看到雄鹰和毒蛇搏斗，你要帮助雄鹰杀死毒蛇。为了整个部落的利益，你要把心掏出来，扔向岩石，使其变成一棵多刺的仙人掌，这样，雄鹰就能战胜毒蛇了。酋长的儿子照此做而英勇献身。随后，酋长带领部族的人来到这个地方，果然这个地方看到一只雄鹰站在仙人掌上正在吃毒蛇，于是，他们便在那里定居下来。这就是墨西哥的前身。

图10–39　蛇雕
墨西哥（Mexico）
1865年　10分
银　流通币
Φ10 mm

图10–40　叼蛇的蛇雕
墨西哥（Mexico）
1974年　1比索
铜镍　流通币
Φ33 mm

巴布亚新几内亚国徽主图的国鸟就是极乐鸟（图10–41）。

图10–41　极乐鸟
巴布亚新几内亚
（Papua New Guinea）
1998年　10基那
银　1.23盎司
特种币
Φ44 mm

贝宁国徽两侧各有一头黑豹（图10–42）。

图10–42　黑豹
贝宁（Benin）
1993年　6 000法郎
银　0.64盎司
特种币
Φ38 mm

特立尼达和多巴哥国徽的中心图案里是两只蜂鸟（该国的国鸟），两侧分别是朱鹭和火烈鸟（图10–43）。特立尼达和多巴哥就是由特立尼达和多巴哥这两个岛屿组成。特立尼达岛盛产蜂鸟，原名“伊丽岛”，含义是“蜂鸟之乡”。人们特别喜欢蜂鸟的美丽和勇敢，认为蜂鸟是太阳神的化身。传说很久以前，有一个加勒比部落，凶狠而残忍，经常欺负弱小的部落，并把俘虏的头砍下来当枕头，还让小孩吸食俘虏的脑髓，其野蛮程度令人发指！加勒比部落消灭最后一个部落之后，将所有男人的头砍下来，把所有妇女掳走。正当他们得意忘形庆贺之际，飞来了一群蜂鸟，加勒比人又将蜂鸟作为靶子射杀。蜂鸟奋起反抗，啄食他们的眼睛。蜂鸟随后向太阳神汇报了此事，太阳神大怒，作法将加勒比部落的人全部杀死，而被掳去的所有妇女得到解放。可是，没有男人，岛上的女人难以为继。于是蜂鸟变成了男子，岛国的居民得以繁衍。至今这里的人还相信自己是蜂鸟的传人，这个国度就称之为“蜂鸟之乡”。

图10–43　蜂鸟
特立尼达和多巴哥
（Trinidad and Tobago）
1979年　1元
铜镍　流通币
Φ31 mm

安圭拉（英）盾徽的图案有海豚和鱼等动物（图10–44）。

图10–44　海豚
安圭拉（Anguilla）
1967年　4元
银　28克
纪念币　5 100枚
Φ38 mm

5. 虚拟动物币

这一类动物币指的是硬币上的动物是古今中外并不存在的动物，包括神话动物、偶像动物、拟人化动物等等，它们都是一些虚拟动物。诸如中国的龙、凤（凰）、麒麟，希腊的火凤凰和长翅膀的马（图10–45），津巴布韦的津巴布韦鸟等等。

图10–45　飞马
希腊（Greece）
1973年　10德拉克马
铜镍　流通币
Φ27 mm

龙，是中国古代传说中的一种动物，也是十二生肖动物之一，排行老五。呈蛇形、身上布满鳞片、头上有角、有脚和爪，能走、能游水，还可腾云驾雾。这种动物传说了几千年，没有人看见过。据说后来还真有一个人“看见”过龙，他就是叶公。因为他实在喜欢这种动物，可惜，当他一“看”到龙，就吓得往桌底下钻，这就有了一条“叶公好龙”的成语。在中国，一谈到龙，的确是家喻户晓、老幼皆知。在钱币上出现龙的形象年代久远，在清朝引进机器制造钱币后，龙的“铜元”、“银元”比比皆是。

此外，朝鲜、日本和越南等国的硬币上也出现了龙（图10–46、图10–47、图10–48）。

图10–46　龙
朝鲜（D.P.R. Korea）
1892年　5分
铜　纪念币
Φ27 mm

图10–47　龙
越南（Viet Nam）
1953年　50分
铝　流通币
Φ30 mm

图10–48　龙
日本（Japan）
1877年　1元
银　流通币
Φ38.1 mm

凤凰，是中国古代传说中的另一种动物，而且，在神话中它还是鸟中之王，有“百鸟朝凤”的佳句为证。传说，此鸟为鸡头、蛇颈、燕颔、龟背、鱼尾、五彩色，高6尺许。当然，这种鸟谁也没见过，只是古人臆想创造出来的一种图腾。据说凤凰生性高傲，不与其他鸟类为伍；非梧桐不栖、非竹不食；体态轻盈，能歌善舞；雄者为“凤”，雌者为“凰”，合起来统称为“凤凰”或简称“凤”。中国古人认为，如果凤凰出现，则为吉祥之兆。凤凰原本为中国东方一些部族所崇拜的动物，后来人们又把它和龙合在一起，成为许多“龙凤”之说，民间都视它们为神物或吉祥之物。

韩国和日本发行过凤凰硬币（图10–49、图10–50）。中国也发行过龙凤呈祥的贵金属特种币。

图10-49　凤凰
日本（Japan）
1924年　50钱
银　5克
流通币
Φ24 mm

图10-50　凤凰
韩国（Korea）
1991年　100元
铜镍　流通币
Φ24 mm

麒麟，也是中国古人想象出来的一种动物。麒麟又是何许动物？传说它体型像鹿，但比鹿大，有角，是一种非常珍贵的动物（图10–51）。麒麟也简称为“麟”，成语“凤毛麟角”，说的就是凤凰的毛和麒麟的角，用来比喻罕见而珍贵的人才和事物。此外，在中国，麒麟还是一种寓意吉祥的动物。

图10–51　麒麟
新加坡（Singapore）
1997年　1元
黄铜　流通币
Φ25 mm

实际上，千百年来，在许多国度里，同样也有许多虚拟的动物。特别是人类总爱把动物、人和神联系起来，世界上许多神是人与兽（鸟）的“组合”，中国就有兽头人身的神，而西方则有人面兽身的神。图10–52是一枚古希腊币（复制品，上有COPY印记），此币产于大约公元前480~前470年的意大利西西里岛。币面是一头人首牛身的虚拟怪兽，传说它就是当地的河神。

图10–52　人头兽
古希腊（复制品）
原币约生产于公元前480~前470年
4德拉克马
银　17.12克
流通币
Φ23 mm

前文已经谈到“美人鱼”（儒艮），人身鱼尾。图10–53币面就是一位“美人鱼”。硬币上呈现的是手捧海螺的花季少女的上半身，是“美人鱼”的“人”的部分，“鱼”的下半身隐于水中（有的硬币则可看到下半身的整条鱼尾）。设计者构思的这幅图的寓意，也许认为她就是当地的海神（如同中国沿海地区的妈祖

图10–53　鱼美人捧螺
帕劳（Palau）
1994年　1元
铜镍　特种币
Φ37 mm

女神一样），在保佑海上过往人员和船只平安无事。也许她刚刚捡到一只海螺，浮出海面在玩耍；她在向世人炫耀“这里海产丰富、环境优美，欢迎各位到我们帕劳一游”。

在古希腊的传说中，有一种鸟也叫凤凰的，它平常和其他鸟类一样，生活在森林里。一次森林发生大火，凤凰勇敢地抢救同伴并扑灭大火，它自己却不幸被大火烧死了。后来，它又奇迹般地活过来了。所以人们称它为“火中凤凰”，并且认为它是“不死”和“复活”的象征（图10–54）。

图10–54　火凤凰
希腊（Greece）
1973年　20雷普塔
铜　流通币
Φ22 mm

津巴布韦鸟也是一种虚拟鸟，它的形象源自石雕。1868年，津巴布韦发现了始建于公元5~8世纪，完成于13~14世纪的石头城。石头城中有大量的文物，包括中国的瓷器和波斯的古玩。其中最令人注目的是雕刻在石柱上的8只石头鸟，它们都是用红色皂石刻成的，头像鸽子，身似鹰，翅膀较短而贴身，身高为20～50 cm不等，蹬在1 m多高的皂石柱上，形态十分逼真。1980年津巴布韦独立时，就将石头城遗迹中发现的这种鸟称之为津巴布韦鸟，并且定为国鸟，绘制在该国的国徽上部（图10–55）。实际上，该国现在没有这种鸟，历史上也没有记载过这种鸟的生存。

图10–55　津巴布韦鸟（国鸟）
津巴布韦（Zimbabwe）
1980年　1元
铜镍　流通币
Φ30 mm

6. 寓意动物币

硬币上的这类动物都是真实的动物，但却是用作设计理念中的形容性或比喻性动物。我们之所以列出这一类币，是因为硬币的设计者构思币图和选择动物都是有一定含义或寓意的，布图都很饱满。但是，在大部分情况下，并不强调或拘泥于宣传或保护某一种动物，而是体现画面本身的意思。

下面，我们精选了33枚硬币，和读者们共同欣赏。

维纳斯，在西方世界里象征女性的柔婉之美。有多种的维纳斯形象，从不同的角度反映出她那种优美婀娜、亭亭玉立和楚楚动人的体态。传说维纳斯是奥林匹亚山的主神宙斯的女儿；又据传维纳斯是从海中的泡沫里诞生的，被其他女神们带上了奥林匹亚山，成为十二神之一的海

图10–56　维纳斯女神与海洋生物
突尼斯（Tunisia）
1969年　1第纳尔
银　20克
特种币　5 000枚
Φ40 mm

神。希腊人称她为“阿芙罗荻蒂”，因为在希腊语中，这一称呼与“海”的发音很相似；古罗马人称她为“维纳斯”；一般人则称她为爱神或美神。维纳斯女神回到了海洋中“探亲”，与海洋动物在一起，欢愉地享受着海洋的恩惠和美好生活，并且与海中的一切生灵嬉戏游玩，因为她就是海的女儿。从此画面我们想到，古人希望海洋中的一切生物能够和谐相处（图10–56）。

图10–57和图10–58的币图所反映的也是海洋生物的多样性，我们看到海洋中各种生物自由自在地游弋，一片祥和，没有这些生物，那就是一片死海。古人尚且明白这个道理，我们作为现代文明的人类，爱护海洋中的生命，保护海洋的生态，更是责无旁贷。图10–59的币图设计思想是：通过“海洋世界——国际海礁年”的活动，呼吁人们要好好保护海洋。

图10–57 海洋世界（生物多样性）
圣多美和普林西比
（St. Thomas & Prince Is.）
1995年 1 000多布拉
银 25克
特种币 15 000枚
Φ39 mm

图10–58 海洋世界（生物多样性）
土耳其（Turkey）
1996年 1 000 000里拉
银 32克
特种币
Φ39 mm

图10–59 海洋世界（生物多样性）
马尔代夫（Maldive Is.）
1998年 5卢菲亚
铜镍 纪念币
Φ37 mm

生物的多样性，不仅仅是体现在海洋，在陆地上，同样存在着生物多样性的情况，图10–60有多种植物的叶、花和果实，还有站在枝头正在鸣叫的鸟儿、歇息的青蛙和穿梭于花丛的蝴蝶，使人感到生物之间的融洽相处。图10–61和图10–62反映的是生物多样性的另外一个方面。本来，北极熊和海象之间、鸟和蛇之间是不存在和谐的，但是，把它们放在一起，也自有道理。亿万年来，动物界里既有朋友，也有天敌，存在着自然的法则。自然界有一条生物链，一物降一物，适者生存。一种动物往往

图10–60 鸟、蝴蝶、青蛙
（生物多样性）
乌克兰（Ukraine）
1999年 10格里夫纳
银 31克
特种币 5 000枚
Φ39 mm

图10–61 海象、北极熊
（生物多样性）
俄罗斯（Russia）
1993年 3卢布
银 35克
特种币
Φ39 mm

图10–62 蛇、鸟
（生物多样性）
圣多美和普林西比
（St. Thomas & Prince Is.）
1990年 50多布拉
铜镍 流通币
Φ32 mm

是另一种动物的食物，但是从来没有一种动物能够把另一种动物吃光灭净的！相反，要是人类违反了自然法则，把北极熊的食物消灭，那北极熊也就被消灭了。

人类想近距离地了解或看到动物的多样性，最好的去处是动物园。图10–63就是动物园——奥地利维也纳的美泉宫动物园，这是该园建园250周年的纪念币。在2004年世界硬币大奖赛中，此币被评为2002年“最受欢迎币”，也是本年度硬币奖获得者。美泉宫动物园是维也纳的著名景点，1752年在哈布斯堡王朝夏宫南部始建，是世界上最古老和最著名的巴洛克建筑动物园。

图10–63　维也纳动物园建园250周年
奥地利（Austria）
2002年　5欧元
银　8克
流通纪念币　600 000枚
Φ29 mm

7 000年前马就开始为人类服务了，唐朝诗人李商隐有“八骏日行三万里”之说。传说周穆王乘着8匹神马，日行3万余里，赴瑶池拜见西王母娘娘，以求长生不老。在硬币上也有许多反映人类与动物的关系的主题。图10–64的画面反映的是2 400年前人类使用马为之拉车的情况，图10–65反映的则是200多年前人类将马作为最好的脚力。图10–66是牛为人类进行宗教仪式的活动，图10–67是牛耕田，图10–68是牛拉车。图10–69则反映了沙漠地区的人与骆驼休戚与共的依赖关系，谁能想象，没有骆驼，人类能否在沙漠地区生活下去？

图10–64　古人与三套马车
古希腊（复制品）
原币约生产于
公元前480~前470年
4德拉克马
银　17.12克
流通币
Φ23 mm

图10–65　马是最快的脚力
西萨摩亚（Western Samoa）
1976年　1元
铜镍　纪念币
Φ38 mm

图10–66　仪式中的牛
泰国（Thailand）
1972年　1铢
铜镍　FAO流通纪念币
Φ25 mm

图10–67　牛耕田
埃塞俄比亚（Ethiopia）
1977年　1分
铝　FAO流通纪念币
Φ16 mm

图10–68　牛拉车
多米尼加共和国
（Dominican Republic）
1989年　25分
镍覆钢　流通币
Φ24 mm

图10–69　人与骆驼
西撒哈拉国
（Western Sahara）
1990年　100比塞塔
铜镍　流通币
Φ30 mm

人类也是从动物进化而来的，但百万年来，人类却从未离开过动物，不仅得益于动物多方面的帮助，比如，衣、食、住、行和医等等。就说“民以食为天”，人类的食物就从未离开过动物（当然，人在生物链中也起到了举足轻重的作用）。透过硬币，我们看到人们对动物“给予”的祈求，总希望猪满圈、鱼满塘、牛羊满山冈的动人景象。君不见：鸡鸭成群蛋满仓（图10-70、图10-71），扬池水花鱼盈塘（图10-72），才看群蜂采花去（图10-73），又见牛羊满山冈（图10-74、图10-75）。处处呈现农村中五谷丰登、瓜果飘香（图10-76）、六畜兴旺、国泰民安（图10-77）的好景象。请读者特别欣赏图10-77这枚硬币，映入我们眼帘的有猪、牛、鸡、鱼、蜜蜂等5种动物以及树、玉米、香蕉和西瓜等4种植物，可谓“农、林、牧、副、渔”五业俱全。在一枚硬币上同时铭刻有这么多的动植物，这是极少见的。从这枚硬币欣赏中，我们仿佛看到了“农家乐”的旖旎风光。

图10-70　鸡鸭成群
圣多美和普林西比
（St. Thomas & Prince Is.）
1990年　10多布拉
铜镍　流通币
Φ26 mm

图10-71　幼雏多多
科摩罗（Comoros）
1982年　25法郎
镍　FAO流通纪念币
Φ19 mm

图10-72　鱼群
汤加（Tonga）
1977年　50分
铜镍　FAO流通纪念币
Φ33 mm

图10-73　蜂群
汤加（Tonga）
1977年　20分
铜镍　FAO流通纪念币
Φ28 mm

图10-74　牛羊满山冈
索马里（Somalia）
1970年　5先令
铜镍　纪念币
Φ38 mm

图10-75　牛群
汤加（Tonga）
1977年　10分
铜镍　FAO流通纪念币
Φ24 mm

图10-76　牛、玉米、谷物和香蕉
坦桑尼亚（Tanzania）
1973年　5先令
铜镍　FAO流通纪念币
Φ32 mm

图10-77　农家乐（9种动植物）
汤加（Tonga）
1977年　2潘加
铜镍　FAO纪念币
Φ45 mm

不是吗，长期以来，许多农村人向往城市，想看看高楼大厦、车水马龙、热闹繁华、灯光灿烂和娱乐多多的大城市；而许多在大城市呆久的人，却总在想办法要到空气新鲜、没有喧嚣、几无公害、休闲恬静和满眼田园的乡村去。对于还得为生计奔波的人来说，就只能短时间到乡村透透气了。读者朋友们，当我们看着这8枚币时，你们是否听到农村中鸡鸣、狗吠、牛哞、猪哼的声音？闻到房前屋后水果树上的水果香？看到田埂上荷锄牵牛的农夫？感觉到农村那片蓝天白云下的清新？欣赏到走进自然、亲近自然的意境？享受到“农家乐”田园风光的惬意？也许你们还会联想到农民兄弟那种手中有粮，心中不慌，蔬菜瓜果，六畜兴旺，幸福生活，喜气洋洋的景象呢。

人们在许多场合下见过和平鸽的图案是毕加索画的，此画在1949年赠送给巴黎世界人民和平大会。画中的和平鸽则来源于一个感人的故事：西班牙裔毕加索在巴黎定居时，一天，邻居米什老人叫开了门，他手中抱了一只血淋淋已奄奄一息的鸽子，请求毕加索把鸽子画出来，以纪念刚刚被法西斯杀害的10来岁的孙子柳辛和其他人。原来，此鸽子乃柳辛所养，他每天都用白布条训练鸽子，当他得知爸爸（米什老人的儿子）在保卫巴黎的战斗中牺牲时，使他燃起了对法西斯无比仇恨的烈火，他觉得白色布条是表示向敌人投降，便改用红色布条来训练鸽子，法西斯分子知道后，将柳辛暴打一顿并把他从房顶扔下地面活活摔死，也将鸽子乱刺一顿，使其身负重伤。毕加索在战火纷飞的巴黎，看到老泪纵横的米什老人，百感交集，怀着悲愤的心情，画出了寄望于和平生活的《和平鸽》。半个多世纪以来，人们在许多场合中画出了各种和平鸽的形象，充分表达了全世界人民热爱和平、反对战争的愿望（图10–78）。

图10–78　放飞和平鸽国际和平年
澳大利亚（Australia）
1986年　1元
铝青铜　流通币
Φ25 mm

图10–79　飞翔的和平鸽
塞舌尔（Seychelles）
1995年　5卢比
铜镍　纪念币
Φ38 mm

图10–80　人与和平鸽
阿富汗（Afghanistan）
1995年　50阿富汗尼
铜镍　纪念币
Φ38 mm

我们人类的许多科学技术（仿生学、直升机、海底潜水艇……）以及医学试验都得到动物生态的启示或受益于各种动物的解剖与临床试验（图10–81）。

图10–81　人与鸭嘴兽
马恩岛（Isle of Man）
1988年　1克朗
铜镍　纪念币
Φ38 mm

图10–82是一幅人与猎豹的短跑画面， 是人与猎豹在赛跑？非也。前面已经谈到，猎豹绝对是动物奥运会的短跑冠军，它从静止状态，仅仅用10～12秒的时间就能加速到113 km的全速奔跑时速，跑100 m用不了3秒钟。这种速度，人类只有“望尘莫及”的份儿。2009年8月资料表明，人类跑100 m的最新世界纪录是9秒58。设计者想出如此的画面，就是要激励人类，特别是短跑运动员，要练就猎豹那样的体格和勇往直前的拼搏精神，向人类短跑速度的极限挑战，不断刷新纪录。

图10–82　人与猎豹
纳米比亚（Namibia）
1996年　10元
铜镍　纪念币
Φ38 mm

“爸爸妈妈我们来了”，当鸟儿们破壳而出时，给父母带来莫大的喜讯和无穷的安慰（图10–83）。面对嗷嗷待哺的雏儿（图10–84），母亲和父亲就责无旁贷地肩负起抚养儿女的重担。亲鸟们不辞辛苦，轮翻地一遍又一遍外出捕食昆虫以喂养孩子们（图10–85、图10–86）。在敌害出没时，有的亲鸟放心不下，在伴侣给孩子们喂食时还要警惕来犯呢（图10–87）。图10–88是一只觅食的枝头

图10–83　破壳而出
保加利亚（Bulgaria）
1985年　5列巴
铜镍　纪念币
Φ34 mm

图10–84　嗷嗷待哺
哥斯达黎加（Costa Rica）
1979年　100克朗
银　35克
纪念币　5 000枚
Φ42 mm

图10–85　亲鸟喂食
圣马力诺（San Marino）
1975年　20里拉
铝铜　FAO流通纪念币
Φ21 mm

图10–86　亲鸟喂食（家燕）
波兰（Poland）
1993年　30 0000兹罗提
银　1盎司
特种币　20 000枚
Φ40 mm

图10–87　亲鸟喂食（家燕）
匈牙利（Hungary）
1998年　2 000福罗林
银　31克
特种币　18 000枚
Φ40 mm

图10-88　枝头鸟
塞浦路斯（Cyprus）
1983年　20分
镍黄铜　流通币
Φ28 mm

图10-89　等待
英国（Great Britain）
1951年　1法新
紫铜　流通币
Φ20 mm

鸟，正在忙碌地为孩子们寻觅食物。面对那些嗷嗷待哺的雏儿们，不知那些喜爱射猎生灵的人，对硬币设计者们设计的这些画面是否理解呢？是否还记得中国古人“劝君莫打枝头鸟，巢中雏儿盼母归”的忠告？图10–89是一只等待配偶觅食归来的亲鸟，“如此久了胡不归”真是牵肠挂肚。

图10–90是瑙鲁发行的硬币“保护我们的世界”。映入我们眼帘的是：在茫茫大海中，人类与动物、植物同乘一条船，和谐相处。它寓意了我们——作为地球主宰者的人类，应保护好地球上的动物、植物，与地球上的动物、植物共处清莹蓝天下，同住地球一个家。在这条船上，人类虽然聪明能干，但要是没有了动物或植物，这只船就会失去重心，淹没于大海！人类只有与所有动物和植物同舟共济，才能到达幸福世界的彼岸！

图10–90　保护地球
瑙鲁（Nauru）
1993年　10元
银　31克
特种币
Φ38 mm

综上所述，纯动物币的真实感很强、灵气十足，说它们“栩栩如生”一点都不过分。这类币最具直接的欣赏价值，同时也是动物硬币的主要专题，当然，它们还是我们动物硬币爱好者们长年累月潜心收集的对象。从某种意义上来说，这是一类狭义动物币。与其相对的是，我们称之为广义动物币的，就是其他五类动物币。一般说来，这些动物币并不是我们动物硬币爱好者们刻意追求的目标，但它们仍不失为动物币的一类不可轻视的分支，而且各自都可自成一个专题（或主题）。它们各具动物特色、艺术特色或神话典故，是千百年来人类对动物图腾的崇拜、对动物的观察和描述，反映了不同的国家、地区、民族乃至部落对这些动物的依赖关系，从而揭示了人类与动物应有良好的和谐关系。因此，这五类动物币都能从不同的角度对第一类纯动物币进行补充和映照；而六类动物币的全面综合，就能更完美地展现多姿多彩的动物世界。

参考文献

1. UNUSUAL WORLD COINS Colin R. Bruce II Krause Publications （美）] [M]. 1990.
2. STANDARD CATALOG OF WORLD COINS C.Krause & C.Mishler Krause Publications （美）（注：此目录每年更新并发行一版。）
3. 郑光美，汪松，王岐山. 中国濒危动物红皮书——鸟类 [M]. 北京：科学出版社，1998.
4. 汪松. 中国濒危动物红皮书——兽类 [M]. 北京：科学出版社，1998.
5. 乐佩琦，陈宜瑜，汪松. 中国濒危动物红皮书——鱼类 [M]. 北京：科学出版社，2003.
6. 郑作新等. 世界鸟类名称[M]. 北京：科学出版社，1986.
7. 赵尔宓，江跃明，黄庆云. 拉汉英两栖爬行动物名称 [M]. 北京：科学出版社，1993.
8. 汪松，解焱，王家骏. 世界哺乳动物名典（拉汉英）[M]. 长沙：湖南教育出版社，2001.
9. 梅盛. 简明不列颠百科全书（1~10册）[M]. 北京，上海：中国大百科全书出版社，1985.
10. 中国大百科全书《生物学》编委会. 中国大百科全书（生物学）[M]. 北京，上海：中国大百科全书出版社：1991.
11. 董润民，于微光. 各国国鸟与中国名鸟 [M]. 北京：中国林业出版社，1998.
12. 朱耀沂，吴运鸿，等. 世界动物图鉴（1~4册）[M]. 北京：海豚出版社和台北书局合作出版，1995.
13. 张子扬，秦明新，王采芹，等. 我与"动物世界"[M]. 北京：中国广播电视出版社，2002.
14. 孙秋萍， 姚桂松，王洋，等. 动物世界——赞美大自然的生灵（1~4册）[M]. 北京：华夏出版社，2003.
15. （英）朱丽叶. 克鲁顿–布罗克著，王德华，等译. 哺乳动物 [M]. 北京：中国友谊出版公司，2005.
16. 纪江红，等. 动物世界百科全书（上、中、下册）[M]. 北京：北京出版社，2003.
17. （英）马克・卡沃丁，高云阁，译. 鲸鱼与海豚 [M]. 沈阳：辽宁教育出版社，2000.
18. 华惠伦 ，庄秀福. 世界珍奇动物 [M]. 上海：上海科技教育出版社，2001.
19. 华惠伦，殷静雯. 中国保护动物 [M]. 上海：上海科技教育出版社，1993.
20. 陈廷超，吴显沪. 全球濒危珍稀动物画册 [M]. 上海：上海科学普及出版社，1999.
21. 李湘涛. 鸟类博物馆 [M]. 北京：时事出版社，2002.
22. 李湘涛. 兽类博物馆 [M]. 北京：时事出版社，2005.
23. 寿建新，周莞，李宇飞. 世界蝴蝶分类目录 [M]. 西安：陕西科学技术出版社，2006.
24. 浙江省海洋生态环境监测站，浙江省舟山水产学校编. 日拉英汉俄鱼类名称 [M]. 北京：海洋出版社 ，1999.
25. （英）道加尔・狄克逊，李文健，译. 彩色恐龙世界 [M]. 杭州：浙江少年儿童出版社，1995 .
26. 章道义，张观礼等. 中国珍贵野生动物 [M]. 武汉：湖北少年儿童出版社，2000年.
27. 汪宝永. 动物之最 [M]. 杭州：浙江少年儿童出版社，2000年.
28. 王德胜，等. 中国少年儿童百科全书 [M]. 杭州：浙江教育出版社，1991.
29. 陈日朋，等. 动物故事365（上、下册）[M]. 北京：国际文化出版公司，1991.
30. 姚大均. 动物趣谈 [M]. 南京：江苏少年儿童出版社，1990.
31. 周开亚，孙蕴珂. 我们的朋友：动物 [M]. 南京：江苏科学技术出版社，1996.

后 记

作为非金融和非动物学专业的人士，我们在总结自己的收藏心得时，承蒙亲朋的鼓励与支持，不揣才疏学浅，就这样试着写了出来。它是我俩多年收藏动物硬币的一个总结，也是我们收藏品的一份图录。

现在出版了，我们感慨甚多。二十几年来，我们阅读动物与硬币方面的参考文献和报刊良多，观看并欣赏有关动物知识的电视节目也不少。这些都是我们的“老师”，没有它们，这本书就会大为逊色。对于本书没有一一列出姓名的“老师”，我们在这里深表歉意和感谢！

我们还要感谢刘国涛、邓卫东、戴宗、Albert Beck、王兴金、王熹亮、王志良、郑颂文、朱义东、苏礼和、袁静琴、徐福珠、苏星媛等。他们都是利用业余时间帮助我们的。难能可贵的是，他们从不索求任何回报。没有他们的热忱帮助，这本书就不可能这么快与读者见面。

当我们回溯这本书从构思、编写到脱稿付梓以后，我们想到了我俩的所有家人，特别是结发老伴，二十多年来她俩都一如既往地在经济上、时间上和精神上鼎力相助，无怨无悔。否则，我们的集币爱好就无以为继，更不可能有这本书的问世！对于她俩的深切理解与多方支持，在此，我们也由衷地表示感谢，同时也感谢给予支持的其他家人。可以说，在这本书的耕耘与收获中，既有我们的一半，也有他们的一半！

编　者

2010年6月